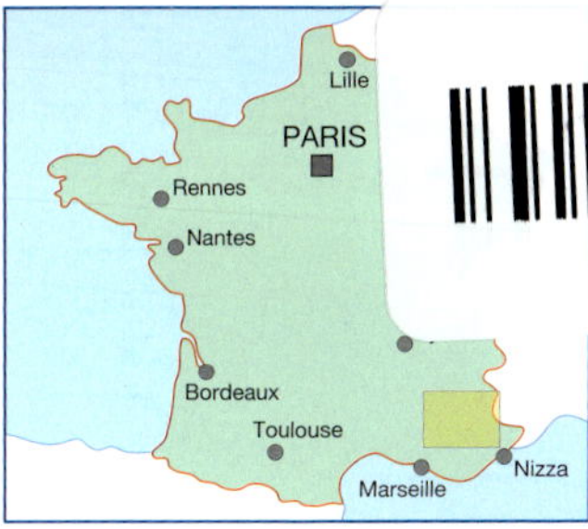

Allgemeines
Geschichte

Reisepraktisches

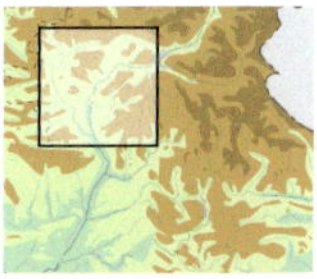

Hautes-Alpes

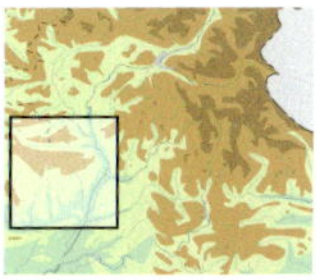

Sisteron
Forcalquier
Von Sault nach Rustrel

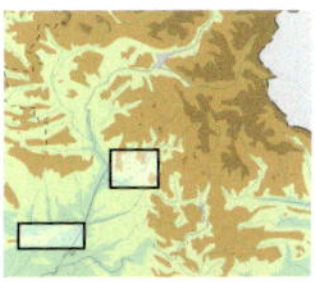

Manosque
Digne-les-Bains
Vallée de la Blanche

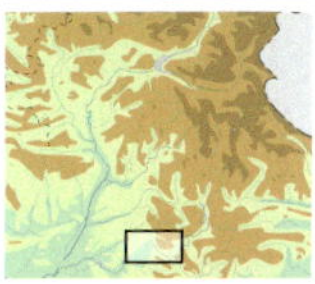

Grand Canyon du Verdon

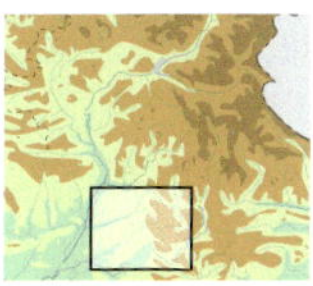

Plateau de Valensole

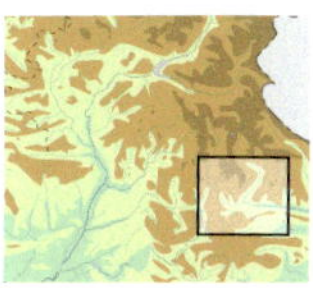

Am Rand der Seealpen
Alpes Maritimes

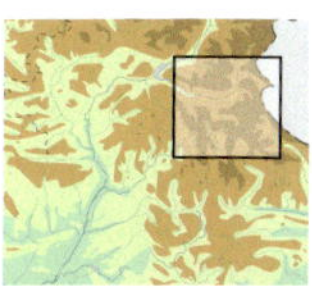

Vallée de l'Ubaye
Vallée du Haut Verdon

Text & Recherche: Ralf Nestmeyer
Lektorat: Sabine Senftleben
Redaktion und Layout: Annette Melber
Fotos: Ralf Nestmeyer
Covergestaltung: Karl Serwotka
Covermotive: oben: Simiane-la-Rotonde
unten: Pic de Morgon
Karten: Gábor Sztrecska, Susanne Handtmann, Marcus Endreß

Über den Autor:
Ralf Nestmeyer, Jahrgang 1964, ist Historiker und Reisejournalist. Er lebt in Nürnberg und ist Autor von mehreren Reiseführer und Bildbänden; zudem hat er im Insel Verlag ein Buch über "Französische Dichter und ihre Häuser" sowie einen literarischen Reiseführer über die Provence und Côte d'Azur (Klett-Cotta Verlag) geschrieben. Im Michael Müller Verlag sind von ihm Reiseführer über London, Südengland, Paris, Languedoc-Roussillon, die Provence, Nürnberg sowie über Franken erschienen. Weitere Informationen zum Autor: www.nestmeyer.de

Dank an:
Der Autor dankt dem Comité Régional du Tourisme Provence-Alpes-Côte d'Azur sowie dem Comité Départemental du Tourisme des Alpes de Haute-Provence und dem Comité Départemental du Tourisme des Hautes-Alpes für ihre Hilfe und Unterstützung, insbesondere Céline Neirinck, Susanne Zürn-Seiler, Bernard Chourial, Myriam Auger, Isabelle Bosquet und Pomme Depras.

Sowie für Tipps und Briefe von:
Dr. Hans-Ulrich Bächle, Tanja Bächtle, Harald Bönke, Burkhard Dammann, Juliane Duvigneau, Willy Frei, Renate Brettschneider-Glauer, Marlene und Hubert Heidemann, Gerlinde Kelnhofe, Andrea Pfeiffer, Holger Rudolph, Michaela Schmitt, Ralf Siehler, Monika Shams, Herwig Staske, Angela Vogel, Ursula Walther und Jörg Widmann.

ISBN 978-3-89953-446-7

 Druck: Wilhelm & Adam, Heusenstamm.

3. überarbeitete und aktualisierte Auflage 2009

HAUTE-PROVENCE

Ralf Nestmeyer

INHALT

Wanderungen

Kartenverzeichnis

Zeichenerklärung für die Karten und Pläne

Landkarten

- Autobahn
- Hauptverkehrsstraße
- Landstraße
- Nebenstraße
- Piste
- Wanderweg
- beschriebener Wanderweg

Stadtpläne

- Bebaute Fläche
- Grünanlage
- Gewässerfläche
- allgemeine Sehenswürdigkeit
- Kirche
- Berggipfel
- Höhle
- Bushaltestelle
- Museum
- Information
- Post
- Museum
- Parkplatz
- Campingplatz
- Krankenhaus

Liebe Leserin, lieber Leser,

„Lavendel ist die Seele der Haute-Provence“, meinte der Schriftsteller Jean Giono und verwies auf die violett leuchtenden Felder, denen die Hochebene von Valensole und das Plateau de Sault ihr faszinierendes Landschaftsbild verdanken. Doch auch jenseits der marmorierten Lavendelfelder begeistert die geographische Vielfalt der Haute-Provence: Imposante Schluchten wie die Gorges du Verdon wechseln sich mit wuchtigen Bergmassiven und bizarren Felsgraten ab, dazwischen laden wohltemperierte Stauseen wie der Lac de Serre-Ponçon zur Rast ein. Mit anderen Worten: Die Haute-Provence ist eine geradezu ideale Region für Aktivurlauber. Egal ob man eine Kanufahrt auf dem Verdon plant, sich beim Rafting auf der Durance versucht oder als Drachenflieger die Berge hinunterstürzen und mit dem Mountain-Bike hochalpine Pässe bezwingen will. Ein weiterer positiver Aspekt ist, dass die Haute-Provence selbst in der Hochsaison nicht überlaufen ist.

Genau genommen bildet die Haute-Provence keine geographische oder politische Einheit, da ihre „Grenzen“ über das Département Alpes de Haute-Provence hinausragen. Die Region ist noch großteils landwirtschaftlich geprägt, und die Tourismusindustrie nährt das Klischee vom archaischen Paradies: Alte Männer, die im Schatten noch älterer Platanen Pétanque spielen, pittoreske Lavendelfelder und ein Marktplausch über die Qualität der Trüffelernte – das alles gibt es, und dennoch ist die Haute-Provence alles andere als ein rückständiges Land: So hielt nicht nur der Scanner in manchem kleinen Lebensmittelgeschäft um Jahre früher Einzug als in den deutschen Supermärkten.

Mit vielen praktischen Tipps und Informationen zu Sehenswürdigkeiten, Freizeitgestaltung, Unterkunftsmöglichkeiten und Restaurants sowie zu Wandern, Natur und Geschichte will Ihnen dieses Reisehandbuch ein steter und nützlicher Begleiter auf kürzeren sowie längeren Streifzügen durch die Haute-Provence und die Hautes-Alpes sein. Die Aufteilung der Kapitel orientiert sich an den jeweiligen Landschaftsregionen. Da ein Reiseführer von den Zuschriften seiner Leser lebt, wäre es erfreulich, wenn Sie schreiben würden, falls Sie eine schöne Wanderung, ein nettes Restaurant oder eine idyllische Herberge entdeckt beziehungsweise aktuelle Änderungen festgestellt haben. Ihr Tipp kommt der nächsten Auflage zugute.

Bon voyage!

Schreiben Sie bitte an:

Ralf Nestmeyer
Stichwort „Haute-Provence“
c/o Michael Müller Verlag
Gerberei 19
91054 Erlangen
E-Mail: ralf.nestmeyer@michael-mueller-verlag.de

Kein Fjord, sondern der Lac de Serre-Ponçon

Haute-Provence und Hautes-Alpes erleben

Aus geographischer oder historischer Sicht gibt es keine zwingenden Vorgaben, auf welchen Wegen sich die Haute-Provence und Hautes-Alpes am besten erkunden lassen. Entscheidend sind letztlich die persönlichen Vorlieben.

... für Liebhaber von schönen Städten und Dörfern

Wer mit Begeisterung durch Städte und Metropolen bummelt, für den ist die Haute-Provence sicherlich das falsche Urlaubsziel. Sieht man einmal von den Kleinstädten Gap, Digne-les-Bains und Manosque ab, so wird die Region nur von kleineren Dörfern geprägt, die gelegentlich die Größe eines Marktflecken besitzen. Ganze Bildbände sind schon über die schönsten Dörfer der Haute-Provence publiziert worden. Die Meinungen sind oft geteilt, doch finden sich unter den Top Ten wohl immer wieder zu Recht die Namen Moustiers-Sainte-Marie, Banon, Lurs, Sisteron, Colmars und Saint-Saturnin-lès-Apt.

... für kunstgeschichtlich Interessierte

Mit dem Reichtum an antiken und romanischen Kulturschätzen, den die niedere Provence (*Provence Rhôdanienne*) aufzuweisen hat, kann die Haute-Provence zwar nicht konkurrieren, dennoch kommen kunsthistorisch interessierte Reisende auf ihre Kosten. So sind in Riez nicht nur die Reste eines römischen Tempels zu bewundern, auch eines der wenigen frühchristlichen Baptisterien Frankreichs steht in dem kleinen Ort am Rande des Plateau de Valensole. Unter den romanischen Baudenkmälern ragt die Prieuré de Ganagobie mit ihren einzigartigen Mosaikböden heraus, doch auch die namensgebende Rotunde von Simian-la-Rotonde und die von der lombardischen Architektur beeinflusste Kathedrale von Embrun mit ihrem skulpturenreichen Nordportal sind faszinierende Zeugnisse der Romanik. Mehr als zwei Dutzend Burgen und die mächtigen Grenzfestungen von Vauban erinnern an die kriegerische Vergangenheit dieses einzigartigen Landstrichs.

... für Landschafts- und Naturgenießer

Die Haute-Provence und die Hautes-Alpes sind ein dünn besiedelter Landstrich; die rauen Höhenzüge und die kargen Täler der Seealpen sind bis heute von menschlicher Besiedlung weitgehend unberührt geblieben und bieten eindrucksvolle Naturerlebnisse. Wanderfreunde finden in den Südalpen und den anderen provenzalischen Gebirgszügen ein reiches Betätigungsfeld. Zwei National- und zwei Regionalparks sollen zudem den Erhalt der natürlichen Umwelt langfristig sichern helfen. Während der Grand Canyon du Verdon gewissermaßen schon zum Pflichtprogramm einer Provencereise gehört, lassen sich die Gorges de la Nesque sowie die Gorges du Cians und die Gorges de Daluis als vergleichsweise unberührte Schluchten empfehlen. Als lohnendes Ziel einer Gebirgswanderung reizen glasklare Bergseen wie der Lac d'Allos oder der Lac de Sainte-Marguerite.

Plateau de Valensole: endlose Lavendelfelder

... für Sonnenanbeter und Wasserratten

Nun, auf das Meer muss man verzichten. Doch mehrere Stauseen, allen voran der Lac de Serre-Ponçon sowie der Lac de Sainte-Croix, bieten nicht nur hinreichenden Ersatz, es brennt auch kein Salzwasser auf der Haut und in den Augen. Außerdem gibt es mehrere kleine Flüsse, die zum Baden verführen. Landschaftlich besonders reizvoll sind die Wasserbecken in den Gorges de la Méouge.

Der Verdon bei Quinson lässt sich auch mit dem Boot erkunden

... für Familien mit Kindern

Haute-Provence und Hautes-Alpes sind eine ideale Region für einen abwechslungsreichen Aktivurlaub. Egal ob mit dem Kanu auf dem Verdon oder mit dem Tretboot über die Stauseen – die Möglichkeiten sind sehr vielfältig. Mädchen können auf dem Rücken eines Pferdes durch die hügelige Landschaft streifen, während Jungs ihren Aktionsdrang vielleicht lieber auf einer Klettertour ausleben. Und die Kleinsten sind immer begeistert, wenn sie auf einer Wanderung in den Südalpen Murmeltiere und Bergziegen beobachten können. Das für Erwachsene wie Kinder gleichermaßen interessanteste Museum ist das Musée de Préhistoire bei Quinson am Lac d'Esparron. Begehbare Nachbildungen einer Grotte, in der Urmenschen gelebt haben, sowie zahllose Audio- und Videoinszenierungen lassen den Museumsbesuch zu einem bleibenden Erlebnis werden.

Landschaft und Geographie

Die Haute-Provence und die Hautes-Alpes besitzen ein vielfältiges Landschaftsbild: Tief eingeschnittene Täler und Schluchten wechseln sich mit den einsamen Hochebenen der Haute-Provence ab, nach Osten hin dominieren die Gipfel der Südalpen, die bis weit in den Frühsommer hinein schneebedeckt sind.

Im Gegensatz zur weitgehend flachen *Provence Rhôdanienne* ist das Landschaftsrelief der Haute-Provence vor allem durch Gebirgszüge und Hochebenen geprägt. Dennoch bilden die Haute-Provence und die Hautes-Alpes unter geographischen Gesichtspunkten keine Einheit. Da sind einmal die hochalpinen Gebirgszüge mit ihren Gletschern und kahlen Gipfeln, die die Region im Nordosten begrenzen und als Seealpen zur Küste hin steil abfallen. Hinzu kommen stattliche Mittelgebirge wie der Lubéron, dazwischen reißende Flüsse, die sich ein tiefes Bett in das Kalkgebirge gegraben haben.

Die **Durance** selbst ist gewissermaßen die Hauptschlagader der Haute-Provence; erst ihr Wasserreichtum hat als Grundlage für die Landwirtschaft und den Handel die Region zu einer blühenden Kulturlandschaft werden lassen. Zu beiden Seiten der Durance öffnen sich die Täler des Verdon, des Jabron, der Méouge, des Céans, der Ubaye und der Bléone. Der sich nordwestlich der Durance erhebende **Lubéron** gehört zu den parallel verlaufenden Höhenzügen, die die Provence seit dem Tertiär (vor etwa 60 Millionen Jahren) von Osten nach Westen durchziehen und an dessen nördlichen Ausläufern bei Roussillon und Rustrel die größten europäischen Ockervorkommen auszumachen sind. Nördlich des Lubéron erhebt sich das von Jean Giono poetisch verklärte **Lure-Gebirge**. Östlich der Durance beginnen die provenzalischen Alpen mit ihrem unregelmäßigen Oberflächenrelief; die Kämme der Höhenzüge scheinen „systemlos" ineinander überzugreifen. In den höheren Lagen der Haute-Provence und der Hautes-Alpes ist das Landschaftsbild von alpiner Flora und Fauna bestimmt. Die Südhänge werden landwirtschaftlich genutzt, über 1500 Metern findet man in den Sommermonaten eine typische Almwirtschaft vor, wobei die Schafzucht bedeutender ist als die Haltung von Kühen. Eine geologische Sonderstellung nimmt das für seine Lavendelfelder berühmte **Plateau de Valensole** ein. Es handelt sich um eine im Jungtertiär entstandene Karstlandschaft, in der die Erosion faszinierende Felsformationen wie die „Büßer von Mées" herausgebildet hat. Optischer wie auch touristischer Höhepunkt der Region ist zweifelsohne der sich östlich des Plateaus öffnende **Grand Canyon du Verdon**, der mit seinen steil abfallenden Felshängen ein eindrucksvolles Naturszenario bietet.

Klima und Reisezeit

Die Haute-Provence und die südlichen Teile der Hautes-Alpes sind geprägt von einem milden, mediterranen Klima, selbst im Winter klettert das Thermometer in den südlichen Tälern häufig auf Werte über 10° Celsius. Die Temperaturen in den höheren Lagen verleiten im Winterhalbjahr allerdings kaum zum Sonnenbaden, die Berggipfel liegen bis weit in das Frühjahr hinein unter einer Schneedecke begraben. Selbst im Mai kann es noch vorkommen, dass Gebirgspässe wegen heftiger Schneefälle gesperrt sind.

In den tieferen Regionen der Haute-Provence beginnt der **Frühling** schon Ende März mit der farbenfrohen Obstblüte; je nach Höhenlage kann sich der Frühjahrsbeginn in den anderen Teilen des Départements um mehrere Wochen verzögern. Der **Sommer** gibt sich recht trocken, der Herbst wird geprägt von plötzlich einsetzenden, heftigen Regenschauern, die des Öfteren zu Überschwemmungen führen. Glücklich können sich jene schätzen, die an den passenden Regenschutz gedacht haben. Über das ganze Jahr gesehen, ist die Region Provence-Côte d'Azur aber ein von der Sonne verwöhnter Landstrich: Durchschnittlich scheint sie zwischen 2700 und 2900 Stunden pro Jahr – Gap rühmt sich seiner mehr als 300 Sonnentage –, bis weit in den **Herbst** hinein sorgt ihre Kraft für angenehme Temperaturen, erst im November künden Regenschauer und kühleres Wetter den **Winter** an. Der Winter selbst ist – von regionalen Abweichungen abgesehen –

vergleichsweise trocken. Während Minusgrade im unteren Tal der Durance sehr selten sind, bieten die Skigebiete einen bis Ostern reichenden Betrieb an.

Und schließlich wäre da noch der **Mistral**, ein durch das Rhônetal kommender Fallwind, dessen starke Böen Spitzengeschwindigkeiten von über 100 km/h erreichen können und noch in Teilen der Haute-Provence deutlich zu spüren sind. Innerhalb von Stunden sorgt der Mistral, der am häufigsten im Frühjahr weht, zwar für einen empfindlichen Temperatursturz von rund 10° Celsius, als Entschädigung zeigt sich aber der Himmel in strahlendem Blau, die Fernsicht ist überwältigend. Die Kraft des Mistral lässt keine schiefergedeckten Dächer auf den provenzalischen Kirchtürmen zu. Die Glocken baumeln daher in einem *Barbarotte* genannten Käfig unter freiem Himmel.

Zur besseren Illustration hier noch eine Klimatabelle für Gap:

	Durchschnittliche Höchsttemperatur	Durchschnittliche Tiefsttemperatur	Sonnenstunden pro Tag	Regentage
Januar	7° C	2° C	3,0	7
Februar	9° C	3° C	3,6	6
März	14° C	7° C	5,1	7
April	15° C	9° C	6,9	7
Mai	20° C	13° C	8,0	6
Juni	23° C	16° C	9,3	5
Juli	27° C	20° C	10,8	2
August	28° C	20° C	8,5	4
September	21° C	16° C	6,9	6
Oktober	16° C	10° C	5,5	8
November	11° C	6° C	3,6	9
Dezember	6° C	1° C	2,5	8

Reisezeit: Sieht man einmal vom Wintertourismus in den Skigebieten ab, so beginnt die Hauptreisesaison in die Haute-Provence an Ostern und endet im Oktober. Die günstigste Reisezeit variiert je nach Interessenlage. Die Monate April, Mai und Juni eignen sich vorzüglich für einen Entdeckungsurlaub, aber auch für Besichtigungen Der bekannten Sehenswürdigkeiten sowie für Streifzüge durch die in der Hochsaison überlaufenen Tourismuszentren. Im Frühling steht bereits die gesamte Region in Blüte. Die Wassertemperaturen in den meisten Seen erreichen allerdings erst Ende Juni die magische 20-Grad-Grenze. Im Juli und August, wenn die Franzosen Ferien machen, sind auch im Hinterland viele Hotels und mancher Campingplatz ausgebucht. Juli und August gelten als die Hauptreisezeit in der Haute-Provence – der Lavendel blüht Mitte Juli in seinen schönsten Farben! –, wenngleich es abseits vom Grand Canyon du Verdon etwas gemächlicher zugeht. Allerdings wird auch der Drang zur Aktivität durch die hohen Temperaturen oft regelrecht gelähmt, nur bei Wanderungen im Hochgebirge entflieht man der Hitze. Im September und Oktober kehrt dann allmählich wieder Ruhe ein, die Abende werden kühler, tagsüber heizt die Sonne aber noch kräftig ein. Das Wetter ist im Herbst allerdings nicht mehr so beständig, mit heftigen Regenschauern muss vor allem in der zweiten Septemberhälfte gerechnet werden. Hierbei ist erhöhte Aufmerksamkeit geboten: Die wolkenbruchartigen Regenschauer schwellen in kürzester Zeit zu meterhohen Flutwellen an; die großen Unwetterkatastrophen von 1988, 1992 und 2002 forderten in der Provence mehrere Todesopfer.

Internet Wettervorhersagen von Météo France nach Region oder Département geordnet: www.meteo.fr.

Flora, Fauna und Naturschutz

Haute-Provence und Hautes-Alpes können nicht unbedingt als letztes Refugium für bedrohte Tier- und Pflanzenarten bezeichnet werden. Dennoch findet sich hier eine außerordentliche Bandbreite mediterraner Pflanzen; Tierfreunde werden hingegen eher im heimischen Zoo auf einen Steinbock treffen als in den Hautes-Alpes.

Das Landschaftsbild der südlichen Teile der Haute-Provence wird hauptsächlich von mediterranen Pflanzen wie Ölbäumen, Zypressen und Mandelbäumen geprägt, hinzu kommen die immergrünen Steineichen, aber auch Kastanien, Pinien, Platanen, Wacholder und Zedern. Selbstverständlich fehlen auch die charakteristischen Lavendelfelder nicht; sie sind besonders auf dem Plateau de Valensole, dem Plateau de Sault und im Pays du Buëch vorzufinden. In dieser vom Mittelmeer klimatisch profitierenden Region werden auch die berühmten *Herbes de Provence* (Kräuter der Provence) angebaut, doch lassen sich Thymian, Rosmarin, Oregano, Majoran, Estragon, Fenchel, Basilikum und Salbei auch in der freien Natur finden.

Nicht nur im Garten setzen Lilien farbige Akzente

Je weiter man nach Nordosten vordringt, desto mehr nehmen Laub- und Nadelwälder zu. Die alpinen Regionen des Départements Hautes-Alpes weisen wiederum eine ganz spezielle Flora und Fauna auf. Mehr als 2000 Pflanzenarten, darunter Arnika, Enzian, Alpenrose, Edelweiß, Türkenbund, Leimkraut und Steinbrech sowie die als „Königin der Alpen" gerühmte Blaue Distel (Blütezeit: Mitte Juli bis Mitte August). Optisch vorherrschend sind natürlich die Nadelhölzer, allen voran Tannen, Fichten, Kiefern und Lärchen – übrigens die einzigen Nadelbäume in den französischen Alpen, die ihre Nadeln im Herbst verlieren –, in den Lagen unterhalb von 1200 Metern dominieren Laubwälder, in denen ein großer Buchenanteil auszumachen ist.

Kletterfreudige Bergziege

Bedingt durch die ausgeprägte Jagdleidenschaft der Franzosen gibt es in den niederen Lagen kaum mehr nennenswerte Wildbestände; einzig in der geschützten Bergwelt können sich seltene Tiere wie Steinbock, Steinadler und Bartgeier ungestört ausbreiten, sogar Wölfe sind in den letzten Jahren aus dem nahen Italien wieder eingewandert. Da spektakuläre Großtierarten in der Haute-Provence nicht heimisch sind – der letzte Bär wurde zu Beginn des 20. Jahrhunderts getötet –, müssen sich Naturliebhaber mit auf den ersten Blick eher „bescheidenen" Tierarten begnügen. Mit viel Glück begegnet man Gämsen oder Mufflons – Fernglas mitnehmen! –, einen gesprenkelten Tannenhäher oder einen Auerhahn wird man allerdings kaum zu sehen bekommen. Auch die Murmeltiere am Pic du Morgon sind scheu und lassen sich leicht verschrecken. Manche Tier- und Vogelarten sind nur Eingeweihten bekannt, so nistet beispielsweise an den Nordhängen der Montagne de Lure mit den Kolkraben, die größte Rabenart Europas. Reptilienfreunde werden auf ihren Wanderungen immer wieder auf eine Smaragdeidechse oder einen Gecko stoßen. Bei der Viehwirtschaft dominiert vor allem die Schafszucht. Das Lammfleisch aus Sisteron gilt dank der kräuterreichen Weiden der Haute-Provence in ganz Frankreich als Markenzeichen. Tja, und dann gibt es noch die im Sommer allgegenwärtigen Zikaden. Ein paar Worte zur Ehrenrettung: Entgegen den Behauptungen der Fabel von La Fontaine ist die Zikade kein bisschen faul. Die Larve benötigt drei Jahre, um sich einen Tunnel zu den Wurzeln zu graben, von denen sie sich ernährt. Eifrig ist besonders das Männchen: Es befruchtet jede Viertelstunde ein Weibchen und zirpt mit mehr als 400 Vibrationen pro Sekunde.

Die natürlichen Ressourcen der Provence werden besonders von den Segnungen der modernen Zivilisation bedroht. Um der Nachwelt eine möglichst intakte Umwelt zu erhalten, wurden im Südosten Frankreichs bisher vier große **Naturschutzgebiete** eingerichtet. Zwei als besonders schützenswert eingestufte Regionen wurden sogar zum Nationalpark erklärt: Da ist einmal der weite Teile der Seealpen umfassende *Parc National du Mercantour* und der sich nördlich von Embrun erstreckende *Parc National des Ecrins* sowie die Regionalparks *Parc Régional du Lubéron* und seit 1997 der *Parc Régional du Verdon.*

Lavendel – die Farbe der Provence

Blauviolett blühende Lavendelfelder, dazwischen optische Akzente setzende Olivenbäume – dies ist, dank einer inoffiziellen, seit Jahrzehnten andauernden Imagekampagne zweifellos das provenzalische Postkartenklischee schlechthin! Kritisch betrachtet ist Lavendel ein „bürgerliches" und „keusches" Gewächs, verspricht doch sein Duft Sauberkeit und Frische. Nichtsdestotrotz betören die ausgedehnten Lavendelfelder der Provence Augen und Nasen zahlloser Touristen, wenngleich es sich streng genommen zumeist nicht um echten Lavendel (*Lavandula angustifolia* bzw. *Lavandula spica*), sondern um Lavandin handelt. Lavandin ist ein Lavendelhybrid, also eine Kreuzung zweier Lavendelarten, und ist leichter zu kultivieren und zudem ertragreicher als der echte Lavendel. Lavandin, das in dichten, kugelförmigen Büschen wächst, wird in größerem Maßstab erst seit den zwanziger Jahren des 20. Jahrhunderts auf trockenen, kalkhaltigen Böden in einer Höhe zwischen 400 und 600 Metern angebaut, während echter Lavendel auch noch in weit höheren Lagen gedeiht. Lavendel ist zwar im gesamten Mittelmeergebiet verbreitet, doch kommt er ursprünglich von den Kanarischen Inseln oder aus Persien. Einst war der Lavendel eine tropische Pflanze, die Blätter waren breit und gefiedert. Je trockener das Klima wurde, desto kleiner wurde das Blatt. Die Blätter des Lavendels in der Provence sind schmal und behaart, die Pflanze schützt sich dadurch vor dem Austrocknen.

Geerntet wird von Ende Juli bis Anfang September, wenn dank der sommerlichen Temperaturen die ätherischen Öle in der Blüte ihre höchste Konzentration erreicht haben. Seit den siebziger Jahren ernten die Bauern den Lavendel fast ausschließlich maschinell. In den Genossenschaftsdestillerien wird dann der Lavendel erhitzt, um die ätherischen Öle zu extrahieren, ein Verfahren, das bereits im 16. Jahrhundert angewendet wurde. Rund 200 Kilogramm Blüten sind nötig, um einen Liter Lavendelessenz zu gewinnen. Hauptabnehmer der Ernte waren und sind die Parfümhersteller im nahen Grasse. In den achtziger Jahren belief sich die Jahresproduktion in der Provence noch auf rund 700 Tonnen Lavandin- und 100 Tonnen Lavendelessenz, doch mittlerweile ist die Produktion stark rückläufig; auf dem Seifen- und Parfümmarkt muss sich der Lavendel mittlerweile gegen die harte Konkurrenz synthetisch hergestellter Duftstoffe behaupten. Ein Teil der Ernte sorgt in getrockneter Form für einen intensiven Duft im heimischen Kleiderschrank.

Lavendelernte: Die Destillerie wartet ...

Wirtschaft

Im Gegensatz zur Côte d'Azur sind die Haute-Provence und die Hautes-Alpes noch ein weitgehend archaischer Landstrich mit traditionsverbundenen Bauern und Schafzüchtern.

Ohne Frage hat auch die provenzalische Landwirtschaft in den letzten Jahrzehnten viel von ihrer einstigen Bedeutung eingebüßt, wenngleich der traditionelle Wein- und Weizenanbau weiterhin florieren. Knapp ein Drittel der Gesamtfläche wird derzeit landwirtschaftlich genutzt. Der umsatzträchtige **Obst**- und **Gemüseanbau** wird hauptsächlich im fruchtbaren Schwemmland am Unterlauf der Durance sowie im Pays du Buëch betrieben. Noch 150 Jahre zuvor prägten dort Getreidefelder und Wiesen das Landschaftsbild. Erst nach dem Anschluss an das Schienennetz wurden verstärkt leicht verderbliche Produkte wie Pfirsiche, Aprikosen, Kirschen, Auberginen, Gurken und Tomaten angebaut, die nun mit der Eisenbahn innerhalb kürzester Zeit zu den Konsumenten im Norden des Landes transportiert werden konnten. Heute wird absurderweise ein Teil der Ernte gleich vor Ort in gigantischen Komposthaufen „entsorgt“, die Bauern erhalten dafür aus den Finanztöpfen der Europäischen Union die so genannten „Wegwerfprämien“. Dennoch ist die Bedeutung der Landwirtschaft weiter rückläufig: Waren 1962 in der Gegend von Apt noch knapp 40 Prozent der Erwerbstätigen in der Landwirtschaft beschäftigt, so lebt heute nur noch jeder Achte vom Ertrag seiner Felder, Weinberge und Obstwiesen. In der gesamten Region Provence-Côte d'Azur sind gegenwärtig nur noch 3 Prozent der Bevölkerung in der Landwirtschaft beschäftigt – weniger als im Landesdurchschnitt, denn dort sind es noch 4,1 Prozent. In den bevölkerungsarmen Départements Alpes de Haute-Provence und Hautes-Alpes (121.000 Einwohner) hat die Landwirtschaft noch einen größeren Stellenwert, da man Industrieansiedlungen nur im Tal der Durance, rund um Digne-les-Bains sowie rund um Gap ausmachen kann. Im Durchschnitt leben in der Region nur 20 Einwohner auf einem Quadratkilometer. Neben der Forstwirtschaft genießt die **Viehzucht** einen hohen Stellenwert, wobei der Rinderzucht in den Südalpen eine ähnlich große Bedeutung zukommt wie den Schafherden der Haute-Provence. Teil der Landwirtschaft ist auch der Lavendelanbau in der Haute-Provence. Nüchtern betrachtet, ist der Lavendel vor allem Image fördernd, der volkswirtschaftliche Stellenwert ist eher gering einzustufen.

Zudem ist der **Tourismus** in den letzten Jahrzehnten zu einem der bedeutendsten französischen Wirtschaftszweige aufgestiegen und dient noch vor dem Nahrungsmittelsektor als Haupteinkommensquelle. Der weitaus größte Teil der Reisenden sind Franzosen, nur einer von zehn Touristen, die im Département Hautes-Alpes übernachten, kommt aus dem Ausland. Um auch vom Wintertourismus zu profitieren, wurden seit den fünfziger Jahren mehrere „Retorten-Skistationen", so in Vars und Pra-Loup errichtet.

Die Haute-Provence ist auch als Altersruhesitz und Sommerfrische bei den Nordfranzosen sehr beliebt: Auf hundert Hauptwohnsitze kommen vielerorts deutlich mehr als 25 Zweitwohnsitze, in manchen provenzalischen Bilderbuchdörfern überwiegen gar die Zweitwohnsitze. Dies hat spürbare Folgen für das Alltagsleben in den kleinen Marktflecken: Die Immobilienpreise sind explodiert, die Einheimischen fortgezogen und das Leben in den Gassen kommt in den Wintermonaten oft völlig zum Erliegen.

Charakteristische Blaudistel

Forcalquier besitzt zahlreiche attraktive Boutiquen

Politik

Lange Zeit galt der Südosten Frankreichs als linke Bastion, doch seit den achtziger Jahren hat sich das Wählergefüge deutlich verschoben: Die rechtsradikalen Rattenfänger des Front National verzeichnen einen regen Zulauf.

Hier im Südosten Frankreichs haben zwei besondere politische Strömungen ihre Heimat: Auf der einen Seite die eher unbedeutenden Vertreter einer linken okzitanischen **Regionalpolitik**, die vehement gegen den Pariser Zentralismus eintreten; sie empfinden ihre Politik gar als Fortsetzung des antikolonialen Kampfes der Völker der Dritten Welt. Auf der anderen Seite ist die Region Provence-Côte d'Azur die unbestrittene Hochburg des französischen **Rechtsradikalismus** à la *Jean-Marie Le Pen*. Bei den Präsidentschaftswahlen im Mai 2002 fuhr der Bretone Le Pen in einigen Départements im ersten Wahlgang mehr als 30 Prozent der Wählerstimmen ein, deutlich mehr als alle anderen Kandidaten, der spätere Präsident Jacques Chirac eingeschlossen. Die Front-National-Wähler konnten in der Stichwahl zwischen Jacques Chirac und Le Pen sogar noch einmal um ein paar Prozentpunkte zulegen. Dies ist nicht immer so gewesen: Seit Mitte des 19. Jahrhunderts wählte der Südosten Frankreichs aus Überzeugung vorwiegend links, brachte man doch damit eine gewisse Distanz zum zentralistischen Paris zum Ausdruck.

Die Agitationen der rechten Parteien richten sich häufig gegen die aus Nordafrika stammende Bevölkerung, deren Lage nach wie vor problematisch ist. Auch in der zweiten und dritten Generation sieht sich die Population „rona" (*rapatriés d'origine nord-africaine*) mit Vorurteilen und Schwierigkeiten bei der

Arbeitsplatzsuche konfrontiert. Statistischen Erhebungen zufolge haben schon vier von fünf Algerienfranzosen Diskriminierungen bei der Bewerbung um einen Arbeitsplatz erlebt, häufig erhalten schlechter qualifizierte Franzosen den Vorzug. Finden sie einen Job, dann handelt es sich meist um schlecht bezahlte, unterqualifizierte Tätigkeiten.

Verwaltung

Infolge der Revolution wurde Frankreich 1790 in zahlreiche kleine Verwaltungseinheiten, die so genannten **Départements**, eingeteilt, denen allerdings erst durch das Reformgesetz von 1982/83 mehr Entscheidungsmöglichkeiten zugestanden wurden. Neben den alten Zuständigkeiten, wie beispielsweise der für die Départementstraßen und Sozialwohnungen, erhielten die Départements durch die Reform auch die Verantwortung für den größten Teil des Sozial-, Gesundheits- und Transportwesens, den Schulbereich sowie für Kultur und Sport. Die amtierenden Generalräte der Départements sind ein fast reiner Männerzirkel. Gerade einmal 6,8 Prozent der gewählten Volksvertreter sind weiblichen Geschlechts. Dies ist jedoch für Frankreich nicht untypisch; was die Anzahl von Frauen in den Parlamenten angeht, so sind in der Europäischen Union nur noch in Griechenland weniger Frauen vertreten. Neben den 100 Départements (vier davon in Übersee) gibt es seit 1964 noch 26 so genannte Regionen (vier davon ebenfalls in Übersee), an deren Spitze erst ein Regionalpräfekt (*préfect de région*) stand, heute hat der gewählte Präsident des Generalrats diese Position inne. Die wesentlichen Aufgabengebiete der Regionen betreffen die Wirtschaft, Bildungs- und Kulturpolitik sowie das gymnasiale Schulwesen. Finanziell ist die Regionalverwaltung schwächer gestellt als die Verwaltung der Départements, deren Budget dreimal größer ist. Jedes französische Département besitzt eine eigene, in

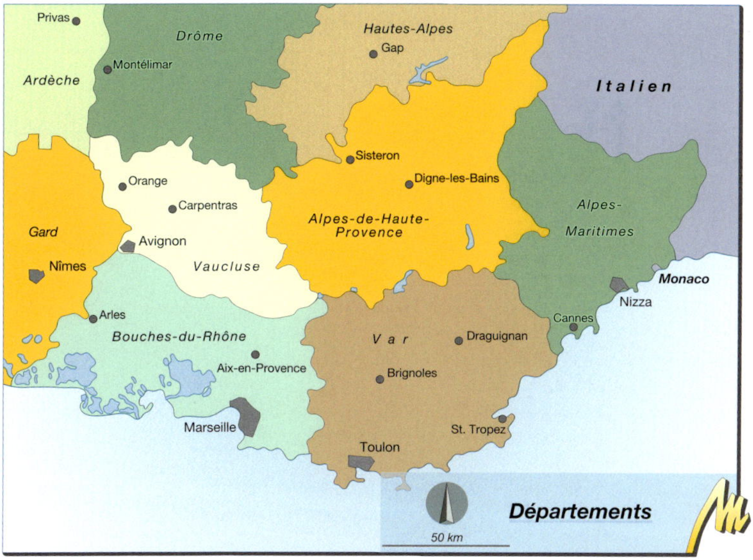

Départements

alphabetischer Reihenfolge vergebene Nummer; sie ist auch Bestandteil des Autokennzeichens und bildet die ersten beiden Nummern der jeweiligen Postleitzahl.

Die Region **Provence-Alpes Côte d'Azur** (PACA) ist in sechs Départements unterteilt: Alpes-Maritimes (06), Var (83), Bouches-du-Rhône (13), Vaucluse (84) sowie die nördlicheren Départements Alpes-de-Haute-Provence (04) und Hautes-Alpes (05); die letzteren beiden stehen im Mittelpunkt dieses Reiseführers. Allerdings nicht ausschließlich: Der Südrand des Lac de Sainte-Croix gehört zum Département Var und die östlichen Randgebiete des Département Vaucluse lassen sich landschaftlich ebenfalls zur Haute-Provence hinzuzählen; ähnlich fließend sind auch die Grenzen zu dem sich nach Osten hin anschließenden Département Alpes-Maritimes.

Brauchtum, Feste und kulturelle Veranstaltungen

Die Provenzalen feiern ausgesprochen gerne, neben zahllosen kleineren Dorffesten haben sich mehrere Veranstaltungen mit internationalem Renommee etabliert. Die folgende Aufstellung soll die Orientierung erleichtern. Zwar ist das ganze Jahr irgendetwas geboten, doch reiht sich vor allem im Juli und August ein spektakuläres Fest an das andere.

April	Festival des alternativen Films in Digne-les-Bains
	Internationaler Musikfrühling der Provence in Gréoux-les-Bains
Mai	Käsefestival in Banon (Mitte Mai)
	Auf dem Flughafen von Gap-Tallard findet das Festival Le Mondial de l'air statt. Ein Muss für „Luftsportler"!
Juli/August	Manosque: Jean-Giono-Tage sowie Jazz-Festival
	Am 3. Sonntag im Juli startet in Jausiers die Rallye de la Route de Bonette, ein Fahrradrennen auf den 2802 Meter hohen Col de la Bonette.
	In der Kathedrale von Embrun geben alljährlich im Juli renommierte Musikensembles – so von der Mailänder Skala – eine Kostprobe ihres Könnens.
	Nuits de la Citadelle in Sisteron: Von Mitte Juli bis Mitte August werden im Hof der alten Zitadelle Tanz, klassische Musik sowie Theateraufführungen dargeboten.
	Lavendelfest in Sault
	Der Embruman von Embrun gilt als einer der schwersten Triathlone, da man beim 180 km langen Radrennen mehrere Pässe bewältigen muss.
	Mitte August findet in Barcelonnette die Mexikanische Woche mit zahlreichen Folkloredarbietungen statt.
September	Fête de la Diane am 1. Septemberwochenende in Moustiers-Sainte-Marie
Dezember	Provenzalische Mitternachtsmessen: Weihnachten auf französisch. In der Altstadt von Gap wird der größte Weihnachtsmarkt der Südalpen abgehalten.
	Gourmets besuchen das Trüffelfest in Tallard.

Heute nur eine Ruine: das Benediktinerkloster Saint-André-de-Rosans

Geschichte

Von den Anfängen bis zur römischen Kolonisation

Die Haute-Provence gehört wie ganz Südfrankreich zu den am längsten kontinuierlich besiedelten Regionen Europas. Besonders zahlreiche prähistorische Funde wurden in den letzten Jahrzehnten bei Quinson am Esparron de Verdon gemacht. Wie zahllose Tierknochen, Feuersteine und Faustkeile eindrucksvoll belegen, siedelten Menschen seit der Steinzeit in den Höhlen am Unterlauf des Verdon. Doch nicht nur in den flacheren Regionen, selbst im schwer zugänglichen Hochgebirge des Nationalparks des Ecrins sind menschliche Spuren aus der Bronzezeit durch archäologische Funde nachgewiesen. Bereits damals zogen die Hirten mit ihren Kühen und Schafsherden auf die sommerlichen Weiden.

Kulturell war die Haute-Provence noch größtenteils neolithisch geprägt, als sich im 7. Jahrhundert vor unserer Zeitrechnung – also ungefähr zum selben Zeitpunkt, als die Griechen die französische Mittelmeerküste besiedelten – mehrere aus dem Norden kommende keltische Volksstämme in weiten Teilen der Haute-Provence ausbreiteten und dabei auf eine ligurische Urbevölkerung stießen. Zwischen Kelten und Liguriern kam es zu kriegerischen Auseinandersetzungen, die aber letztendlich eine Verschmelzung beider Volksgruppen nach sich zogen, wobei die kulturell überlegenen Kelten dominierten. Je näher diese kelto-ligurischen Völker an der Küste lebten, desto mehr gerieten sie dabei unter den Einfluss der Griechen. Mit dem keltischen Stamm der Allobroger geriet auch der karthagische Feldherr **Hannibal** aneinander, als er im September 218 vor unserer Zeitrechnung die Alpen überqueren wollte. Da Karthago der römischen Flotte unterlegen war, musste Hannibal den langwierigen Landweg über Spanien nehmen. Trotz einiger vorheriger Verluste war das kathargische Heer eine mehr als imposante Streitmacht: 50.000 Mann Fußvolk, 9000 Reiter und 38 Elefanten führte Hannibal über die Rhône. In nur fünfzehn Tagen zog der geniale Feldherr über die Alpen, die er wahrscheinlich am Pass von Montgenèvre überquerte. Durch den früh einsetzenden Wintereinbruch und die auf Beute zielenden Angriffe der Kelten verlor Hannibal rund 30.000 Fußsoldaten, 3000 Reiter und die Hälfte seiner Elefanten.

Römische Provinz

Römische Inschrift auf einem Felsen bei Sisteron

Als das griechische Marseille im 2. Jahrhundert vor unserer Zeitrechnung von den Salyern, einem kelto-ligurischen Volksstamm, angegriffen wurde, suchte die Stadt bei den verbündeten Römern um Hilfe nach. Die Römer erkannten sofort die Möglichkeiten, die ihnen dieser Mittelmeerabschnitt offerierte. Es lockte nicht nur der Gedanke, dass die römischen Kaufleute hier neue Absatzmärkte finden konnten, vielmehr waren die Römer daran interessiert, die natürliche Landverbindung zwischen der bereits eroberten iberischen Halbinsel und Italien in ihren Besitz zu bringen. Die Römer standen den Griechen erfolgreich militärisch bei; doch zogen sie danach nicht wieder ab, sondern gründeten unterhalb des noch heute zu besichtigenden Oppidums Entremont die Stadt *Aquae Sextiae*, das heutige Aix-en-Provence. Teile Südfrankreichs wurden im Jahre 121 v. u. Z. schließlich zur römischen Provinz (daher auch der Name Provence) erklärt und zügig romanisiert, wenngleich der jahrhundertealte griechische Einfluss noch lange Zeit spürbar blieb.

Die Römer hatten zudem im Kampf gegen die aus Nordgallien eindringenden Teutonen eine harte Bewährungsprobe zu bestehen. Im Jahre 105 v. u. Z. mussten sie bei *Arausio* (Orange) eine schwere Niederlage hinnehmen. Erst drei Jahre später konnten die Römer ihre Herrschaft durch den triumphalen Sieg des römischen Feldherrn Caius Marius über eine vereinte Streitmacht der Teutonen bei *Aquae Sextiae* endgültig festigen; sie unterwarfen die keltisch-ligurischen Stämme und überzogen die **Provincia Gallia Narbonensis**, die sich zwischen den Alpen und den Pyrenäen entlang des Mittelmeers sowie im Norden bis zu den Cevennen und an den Genfer See erstreckte, mit einem Netz prachtvoller Bauten, die teilweise heute noch erhalten sind. Keine andere französische Region besitzt auch nur annähernd so viele Denkmäler aus der römischen Epoche. Vor allem während der langen Regierungszeit des Kaisers Augustus (27 v. u. Z. bis 14 u. Z.) stand die noch junge Provinz in der kaiserlichen Gunst: Neben dem schon bestehenden Aquae Sextiae (Aix-en-Provence) wurden Forum Iulii, Baeterrae und Arausio (Fréjus, Béziers und Orange) gegründet, Nemausus (Nîmes) und Vienna (Vienne), die damals flächenmäßig größten Städte, erhielten das lateinische Bürgerrecht. Nach römischem Vorbild wurden die Städte planmäßig angelegt und konnten sich frei entfalten, da sie nicht wie keltische Oppida befestigt waren. Die Straßen bildeten ein rechtwinkliges Netz, zwei Hauptstraßen teilten die Stadt in vier gleich große Viertel. Selbstverständlich besaßen die Städte die für römische Gründungen typischen Bauten: Tempel, Amphitheater, Triumphbögen und Thermen.

Gleichwohl darf nicht übersehen werden, dass die Haute-Provence und damit der für die Sicherung des Nachschubs und des Handels eminent wichtige Landweg zwischen Italien und der Provence erst nach zähen Kämpfen zu Beginn der Regierungszeit von Kaiser Augustus unter römische Kontrolle kam. Zuvor hatten die in den schwer zugänglichen Alpentälern lebenden kelto-ligurischen Volksstämme immer wieder die Alpenpässe blockiert und den Durchgangsverkehr bedroht. Da man gewohnt ist, die antike Geschichte aus Sicht der Römer und Griechen zu betrachten, wird zumeist vergessen, die Leistungen der ligurischen Bevölkerung entsprechend zu würdigen: Über drei Generationen hinweg hatten es die Kelto-Ligurier vermocht, dem schier übermächtigen römischen Imperium die Stirn zu bieten. Nach heutigen Maßstäben betrachtet war die von Augustus veranlasste „Befriedigung" der Haute-Provence nichts anderes als eine Form des Völkermordes, wobei die gefangenen „Aufständischen" mitsamt ihren Familien in der Sklaverei landeten. Zu den Volksstämmen der Haute-Provence, die im Römischen Imperium aufgegangen sind, gehören die *Vocontii*, die *Salluvii*, die *Albici* und die *Dexivates*. Die Romanisierung der Haute-Provence erfolgte entlang der durch das Tal der Durance führenden *Via Domitia* – sie verbindet die Rhône-Ebene mit dem oberitalienischen Piemont – und durch Impulse, die von den bereits bestehenden römischen Städten Vaison-la-Romaine, Apt und Carpentras ausgingen. Die noch vor Sisteron und Digne bedeutendste römische Ansiedlung der Haute-Provence war die *Colonia Julia Augusta Apollinaris Reiorum*, das heutige Riez, das eventuell sogar 20.000 Einwohner hatte.

Die zwei Jahrhunderte nach Augustus Tod gelten als die eigentliche Blütezeit der *Provincia Gallia Narbonensis*. Es folgte eine lange Periode des Friedens und der wirtschaftlichen Prosperität. Doch bereits seit der Mitte des 3. Jahrhunderts kündigten Alemanneninvasionen das Ende der römischen Herrschaft über die Provence an. Selbst Diocletian und Constantin konnten den Niedergang nicht aufhalten. Ein letzter, kurzer Glanzstreifen fiel im Jahre 406 auf die Provence, als Constantin III., der Kaiser des Weströmischen Reiches, Arles zu seiner Residenzstadt erwählte.

Ungefähr zeitgleich mit dem sich ankündigenden Niedergang des Römischen Reiches breitete sich das **Christentum** im späten zweiten und dritten Jahrhundert in Südfrankreich aus; die ältesten bekannten christlichen Gemeinden existierten allerdings nicht in der Provence, sondern in Lyon und Vienne. Die römische Verwaltungsstruktur überlebte in der Aufteilung in Diözesen, Provinzen und Bistümer. Zu Beginn des 5. Jahrhunderts gab es in Gallien bereits 113 Bischofssitze, von denen aber bei weitem nicht alle bis in unsere Tage erhalten geblieben sind. Der heilige Honoratius zog sich 410 mit ein paar Anhängern auf eine kleine, dem heutigen Cannes vorgelagerte Insel zurück und rief dort ein Kloster ins Leben, das alsbald zu einem Zentrum des religiösen Lebens in Gallien und darüber hinaus werden sollte. Ihm folgten mit dem heiligen Hilaire und dem heiligen Césaire zwei ebenfalls bedeutende Bischöfe nach. Die zahlreichen in der Provence abgehaltenen Konzile (z. B. in Embrun) unterstreichen die wichtige Rolle, die Südfrankreich damals im abendländischen Christentum spielte. Von den ersten Kirchenbauten sind nur Spuren erhalten; das Baptisterium von Riez stammt aus dem späten 5. Jahrhundert und zählt somit zu den ältesten Sakralbauten Frankreichs. Die Sorgfalt, mit der der Bau der Taufkapelle betrieben wurde, zeugt von der hohen Bedeutung, die die christliche Glaubensgemeinschaft diesem Initiationsritus damals beigemessen hat.

Romanische Bodenmosaike im Kloster Ganagobie

Spätantike und frühes Mittelalter

Auch nach dem Zusammenbruch des Weströmischen Reiches blieb die spätrömische Verwaltungsstruktur und Wirtschaftsordnung in der Provence weitgehend intakt. Das lag unter anderem am schnellen Herrscherwechsel: Die Westgoten wurden kurzzeitig von den Burgundern und diese wiederum von den Ostgoten in ihrer Vormachtstellung abgelöst. Die südfranzösischen Städte erholten sich relativ schnell von den durch die **Völkerwanderung** ausgelösten Invasionen des 5. Jahrhunderts. Noch mehr Glück hatten die schwer zugängliche Haute-Provence und die Hautes-Alpes, die fast gänzlich verschont blieben. Wie archäologische Funde gezeigt haben, waren es vor allem die Töpfereien und Webereien sowie das Kunstschmiedehandwerk, die mit Gewinn betrieben wurden.

Seit dem Ende des 5. Jahrhunderts drangen die auf Expansion bedachten **Franken** wiederholt von Nordwesten bis zur Rhônemündung vor. Aber erst im Jahre 537 war den Franken ein langfristiger Erfolg vergönnt. Nach dem Sturz von Theodahad verdrängten sie die Ostgoten und konnten dadurch erstmals einen festen Zugang zum Mittelmeer gewinnen. Die Franken profitierten ungemein von dieser Mittelmeerpforte: Über die Rhônetalstraße gelangte die geistige und materielle Kultur der Mittelmeerländer ins fränkische Gallien. Trotz der Zugehörigkeit zum fränkischen Reich scheinen die Provenzalen aber ihre eigenen Wege gegangen zu sein. So erfolgte auch keine größere Ansiedlung von Franken, nur die herrschende Oberschicht setzte sich aus den fränkischen Edlen zusammen. Im Jahre 736 zog der fränkische Hausmeier Karl Martell mit einem

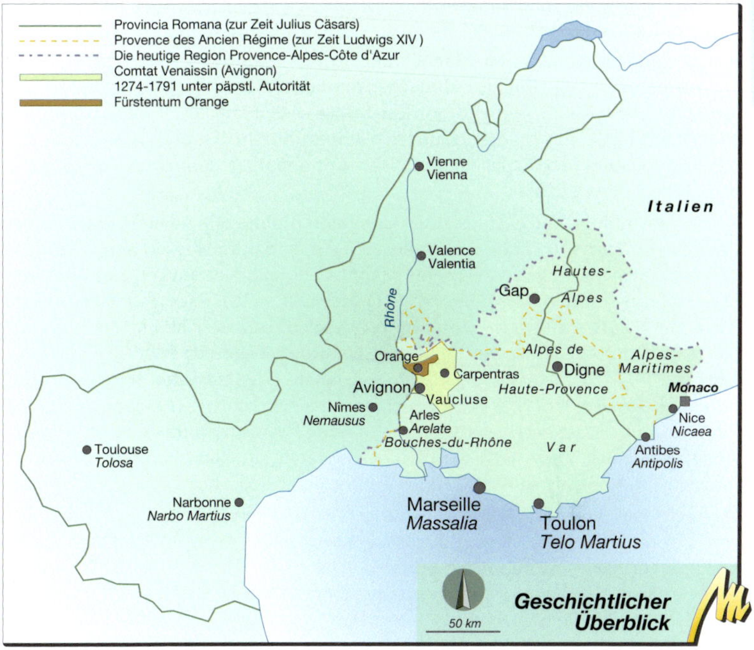

Heer in die arabischem Einfluss stehende Provence und setzte dort ihm treu ergebene Grafen ein. Es waren aber noch zwei weitere Feldzüge – mit langobardischer Unterstützung – nötig, um die fränkische Oberhoheit endgültig zu festigen. Mit diesen neuen Machtverhältnissen verschwanden nun auch die spätantiken Verwaltungsstrukturen, die Provence wurde vollständig in den fränkischen Herrschaftsraum integriert. Obwohl die Franken den Schwerpunkt ihres Reichs nach Norden verlagerten, blieb die Provence bis zum Ende des 15. Jahrhunderts zumindest formal Teil des fränkischen Reichsgebiets.

Mittelalter

Der Tod Karls des Kahlen (877) zog einen erheblichen Machtverlust der westfränkischen Karolinger im Südosten des heutigen Frankreichs nach sich. Der fränkische Adelige Graf Boso von Vienne, ein Schwager Karl des Kahlen, verstand es geschickt, sich während des kurzzeitig entstandenen Machtvakuums in der Provence als Herzog zu etablieren. Dank seines vehement verfolgten Unabhängigkeitsbestrebens entwickelte sich 879 ein neues Herrschaftsgebilde: das Königreich Provence (Arelat). Eine dauerhafte Dynastie vermochte Boso von Vienne jedoch nicht zu begründen: Bereits 933 gliederte Rudolph von Burgund die Provence in sein Königreich ein, das sich nun von Basel bis zum Rhônedelta erstreckte. Unter Konrad, dem Sohn Rudolphs von Burgund, wurde die formalrechtliche Verbindung der Provence mit dem Heiligen Römischen Reich erneuert. Praktisch bewirkte dies jedoch keinerlei Veränderungen, da die Provence zu abgeschieden lag und der Arm des deutschen Kaisers nicht bis dorthin vordrang.

Die nun folgenden Jahrhunderte waren eine Zeit des Aufbruchs; die mittelalterliche Feudalgesellschaft bildete sich langsam heraus, die christlichen Orden gewannen verstärkt an Macht und Einfluss, wenngleich sich im eigentlichen Klosterleben ein neuer Wunsch nach kontemplativer Einsamkeit widerspiegelte. Ausgehend vom Roussillon breitete sich die Romanik entlang der Mittelmeerküste bis in die Haute-Provence und die Hautes-Alpes aus. Ein schönes Beispiel hierfür ist die auf einer Anhöhe über dem Durance-Tal gelegene Kirche Saint-Donat.

Im 12. Jahrhundert rangen mehrere Potentaten um die politische Herrschaft der Provence. *Alfons VII.* (1126–1157), der in Léon zum „Kaiser von ganz Spanien" gekrönt worden war, gelang es, seine Macht weit nach Norden hin auszudehnen. Die Grafen von Barcelona, Gascogne, Forcalquier – Letzterer gebot über weite Teile der Haute-Provence – und andere Adelige mussten Stück für Stück die Herrschaft der katalanischen Dynastie über weite Teile der Provence anerkennen und wurden mehr oder weniger auf einen Vasallenstatus herabgedrückt. *Raimond Bérenger V.* (1209–1245), der durch seine Mutter *Gersande de Sabran* die Haute-Provence geerbt hatte, verlegte seine Residenz in das zentral gelegene Aix-en-Provence; auch nach dem Tod des letzten katalanischen Grafen behielt Aix seine Stellung als administratives Zentrum der Provence.

Da nach dem Tod von Raimond Bérenger V. kein männlicher Erbe vorhanden war, fiel die Provence 1246 an *Karl von Anjou*, einen der vier Schwiegersöhne. Die Provence geriet durch diese Erbfolge stark in die französische Einflusssphäre, denn Karl von Anjou war zugleich der jüngere Bruder des französischen Königs *Ludwig IX.* Dem machtbewussten Karl von Anjou, der seine „Laufbahn" später noch durch den Titel eines Königs von Sizilien und Neapel schmücken

Mächtig: Zitadelle von Entrevaux

sollte, gelang es mit Geschick und Weitblick, seine Herrschaft über die Provence zu festigen und zu einer politischen Einheit zu formen. Ungefähr zur gleichen Zeit verloren auch die Grafschaften Gap und Embrun ihre politische Eigenständigkeit und fielen an den Dauphin de Viennois.

Die Provence wird französisch

Die lange Regierungszeit des Königs René von Anjou (1434–1480) stellte einen letzten Höhepunkt in der Geschichte der Provence dar. Wirtschaft und Handel florierten, Kunst und Wissenschaften standen in großer Blüte. Der Nachwelt in Erinnerung geblieben ist der „gute König René" (*bon roi René*) vor allem durch sein überaus imposantes Schloss in Tarascon.

Im Jahre 1480 starb René von Anjou in Avignon; sein Neffe Charles III., bis dato bekannt als Graf von Maine, konnte sich nur eineinhalb Jahre lang an seinem Erbe erfreuen; er verschied am 11. Dezember 1481. Die Provence fiel laut Testament einem entfernten Verwandten, dem französischen König Ludwig XI. oder besser Louis XI., zu; da Ludwig XI. bereits seit 1461 über die im Norden angrenzende Dauphiné herrschte, lag die Macht in Südostfrankreich erstmals wieder in einer einzigen – in diesem Fall königlichen – Hand. Dieser Wandel der Herrschaftsverhältnisse brachte den Vorteil mit sich, dass der seit Jahrhunderten brachliegende Handel im Rhônetal wieder auflebte. Durch die Inbesitznahme der Provence und der bedeutenden Hafenstadt Marseille verfügte das französische Königshaus nun über einen breiten Küstenstreifen am Mittelmeer. Nicht nur der Handel profitierte von den neuen politischen Verhältnissen, auch die französische Kultur gewann auf diesem Weg neuen Einfluss. Auf dem politischen Sektor begann eine langsame, aber entschiedene Annäherung an die französischen Verhältnisse. Die jüdische Bevölkerung der Provence hatte unter der französischen Herrschaft jedoch am meisten zu leiden: Mit restriktiven Maßnahmen wurden die Juden entweder zur Konversion gezwungen, wie beispielsweise die Vorfahren des Astrologen Nostradamus, oder in die Emigration getrieben. Einzig in Avignon und im ebenfalls päpstlichen Comtat (Grafschaft) Venaissin blieb die jüdische Bevölkerung weitgehend unbehelligt. Um den vorhandenen Autonomiebestrebungen die Kraft zu nehmen, gründete Ludwig XII. 1501 ein Parlament in Aix-en-Provence, das sich allerdings wegen seines selbstherrlichen und königstreuen Regierungsstils nicht gerade einer großen Beliebtheit erfreute: „Parlament, Mistral und Durance sind die drei Geißeln der Provence", soll es damals in den Gassen geschallt haben.

Im Zeitalter der Religionskriege wurde auch die Provence in die sich ausbreitenden französischen **Glaubenskämpfe** hineingezogen. Zwar war die Region größtenteils katholisch, doch bildeten sich im Lubéron und im Tal der Durance protestantische Gemeinden. 1545 kam es zu einem Massaker an den erst seit ein paar Generationen im Lubéron lebenden Waldensern, im Gegenzug wurde das Land mehrfach, vor allem 1571, durch Bauernaufstände verwüstet, Preissteigerungen sowie umherziehende Räuberbanden trieben ihr Unwesen. In Sisteron, Castellane und Seyne kam es zu heftigen Gefechten zwischen Protestanten und Katholiken. Als 1589 nach dem Tod Heinrich III. dessen protestantischer Vetter, der Bourbone Heinrich von Navarra, als Heinrich IV. den Thron bestieg, ergriffen die Städte Marseille, Aix-en-Provence und Arles – und in ihrem Gefolge die gesamte provenzalische Region – Partei gegen den neuen König. Nur eine kleine

Sisteron: das Tor zur Provence

Gruppe von königstreuen Anhängern versammelte sich in dem südlich des Lubéron gelegenen Städtchen Pertuis.

Die politische Situation nutzend, marschierte im Juli 1590 Karl Emanuel, der Herzog von Savoyen, über die Seealpen in die Provence ein. Am 17. November des gleichen Jahres erreichte er Aix, wo ihm das Parlament einen würdevollen Empfang bereitete und die Militärregierung der Provence übertrug, die Grafenkrone – sein eigentliches Ziel – erlangte Karl Emanuel hingegen nicht. Der Frieden war jedoch keineswegs hergestellt, in den nächsten Jahren ereigneten sich wiederholt Scharmützel; erst als Heinrich IV. im Juli 1593 den katholischen Glauben annahm, beruhigte sich die Lage langsam wieder: Am 5. Januar 1594 schwor das Parlament in Aix dem König die Gefolgschaft. Nachdem Heinrich IV. 1598 in Nantes ein Toleranzedikt erlassen hatte, das den Protestanten die Ausübung ihrer Religion zusicherte, kehrte endgültig Ruhe in das von Glaubensstreitigkeiten gespaltene Land ein.

Im Zeitalter des **Absolutismus** mussten die provenzalischen Städte eine höhere Steuerlast aufbringen und zudem erhebliche Abstriche bezüglich ihrer politischen Rechte hinnehmen. Die Kardinäle Richelieu und Mazarin schränkten nacheinander in ihrer Funktion als leitende Minister des französischen Königs die Vorrechte des Adels ein, zahlreiche Burgen wurden vorsichtshalber geschleift. Doch Ludwig XIV. ging noch weiter: 1685 widerrief er im Edikt von Fontainebleau die den Hugenotten zugesicherte Glaubensfreiheit. Dies hatte zur Folge, dass 300.000 Hugenotten ihre Heimat verlassen mussten. Analog zu den anderen Landesteilen Frankreichs hatten auch die Haute-Provence sowie die Hautes-Alpes – insbesondere das Pays du Buëch – unter der größten Massenemigration der französischen Geschichte zu leiden, da die Hugenotten zum wirtschaftlich aktivsten Teil der Bevölkerung zählten. In seinem militärischen Übermut befahl der Sonnenkönig die Belagerung der Rheinischen Gebiete, nachdem er schon zuvor die Reichsstadt Straßburg eingenommen hatte. Um das politische Gleichgewicht besorgt, schlossen sich verschiedene europäische Fürsten in der Augsburger Allianz gegen Frankreich zusammen. Victor Amadeus II., der Herzog von Savoyen, fiel daraufhin 1692 im Südosten Frankreichs ein. Er überschritt die Grenze am Col de Vars und plünderte Guillestre, Embrun sowie Gap, ohne dabei auf Schwierigkeiten zu stoßen. Erst ein früh einsetzender Winter mit hohen Schneefällen zwang die savoyardischen Truppen zum Rückzug in die Ubaye, die damals noch zum Herzogtum Savoyen gehörte. Um weitere Angriffe besser abwehren zu können, befahl Ludwig XIV. seinem Festungsbaumeister Vauban, in der Dauphiné und der Haute-Provence einen regelrechten Festungsgürtel, darunter Mont Dauphin, Colmars und Entrevaux, zu errichten. Anfang des 18. Jahrhunderts kam es infolge des Frieden von Utrecht (1713), dessen Ziel ein Kräftegleichgewicht zwischen den europäischen Großmächten war, zu weitreichenden territorialen Verschiebungen. Barcelonnette und das gesamte Vallée de l'Ubaye kamen im Tausch an Frankreich, während Teile der Dauphiné – darunter auch das Briançonnais – an das Herzogtum Savoyen fielen.

Insgesamt war das 18. Jahrhundert für die Haute-Provence ein Zeitalter der Stagnation und des Niedergangs. Abgesehen von den Habsburgischen Erbfolgekriegen, als Prinz Eugen von Savoyen in die Provence einfiel, blieb der Süden Frankreichs auch vor weiteren Unbilden nicht verschont: Die Wirtschaft lag danieder, gewaltige Steuerlasten führten zu Unruhen, Missernten und Hungersnöte gehörten zum Alltag. Zu diesen steten Problemen gesellten sich zudem Katastrophen: So erlagen in den Jahren 1720 und 1721 mehr als 50.000 Menschen einer gewaltigen Pestepidemie, die sich von Marseille bis zur Haute-Provence ausbreitete; es war das letzte Mal, dass Europa vom „Schwarzen Tod“ heimgesucht werden sollte.

Revolution und Napoléon

Innerhalb der relativ kurzen Zeitspanne von Mai bis Oktober 1789 brach das *Ancien Régime* in Frankreich völlig zusammen. Am 14. Juli 1789 erfolgte der Sturm auf die Bastille in Paris – ein symbolischer Akt, der diesen Niedergang auf spektakuläre Weise besiegelte. Übrigens paarte sich an diesem Tag revolutionäre Leidenschaft mit der Unzufriedenheit des einfachen Volkes: Am 14. Juli war das Brot teurer als jemals zuvor im 18. Jahrhundert! Die Bedeutung des Getreidepreises darf keinesfalls unterschätzt werden, bereits im März waren die kleinen Leute in Marseille und Toulon wegen der Brotteuerung auf die Straße gegangen. Innerhalb kürzester Zeit sprang die Erhebung auf die gesamte Haute-Provence über; am 20. April standen die Dörfer im Tal der Avance, bei Gap, gegen die Obrigkeit auf. Bekanntermaßen wurde 1792 die Monarchie abgeschafft, das Königspaar wenig später sogar hingerichtet.

Mit ihrem politischen Glaubensbekenntnis „**Freiheit, Gleichheit, Brüderlichkeit**“ sorgten die französischen Republikaner in den ersten Jahren der Revolution für eine bahnbrechende Umwälzung des französischen Staatssystems, von deren politischen und gesellschaftlichen Folgen die Welt bis heute geprägt wird. Jeder Franzose sollte von nun an vor dem Gesetz gleich sein; die Privilegien des Adels und des Klerus wurden genauso abgeschafft wie das Zunftwesen. Konsequenterweise erhielten die französischen Juden bereits wenige Monate nach der Französischen Revolution die vollen Bürgerrechte. Jenseits des Rheins mussten die Juden bis 1848, mancherorts gar bis 1868 auf ihre politische Gleichstellung warten (einzig die französischen Frauen mussten sich bis 1945 gedulden, ehe sie das Wahlrecht erhielten...). Das Steuersystem wurde vereinheitlicht, der Kirchenzehnte abgeschafft, das Land in neue Verwaltungsbezirke, die noch heute bestehenden Départements, eingeteilt, das Bildungssystem reformiert und die Gewerbefreiheit eingeführt. Geistige Besitztümer wurden konfisziert, Jahrtausende alte Bistümer verschwanden von der Landkarte, Klöster wurden aufgelöst und fielen in großer Zahl dem Verfall anheim. Der Konflikt mit den Bischöfen und Pfarrern kulminierte: Als Papst Pius VII. die religiösen Verhältnisse heftig kritisierte, brach Frankreich die diplomatischen Beziehungen mit dem Heiligen Stuhl ab und annektierte Avignon und den Comtat Venaissin. Erst durch diese Annexion, die der Papst sechs Jahre später offiziell anerkannte, war die gesamte Provence französisch geworden.

Im Windschatten der Revolution begann der Aufstieg eines kleinen korsischen Leutnants namens *Napoléon Bonaparte*: Am 18. Dezember 1793 machte **Napoléon** erstmals von sich reden, als er die englische Besatzung von Toulon, dem bedeutendsten französischen Militärhafen am Mittelmeer, durch eine taktische Meisterleistung erfolgreich beendete. Zum Dank für diesen unerwarteten Sieg wurde Napoléon in den Generalsrang erhoben. Napoléons Stern stieg in den nächsten Jahren höher und höher am französischen Himmel empor: Seit dem 9. November 1799 hatte er die faktische Herrschaft übernommen, am 2. Dezember 1804 krönte er sich selbst zum Kaiser der Franzosen. In der Provence erfreute sich Napoléon allerdings keiner uneingeschränkten Zustimmung. Die Küstenorte, insbesondere Marseille, hatten durch die Kontinentalsperre erhebliche finanzielle Einbußen hinnehmen müssen. In Marseille, wie auch in Toulon, sympathisierten große Teile der Bevölkerung weiterhin mit dem alten Königshaus. Dies war auch ein Grund, weswegen Napoléon, als er im Februar 1815 aus seiner Verbannung von der Insel Elba floh, nicht etwa in einer der großen

Castellane: Etappenstation auf der Route Napoléon

französischen Hafenstädte, sondern am 1. März bei dem unbedeutenden Golfe-Juan an der südfranzösischen Küste an Land ging. Da er fürchtete, im Rhônetal auf Widerstand zu stoßen, reiste Napoléon über Grasse, Sisteron und Gap nach Grenoble, das er eine Woche später erreichte. In Lyon wurde er mit den Rufen „Es lebe der Kaiser" empfangen. Am 20. März zog Napoléon unter Beifallsstürmen in Paris ein. Die Erinnerung an seine militärischen Erfolge und sein Engagement für das Programm und die Symbolik der Revolution führten ihm schnell zahlreiche Anhänger zu. Am 18. Juni 1815 endete auf dem Schlachtfeld von Waterloo die Herrschaft der „Hundert Tage", nach vier weitren Tagen dankte Napoléon ab und schiffte sich drei Wochen später nach Sankt-Helena ein.

Das 19. Jahrhundert

Nach der Niederlage von Waterloo (1815) und der Verbannung Napoléons auf Sankt-Helena kehrte langsam wieder Ruhe ein; dank Talleyrands geschickter Verhandlungsführung auf dem **Wiener Kongress** hatte Frankreich seine Großmachtstellung auf dem europäischen Parkett behaupten können. Zwar musste Frankreich die annektierte Grafschaft Nizza und das Fürstentum Monaco wieder an den König von Sardinien bzw. an die Familie Grimaldi zurückgeben, das päpstliche Avignon und der Comtat Venaissin blieben jedoch französisch. In der nun anbrechenden Restaurationszeit kam die Provence in den Genuss eines relativ bescheidenen Wohlstands. Der seit Mitte des 19. Jahrhunderts erfolgte Ausbau des französischen Eisenbahnnetzes ermöglichte es den provenzalischen Bauern zudem, nun auch Pfirsiche, Kirschen, Tomaten, Auberginen und andere leicht verderbliche landwirtschaftliche Produkte anzubauen, die auf dem Schienenweg schnell in großen Mengen zu den Verbrauchern im Norden Frankreichs transportiert werden konnten. Im verkehrstechnisch nicht erschlossenen Hinterland, wie beispielsweise in der Haute-Provence, war aber weiterhin Schmalhans Küchenmeister: Mehr als 5000 Menschen aus dem Ubaye-Tal verließen seit den zwanziger Jahren des 19. Jahrhunderts ihre Heimat, um im fernen Mexiko ihr Glück zu machen. Diese Landflucht war symptomatisch für die Situation in den Bergdörfern der Hautes-Alpes, die innerhalb weniger Jahrzehnte oft die Hälfte ihrer Bevölkerung verloren.

Zwischen den Weltkriegen

Nach dem Ersten Weltkrieg begannen politische Ideologien in ganz Europa an Bedeutung zu gewinnen. In Frankreich kam es auf nationaler Ebene zwischen 1931 und 1939 zu 19 verschiedenen Regierungen unter 11 verschiedenen Ministerpräsidenten. Für eine zusätzliche Belastung sorgte die Weltwirtschaftskrise. In der Provence brachten die Wahlen zwischen den beiden Weltkriegen die antiklerikalen Demokraten an die Macht. Unter den Winzern, Kleinbauern und Kleinbürgern hatte die Kirche nur noch wenig Einfluss, die politische Führungsschicht bestand größtenteils aus Juristen, Professoren und anderen Vertretern des Bildungsbürgertums. Nachdem die aus Kommunisten, Sozialisten, Sozialrepublikanern und Radikalen bestehende *Volksfront* bei den Wahlen im Mai 1936 einen spektakulären Erfolg erzielen konnte und mit Léon Blum den Ministerpräsidenten stellte, traten in ganz Frankreich rund zwei Millionen Arbeiter in den Ausstand. Mit Erfolg, denn schon bald erfüllten die Unternehmerverbände zahlreiche Forderungen der Streikenden: Die Arbeiter erhielten nicht nur Lohnerhöhungen zwischen 7 und 15 % sowie Tarifverträge, per Gesetz wurde darüber hinaus die wöchentliche Arbeitszeit von 48 auf 40 Stunden reduziert und allen Arbeitnehmern erstmals 15 bezahlte Urlaubstage zugestanden. Letzteres führte vor allem zu einem enormen Anschub des nationalen Fremdenverkehrs. Gleichwohl war auch in Frankreich das braune Gedankengut auf dem Vormarsch. Wiederholt kam es bei Demonstrationen rechtsgerichteter Parteien zu blutigen Zwischenfällen.

Niederlage, Vichy und Résistance

Nach der Machtergreifung Hitlers in Deutschland wurde Frankreich und vor allem Südfrankreich, das bis November 1942 zur unbesetzten Zone gehörte, für wenige Jahre zum Sammelbecken für politisch und ethnisch Verfolgte. Schon ab 1933 entwickelte sich das kleine Fischerdorf Sanary-sur-Mer zum begehrten Domizil zahlreicher, aus dem nationalsozialistischen Deutschland geflohener Literaten, darunter Thomas Mann und Lion Feuchtwanger. Für wenige Jahre galt Südfrankreich als das gelobte Land der deutschen Exilliteratur, spätestens im Mai 1940 war es mit der trügerischen Ruhe vorbei. Nach Kriegsbeginn wurde Marseille zu einer Drehscheibe für deutsche, österreichische und italienische **Emigranten**. Weit mehr als tausend Verfolgte erhielten vom amerikanischen *Emergency Rescue Committee*, das von Varian Fry geleitet wurde, die zur Ausreise notwendigen Pässe, Visa und Finanzmittel. Wer Pech hatte oder weniger bekannt war, landete schnell in einem der berüchtigten Internierungslager, beispielsweise in Les Milles, im Südwesten von Aix-en-Provence. Lion Feuchtwanger und Thomas Mann hatten Glück und trafen sich wenig später in Los Angeles wieder; auch Alfred Döblin, Siegfried Kracauer und Hans Sahl, der eine Zeitlang für das *Emergency Rescue Committee* gearbeitet hatte, verdankten Varian Fry ihre Rettung vor den Nazischergen.

Am 10. Mai 1940 begann die **deutsche Offensive** gegen Frankreich; in einem „Blitzkrieg" überwand Hitlers Armee die französischen Stellungen. Die Nazis marschierten in kürzester Zeit in Paris ein, der gesamte Norden des Landes befand sich in deutscher Hand. Am 22. Juni wurde in Compiègne der Waffenstillstand unterzeichnet; nur der Südosten Frankreichs blieb als unbesetzte Zone vorerst vom direkten deutschen Zugriff verschont. Im Juli 1940 wurden Marschall Pétain in Vichy von der Nationalversammlung die Regierungsvollmachten übertragen. Pétain und seine Mitstreiter versuchten, einer antiquierten, „nationalen Revolution" den Weg zu ebnen; „Gott, Familie und Vaterland" sollten von nun an wieder den französischen Lebensmittelpunkt bilden, Scheidungen wurden erschwert, Abtreibungen mit drastischen Strafen belegt, republikanisch gesinnte Würdenträger rigoros der Macht enthoben, Freimaurerlogen aufgelöst, Kommunisten bedroht und antisemitischen Ressentiments freier Lauf gelassen. Ohne deutschen Druck wurden die „Juden französischer Nationalität" diskriminiert und systematisch vom öffentlichen Leben ausgeschlossen. Am 24. Oktober verkündete Pétain im Rundfunk, das Vichy-Regime habe sich zur *Collaboration d'Etat* mit Deutschland entschlossen.

Allmählich begann sich der Widerstand gegen die Regierung Pétain zu formieren. Einige wenige überzeugte Hitlergegner hatten ihren Unmut mit Sabotageakten und Protesten schon kurz nach der Kapitulation Frankreichs zum Ausdruck gebracht, aber erst in der zweiten Hälfte des Jahres 1941 wurden die **Widerstandsaktionen**

Zentrum der Résistance: Abbaye de Boscodon

koordinierter und wirkungsvoller. Nach dem Angriff Hitlers auf die Sowjetunion brachten die Kommunisten ihre Untergrunderfahrungen ein und wurden zum militärisch schlagkräftigsten Arm der Résistance.

Mit der sich im weiteren Kriegsverlauf immer deutlicher abzeichnenden Niederlage Deutschlands nahm auch die Zahl der Résistancekämpfer zu. Zuletzt dürften 100.000 bis 200.000 Personen am aktiven Widerstand beteiligt gewesen sein. Die sterblichen Überreste von Jean Moulin, dem 1943 von den Nazis hingerichteten Führer der Résistance, wurden 1964 ins Panthéon, den französischen Ruhmestempel, überführt. Das wichtigste Zentrum der Résistance in den Hautes-Alpes war damals die abgelegene Abtei von Boscodon.

Nach dem Einmarsch der Alliierten in Nordafrika (November 1942) hob Hitler die „freie" Zone auf; die französische Flotte versenkte sich selbst im Hafen von Toulon, um nicht in die Hände der Nazis zu fallen, die entgegen der Waffenstillstandsvereinbarungen versuchten, sich der Schiffe zu bemächtigen. Für ein knappes Jahr agierten italienische Soldaten als Besatzer, bevor nach der Kapitulation Italiens die Deutschen an ihre Stelle traten. Am 6. Juni begann die alliierte Großoffensive in der Normandie; als dann mehr als zwei Monate später, am 15. August 1944, **alliierte Landungstruppen** an einem rund 50 Kilometer breiten Küstenabschnitt im Osten Toulons die Eroberung Südfrankreichs in Angriff nahmen, waren die Würfel schon gefallen. Angesichts der aussichtslosen Lage ergab sich General Neuling bereits am 17. August in Draguignan. Innerhalb weniger Wochen wurden alle größeren Städte Südfrankreichs mit tatkräftiger Unterstützung der Résistance zurückerobert, am 12. September trafen in Châtillon-sur-Seine die Invasionstruppen aus der Normandie und der Provence zusammen; die Befreiung Frankreichs war abgeschlossen.

Nachkriegszeit

Eine Abrechnung mit den Kollaborateuren erfolgte nur oberflächlich. Zwar wurden im Zuge der Befreiungskämpfe rund 10.000 Franzosen hingerichtet, doch zahlreiche Mitläufer und Nutznießer des Vichy-Regimes kamen äußerst glimpflich davon. In Südfrankreich traten bei diesen Auseinandersetzungen auch klassenkämpferische Aspekte hervor. So richteten sich die Aktionen der kommunistisch geprägten Widerstandsbewegung häufig gegen Industrielle, Geistliche und bürgerliche Parteifunktionäre. Der Übergang zur politischen Normalität fand im Oktober 1945 statt, als die Franzosen eine Nationalversammlung wählten, deren Auftrag es war, eine neue Verfassung zu erarbeiten. Nach dem kurzen Zwischenspiel der Vierten Republik, die durch den Militärputsch von Algier ein Ende fand, wurde Charles de Gaulle am 21. Dezember 1958 zum Staatspräsidenten der **Fünften Republik** gewählt.

Wenig später sollte der Süden Frankreichs mit den Auswirkungen dieses weltpolitischen Ereignisses konfrontiert werden: Das Ende des algerischen Unabhängigkeitskrieges hatte den massenhaften Zuzug von Algerienfranzosen, den so genannten *Pieds noirs* (Schwarzfüße), zur Folge. Rund eineinhalb Millionen seit Generationen in Nordafrika ansässiger Franzosen wurden quasi über Nacht an die Häfen ihres Mutterlandes gespült.

Literaturtipps

Urlaubszeit ist oft Lesezeit. Wer in die Haute-Provence fährt, sollte entsprechend gerüstet sein. Die folgende Aufstellung soll hierzu einen Überblick geben. Auf Bücher, die thematisch sehr eng mit einer bestimmten Stadt oder Region verbunden sind, wird im Reiseteil noch einmal speziell hingewiesen.

Belletristik

Baier, Lothar: Jahresfrist. Fischer Taschenbuch, Frankfurt 1991. Der Kritiker und Essayist Lothar Baier beschreibt einfühlsam seine Gedanken und Erfahrungen, die ihn im Laufe eines Jahres beim Herrichten eines verfallenen Bauernhauses im Département Ardèche begleitet haben. Anspruchsvolle Alternative zu Peter Mayles „Mein Jahr in der Provence".

Beckett, Samuel: Warten auf Godot. Suhrkamp Taschenbuch, Frankfurt; zahlreiche Auflagen. Becketts bekanntestes Werk entstand, während er sich in Roussillon als einfacher Landarbeiter vor den Nazischergen verborgen hielt.

Bosco, Henri: Der Esel mit der Samthose. dtv Taschenbuch, München 1991. Ein Buch über provenzalische Paradiese, jugendliche Neugierde und die Suche nach dem irdischen Glück. Leider derzeit nicht mehr lieferbar.

Cauvin, Gaston: Clarius findet einen Stern. Zürich 1952. Eine Hymne auf die einfache bäuerliche Welt der abgelegenen provenzalischen Bergregionen. Nur in guten Bibliotheken.

Cortázar, Julio und Dunlop, Carol: Die Autonauten auf der Kosmobahn. Eine zeitlose Reise Paris-Marseille. Suhrkamp 1996. Phantastische „Expedition" über die 65 Parkplätze der Autoroute du Soleil.

Dyans, Dominique: Die Blumenkinder von Sariette. Hoffmann und Campe Verlag, Hamburg 2004. Eine Frau zieht in das provenzalische Haus ihrer Eltern und wird mit deren Hippie-Vergangenheit konfrontiert.

Giono, Jean: Der Husar auf dem Dach. Kiepenheuer & Witsch, Köln 1989. Ein 1995 verfilmter Abenteuerroman, in dem sich der piemontesische Husarenoberst Angelo Pardi durch die von der Cholera gebeutelte

Provence kämpft. Zwei weitere Natur verherrlichende Romane des „provenzalischen Pan", „Der Berg der Stummen" sowie „Das Lied der Welt", sind als Fischer Taschenbücher erschienen. Als btb Taschenbuch liegt „Bleibe, meine Freude" vor. Sehr interessant sind auch die gesammelten Texte zur „Provence", die unter diesem Titel als Piper Taschenbuch erhältlich sind.

Haefs, Gisbert: Das Doppelgrab in der Provence. Heyne Taschenbuch, München 1991. Kriminalroman. Der Zigarren rauchende Detektiv Matzbach ist am Grand Canyon du Verdon einem verschwundenen Freund auf der Spur.

Hugo, Victor: Die Elenden. Manesse, Zürich 1995. Sozialrevolutionärer Weltbestseller; der erste Teil des Buches spielt in Digne-les-Bains.

Magnan, Pierre: Das Zimmer hinter dem Spiegel. Scherz Verlag, München 2001. Pierre Magnan hat mehrere Krimis geschrieben, die alle in der Haute-Provence spielen, so auch den Kriminalroman „Tod unter der Glyzinie", der in Sisteron spielt und mit einem Mord auf der Zitadelle während der Festspiele beginnt. Spannend ist auch „Der Mörder mit der schönen Handschrift", in dem der Friedhof von Barles eine wichtige Rolle spielt.

Mayo, Geal Eaton: Das Ende eines Traums. Berlin Verlag 1996. Erinnerungen einer australischen Autorin, die lange Zeit im französischen Jura und am Fuße des Mont Ventoux gelebt hat.

Nestmeyer, Ralf (Hg.): Provence und Côte d'Azur, ein literarisches Landschaftsbild. Vielschichtige Anthologie mit Texten berühmter und unbekannter Autoren. Insel Verlag, Frankfurt 2002.

Petrarca, Francesco: Die Besteigung des Mont Ventoux. Lateinisch/Deutsch. Reclam, Stuttgart 1995. Preisgünstige Ausgabe von Petrarcas berühmter Besteigung mit einem exzellenten Nachwort von Kurt Steinmann, der auch den Text übersetzt hat.

Schlink, Bernhard: Die gordische Schleife. Diogenes Taschenbuch, Zürich 1998. Bernhard Schlink, mittlerweile durch seinen „Vorleser" zum Bestsellerautor mutiert, hat auch einen spannenden Krimi geschrieben, der im Lubéron spielt.

Sobin, Gustaf: Der Trüffelsucher. Berlin Verlag, Berlin 2002. Nach dem Tod seiner Geliebten wird ein alternder Literaturprofessor zum besessenen Trüffelsucher. Ebenfalls in der Provence spielt Sobins 2003 erschienener Roman „Das Taubenhaus".

Lavendel soweit das Auge reicht

Reiseliteratur

Barruol, Guy: Romanik in der Hoch-Provence. Echter Verlag, Würzburg 1984. Nur noch in Bibliotheken vorhanden.

Bauner, Hans Georg: Literarischer Führer Frankreich. Insel Verlag, Frankfurt 2002.

Droste, Thomas: Dauphiné und Haute-Provence. DuMont Kunstreiseführer, Köln 1992. Nicht mehr lieferbar.

Durrell, Lawrence: In der Provence. Schöffling & Co., Frankfurt 1998. Liebeserklärung an eine Landschaft, in der der große Romancier dreißig Jahre bis zu seinem Tod lebte.

Fegers, Hans: Provence, Côte d'Azur, Dauphiné, Rhône-Tal. Reclam Kunstführer, Frankreich Bd. IV., Stuttgart 1975. Der mit Abstand ausführlichste Kunstreiseführer über die Region: 907 Seiten geballte Information. Einziges Manko: Behandelt die Hauptsehenswürdigkeiten sehr detailliert, weniger bedeutende Bauwerke kommen zu kurz bzw. erst gar nicht vor. Das Buch ist seit ein paar Jahren nicht mehr im Handel erhältlich, steht aber in vielen Bibliotheken.

Nestmeyer, Ralf: Provence und Côte d'Azur. Literarische Reisebilder aus dem Midi. Klett-Cotta Verlag, Stuttgart 2005. Stimmungsvolle Einführung in die Literatur Südfrankreichs.

Geschichte und andere Sachbücher

Agulhon, Maurice/Coulet, Noël: Histoire de la Provence. Presses Universitaires de France, 2001. Preisgünstiges kleines Taschenbuch der „Que sais-je?"-Reihe von zwei angesehenen französischen Geschichtsprofessoren.

Baier, Lothar: Französische Zustände. Fischer Taschenbuch, Frankfurt 1986. Tiefgründige Annäherung an Frankreich mit den Schwerpunkten Politik und intellektuelles Leben. Nur noch in Bibliotheken erhältlich.

Botermann, Helga: Wie aus Galliern Römer wurden. Klett-Cotta Verlag, Stuttgart 2005. Umfassende Darstellung der Lebenswelt im antiken Südfrankreich, wobei die Integration der Kelten in das römische Wertesystem mit vielen Beispielen geschildert wird.

David-Néel, Alexandra: Mein Indien. Knaur Taschenbuch, München. Das wohl bekannteste Buch der Tibet-Forscherin, die 1969 nach einem sehr bewegten Leben im Alter von 101 Jahren in ihrem Haus in Digne-les-Bains starb.

Fabre, Jean-Henri: Das offene Geheimnis – aus dem Lebenswerk des Insektenforschers. Suhrkamp Verlag, Frankfurt 1977. Seit langem vergriffen.

Götze, Karl Heinz: Französische Affairen. Fischer Taschenbuch, Frankfurt 1995. Kenntnisreiche Annäherung an die französische Mentalität.

Haensch, Günther/Tümmers, Hans J. (Hg.): Frankreich. Beck'sche Länderreihe. C.H. Beck Verlag, München 1993. Systematische Beschreibung des sozialen, politischen und wirtschaftlichen Alltags unseres westlichen Nachbarn in den letzten Jahrzehnten.

Hinrichs, Ernst (Hg.): Kleine Geschichte Frankreichs. Reclam, Stuttgart 1994. Preisgünstiger und kompakter Überblick für Fachleute und interessierte Laien.

Loth, Wilfried: Geschichte Frankreichs im 20. Jahrhundert. Fischer Taschenbuch, Frankfurt 1996. Informiert kompetent über die Grundzüge der modernen französischen Geschichte.

Nestmeyer, Ralf: Französische Dichter und ihre Häuser. Insel Verlag, Frankfurt 2005. Auf den Spuren von Jean Giono und sechzehn anderen französischen Schriftstellern.

Rolshoven, Johanna: Provence mit Lavendel. Edition Con., Bremen 1991. Eine lobenswert kritische Studie zum klischeehaften Provencebild mit Lavendel.

Suchanek-Fröhlich, Stefan: Kulturgeschichte Frankreichs. Kröner Verlag, Stuttgart 1966. Umfassend, aber seit langem vergriffen.

Vanderbeke, Birgit: Gebrauchsanweisung für Südfrankreich. Piper Verlag, München 2002. Die seit Jahren in Südfrankreich lebende Schriftstellerin hat ein heiteres Buch über die Eigenarten des südfranzösischen Savoir-vivre verfasst, leider scheint sie Reiseführer nicht zu mögen, obwohl sie gerne das linke mit dem rechten Ufer der Rhône verwechselt.

Wylie, Laurence: Dorf in der Vaucluse. Fischer Verlag, Frankfurt 1978. Aus dem Alltag einer französischen Gemeinde. Der Amerikaner Laurence Wylie schildert die sozialen Veränderungen der fünfziger Jahre am Beispiel eines Phantasiedorfes namens Peyrane, hinter dem aber unschwer Roussillon zu erkennen ist. Dieses Buch ist eine der eindrucksvollsten Studien über die provenzalische Mentalität. Leider nicht mehr lieferbar.

Diverses

Heeb, Christian/Richter, Jürgen/Nestmeyer, Ralf: Provence. Bildband. Stürtz-Verlag, Würzburg 1996. Die Fotos von Jürgen Richter und Christian Heeb, beide Mitglied der renommierten Look-Fotoagentur, bestechen durch ihre Qualität und vermitteln einen plastischen Eindruck vom Charme der Provence.

Provence – eine kulinarische Reise. Christian-Verlag, München 1994. Opulent ausgestatteter Koch-Bildband mit mehr als 200 regionaltypischen Rezepten und guten „Food-Fotos".

Roellenbleck, Annette/Richner, Werner: Lavendel. Artcolor Verlag, Hamm 1994. Schöner Bildband über die Symbolpflanze der Provence.

Schnieper, Claudia und Robert: Südliches Frankreich. Reiseführer Natur. Tecklenborg Verlag, 2001. Reiseführer für Naturfreunde.

Verlassene Dörfer: ein vertrautes Bild

Stilvoll ... aber nur bei Sonnenschein zu empfehlen

Anreise

Tourismus und Umweltschutz sind zwar an sich unvereinbar, man muss sich aber notgedrungen darüber hinwegsetzen, will man seinen Urlaub nicht nur im eigenen Land verbringen oder Johann Gottfried Seumes berühmte Wandertour in einen „Spaziergang nach Avignon" umwandeln. Der schnellste Weg in die Provence ist zugleich der ökologisch verwerflichste; selbst das Auto ist im Vergleich mit dem fliegenden Kerosinkanister umweltschonend. Die unter ökologischen Gesichtspunkten günstigste Anreiseform ist – sieht man von den wackeren Pedalrittern und Nachfahren Seumes ab – die Bahnfahrt, wenngleich manch ökologisch bewegter Zugreisender nur mit Schaudern daran denken kann, dass die französische Eisenbahn mehr als drei Viertel ihrer Leistung aus atomaren Kernkraftwerken bezieht. Letztlich wird aber die Wahl des Transportmittels von den eigenen Vorlieben bestimmt.

Mit dem Auto oder Motorrad

Die meisten Touristen reisen mit dem eigenen motorisierten Fahrzeug an. Für Österreicher, Schweizer und Süddeutsche ist die An- und Abreise durchaus in einem Tag zu bewältigen; wer jedoch in Norddeutschland wohnt bzw. aus Kostengründen oder des gemächlichen Tempos wegen nur Landstraßen benutzen will, sollte eine Übernachtung einplanen. Ein Beispiel für die zu bewältigenden Entfernungen: Von Nürnberg nach Marseille sind es via Lyon rund 1100 Kilometer; benutzt man durchgehend die Autobahn, müssen für die Anreise zwischen elf und zwölf Stunden veranschlagt werden.

Allgemeine Hinweise für Frankreichfahrer

Alkohol am Steuer: Beachtung verdient die französische **Promillegrenze**. Im Gegensatz zu unseren bierschweren Politikern konnten sich die Franzosen schon Jahre früher auf eine Grenze von 0,5 Promille einigen.

Autobahngebühren: Die Gebühren sind an den mit *Péage* angekündigten Mautstellen entweder bar (Kleingeld bereithalten!) oder mittels Kreditkarte (EC oder Visa) zu entrichten. Von Saarbrücken bis in die Provence summieren sich die Autobahngebühren beispielsweise auf etwa 50 €. Als Richtgröße kann man davon ausgehen, dass der Autobahnkilometer etwa 5 Cent kostet. Rund um die größeren Städte werden in der Regel keine Gebühren erhoben. Auf das Ticket sollte man stets gut aufpassen, denn wer es nicht vorweisen kann, muss den höchsten theoretisch möglichen Preis entrichten. Ein Tipp: An den mit „CB" für *Carte Bancaire* (Kreditkarten) ausgewiesenen Spuren – zumeist ganz links – sind oft erheblich kürzere Schlangen als an den Bargeld-Schaltern.

Benzin und **Gas**: Nach einer langsamen Anlaufphase ist bleifreies Benzin seit ein paar Jahren problemlos an jeder Tankstelle erhältlich. Am teuersten sind auch in Frankreich die Tankstellen an den Autobahnen; billiger sind die Tankstellen bei den großen Supermärkten; dort wird allerdings keinerlei Service geboten. Die Preisunterschiede zu den Markentankstellen können aber bis zu 12 Cent pro Liter betragen!

Die Homepage www.carbeo.com ermöglicht einen Vergleich, wo man im jeweiligen Département günstig tanken kann. Wer über einen Gastank verfügt, kann sich vorab auf www.gas-tankstellen.de über die Lage der betreffenden Tankstellen informieren.

Bußgelder: Zwischen Deutschland, Österreich, Frankreich und Italien gibt es ein „Vollstreckungsabkommen", mit dessen Hilfe Verkehrssünder auch in ihren Heimatländern zu Bußgeldern herangezogen werden können. „Voraussetzung" ist allerdings, dass das Bußgeld mindestens 40 € beträgt.

Fahrzeugpapiere: Der nationale *Führerschein* und der *Fahrzeugschein* genügen vollauf; die internationale *Grüne Versicherungskarte* ist zwar nicht mehr Pflicht, sie kann aber bei Unfällen sehr hilfreich sein.

Gurtpflicht: Für Fahrzeuglenker und alle Insassen besteht Gurtpflicht.

Karten: Für die Anreise nach Südfrankreich via Autobahn oder Nationalstraße genügt in der Regel ein normaler Straßenatlas oder eine Karte mit großem Maßstab.

Kreisverkehr: Der im deutschsprachigen Verkehrsraum relativ seltene Kreisverkehr (*rond point*) erfreut sich in Frankreich als Alternative zur ampelgesteuerten Kreuzung großer Beliebtheit, wobei das bereits im Kreisverkehr befindliche Fahrzeug fast immer Vorfahrt hat. Nur wenn kein Verkehrsschild die Vorfahrt regelt, gilt rechts vor links.

Pannenhilfe: Auf den Autobahnen kann die Pannenhilfe über die Notrufsäulen angefordert werden, bei Unfällen hilft der Polizeinotruf, ✆ 17.

Parken: Bevor man seine Blechkarosse am Straßenrand abstellt, sollte man sich vergewissern, dass das Auto nicht in einer gelben Zone (Streifen am Straßenrand) steht – dies bedeutet nämlich strengstes Parkverbot. Blaue Zonen oder die Beschriftung *Payant* weisen darauf hin, dass Parken nur mit einer Parkscheibe (*disque*) erlaubt bzw. kostenpflichtig ist. Vorsichtig sollte man vor allem bei einem Ausflug ins Fürstentum Monaco sein. Falschparkern rückt die Polizei mit der Reifenkralle auf die Pelle: Freie Fahrt erst gegen Barzahlung!

Reparaturen: Wer mit einem Peugeot, Renault oder Citroën unterwegs ist, hat überhaupt keine Probleme, denn die französischen Autohersteller unterhalten in nahezu jeder Stadt eine eigene Vertragswerkstätte. Das soll nicht heißen, dass ein Renaultmechaniker keinen Opel Astra reparieren kann, aber spezielle Ersatzteile und Vertragswerkstätten für deutsche, italienische und japanische Autos gibt es in der Regel nur in den größeren Städten. Günstig sind die Werkstätten von www.speedy.fr.

Durchschnittspreise für Benzin (Stand: 2009)

Diesel (Gazole): ca. 1,35 €

Normal bleifrei (95 Oktan; sans plomb): ca. 1,44 €

Super bleifrei (98 Oktan; sans plomb 98): ca. 1,50 €

Steinbock mit ausgeprägter Neugier

Reisegepäckversicherung: Sicherheitsbewusste fahren nur mit Reisegepäckversicherung ins Ausland, andere halten dies für einen übertriebenen Luxus. Wie auch immer man es persönlich hält, Tatsache ist, dass Autoaufbrüche in der Provence zur Tagesordnung gehören. Allein in Aix-en-Provence werden im Sommer täglich rund 25 derartige Vergehen zur Anzeige gebracht! Wohl dem, der rechtzeitig eine Versicherung abgeschlossen hat. Hierzu ein Preisbeispiel: Wer sein Gepäck im Wert von 1500 € für 24 Tage versichern will, muss mit rund 25 € rechnen. Kaum teurer ist dann allerdings die Kombination mit einer Reiseunfall- und Reisekrankenversicherung. Achtung: Tritt ein Schadensfall ein, muss dieser polizeilich dokumentiert werden, da sonst keine Schadensregulierung erfolgen kann. Noch ein Hinweis: Einbrüche ins Hotelzimmer sind normalerweise durch die Hausratversicherung abgedeckt.

Schutzbrief: Auslandsschutzbriefe gibt es beispielsweise beim **VCD** (Verkehrsclub Deutschland), Eifelstr. 2, 53119 Bonn, ✆ 0228/98585–0, 📠 0228/98585–10.

Sicherheitsweste: Seit dem 1. Juli 2008 sind in Frankreich eine signalfarbene Sicherheitsweste, die bei Unfall oder Panna auch sofort angelegt werden muss, und ein Warndreieck Pflicht.

Tempolimit: Während auf den französischen Autobahnen eine Höchstgeschwindigkeit von 130 km/h (bei Nässe 110 km/h) erlaubt ist, darf auf Schnellstraßen mit zwei Fahrbahnen in jeder Richtung nicht mehr als 110 km/h (bei Nässe 90 km/h) und auf Landstraßen nicht schneller als 90 km/h (bei Nässe 80 km/h) gefahren werden. Innerhalb geschlossener Ortschaften gilt die bekannte Geschwindigkeitsbegrenzung von 50 km/h. Führerscheinneulinge, die ihren Schein noch kein ganzes Jahr besitzen, dürfen auf allen Straßen nicht schneller als 90 km/h dahinbrausen. Geblitzt wird vor allem mit fest installierten Radaranlagen. Bei Überschreitung der vorgegebenen Höchstgeschwindigkeit werden satte Geldbußen verhängt (ab 90 €).

Zusatzversicherung: Für wertvolle oder neuwertige Fahrzeuge, die nur Teilkasko versichert sind, empfiehlt sich der kurzfristige Abschluss einer Vollkaskoversicherung.

Anfahrtsrouten

Je nach Wohnort bieten sich mit dem eigenen Fahrzeug verschiedene Anreisemöglichkeiten an. Abgesehen von den persönlichen Interessen (z. B. Zwischenstopp am Gardasee oder Mont Blanc, Einkaufsbummel in Mailand etc.) stellen die jeweilige Anreisezeit, die anfallenden Reisekosten sowie die Zielregion die Hauptentscheidungskriterien dar. Prinzipiell gilt: Wer die Landstraße wählt, spart Geld, verliert aber viel Zeit.

Anfahrt via Frankreich

Wer auf der **Autobahn** in die Provence fahren will, entschließt sich aus Kostengründen zumeist dafür, erst bei Mulhouse (Mühlhausen) die Grenze zu überqueren.

Für die Strecke von Mulhouse bis Marseille sind zwar immer noch knapp 50 € an Gebühren – Motorradfahrer reisen rund 40 Prozent billiger – fällig, aber schneller und nervenschonender als auf der Autobahn geht es nun einmal nicht. Für Rheinländer bietet es sich selbstverständlich auch an, über Saarbrücken, Metz und Nancy gen Süden zu fahren. Bis auf ein kurzes Teilstück vor Dijon verläuft die Autobahn durchgehend.

Die ersten Autobahnabschnitte bis Beaune sind relativ wenig befahren, danach verdichtet sich der Verkehr. Zusammen mit den Reisenden aus dem Großraum Paris geht es ab Lyon auf der viel besungenen *Autoroute du Soleil* (A 7) nach Süden. Unbedingt vermeiden sollte man diese Anreiseroute allerdings an den beiden berüchtigten Wochenenden (um den 14. Juli und 1. August), an denen scheinbar alle Franzosen in die Ferien aufbrechen, gigantische Staus sind dann vorprogrammiert. In Lyon muss man sich entscheiden: Wer in die Hautes-Alpes will, nimmt am besten die Autobahn nach Grenoble und fährt anschließend auf der Route Napoléon (siehe unten) gen Süden. Wer den Südwesten der Haute-Provence als Reiseziel hat, fährt weiter auf der Autobahn in Richtung Marseille und verlässt diese an der Ausfahrt Avignon-Süd, um über die gut ausgebaute N 100 über Apt in einer knappen Stunde das Pays de Forcalquier zu erreichen.

Mautstelle: bezahlen und weiter in den Süden

Auf den **Nationalstraßen** (*Route Nationale*) geht es ebenfalls – außer an den Tagen, an denen alle fahren – gut und zügig voran; es besteht bei der Anreise über Mulhouse zudem die Möglichkeit einer Abkürzung (N 83) von Besançon über Lons-le-Saunier und Bourg-en-Bresse nach Lyon. Die dreispurigen – die mittlere Spur kann von beiden Fahrtrichtungen zum Überholen genutzt werden – Nationalstraßen im Rhône-Tal befinden sich über weite Strecken in einem ausgezeichneten Zustand. Zu bedenken bleibt allerdings, dass die Anreise erheblich länger dauert, da die zahlreichen Ortsdurchfahrten zeitraubend sind. Dafür kann man die gesparten Autobahngebühren von 30 bis 45 € auch bequem in ein Doppelzimmer in einem günstigen Hotel investieren.

Von Lyon aus gibt es drei Alternativrouten. Entweder man fährt über Grenoble und dann weiter auf der Route Napoléon (siehe unten) oder man verlässt bei Avignon das Rhônetal, um auf der N 100 in die westlichen Teilen der Haute-Provence zu gelangen (Manosque, Plateau de Valensole etc.). Die dritte Möglichkeit ist die D 93, die südlich von Valence über Crest und Die nach Serres und damit ins Pays du Buëch führt.

Route Napoléon: Eine landschaftlich sehr attraktive Anreisevariante stellt die Route Napoléon (RN 85) dar, die von Grenoble über Gap, Sisteron, Digne und Grasse nach Cannes führt. Napoléon benötigte 1815 bei seiner Rückkehr aus der Verbannung auf Elba genau eine Woche, um in umgekehrter Richtung von Cannes nach Grenoble zu gelangen. Die rund 330 Kilometer lassen sich heute zwar wesentlich schneller bewältigen, doch wäre es schade, würde man die Route Napoléon einfach durchbrausen. Am Wegesrand bieten sich mehrere interessante Zwischenstopps an. Als gleichwertige Alternative zur Route Napoléon empfiehlt sich auch die RN 75, die von Grenoble über Serres nach Sisteron führt und sich dort wieder mit der Route Napoléon vereint. Eilige können ab Sisteron auch die Autoroute Val de Durance (A 51) wählen.

• *Internet* Der Routenplaner www.viamichelin.de gibt Informationen zur schnellsten, kürzesten oder touristisch interessantesten Anreise.

• *Radio* Der Rundfunksender *FM 107,7* gibt Verkehrshinweise.

Anreisetipp: 1998 wurde ein neues Autobahnteilstück (A 39) zwischen Dijon und Lyon eröffnet. Dies erleichtert die Anreise von Deutschland erheblich, da dadurch das berüchtigte Dreieck von Beaune umgangen werden kann. Zudem verspricht die Kulisse des französischen Jura mehr Abwechslung auf der Fahrt. Hierzu zweigt man von Mühlhausen (A 36) kommend bei Dole nach Süden ab, um über Bourg-en-Bresse in Richtung Lyon zu fahren. Ein Wermutstropfen: Wie (fast) alle französischen Autobahnen ist auch die A 39 mautpflichtig.

Anfahrt via Italien

Für Österreicher ist die Anreise über Italien zumeist die günstigste Möglichkeit. Wiener fahren über Graz, Villach und Venedig nach Verona – Tauerntunnels sind gebührenpflichtig –, die anderen über den Brenner. Für Reisende aus Südbayern, die in die Haute-Provence wollen, ist die Anreise via Brenner ebenfalls zu empfehlen (Sehr lohnend ist der kleine Umweg entlang des Westufers des Gardasees). Über Verona und Piacenza geht es dann zügig durch die um Poebene. Hinter Turin verlässt man die Autobahn, über Susa und Oulx am Col de

Sukzessive verschwindet die bunte Fassadenwerbung

Montgenèvre französisches Territorium zu betreten. Nach einer weiteren knappen Stunde auf der N 94 erreicht man die alte Bischofsstadt Embrun.

Zwischen Brenner und Turin betragen die Autobahngebühren insgesamt rund 55 €. Wer kostenlos über den Brenner will, muss die Autobahn bei der Ausfahrt Innsbruck-Süd verlassen und die parallel verlaufende alte Brennerstraße nehmen. Die italienischen Landstraßen zu benutzen, ist ebenfalls zeitraubend; zudem benötigt man ein besonders strapazierfähiges Nervenkostüm.

• *Achtung* Österreich hat bekanntlich 1997 eine Jahresvignette für die Autobahn eingeführt, so dass sich die Kosten der Anreise je nach Gültigkeit der Vignette erhöhen. 10-Tages-Vignette: 7,70 €, 2-Monats-Vignette 22,10 €, Jahresvignette 73,80 €.

Anfahrt via Schweiz

Allein die Autobahnvignette für die Schweiz schlägt mit rund 40 Schweizer Franken (ca. 27,50 €) zu Buche, hinzu kommen Autobahngebühren von 10 bis 20 €, je nach dem, welche Route man wählt. Bekanntlich führen viele Wege durch die Eidgenossenschaft: Zumeist wird die Route Freiburg-Basel-Bern-Lausanne-Genf gewählt. Vom Genfer See geht es dann weiter über Chambéry nach Grenoble. Wer Zeit und Lust hat, kann einen Abstecher zum Mont Blanc unternehmen. Als alternativer Anfahrtsweg empfiehlt sich von Lindau die Route über Chur, San Bernadino, Bellinzona. Anschließend geht es an Turin vorbei durch Italien bis Susa, dann über den Col de Montgenèvre ins französische Briançon und weiter in die Haute-Provence.

Noch eine Bemerkung: Es rechnet sich aus Zeitgründen nicht, den Kauf der ein Jahr gültigen Autobahnvignette zu umgehen und die Schweiz auf Landstraßen zu durchqueren.

Mit dem Zug

Es gibt zwei alternative Anreiserouten: Über Frankreich geht es zumeist schneller, die Zugfahrt durch Italien schont hingegen die Reisekasse.

Bis in die zweite Hälfte des 19. Jahrhunderts hinein war eine Reise in den vom Klima verwöhnten Süden Frankreichs ein überaus beschwerliches Unterfangen; mit der Postkutsche rhôneabwärts zu reisen, brachte die Entbehrungen einer tagelangen Fahrt über holprige, schlecht ausgebaute Straßen mit sich sowie die ständig drohende Gefahr, dass ein Achsenbruch die Reise an der nächsten Biegung beenden würde.

Von den Beschwerden des Reisens

„Reisen im Postwagen", so vermerkte Johann Georg Heinzmann 1793 in seinem *„Rathgeber für junge Reisende"*, „ermatten eben so sehr den Geist, als sie für den Körper schädlich sind. Wer nur ein paar Tage und eine Nacht im Postwagen gefahren ist, wird zu allen muntern Gesprächen nicht mehr fähig seyn, und alles was um und neben ihm vorgehet, fängt ihm an gleichgültig zu werden. Das unbequeme enge Sitzen, oft bey schwüler Luft, das langsame Fortrutschen mit phlegmatischen und schlafenden Postknechten, der oft pestilenzialische Gestanck unsauberer Reisegesellschaften, das Tobackdampfen und die zottigen schmutzigen Reden der ehrsamen bunten Reisekompagnie, lassen uns bald des Vergnügens satt werden, und verursachen schreckliche Langeweile und gänzliches Übelbefinden in allen Gliedern. Wer acht Tage so gefahren ist, wird fast ein ganz andrer Mensch geworden seyn; wunderlich, träge, gelähmt am ganzen Körper, wachend wird er schlafen, die Augen eingefallen, das Gesicht aufgedunsen, die Füsse geschwollen; der Magen ohne Appetit, das Blut ohne Spannkraft; der Geist abwesend und zerstreut, und wie im Taumel redend."

Erst die Erfindung der Eisenbahn und der Ausbau des Eisenbahnnetzes revolutionierten das Transportwesen; in „Windeseile" fuhren die immer luxuriöser werdenden Züge von London über Paris direkt ans Mittelmeer. Der Privatzug der englischen *Königin Victoria* war mit Seide ausgekleidet und im Louis-Seize-Stil möbliert; allmorgendlich standen die Räder allerdings eine Stunde still: Ihre königliche Hoheit wollte sich nämlich in Ruhe ankleiden und die Männer des Begleittrosses sollten Gelegenheit haben, sich ohne Verletzungsgefahr zu rasieren. Ein dem Orientexpress vergleichbarer Klassiker war der wegen seiner blaugold lackierten Schlafwagen *Train Bleu* genannte Zug, der von Calais zur Côte d'Azur rollte. Heute heißt das Zauberwort im französischen Eisenbahnwesen **TGV** (*Train à Grande Vitesse*) – jedoch nur, wenn man über Paris anreist. Der zuschlagspflichtige Hochgeschwindigkeitszug (Reservierungspflicht!) bewältigt die Strecke zwischen dem Pariser Gare de Lyon und Marseille in sagenhaften 3 Stunden und 10 Minuten, dabei wird eine Höchstgeschwindigkeit von 270 km/h erreicht. Auf den anderen Strecken geht es etwas gemächlicher zu. Es gibt inzwischen keine direkten Bahnverbindungen mehr von Deutschland in die Provence. Alle Wege führen über Paris, wobei man dort vom Bahnhof Paris Est noch zum

Bahnhof Paris Lyon wechseln muss, was mit öffentlichen Verkehrsmitteln aber leicht zu bewältigen ist.

Im internationalen Verkehr mit Frankreich werden bei Nachtverbindungen **Liegewagen** 2. Klasse (6 Personen pro Abteil) und teilweise auch **Schlafwagen** 1. und 2. Klasse (1–3 Personen pro Abteil) eingesetzt. Der Zuschlag für den Liegewagen beträgt einfach ab 49 €, für den Schlafwagen ab 69 €. (die Preise richten sich nach dem Belegungsstand, daher empfiehlt es sich, rechtzeitig zu buchen).

Der Bahnhof von Nizza

Preisbeispiele

Da die Preise der italienischen Staatsbahnen nach wie vor sehr günstig sind, ist die Anreise über Italien derjenigen über Frankreich und der Schweiz vorzuziehen; sie rechnet sich sogar oft trotz eines Umwegs. Für Österreicher gibt es zur Anreise über Mailand ebenfalls keine kostengünstigere Alternative. Teilweise gibt es Sondertarife für den TGV oder die Fahrt nach Paris.

Ermäßigungen

Für spezielle Strecken gibt es an bestimmten Terminen gelegentlich Spezialtarife. Je nach Wohnort kann eine Anreise über Italien günstiger sein. Da im Internet keine Preisauskünfte für Fahrten ins Ausland möglich sind, muss man sich gezwungenermaßen an die Bahnauskunft wenden oder zum nächsten Bahnhof fahren und sich dort erkundigen (Zuschläge, Ermäßigungen etc.).

Die französischen Staatsbahnen halten für Zugreisende das **Découverte Séjour** bereit. Bedingungen: Auf der Hin- und Rückfahrt müssen im grenzüberschreitenden Verkehr mindestens 200 Kilometer innerhalb Frankreichs zurückgelegt werden; zwischen Ein- und Ausreise muss ein Wochenende liegen;am Freitag und Sonntag ist das Ticket zwischen 15 und 20 Uhr, am Montag zwischen 5 und 10 Uhr nicht gültig. Die Ermäßigung beträgt beim *Découverte Séjour* mindestens 25 Prozent. Interessant ist auch das **Euro-Domino-Ticket**.

• *Auskunft* Weitere Informationen zu Verbindungen und Vergünstigungen in Frankreich erteilt die Reiseauskunft der Deutschen Bahn unter der bundeseinheitlichen Rufnummer 11861 (sehr teuer!) sowie im Internet unter folgenden Adressen: www.bahn.de, www.oebb.at, www.sbb.ch, www.voyages-sncf.com.

Autoreisezüge

Sowohl in Hamburg, Berlin, Hildesheim, Stuttgart-Kornwestheim und Frankfurt (Neu-Isenburg) besteht die Möglichkeit, das eigene Fahrzeug auf speziell ausgerüstete zweistöckige Waggons zu verladen, um sich jenseits von Stau und Stress in den Liege- oder Schlafwagen zurückzuziehen. Am nächsten Tag beginnt der Urlaub ausgeruht in *Avignon*. Der einzige Haken: Der Huckepack-Transport hat seinen Preis, auch wenn man Benzin, Verschleiß, Autobahngebühren und Nerven spart (Fahrzeit rund 17 Stunden). Die Preise schwanken dabei stark nach Zahl der Mitfahrer und dem gewählten Termin. Bei allen Nachtfahrten ist ein Frühstück auf der Hinfahrt sowie eine kalte Abendmahlzeit auf der Rückfahrt im Preis inbegriffen. Im Schlafwagen hat man sogar ein eigenes Waschbecken im Abteil und kann im Speisesaal frühstücken. Eine frühzeitige Buchung ist in der Hauptreisezeit dringend anzuraten, nähere Auskünfte erhält man an jedem größeren Bahnhof.

Die Wanderwege sind stets gut markiert

Auf das etwas günstigere Angebot der französischen Staatsbahnen (SNCF) weist die Leserin Heike Becker hin: Jeden Freitagabend fährt von Strasbourg bzw. Metz ein Autoreisezug nach Fréjus. Rückfahrt: Samstagabend. Diverse Vergünstigungen der französischen Staatsbahnen sind möglich.

Auskunft **DB AutoZug Servicetelefon**, ✆ 0180/5241224. www.dbautozug.de; **SNCF**, Place de la Gare, F-67000 Strasbourg, ✆ 0033/89235353, ✆ 0033/388158501. www.sncf.com.

Fahrradmitnahme

Im internationalen Bahnverkehr mit Frankreich ist eine Fahrradmitnahme nur in speziell gekennzeichneten Zügen (TGV) möglich. Man benötigt hierzu eine Internationale Fahrradkarte für 10 €.

Weitere Informationen zum Thema Fahrrad erteilen **ADFC** (Allgemeiner Deutscher Fahrrad-Club), Postfach 10 77 47, D-28077 Bremen, ✆ 0421/3462950, ✆ 0421/75890, www.adfc.de; **DB-Radfahrer Hotline**: ✆ 01805/151415. **SNCF** Tel. 0033/892353536.

Mit dem Flugzeug

Die Flughäfen von Marseille (Marignane) und Nizza (Nice-Côte d'Azur) werden regelmäßig direkt von Deutschland und der Schweiz aus angeflogen. Kleinere nationale Flughäfen gibt es in Grenoble, Avignon, Cannes/Mandelieu und Toulon/Hyères. Aber eigentlich rechnet sich die Anreise mit dem Flugzeug weder aus finanziellen noch aus zeitlichen Gründen.

Tarifdschungel: Das Tarifsystem auf dem Flugreisemarkt ist nicht gerade übersichtlich. Die Fluglinien locken mit Standby, Fly & Drive, Flieg & Spar-Tarif, Super-Flieg & Spar-Tarif, Miles & More, Partnertarifen, Jugendtarifen, Studententicket, Vol Grand Bleu und anderen verführerisch klingenden Angeboten. Nur eins steht fest: In der Businessclass ist es am teuersten. Günstiger ist es immer dann, wenn man sich langfristig auf das Hin- und Rückflugdatum festlegen kann. Am besten erkundigt man sich in einem guten Reisebüro – oder mehreren – nach den aktuellen Angeboten und studiert die Tarife im Internet.

Ein Fest für die Augen

Die meisten internationalen Flugverbindungen bestehen mit dem Flughafen von Nizza, der nach dem Pariser Flughafen „Charles de Gaulle" mit rund neun Millionen Fluggästen pro Jahr der größte und modernste in Frankreich ist. Die *Lufthansa*, *Air France*, *Swiss*, *Austrian Airlines* sowie *Eurowings* fliegen **Nizza** (NCE) – teilweise täglich – von folgenden Städten aus an: Berlin, Bremen, Dresden, Düsseldorf, Frankfurt, Genf, Hamburg, Hannover, Köln, Leipzig, München, Nürnberg, Stuttgart, Wien und Zürich. Flugverbindungen nach **Marseille** (MRS) sind von Berlin, Düsseldorf, Frankfurt, Genf, München, Stuttgart und Zürich möglich. Wer von einem der kleineren Flughäfen wegfliegen will, muss zumeist in Frankfurt bzw. in Zürich oder Genf umsteigen, bei der *Air France* wird häufig in Paris das Flugzeug sowie der Flughafen zu wechseln sein – eine zeitraubende Prozedur.

Billig-Airlines: In den letzten Jahren bedienen auch zahlreiche kleine Luftlinien den Flugverkehr in die Provence. Die günstigsten Flüge, die aber nur selten verfügbar sind, beginnen bei 49 € one-way. In der Regel zahlt man nicht mehr als 400 € für einen Hin- und Rückflug in der Hochsaison. *Germanwings* fliegt beispielsweise von Köln und

Berlin nach Nizza, die *dba* bedient die Strecke München–Nizza; *Hapag Lloyd Express* düst von Köln/Bonn nach Marseille, *easyjet* von Berlin-Schönefeld und Dortmund nach Nizza, *Welcome Air* bedient ein Mal pro Woche die Strecke Innsbruck–Nizza. Die österreichische Low-Cost-Fluggesellschaft *InterSky* verbindet die Bodenseeregion zwei Mal pro Woche mit Nizza. *Skyeurope* sowie *Austrian Airlines* fliegen günstig von Wien nach Nizza.

Information www.lufthansa.de oder www.eurowings.de; www.air-france.de (Buchung und Reservierung); www.germanwings.de; www.flydba.com; www.hlx.com; www.easyjet.com; www.welcomeair.at; www.intersky.biz; www.skyeurope.com; www.austrianairlines.co.at.

Mitfahrzentralen/Trampen

Die goldenen Tramperzeiten sind – wenn es sie jemals gegeben hat – schon lange vorbei. Das Warten an den viel befahrenen französischen Nationalstraßen und Autobahnauffahrten kann zur harten Geduldsprobe werden. Abhilfe schaffen die preiswerten Mitfahrzentralen.

Am schnellsten erreicht man die Provence, wenn man sich an die zuvor beschriebenen Anfahrtsrouten hält. Da sich Mitfahrgelegenheiten nicht unbedingt auf dem direktesten Weg bieten, sollte man gutes Kartenmaterial mitführen, um nicht orientierungslos an einer Kreuzung oder Autobahnraststätte zu stehen. Neben der Mitfahrzentrale bietet sich noch die Möglichkeit, bis Süddeutschland oder Österreich zu trampen und dann mit den preisgünstigen italienischen Staatsbahnen nach Menton zu fahren.

Grundsätzlich gilt: Beim Trampen kommt man am besten alleine oder als Pärchen weg, zwei Jungs haben es da schon schwerer. Frauen sollten aus den bekannten Gründen nicht alleine trampen. Ein Vertrauen erweckendes Aussehen (keine dunklen Sonnenbrillen) hilft auf jeden Fall.

Mitfahrzentralen: Wer die Ungewissheit und Risiken des Trampens scheut, sollte sich an die Mitfahrzentralen (MFZ) halten. Sie sind für Fahrer und Mitfahrer gleichermaßen eine feine Sache. Ersterer bekommt einen Fahrtkostenzuschuss, Letzterer kommt zuverlässig und günstig ans Ziel; die Kosten liegen unter denen eines Bahntickets. Genauere Informationen zu Mitfahrgelegenheiten und Preisen können in den größeren deutschen Städten unter der **bundeseinheitlichen Rufnummer 1 94 40** erfragt werden. Frauen haben die Möglichkeit, auf Wunsch nur Frauen mitzunehmen bzw. nur bei ihnen mitzufahren.

Preisbeispiele: Die Preise errechnen sich aus einer *Benzinkostenbeteiligung* sowie einer *Vermittlungsgebühr* und belaufen sich derzeit auf 5 Cent pro Kilometer; der Fahrer erhält davon zwei Drittel. Von Nürnberg nach Digne-les-Bains beträgt der Gesamtpreis für den Mitfahrer 50 €, wovon dem Fahrer 36 € zustehen. Um spätere Schwierigkeiten zu vermeiden, sollte man unbedingt den von der MFZ ausgestellten Beleg mitführen. Für einen Euro kann jeder Mitfahrer bei der MFZ eine *Zusatzversicherung* abschließen.

Farbsymphonie am Wegesrand

Unterwegs in der Region

Mit dem eigenen Fahrzeug

Da die abgeschiedenen Landstriche der Haute-Provence und der Seealpen mit öffentlichen Verkehrsmitteln nur sehr schwer – wenn überhaupt – zu erreichen sind, erkunden die meisten Touristen den Südosten Frankreichs mit dem eigenen Fahrzeug. Motorradfreaks kommen angesichts der kurvenreichen Pass-Straßen voll auf ihre Kosten.

Das Straßennetz in der Haute-Provence und den Hautes-Alpes ist aufgrund der geographischen Gegebenheiten relativ weitmaschig. Besonders gut ausgebaut sind die mit N-Nummern markierten Nationalstraßen, während die mit einer D-Nummer versehenen Département-Straßen schmäler und gelegentlich auch etwas holprig sind. Achtung: Die vor Kurven angebrachten Hinweisschilder zur Geschwindigkeit können einen des Öfteren in trügerischer Sicherheit dahinfahren lassen, doch auf einmal muss man erschreckt feststellen, dass die angekündigte Kurve bereits mit 35 km/h statt der empfohlenen 50 km/h kaum zu meistern ist.

Das Fahrverhalten der Franzosen entspricht der mediterranen Mentalität: Größtenteils wird sehr forsch, unter häufiger Benutzung der Hupe gefahren. Glücklicherweise leiden die Franzosen in der Regel nicht an den cholerischen Anfällen wie mancher mitteleuropäischer Autofahrer.

Autoverleih: Nur in den größeren Städten der Region sind international bekannte Verleihagenturen sowie kleine örtliche Vermieter zu finden. Grundvoraussetzung für das Mieten eines Leihwagens sind ein Mindestalter von 21 Jahren und der einjährige Besitz des Führerscheins. Eine Kaution in Höhe von mehreren hundert Euro ist zu stellen, wenn man keine in Frankreich akzeptierte Kreditkarte besitzt. Die Preise variieren je nach Mietdauer, Jahreszeit und Wagenklasse. Zumeist ist es preisgünstiger, schon im Heimatort einen Wagen bei den internationalen Verleihfirmen im Voraus zu buchen. Die französische Bahn (SNCF) mit den *Rail-and-drive*-Angeboten sowie die Fluggesellschaften mit den *Fly-and-drive*-Angeboten halten ebenfalls preiswerte Alternativen bereit.

Mit der Bahn

Die Bahn eignet sich nur bedingt zur Erkundung der Haute-Provence, da das Eisenbahnnetz recht weitmaschig ist und sich zumeist nur auf Verbindungen zwischen den größeren Städten beschränkt.

Eine landschaftlich überaus reizvolle Strecke führt von Digne-les-Bains nach Nizza. Erschlossen wird die eingleisige Nebenstrecke durch den *Train des Pignes* („Pinienzapfenzug“, weil früher angeblich während der Fahrt Kiefernzapfen gesammelt wurden). Das Schienennetz des Train des Pignes misst insgesamt 151 Kilometer und zieht sich durch einen großen Teil der Haute-Provence; die einfache Fahrzeit beträgt 3.15 Stunden (vier Verbindungen täglich).

Bei der staatlichen Bahngesellschaft (SNCF) werden die Fahrkarten am Schalter ausgegeben (vor der Fahrt entwerten!), Tickets für kürzere Strecken löst man an den bereitstehenden Automaten. Kinder bis 4 Jahre fahren kostenlos, von 4–12 Jahren ist der halbe Fahrpreis zu entrichten.

Internet www.voyages-sncf.com

Mit dem Bus

Die öffentlichen Busverbindungen sind eine wichtige Ergänzung zur Eisenbahn, denn im Hinterland verkehren Züge nur auf wenigen Strecken. Alle größeren sowie viele kleinere Orte sind aber an das öffentliche Busnetz angeschlossen. Die Orte im Hinterland werden meist nicht häufiger als zweimal täglich vom Linienverkehr bedient, an Sonn- und Feiertagen fahren so gut wie keine Busse über Land. Die Preise entsprechen in der Regel denjenigen einer Zugfahrt. Wichtig ist es auch, sich nach dem Abfahrtsort zu erkundigen, da manchmal nicht alle Busse von der *Gare routière*, dem Busbahnhof, abfahren. Im nachfolgenden Reiseteil sind bei fast allen Orten die wichtigsten öffentlichen Verkehrsverbindungen zu den umliegenden Städten genannt, die Angaben auf die Häufigkeit beziehen sich in der Regel auf einen normalen Werktag. Wer am Sonn- oder an einem Feiertag weiterreisen möchte, muss bedenken, dass die Busse wesentlich seltener fahren.

Ein nützlicher Hinweis: Bei den Bahnhöfen der Region Provence-Alpes-Côte d'Azur ist ein kostenloser Fahrplan (*Guide régional des Transports*) erhältlich, der einen Überblick über die wichtigsten regionalen Zug- und Busverbindungen enthält.

Taxi

Taxis können entweder auf offener Straße angehalten werden, oder man steigt an einem mit „T“ gekennzeichneten Taxistand zu. Wird ein Taxi über eine Taxizentrale bestellt oder am Bahnhof bzw. Flughafen bestiegen, kommt zum Fahrpreis eine Anfahrtspauschale hinzu. Alle Gepäckstücke über fünf Kilogramm werden zusätzlich berechnet (jeweils 1 €). Zehn Prozent Trinkgeld gelten als angemessen.

Mit dem Fahrrad

Es ist sicher nicht jedermanns Sache, die Haute-Provence und die Pässe der Hautes-Alpes mit dem Fahrrad zu erklimmen, wer aber die sportliche Herausforderung liebt, findet hier mit Sicherheit das geeignete Terrain. Gemächlicher radelt es sich auf dem Plateau de Valensole – allerdings nur, wenn die Sonne nicht erbarmungslos herunterbrennt.

Zwar ist Frankreich das Land der *Tour de France*, doch Franzosen, die eine ausgedehnte wochenlange Radtour mit Gepäck und allem Drum und Dran unternehmen, trifft man nur selten an. Diese Urlaubsform scheint eher eine Domäne der deutschsprachigen Touristen zu sein, die diese sportliche und ökologische Reiseform schätzen; zudem ermöglicht sie nebenbei einen intensiveren Kontakt zu Landschaft und Bevölkerung. Zum Vergnügen wird eine Radtour durch den Südosten Frankreichs allerdings nur für gut trainierte Radfahrer, denn die häufigen und starken Steigungen sowie die sommerliche Hitze zehren schnell an der Substanz. Wer ohne Gepäck auf dem Rennrad die Höhen der Haute-Provence und Hautes-Alpes bezwingen will, findet mehrere über 2000 Meter hoch gelegene Pässe, beispielsweise den Col de Vars (2111 m) oder den Col de la Bonette (2802 m), die selbst einem Lance Armstrong die Schweißperlen auf die Stirn treiben. An verschiedenen Tagen im Jahr (zumeist Anfang Juli und Ende August) sind mehrere Pässe für ein paar Stunden für den Autoverkehr gesperrt, damit die Kletterkönige ungestört hinauf strampeln können. Informationen erteilt das Département Hautes-Alpes, das für Radtouristen auch eine eigene Broschüre herausgibt (*Les Cols mythiques, Itinéraires Partagés*, www.hautes-alpes.net). Hierin findet man auch mehrere Pauschalangebote für Fahrradtouren durch das Département, bei denen das Gepäck zur nächsten Herberge transportiert wird. Ein Highlight für

Kurze Verschnaufpause am Brunnen

Mountainbiker ist die ausgewiesene Abfahrt von Vars hinunter nach Embrun; sie gilt mit einer Gesamtlänge von 32 Kilometern als die Längste in Europa.

In mehr als 2000 Regionalzügen, die im Fahrplan durch ein Fahrradsymbol gekennzeichnet sind, ist das kostenlose Mitführen von Fahrrädern im Gepäckwagen bzw. -abteil möglich. Hinweis für größere Gruppen: In einigen Nahverkehrszügen können nur maximal drei Fahrräder befördert werden. In den touristisch bekannten Städten bieten private Verleiher ihre Dienste an. Die Preise variieren je nach Mietdauer, Saison und gewähltem Drahtesel. Wer sich ein Mountainbike ausleihen möchte, muss sich nach einem *vélo tout terrain* oder abgekürzt *VTT* erkundigen. Ein normales Fahrrad (*traditionel*) ist günstiger als ein Rennrad (*randonneur*) oder Mountainbike. Bei der Anmietung muss zumeist ein Personalausweis vorgelegt sowie eine Kaution (150 € bzw. 250 €) hinterlegt werden.

Für manche Regionen sind vor Ort spezielle Karten (Maßstab 1: 25.000) für Mountainbiker erhältlich.

Trampen

Das Trampen ist nicht sonderlich geeignet, um Südfrankreich zu bereisen. Die Autos der Touristen sind meist zu voll, um einen Tramper samt Gepäck unterzubringen, die Einheimischen fahren in der Regel nur zum nächsten Dorf; zudem verdienen sie nicht gerade das Prädikat „tramperfreundlich“. Bestehen daher Verbindungen im Rahmen des öffentlichen Nahverkehrs, empfiehlt es sich, ein Ticket zu lösen. Am ehesten werden noch Wanderer mitgenommen, die wieder zum Ausgangspunkt ihrer Tour zurück wollen.

Wandern

Es gibt natürlich zahlreiche Möglichkeiten, auf Schusters Rappen durch die Haute-Provence und die Hautes-Alpes zu streifen, man sollte sich dabei an die gut ausgeschilderten Fernwanderwege (*Sentiers de **G**rande **R**andonée*) halten und eine Wanderkarte mit kleinem Maßstab mit sich führen. Einige Fernwanderwege wie der GR 9 führen quer durch die gesamte Provence. Spezielle Wanderferien werden von französischen Veranstaltern nur selten angeboten.

Was haben Sie entdeckt?

Haben Sie *Ihr* Lieblingsdorf, ein gemütliches Hotel, ein empfehlenswertes Restaurant, ein uriges Lokal gefunden?

Wenn Sie Empfehlungen, Tipps, Anregungen oder Kritik haben, lassen Sie es mich bitte wissen.

Schreiben Sie an:

Ralf Nestmeyer
Stichwort „Haute-Provence“
c/o Michael Müller Verlag
Gerberei 19
91054 Erlangen
E-Mail: ralf.nestmeyer@michael-mueller-verlag.de

Schöner Schlafen

Übernachten

Im Juli und August ist es auch in den Dörfer der Haute-Provence und der Hautes-Alpes schwer, ein freies Zimmer zu finden. Kein Wunder, denn alljährlich verbringen zwischen 85 und 90 Prozent aller Franzosen ihren Urlaub im eigenen Land.

Von regionalen Verschiebungen abgesehen, bieten Haute-Provence und Hautes-Alpes eine breite Unterkunftspalette an: Von der Nobelherberge über das gediegene Schlosshotel bis hin zur einfachen, familiär geführten Unterkunft auf dem Land ist alles vorhanden; Campingfreunde haben ebenfalls eine Vielzahl von Plätzen zur Auswahl. Was das Preisspektrum der Unterkünfte betrifft, setzt neben persönlichen Vorlieben nur der eigene Geldbeutel Grenzen. Als Faustregel gilt: Je weiter man ins Hinterland reist, desto günstiger übernachtet man in der Regel. So findet man beispielsweise im gesamten Département Hautes-Alpes kein einziges Vier-Sterne-Hotel.

Hotels

Wie überall in Frankreich sind die Hotels in vier, mit Sternchen gekennzeichnete Kategorien eingeteilt. Die **Klassifizierung** – ersichtlich an einem blauen Schild am Eingang – reicht vom Luxushotel über die gehobene Mittelklasse bis hin zum durchschnittlichen Zwei-Sterne-Hotel und dem einfachen Ein-Stern-Hotel. Die Sterne beziehen sich nur auf den Komfort, nicht auf die Preise. Doch sollte man sich nicht allzu sehr von den Sternen leiten lassen, ein niedriger eingestuftes Hotel kann einem höheren durchaus an Sauberkeit, Ausstattung und Flair überlegen sein. Ein Kriterium für ein Drei-Sterne-Hotel ist beispielsweise, dass die Badezimmer mit einem Fön ausgestattet sind und das Frühstück auf Wunsch im Zimmer serviert wird; ein Zimmer in einem Vier-Sterne-Hotel muss mindestens 14 Quadratmeter groß sein und ab zwei Stockwerken einen Aufzug besitzen. Neben den klassifizierten Hotels gibt es Beherbergungsbetriebe ohne Stern – dies muss aber keineswegs bedeuten, dass die Ausstattung schlechter wäre als die eines Ein-Stern-Hotels. Wer sich gerne mit eigenen Augen von der Lage und Ausstattung des Zimmers überzeugen möchte, sollte ruhig fragen, ob er das Zimmer sehen kann. In der kälteren Jahreszeit ist es ratsam, sich vorab zu erkundigen, ob das erwünschte Zimmer über eine Heizung (*le chauffage*) verfügt (fast immer handelt es sich um Elektroheizungen, Zentralheizungen sind so gut wie unbekannt).

Die **Preise** sind von mehreren Faktoren abhängig: Neben der Ausstattung der Zimmer spielt die Reisezeit sowie die Lage des Hotels eine Rolle: In der Nähe von bekannten Sehenswürdigkeiten wie dem Grand Canyon du Verdon sind Hotels oft deutlich teurer als in abgelegenen Tälern. Während der Hauptreisezeit (Ende Juni bis Anfang September) ziehen die Übernachtungspreise deutlich an, bei längeren Aufenthalten lässt sich meistens über einen Preisnachlass verhandeln. Die Hotels sind übrigens verpflichtet, die aktuellen Preise am Eingang, an der Rezeption sowie in den Zimmern auszuhängen. Das folgende grobe Schema soll als Orientierungshilfe dienen:

Ein Doppelzimmer ohne Frühstück kostet in einem Ein-Stern-Hotel 35–50 €, in einem Zwei-Sterne-Hotel 45–80 €, in einem Drei-Sterne-Hotel 60–130 €; ein Zimmer in einem Vier-Sterne-Hotel ist nicht unter 100 € zu bekommen.

Freiheit für die Beine!

Auch wenn die Franzosen seit der Revolution die Freiheit zu einem Bürgerrecht erhoben haben, gilt diese Freiheit nicht für die Beine in einem französischen Bett. Die Franzosen stopfen nämlich die Zudecke rundherum unter die Matratze, wodurch das Ganze einem überdimensionalen Schlafsack ähnelt, der nur am Kopfende einen Einschlupf freilässt. Wer gerne mal ein Bein ins Freie streckt, muss das nächtliche Gefängnis erst einmal zerstören. Doch vergeblich. Das Hotelpersonal wird nicht müde, den ursprünglichen Zustand wieder herzustellen, denn ein Bett mit allseitig freiem Zugang ist für einen Franzosen scheinbar ein nicht akzeptabler Zustand.

Die Franzosen unterscheiden zwischen einem Zimmer mit zwei Betten (*une chambre à deux lits*) und einem Zimmer mit einem breiten Französischen Bett (*une chambre avec un grand lit*); letzteres ist in der Regel etwas günstiger. Allerdings ist das Französische Bett meist nur 135 oder 140 Zentimeter breit, so dass sich eine gewisse nächtliche Nähe fast zwangsläufig einstellt. Hinzu kommt, dass es nur eine Zudecke gibt und man anstelle von zwei Kopfkissen (*oreiller*) mit einer fürchterlichen Bettwurst (*le traversin*) Vorlieb nehmen muss. Wer also nicht als Liebespaar unterwegs ist, sollte darauf Wert legen, ein Zimmer mit zwei Betten zu reservieren. Einzelreisende werden durch die Übernachtungspreise häufig benachteiligt, da zumeist für das Zimmer bezahlt wird, gleichgültig, ob man alleine oder zu zweit im Bett liegt. Wenn überhaupt, ist ein Einzelzimmer nur unwesentlich günstiger als ein gleich ausgestattetes Zweibettzimmer.

Kein Wunschtraum: Pool mit Panoramablick

Da in den Zimmerpreisen nur in seltenen Fällen das **Frühstück** (*petit déjeuner*) inbegriffen ist, erscheint es günstiger und authentischer, sein Croissant im nächsten Café zu ordern; nach wie vor ist das Frühstücksangebot ein Schwachpunkt im französischen Hotelgewerbe. Wenn für Tee oder Kaffee, ein Glas Orangensaft, Brötchen und Croissant, die mit Butter und abgepackter Marmelade bestrichen werden können, zwischen 4 € und 10 € berechnet werden, hinkt das Preis-Leistungs-Verhältnis entschieden. In der Regel kann man davon ausgehen, dass für ein Frühstück zwischen 15 und 20 Prozent des Übernachtungspreises veranschlagt wird.

Besitzt das jeweilige Hotel ein eigenes Restaurant, wird es gerne gesehen, wenn die Gäste dort auch zu Abend essen. Allerdings ist die preislich zumeist günstige Halbpension nicht verpflichtend.

Hotelketten und -vereinigungen

Die zahlreichen Häuser der Hotelketten (Ibis, Mercure, Campanile, Nuit d'Hôtel, Climat de France etc.), die zumeist in Gewerbegebieten an den Autobahnausfahrten und Nationalstraßen zu finden sind, eignen sich zwar nicht für einen Ferienaufenthalt, sind aber zum Übernachten auf der Durchreise geradezu ideal. Am preisgünstigsten sind die über 300 französischen **Formule-1-Hotels**. Man kann zwar über die „Hotelcontainer" verächtlich die Nase rümpfen, aber der Einheitspreis von etwa 32 € pro Zimmer (1–3 Personen) und Nacht ist unschlagbar. Jedes Zimmer besitzt ein Doppel- und ein Etagenbett, Farbfernseher mit Weckeinrichtung sowie ein Waschbecken. Für das wenig berauschende Selbstbedienungsfrühstück (keine Pflicht) werden 4 € berechnet. Duschen und Toiletten sind Gemeinschaftseinrichtungen. Wegen der großen Nachfrage empfiehlt sich eine Reservierung (Achtung: Die Rezeptionen sind nur von 6.30–

10 Uhr und 17–22 Uhr besetzt). Eine aktuelle Informationsbroschüre mit den Adressen und Telefonnummern aller Formule-1-Hotels liegt in den Hotels aus. Für ungefähr 40 € verfügen die Hotels (z. B. Première Class, Etap) sogar über eine eigene Dusche und ein eigenes WC im Zimmer.

Hotelsuche: Hilfreich ist folgende Homepage, die getrennt nach Départements zahlreiche Hotels der Region auflistet und direkt verlinkt: www.sites-hotels.com/paca/index.htm.

Relais & Château: Ein erlesener Kreis exklusiver Hotels. Wie der Name bereits andeutet, häufig in Schlössern oder anderen historischen Gemäuern.

Information Schumannstr. 1–3, D-60325 Frankfurt, ✆ 069/9758, 📠 069/97589363.

Châteaux et Hotels Indépendants: Zusammenschluss von unabhängigen Hotels mit stilvollem Ambiente. Entweder handelt es sich dabei um Schlosshotels oder um besonders charmante Beherbergungsbetriebe in ländlichen Regionen, die preislich meist im 3- oder 4-Sterne-Bereich angesiedelt sind.

Kontaktadresse 15, rue Malebranche, 75005 Paris, ✆ 0033/0143547499, 📠 0033/0143547696.

Silencehotel: Individuelle Hotels, die sich durch eine ruhige Lage abseits großer Verkehrsstraßen auszeichnen.

• *Information* Bureau International, 2, passage du Guesclin, 75015 Paris, ✆ 0033/0140610725, 📠 0033/0144490377. Sekretariat in Deutschland: c/o Parkhotel Bayersoien am See, Am Kurpark 1, D-82435 Bayersoien am See, ✆ 08845/12110, 📠 08845/8398. www.relaisdusilence.com.

Logis de France: Gemütliche, nicht allzu teure Hotels; es handelt sich zumeist um familiär geführte Unterkünfte der Zwei-Sterne-Klasse mit angegliedertem Restaurant, das sich auf die Zubereitung lokaler Spezialitäten versteht.

• *Information* Logis de France, Verteilungszentrum Woehl, B.P. 25, F-67161 Wissembourg Cédex. Féderation Régionale des Logis de France Provence-Alpes-Côte d'Azur, PACA, 8, rue Neuve St. Martin, B.P. 1880, F-13222 Marseille Cédex 01. www.logis-de-france.fr.

Chambres d'hôtes: In kleineren Städte und Dörfern werden häufig auch Gästezimmer (*chambres d'hôtes*) mit Frühstück vermietet. Sie sind vergleichbar mit dem englischen *bed and breakfast*. Diese rund 5000 – steigende Tendenz! – in der Region Provence-Côte d'Azur angebotenen Unterkunftsmöglichkeiten bieten viel Kontakt zu den Gastgebern, Sprachkenntnisse vorausgesetzt; manche Vermieter sind (Nebenerwerbs-) Landwirte, andere haben sich erst unlängst in der Provence niedergelassen und freuen sich über Kontakte zu anderen Reisenden. Obwohl in einem *chambre d'hôtes* höchstens fünf Gästezimmer angeboten werden dürfen, leben manche Vermieter hauptsächlich von diesen Einnahmen. Für ein Doppelzimmer sind dabei je nach Komfort zwischen 45 und 70 € zu veranschlagen. Gelegentlich gibt es auch sehr luxuriöse Zimmer in historischen Gemäuern, zu denen fast wie selbstverständlich ein Swimmingpool gehört. Der große Komfort lässt dann auch einen Preis von über 100 € für das Doppelzimmer als gerechtfertigt erscheinen. Diese Luxusvariante wirbt auch gerne unter der Bezeichnung *Maison d'hôtes* oder *Demeure d'hôtes*. Gelegentlich erwartet die Gäste ein landestypisches Abendmenü im Kreise der Gastgeber (*table d'hôtes*), das zum Preis von 20–30 € oft auch die Getränke beinhaltet.

• *Information* Maison des Gîtes de France et du Tourisme Vert, 59, rue Saint Lazare, 75439 Paris Cédex 09, ✆ 0033/0149707575, 📠 0142812853. www.gites-de-france.fr. Hier ist eine 160 Seiten dicke Broschüre, die alle Chambres d'hôtes in der Region Provence-

Alpes-Côte d'Azur auflistet, gegen Gebühr erhältlich. Die jeweiligen Départements unterhalten auch eine eigene Homepage: www.gites-de-france-04.fr für Alpes de Haute-Provence (Maison du Tourisme, Round-Point du 11 Novembre, 04001 Digne-les-Bains, ✆ 0033/0492313040, ℻ 0492323263) sowie www.gites-de-france-05.fr für Hautes-Alpes (Relais Départemental, 1, Place Champsaur, 05000 Gap Cédex, ✆ 0492525294, ℻ 0492525290).

Gîtes ruraux: Hinter dieser Bezeichnung verbergen sich Unterkünfte (Ferienwohnungen oder Häuser) in ländlicher Umgebung, die zumeist wochenweise vermietet werden.

Information Fédération Nationale des Gîtes ruraux de France, 35, rue Godot de Mauroy, 75009 Paris, ✆ 0033/0149707575.

Gîtes d'étape: Diese speziell auf Wanderer eingestellten Unterkünfte trifft man vor allem in den entlegeneren Regionen an. Zumeist erfolgt die Unterbringung in Mehrbettzimmern; da nicht immer Bettwäsche und Handtücher gestellt werden, sollte man sich über die Serviceleistungen zuvor informieren oder sicherheitshalber einen Schlafsack im Gepäck mitführen. Der Standard ist unterschiedlich und wird mit Ähren statt mit Sternen angegeben.

Ferienhäuser und -wohnungen

Frankreich besitzt das dichteste Netz von Ferienhäusern und -wohnungen in ganz Europa. Nicht nur bei Familien ist diese Urlaubsform eine willkommene Alternative zu Hotels und Pensionen. Zwar sind sie nicht immer wesentlich billiger, ermöglichen aber einen selbst bestimmten Tagesablauf, und wer in den Ferien mit Kindern unterwegs ist, weiß diese Freiheit zu schätzen. Das Angebot reicht von altertümlichen Villen über modern ausgestattete Appartements bis zum einfachen, schnuckeligen Bauernhaus. Zusätzlich zu den reich bebilderten Katalogen der professionellen Agenturen – hier finden sich vor allem in der Nebensaison verlockende Angebote – kann man sich auch an das Tourismusbüro des

Beliebte Unterkunft für Kontaktfreudige: Chambres d'hôtes

jeweiligen Ferienortes wenden. Jedes *Syndicat d'Initiative* bzw. *Office de Tourisme* hält gewöhnlich eine Liste der zur Verfügung stehenden *Studios, Meublées, Résidences* oder *Appartements* bereit und verschickt diese auf Anfrage. Eine andere lohnenswerte Alternative sind die zahlreichen Kleinanzeigen im Reiseteil der großen überregionalen Zeitungen (FAZ, SZ, ZEIT). Die hier angebotenen Feriendomizile sind in der Regel etwas günstiger, da keine Vermittlungsprovision erhoben wird. Treten mit privaten Vermietern allerdings Probleme auf, ist es oft sehr schwierig bis unmöglich, seine Regressansprüche geltend zu machen. Die **Mietdauer** beträgt normalerweise eine bis mehrere volle Wochen, wobei als An- und Abreisetag der Samstag gilt. In der Nebensaison lässt sich die Mietdauer aber oft individuell regeln.

Die von der Lage und Ausstattung abhängigen **Preise** schwanken je nach Saison beträchtlich, in der Hauptsaison wird meist das Doppelte verlangt. In der Regel sind Wohnungen oder Häuser im Südwesten der Haute-Provence teurer als in Richtung Alpen. Einen wichtigen Preisfaktor stellen auch die Nebenkosten dar. Strom, Wasser, Heizung, Bettwäsche und die Endreinigung lassen den Mietpreis schnell um 50 € steigen. Das Preis- und Leistungsspektrum ist enorm: Einfache, kleine Ferienwohnungen kosten je nach Saison pro Woche zwischen 250 und 500 €, für ein großes, luxuriöses Landhaus mit eigenem Swimmingpool wird im August pro Woche leicht 2000 € und mehr berechnet.

• *Professionelle Agenturen* **Cherdo Armoric**, Ackerstr. 144, D-40233 Düsseldorf, ✆ 0211/670070, 📠 0211/6700778. www.cherdo.com.

Cuendet, Gotenring 11, 20937 Hamburg, ✆ 0800/1800114. www.cuendet.de.

E-Domizil, Eschborner Landstr. 41–51, 60489 Frankfurt/Main, ✆ 0800/33664945. www.e-domizil.de.

France Vacances & Vins, Hirschbergweg 4, 82140 Olching, ✆ 08142/487091, 📠 08142/487702, www.france-vacances.de.

Gîtes de France, 59, rue Saint Lazare, F-75009 Paris, ✆ 0033/0149707575, 📠 0033/0142812853. www.gites-de-france.fr.

Inter Chalet, Heinrich-von-Stefan Straße 25, D-79098 Freiburg, ✆ 0761/210077, 📠 0761/2100555. www.interchalet.com.

Lagrange, Schwabstr. 47, D-70197 Stuttgart, ✆ 0711/611118, 📠 0711/610411. www.lagrange-holidays.de.

Marion Kutschank Feriendomizile, Aumattenweg 2, D-79117 Freiburg, ✆/📠 07661/912182. www.ferienhaus.com.

RB-Tours, Postfach 1115, D-83247 Marquartstein, ✆ 08641/63081, 📠 08641/7820. www.rb-tours.de.

Ursula Lotze, Niederkasseler Kirchweg 8, D-40547 Düsseldorf, ✆ 0211/588491, 📠 0211/588469. www.lotze.de.

Vacanza, Berg 23 a, D-82386 Oberhausen, ✆ 08801/912134, 📠 08801/2536. www.vacanza.de.

Wolters Reisen, Bremer Str. 61, D-28816 Stuhr/Bremen, ✆ 0421/8999–0, 📠 0421/801447. www.wolters-reisen.de.

Jugendherbergen

In Südfrankreich existiert ein relativ dichtes Jugendherbergsnetz. Eine Übernachtung in einer *Auberge de Jeunesse* setzt auch in Frankreich den Besitz eines internationalen Jugendherbergsausweises voraus, eine Altersbegrenzung wie z. B. in Bayern gibt es hingegen nicht. Der internationale Jugendherbergsausweis kann entweder beim Deutschen Jugendherbergswerk oder seinem französischen Pendant erworben werden. Die französischen Jugendherbergen sind in vier, durch Bäume gekennzeichnete Kategorien eingeteilt. Die Preise der Herbergen variieren je nach Ausstattung; eine Übernachtung kostet derzeit zwischen 10 € und 18,50 €, das Frühstück (*petit déjeuner*) ist in der höchsten Kategorie inbegriffen, ansonsten werden ca. 4 € zusätzlich berechnet, ein warmes Abendessen kostet in der Regel 8 €. Wer keinen Jugendherbergsschlafsack hat, kann sich gegen Gebühr einen solchen leihe.

Jugendherbergen gibt es beispielsweise in La Palud sur Verdon, La Foux-d'Allos, Guillestre, Savines-le-Lac und Manosque. Manche Jugendherbergen bieten ihren Gästen Preisnachlässe für diverse Freizeitaktivitäten; in den Sommermonaten kann eine rechtzeitige Reservierung hilfreich sein.

Aktuelle Verzeichnisse zu Jugendherbergen hält neben dem jeweiligen Landesverband auch das Französische Fremdenverkehrsamt bereit:

• *Weitere Informationen* **Deutsches Jugendherbergswerk**, Bismarckstr. 8, Postfach 1455, D-32756 Detmold, ✆ 05231/99360, 📠 05231/999590. www.djh.de. **Fédération Unie des Auberges de Jeunesse (FUAJ) Centre National**, 27, rue Pajol, F-75018 Paris, ✆ 0033/0144898727, 📠 0033/0144898710. Centre Information Jeunesse Cote d'Azur, 19, rue Gioffredo, F-06000 Nice, ✆ 0033/0493809393, 📠 0033/0493803033. www.fuaj.org.

Camping

Bei mehr als 9000 Campingplätzen in ganz Frankreich treffen Camper besonders im Süden des Landes auf nahezu ideale Voraussetzungen. Einen Platz zu finden bereitet in der Haute-Provence selbst in der Hochsaison keine Schwierigkeiten. Bis auf wenige Ausnahmen haben alle Campingplätze von Juni bis Ende September geöffnet, manche sogar das ganze Jahr über.

Ein Hinweis: Auch wer ohne eigenes Zelt oder Motorhome nach Südfrankreich reist, findet auf komfortablen Zeltplätzen, die sich auch gerne als *Hôtels de plein air* bezeichnen, Übernachtungsmöglichkeiten vor. Neben voll ausgestatteten Hauszelten werden auch Wohnwagen und Bungalows vermietet.

Wildzelten ist hingegen wegen der Waldbrandgefahr verboten, ein Verstoß wird streng geahndet. Wer abseits der öffentlichen Plätze campen will, holt sich am besten beim Grundstückseigentümer die Erlaubnis. Besitzer von Wohnmobilen werden oft Schwierigkeiten haben, ihr Fahrzeug auf einem Parkplatz in Seenähe abzustellen, da die Gemeinden, um kostenloses Übernachten zu verhindern, durch Höhenbarrieren nur niedrigen Fahrzeugen die Zufahrt ermöglichen.

Stilles Plätzchen am See

Die französischen Campingplätze sind ähnlich den Hotels mittels Sternchen in vier Kategorien eingeteilt. Die Anzahl der Sterne spiegelt einzig den Standard der Ausstattung wider, sie sagt nichts darüber aus, ob die Campinganlage in einer reizvollen Landschaft liegt bzw. ob die Plätze schattig sind. Manch schlichter *Camping Municipal* ist daher einem Vier-Sterne-Luxus-Platz mit Swimmingpool, Tenniscourt und allabendlicher Animation an Atmosphäre bei weitem überlegen. Prinzipiell gilt: Ausstattung und Preise nehmen mit der Zahl der Sterne zu:

* Sanitäre Minimalausstattung, meist nur Kaltwasserduschen. Unbewachte Anlage.

** Das Campingareal ist für gewöhnlich gut erschlossen und parzelliert, Warmwasserduschen und individuelle Waschbecken mit Steckdosen sowie ein Kinderspielplatz sind zumeist ebenfalls vorhanden.

*** Komfortabler, rund um die Uhr bewachter Campingplatz mit kleinem Lebensmittelgeschäft. Die Stellplätze besitzen einen eigenen Stromanschluss. Ein Kinderspielplatz gehört zur Grundausstattung, häufig stehen ein Swimmingpool sowie ein Tennisplatz zur Verfügung.

**** Luxus-Camping mit fast obligatorischem Swimmingpool und diversen Sport- und Animationsangeboten (Disco etc.). Die sanitäre Ausstattung lässt nichts zu wünschen übrig. Die Geschäfte ähneln gelegentlich kleinen Supermärkten, ein Restaurant – oftmals eine Pizzeria – ist ebenso vorhanden.

Camping à la ferme: Camping auf dem Bauernhof; eine kleine Wiese, wenig sanitärer Komfort, aber viel Flair. Aufgrund der geringen Stellplatzzahl sind diese Campingmöglichkeiten im praktischen Teil des Reiseführers nur selten aufgeführt. Hinweistafeln beachten!

Preise: Zwei Personen mit Auto und Zelt bzw. einem Wohnmobil müssen für eine Übernachtung auf einem komfortablen Vier-Sterne-Platz 15 bis 25 €, in der Hochsaison gar bis 30 € zahlen, auf einem bescheidenen Ein-Stern-Platz kostet die Nacht zwischen 8 und 12 €. Die Preisangaben bei den Beschreibungen der jeweiligen Campingplätze beziehen sich – wenn nicht anders angegeben – auf zwei Erwachsene, ein Auto und ein Zelt in der Hauptsaison.

Infos www.campinginfrankreich.de.

Ein Paradies – nicht nur für Schmetterlinge...

Essen und Trinken

Provenzalische Tafelfreuden

Rosmarin, Thymian, Majoran, Oregano, Estragon, Fenchel, Basilikum und Salbei – mit anderen Worten, die berühmten „Herbes de Provence“ sind ein unverzichtbarer Bestandteil der bodenständigen provenzalischen Küche.

Neben den klassischen Kräutern der Provence, die selbstverständlich nicht wahllos in ihrer Gesamtheit Verwendung finden, sondern gekonnt zur Verfeinerung der Speisen eingesetzt werden, kommt aber auch kein Koch ohne Pfeffer, Olivenöl und Knoblauch aus. Die beiden letzteren bilden zusammen mit Eigelb und Zitronensaft die Grundlage des allgegenwärtigen *Aïoli*, einer würzigen Knoblauchmayonnaise, die nicht als Zutat eines Gerichtes verwendet wird, sondern im Mittelpunkt einer Mahlzeit steht, zu der Fisch, Lammkoteletts, Kartoffeln und verschiedene Gemüsearten gereicht werden. Frédéric Mistral rühmte einst die *Aïoli*, weil sie „in ihrem Wesen die Hitze, die Stärke, die Liebenswürdigkeit der Provence vereint – und daneben die angenehme Eigenschaft besitzt, Fliegen zu vertreiben“. Besonderen Wert legen die Provenzalen auf frische Zutaten, Tiefkühl- und Dosenkost gelten als verpönt, wenngleich die Mikrowelle ihren Triumphzug bis ins letzte Dorf hinein fortgesetzt hat. Neben Gemüsegerichten wie *Ratatouille* – ein aus Auberginen, Paprika, Zucchini, Zwiebeln und viel Knoblauch bestehender Gemüseeintopf – spielen **Meeresfrüchte** und **Fisch** traditionell eine große Rolle. Selbst im Hinterland werden Fischgerichte sehr geschätzt. **Fleischgerichten** kommt in der Haute-Provence und den Hautes-Alpes mehr Bedeutung zu als im übrigen Frankreich. Sehr häufig wird eine leckere *Daube* angeboten, ein in Rotwein geschmortes Rindfleischragout. Die Küchenchefs verstehen es auch, eine deftige Kalbsschulter oder einen Schweinebraten zuzubereiten. Um manche deftigen Spezialitäten, wie *Pieds et Paquets*, in Weißwein und Kalbsfond gekochter Schweinbauch mit Pansen sowie Lammfüßen und -Kutteln, werden viele einen Bogen machen, doch gehören sie zu den typisch provenzalischen Gerichten. Aufgrund der in weiten Teilen der Provence kaum vorhandenen Wälder spielen Wildgerichte traditionell nur eine unbedeutende Rolle. Auch werden kaum noch die einst so begehrten Singvögel verzehrt. Sehr beliebt sind hingegen Lammgerichte; das auf den würzigen provenzalischen Weiden gezüchtete **Lamm** (*Agneau*) genießt in Feinschmeckerkreisen einen ausgezeichneten Ruf. Allerdings stammt nicht jedes in Sisteron geschlachtete Lamm von den heimischen Weiden, aus ganz Frankreich werden die Lämmer zum Schlachthaus von Sisteron gekarrt, um ihnen das berühmte Prädikat zu verleihen.

> „Ich habe beinahe eine Vergiftung durch den Knoblauch erlitten, den sie ihren Ragouts und allen Soßen beimengen; und nicht nur allein das, der Geruch haftet sowohl den Schlafkammern als auch jedem Menschen an, dem man sich nähert."
>
> *Tobias Smollett, „Reise durch Frankreich und Italien" (1763)*

Suppenliebhaber werden vor allem an zwei Gerichten ihre helle Freude haben: Unbedingt versuchen sollte man die *Soupe au Pistou*, im Namen schwingt noch das ligurische *Pesto* mit: Die **Suppe** erhält ihren unverkennbaren Geschmack durch eine Paste aus Basilikum, Knoblauch, Olivenöl und Käse. Ebenfalls sehr lecker ist *Aigo-boulido*, eine Knoblauchsuppe, die mit Olivenöl, Salbei und anderen Kräutern verfeinert wird.

Das Auge isst mit

Trotz ihrer geographischen Kleinräumigkeit besitzen die einzelnen Regionen der Haute-Provence und der Hautes-Alpes auch ihre kulinarischen Spezialitäten. So rühmt sich Gap seines *Tourton*, worunter man sich einen Teigkrapfen vorstellen muss, der zumeist mit einem würzigen Kartoffelpüree gefüllt wird. Lecker sind auch die *Raïoles* – vergleichbar mit den italienischen Ravioli –, kleine Teigtaschen, die entweder in einer würzigen Soße zubereitet oder mit Käse überbacken werden, gelegentlich werden sie auch zum Nachtisch mit Honig und Nussmarmelade serviert.

Im Gegensatz zur Normandie und anderen französischen Regionen hat die Provence keine großen **Käsesorten** hervorgebracht. Milchkühe sind rar, so dass hauptsächlich Schafs- oder Ziegenkäse (*Chèvre*) angeboten wird. Am renommiertesten ist der *Banon de Banon*, ein in Kastanienblättern gereifter Ziegenkäse aus der Haute-Provence, der je nach Reifegrad mild und cremig oder pikant bis leicht säuerlich schmeckt. Dem Banon wurde 2003 mit einer Appellation d'Origine Contrôlée (AOC) gewissermaßen der „Ritterschlag" verliehen, da diese Auszeichnung nur wenigen erlesenen Käsesorten vorbehalten ist. Ein weiterer bekannter Ziegenkäse ist der nach dem Ort Laragne-Montéglin benannte *Laragne*. Das Ubaye-Tal ist bekannt für seine *Tomme*, einen leicht aromatischen Kuhmilchkäse, der manchmal auch in Öl eingelegt wird. Die Tomme ist ein typischer Alpenkäse, was sich auch daran erkennen lässt, dass „Tomme" der savoyische Name für Käse ist.

Savoir vivre!

Die französische Küche hat ihren Preis

Ein durchschnittliches Menü mit Vorspeise, Hauptgericht, Dessert und einem Viertel offenen Landwein schlägt mit mindestens 15 € zu Buche, in der Regel wird man mit 18 bis 30 € rechnen müssen. Es gibt nur wenige ländliche Restaurants, die diese 15-Euro-Grenze geringfügig unterschreiten. Wer hingegen in edlem Ambiente über vier oder fünf Gänge hinweg dinieren möchte, wird leicht das Doppelte los. Die Preisspannen der bekannten Gourmetrestaurants bewegen sich ab 40 € aufwärts. *A la carte* zu bestellen lohnt sich nur in den seltensten Fällen, meist ist eine selbst zusammengestellte, dreigängige Mahlzeit mindestens eineinhalb mal so teuer wie ein vergleichbares Menü. Deutlich günstiger sind die Preise für spezielle Mittagsmenüs, in sehr touristischen

Regionen ist allerdings Vorsicht angebracht, da sie oft nicht halten, was sie versprechen. Ein Tipp für alle, die mit einer eher knapp bemessenen Reisekasse unterwegs sind, aber anspruchsvolle Gaumenfreuden nicht missen möchten: Statt abends 15 € für ein langweiliges 08/15-Menü ohne Wein auszugeben, empfiehlt es sich, zur Mittagszeit in einem wohlfeilen Restaurant zu tafeln – die Rechnung für ein Mittagsmenü oder Tagesgericht (*Plat du Jour*) fällt dann nämlich nur unwesentlich höher aus, die Qualitätsunterschiede können jedoch beachtlich sein. Achtung: Die für mittags angegebenen Preise beziehen sich fast immer auf Werktage.

Andere Länder, andere Sitten

Der Gemeinplatz „andere Länder, andere Sitten" charakterisiert wohl am treffendsten die Esskultur eines Landes. Die französischen **Essgewohnheiten** unterscheiden sich in vielerlei Hinsicht von denen ihrer deutschsprachigen Nachbarländer. Das Frühstück (*Petit Déjeuner*) beispielsweise fällt wie in allen romanischen Ländern eher karg aus, eine Schale Milchkaffee (*Café au lait*) und ein Croissant genügen den meisten Franzosen bis zum Mittagessen (*Déjeuner*). Auch pflegen die Franzosen in der Regel später als die Deutschen zu essen. Mittags füllen sich die Restaurants erst ab 12.30 Uhr, mit dem Abendessen (*Dîner*) wird kaum vor 19.30 Uhr begonnen. Zum Essen sollte man viel Zeit mitbringen, da sich ein Menü mit drei oder vier Gängen leicht über zwei Stunden erstrecken kann. Aus diesem Grund werden die Tische in guten Restaurants pro Abend nur einmal vergeben. Wer mittags nur schnell eine Kleinigkeit zu sich nehmen will, ist daher in einem Café, einem Bistro oder einer Brasserie besser aufgehoben.

Nichts geht ohne Knoblauch

Wer die Wahl hat ...

Die französische Höflichkeit gebietet, dass der Gast im Restaurant nicht einfach den nächstbesten freien Tisch ansteuert, sondern sich am Eingang geduldet, bis ihm ein Platz angeboten wird; eigene Wünsche können selbstverständlich geäußert werden. Die Bedienung wird mit Madame beziehungsweise Monsieur angesprochen. Im Restaurant wird erwartet, dass man sich zumindest für ein dreigängiges Menü entscheidet, mittags kann man allerdings – falls angeboten – problemlos nur das Tagesgericht (*Plat du Jour*) ordern. Obwohl eine Karaffe mit einfachem Leitungswasser sowie Brot (zumeist *Baguette*) kostenlos zu jedem Essen gereicht werden, bestellen die Franzosen zum Wein oft noch ein stilles (*Vittel*, *Evian* etc.) oder kohlensäurearmes Mineralwasser (*Badoit*, *Vichy Saint-Yorre* etc.); am meisten Kohlensäure enthält das an seiner grünen Glasflasche leicht zu erkennende *Perrier*. Zwar verkündet ein geflügeltes deutsches Sprichwort, Käse schließe den Magen, die Franzosen lassen auf den Käsegang aber meist noch ein Dessert oder Obst folgen. Zum Ausklang genehmigt man sich häufig einen kleinen Kaffee ohne Milch.

Die Rechnung (*Addition*) wird nach Aufforderung gebracht, wobei man dies diskret andeutet oder höflich darum ersucht: *L'addition, s'il vous plaît!* In Frankreich ist es nicht üblich, getrennt zu bezahlen. Wer also in einer größeren Gruppe essen geht, sollte sich vorher absprechen, wer die Rechnung begleicht, und erst hinterher den Betrag aufteilen. Die Bedienung ist im Restaurant zwar ausnahmslos im Preis inbegriffen (*Service compris*), zwischen 5 und 10 Prozent **Trinkgeld** (*Pourboire*) sind je nach Zufriedenheit dennoch angemessen; sich Minimalbeträge herausgeben zu lassen gilt als unhöflich. Das Bedienungspersonal ist wegen seines geringen Grundlohns auf Trinkgeld angewiesen, das man üblicherweise nach der Bezahlung auf dem Tisch zurücklässt.

Hinweis: Ein Speise- und Getränkelexikon finden Sie im Anhang, am Ende dieses Reiseführers ab S. 252.

Wein: von der Sonne verwöhnt

Wein

Neben den Amphitheatern, Tempeln und Thermen ist der Weinbau eine der herausragendsten kulturellen Hinterlassenschaften der Griechen und Römer. Die in Gallien lebenden Römer betrieben den lukrativen Weinbau mit solchem Eifer, dass Kaiser Domitian bereits im Jahre 96 eine weitere Ausdehnung der Weinanbauflächen untersagte, um die italienischen Weine vor der gallischen Konkurrenz zu schützen.

Die Zeiten ändern sich bekanntlich: Heute versuchen die französischen Weinbauern, ihre Produkte durch ein Gütesiegel (**A.O.C.** = *Appellation d'origine contrôlée*), das eine bestimmte Herkunft garantiert, zu schützen. Dies bedeutet aber nicht, dass ein Landwein (*vin de pays*) ohne A.O.C.-Siegel automatisch von minderwertiger Qualität sein muss, genauso wenig verspricht jeder A.O.C.-Wein höchsten Trinkgenuss. Die bekanntesten provenzalischen Weinanbaugebiete sind neben dem berühmten Châteauneuf-du-Pape Cassis, Bandol, Côtes de Provence, Côtes du Rhône, Côtes du Lubéron und Côtes du Ventoux. Die Bezeichnung Côtes du Rhône garantiert allerdings keine provenzalische Herkunft, denn das Anbaugebiet erstreckt sich über 200 Kilometer und reicht hinauf bis nach Vienne. Man sollte daher lieber auf einen Côtes du Rhône Villages – beispielsweise einen Rasteau – zurückgreifen, der aus einem östlich von Orange gelegenen Weinanbaugebiet stammt. Ein großes Lob verdienen die **Biowinzer**. Ohne ihr anfangs belächeltes Engagement – zumeist Ausländer und Neulinge in der Branche – wäre der Aufschwung des südfranzösischen Weinbaus ausgeblieben. Mittlerweile setzen auch viele eingesessene Winzerfamilien auf den ökologischen Anbau und verzichten bewusst auf Kunstdünger, Herbizide und andere

Gifte. Der Lohn ist nicht ausgeblieben: Die Qualität ihrer Rebensäfte hat sich deutlich verbessert.

Dennoch gibt es qualitativ schlechte Tafelweine, die als **Vin de Table** in den Handel kommen. Diese gelegentlich auch als *Vins ordinaires* bezeichneten Weine stammen teilweise von Rebsorten (*Carignan*, *Aramon* etc), die für einen Qualitätswein nicht zugelassenen sind und werden häufig mit Weinen aus anderen Regionen verschnitten. Die zweitniedrigste französische Qualitätsstufe ist der **Vin de Pays**, der aus hochwertigen Rebensorten gewonnen wird, aber nur einer Ertragsbeschränkung von 90 Hektolitern pro Hektar Rebfläche unterliegt (zum Vergleich: Bei A.C.-Weinen beträgt die Menge nur etwa 50 Hektoliter pro Hektar), so dass auch Trauben minderer Qualität gepresst werden. Unter diesen preiswerten Landweinen findet sich so manches gute, im Holzfass ausgebaute Tröpfchen, doch leider auch viel Massenware mit einem niedrigen Alkoholgehalt, der bei einem Rotwein teilweise unter elf Volumenprozent liegt. Übrigens dürfen beide, der Vin de Pays genauso wie der Vin de Table, mit Rohrzucker angereichert werden. Diese „Chaptalisation" ist nicht anzeigepflichtig und wird daher nicht auf dem Etikett vermerkt.

Doch zurück zu den Qualitätsweinen. Es gibt rund ein Dutzend verschiedener Appellationen in der Provence. Die einzige **Appellation Contrôlée** (A.C.), die ausschließlich in der Haute-Provence liegt, ist seit 1999 das Anbaugebiet **Coteaux de Pierrevert**; es erstreckt sich rund um Manosque zu beiden Seiten der Durance. Auf knapp 300 Hektar werden leichte, spritzige und säurebetonte Weine angebaut, die entweder aus den Rebsorten *Pinot Noir* oder *Syrah* hergestellt werden. Da sich auf den Weinkarten in der Haute-Provence und den Hautes-Alpes vorwiegend provenzalische Weine finden, folgt hier noch ein kurzer Überblick:

Die bekanntesten Appellationen an der Rhône sind Gigondas und Vacqueyras. Als König unter den südostfranzösischen Weinen gilt der **Châteauneuf-du-Pape**;

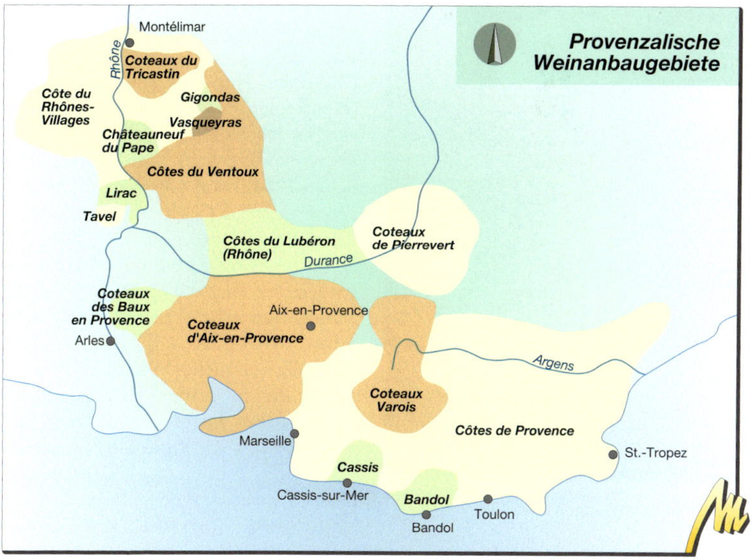

er verdankt seine außerordentliche Qualität unter anderem dem Kieselsteinboden, auf dem er gedeiht. Tagsüber speichern die einst von der Rhône angeschwemmten Kieselsteine die Sonnenhitze, die sie nachts an die Trauben abgeben; diese erreichen dadurch einen besonders hohen Reifegrad. Der Alkoholgehalt beträgt mindestens 12,5 Prozent, bei guten Jahrgängen auch schon mal 14,5 Prozent. Eine weitere Qualitätsgarantie für einen Châteauneuf-du-Pape ist die Beschränkung der Winzer auf einen Höchstertrag von 35 Hektolitern pro Hektar Anbaufläche, was zwangsläufig zur Auslese minderwertiger Trauben führt. Einzigartig ist in Frankreich, dass insgesamt dreizehn verschiedene Rebsorten zugelassen sind, wenngleich hauptsächlich *Grenache* und *Mourvèdre* angebaut werden. Da fast 98 Prozent der Ernte als kraftvoller Rotwein in den Handel kommt, wissen die wenigsten, dass auch gute und langlebige Weißweine in Châteauneuf-du-Pape gekeltert werden. Von vergleichbarer Qualität, aber erschwinglicher ist der **Gigondas**, ein ebenfalls schwerer Roter, der zu Füßen der Dentelles de Montmirail heranreift. Auch die Appellation **Bandol** ist für ihren Rotwein bekannt. Der hauptsächlich aus Mourvèdre-Trauben gekelterte Wein mit seinem vollmundigen, aromatischen Bouquet ist mehr als zehn Jahre haltbar und erfreut sich unter Weinkennern einer großen Beliebtheit. Einen ausgezeichneten Ruf genießt auch der **Coutarde**; zwar sind die Rot- und Weißweine mit der Amphore auf dem Etikett nicht billig, doch der auf dem Schieferboden der Ile de Porquerolles herangereifte und im Barrique ausgebaute Rebensaft ist seinen Preis wert. Qualitativ gute Weine bringen auch die östlich der Rhône gelegenen Anbaugebiete **Côtes du Lubéron** und **Côtes du Ventoux** hervor, wenngleich einschränkend erwähnt werden muss, dass auch große Mengen minderwertiger Tisch- und Landweine mit dieser Bezeichnung in den Supermärkten angeboten werden.

Am Col de Vars

Wer ein Faible für die leichteren Rosé-Weine hat, die vor allem bei sommerlichen Temperaturen angesagt sind, dem sei der **Côtes de Provence** empfohlen. Auf einer, größtenteils zum Département Var gehörenden Fläche von 18.000 Hektar wird der Côtes de Provence angebaut. Mit einer jährlichen Produktion von rund 80 Millionen Flaschen handelt es sich um eines der größten französischen Weingebiete; fast zwangsweise kommen dabei auch körperlose, langweilige Weine in den Handel und auf die Tische der Restaurants. Weist ein Rosé einen Alkoholgehalt von nicht einmal 11,5 Prozent auf, sollte man ihn lieber gleich im Regal stehen lassen. 75 Prozent der Ernte werden als Rosé, 20 Prozent als Rot- und 5 Prozent als Weißwein verkauft. Die bevorzugten Rebsorten für Rosé- und Rotweine sind Syrah,

Cinsault, Cabernet, Carignan, Mourvèdre und Tibouren, für den Weißwein greift man auf Rolle, Sémillon, Ugni-Blanc und Clairette zurück. Die guten Rosé-Weine mit dem Côtes de Provence A.O.C.-Siegel zeichnen sich durch ihren eleganten und trockenen, aber dennoch fruchtigen Geschmack aus und werden zumeist in schwungvoll geformte Flaschen abgefüllt. Außer dem Côtes de Provence zählen noch der **Côteaux Varois** und der **Côteaux d'Aix en Provence** zu den in großen Mengen produzierten Roséweinen. Weniger bekannt hingegen ist der **Tavel**, ein orange schimmernder, trockener Rosé, der aus der gleichnamigen Anbauzone nordwestlich von Avignon stammt.

Jahrhundertelange Tradition: Weinanbau

Weißweine sind bekanntermaßen in der Provence eher selten. Als bester Weißwein der Provence gilt zweifelsohne der **Cassis**, von dem nur ein sehr geringer Teil exportiert wird. Der auf den küstennahen Kalksteinböden herangereifte Wein – aus den Rebsorten Ugni Blanc, Clairette, Marsanne und Sauvignon erzeugt – zeichnet sich durch einen recht würzigen, aber trockenen Geschmack aus, der vor allem zu Fischgerichten hervorragend passt. Die im Hinterland der Côte d'Azur angebauten Weißweine, der **Bellet** sowie der **Villars-sur-Var**, sind ebenfalls leicht bekömmlich und trocken.

Der bekannteste Süßwein der Provence ist der **Beaumes-de-Venise**. Noch vor drei Jahrzehnten war der aus dem Muscat Blanc à Petits Grains hergestellte Vin Doux einer der beliebtesten Süßweine der Welt. Diesen Stellenwert hat er zwar verloren, lecker ist er dennoch allemal.

Wer provenzalischen Wein kaufen möchte, sollte dies unbedingt direkt beim Produzenten tun. Dies hat nicht nur den Vorteil, dass man den Wein probieren kann, auch das Preisniveau liegt deutlich unter den üblichen Marktpreisen. Hinweisschilder (*dégustation*) laden zu kostenlosen Verkostungen ein. Ein kleiner Hinweis zu den Jahrgängen: Alle Jahrgänge seit 1995 sind zu empfehlen, wobei die Weine der Jahrgänge 1995,1998, 2004 und 2005 gemeinhin als „herausragend" eingestuft werden.

Neben dem allgegenwärtigen **Pastis** gibt es noch einige regionale Spezialitäten, so den **Génépy Grand Ruben**, einem in den Bergen rund um Barcelonnette beheimateten Likör. Er wird aus der Schwarzen Edelraute (*Artemisia genipi*), einer absinthähnlichen Beifußart, gewonnen und regt vor allem die Verdauung an. Der Grand Ruben besitzt eine charakteristische grüne Farbe und enthält 40 Prozent Alkohol. Wer es lieber antialkoholisch mag, kann mit Glück auf dem Markt eine Marmelade aus Schwarzer Edelraute erstehen.

Erstaunlich warm: Lac de Serre-Ponçon

Freizeit, Sport und Strände

Die Möglichkeiten, sich sportlich zu betätigen, sind beinahe grenzenlos. Die Palette reicht vom Bungee-Jumping in den Grand Canyon du Verdon und anderen extremen Sportarten (Canyoning) bis hin zum ganz „gewöhnlichen" Tennisspielen. Wassersport genießt am Lac de Serre-Ponçon selbstverständlich einen hohen Stellenwert.

Angeln und Fischen

Wer seine Angel in einem der vielen Flüsse und Seen auswerfen will, muss bei den Kommunen oder der *Association de Pêche et Pisciculture* des jeweiligen Départements einen Angelschein erwerben. Ein zwei Wochen gültiger Ferien-Fischereischein für alle Seen und Wasserläufe des Départements Haute-Provence kostet beispielsweise 20 €; dafür darf man dann unbegrenzt viele Saiblinge, Barsche, Forellen und Zander aus dem Wasser holen.

Adresse Fédération Départementale pour la Pêche et Pisciculture Agrée des Alpes de Haute-Provence, Etoile des Alpes – Bât B, Traverse des Eaux Chaudes, BP 103, F-04003 Digne-les-Bains Cédex, ✆ 0033/0492322540, 0033/0492323211. www.federation-peche.com.

Baden

Es gibt zwar zahllose Hotels und Campingplätze mit Pool, dennoch ist Wasserfreunden vor allem ein Bad im Lac de Sainte-Croix, im Lac d'Esparron , aber auch im Lac de Serre-Ponçon und im Lac de Castillon zu empfehlen. Alle vier Stauseen verfügen über eine gute Wasserqualität und sind zudem landschaftlich sehr reizvoll gelegen. Abkühlung im wahrsten Sinne des Wortes bieten zudem mehrere Gebirgsflüsse. Viele Städte und Orte besitzen zwar ein eigenes Freibad (*piscine en plein air*), doch sind diese aus – für uns Deutsche – unverständlichen Gründen zumeist nur in den Monaten Juli und August geöffnet. Ihre Ausmaße entsprechen allerdings nur in den seltensten Fällen deutschen Verhältnissen.

Canyoning

Bereits seit mehreren Jahren erfreut sich diese Sportart in Frankreich eines regen Zuspruchs. Die korrekte deutsche Übersetzung müsste wohl „Schluchting" lauten, denn es handelt sich beim *Canyoning* gewissermaßen um eine Erkundung der Unterwelt, die man wandernd und kletternd sowie schwimmend und springend bewältigt. Man seilt sich zumeist in einen engen Canyon ab und folgt dem Lauf des Flusses. Auf dem Weg entlang der steil aufragenden Felsformationen muss man sich immer wieder abseilen, stellenweise von Felsvorsprüngen in dunkle Wasserlöcher hinabspringen und gefährliche Strudelwannen überwinden, bevor sich irgendwann wieder eine Möglichkeit bietet, der Schlucht zu entsteigen.

Da die wenigsten wagemutigen Touristen die für das *Canyoning* notwendige Ausrüstung und das entsprechende technische Know-how mitbringen, bieten mehrere Veranstalter organisierte Canyon-Tagestouren mit spektakulären Höhepunkten an. Wer sich mit einer Gruppe auf eigene Faust auf den Weg machen will, braucht einen speziellen Neoprenanzug, rutschfeste Profilschuhe, einen wasserdichten Rucksack sowie einen Sitzgurt und Abseilgerätschaften. Ohne die nötige Erfahrung ist allerdings davon abzuraten, eine unbekannte Schlucht zu erkunden. Bei einer drohender Gewittergefahr oder vorausgegangenen starken Regenfällen sollte man ebenfalls keinerlei Risiko eingehen.

Rafting: furchtlos durch den Grand Canyon du Verdon

Drachenfliegen und Paragliding

Mit einem Drachenflieger oder Hängegleiter (*Parapente*) über den Hügeln der Haute-Provence zu schweben ist ein faszinierendes Erlebnis. Sehr gut geeignet sind die Gegenden um Saint-André-les-Alpes, Moustiers-Sainte-Marie, Sisteron und Digne-les-Bains. Im Département Hautes-Alpes ist der Flugplatz von Gap-Tallard das Zentrum der Fallschirmspringer.

Nicht nur der eigenen Sicherheit wegen ist es dringend anzuraten, vor dem Flug die voraussichtlichen Wetterverhältnisse beim französischen Wetterdienst, ✆ 0436681014, einzuholen.

Golf

Der als elitär geltende Golfsport wird zwar immer populärer, doch als Volkssport kann man das Golfen dennoch nicht bezeichnen. Bei weitem nicht alle Golfplätze lassen Hinz und Kunz auf den heiligen Rasen. 18-Loch-Golfplätze gibt es in Digne-les-Bains, Pierrevert, Gap-Bayard, Isola 2000 und Montgenèvre.

• Adresse Eine Hochglanzbroschüre über die Golfplätze der Region ist auch erhältlich beim Comité Régional du Tourisme Provence-Alpes-Côte d'Azur, Les Docks – Atrium 10.5, 10, place de la Joliette, B.P. 46214, F-13567 Marseille Cédex 02, ✆ 0033/0491564700, 📠 0033/ 0491564701. www.golfin-provence.com.

Kanu- und Wildwassersport

In den Hautes-Alpes und der Haute-Provence gibt es Flüsse mit einer Länge von mehr als 500 Kilometern, die sich von April bis Oktober zur Erkundung mit dem Kanu eignen. Die Wildgewässer wie Ubaye, Verdon und Durance eignen sich aber nur bedingt zum beschaulichen Wasserwandern, Können und Geschick sind gefragt. Zur besseren Orientierung sind die einzelnen Flussabschnitte nach dem international üblichen System in die Klassen 1 bis 6 eingeteilt.

Am Esparron de Verdon sowie am benachbarten Lac de Sainte-Croix lassen sich Kanus und Kajaks stunden- oder tageweise (etwa 50 €) mieten, um damit gemütlich ein Stück auf dem Verdon zu paddeln. Ähnliche Angebote gibt es in Tallard, um von dort auf der Durance nach Sisteron zu gelangen.

Spezielle Auskünfte Fédération Française de Canoe-Kajak, 87, quai de la Marne, F-94330 Joinville-le-Pont, ✆ 0033/0145110850, 📠 0033/0148861325. www.ffck.org.

Beliebt ist auch das **Wildwasserschwimmen**, auch *Hydrospeed* genannt: Mit Flossen, Neoprenanzug und -stiefeln sowie einem schildartigen Schwimmbrett ausgerüstet, stürzen sich Wagemutige in die Fluten. Noch ein Hinweis: Der Wildwassersport ist von Dezember bis Februar gesetzlich verboten – die Wassertemperaturen dürften im Winter aber sowieso nur wenige locken.

Sehr populär ist auch das **Rafting**. Ausgerüstet mit Sturzhelm, Schwimmweste und einem Neoprenanzug stürzt man sich in einem Schlauchboot in reißende Flüsse und Stromschnellen. Zumeist bilden sechs oder acht Personen zusammen mit einem erfahrenen Begleiter ein Bootsteam. Wichtig ist hierbei, die Koordination zwischen den Bootsinsassen.

Klettern

Bei Sportkletterern und Alpinisten steht Südfrankreich dank der südlichen Atmosphäre und der Bandbreite der Routen und Touren hoch im Kurs. *Freeclim-*

bing ist ein genauso faszinierender wie populärer Sport, doch angesichts der zahlreichen Unfälle, die sich jedes Jahr ereignen, ist Vorsicht mehr als angebracht. Sehr beliebt sind die Felsen bei Orpierre, einem kleinen Ort im Pays du Buëch, die mehr als 350 Strecken in Schwierigkeitsgraden von 3c und 8c aufweisen. Anspruchsvolle Routen finden sich zudem an der Abbruchkante des Massif de Ceüse im Südwesten von Gap. Der grandiose Höhepunkt ist selbstverständlich der Grand Canyon du Verdon: Rund dreißig Felswände mit mehr als 2000 Kletterrouten im oberen Schwierigkeitsbereich warten am größten europäischen Canyon darauf, bezwungen zu werden. Die schwierigste Tour (*Les Spécialistes*) hat einen Schwierigkeitsgrad von 11-: Darunter muss man sich eine Wand vorstellen, die so glatt ist, dass man nicht einmal eine Stecknadel auf den Vorsprüngen ablegen könnte...

Eine Alternative sind auch Klettersteige (*Vie ferrate*), die man häufig in den Südalpen – beispielsweise bei Les Orres – vorfindet. Ohne Erfahrung und richtige Ausrüstung sollte man jedoch niemals auf Steigeisen einen Fels erklimmen.

Mehrere Kletterführer zu Südfrankreich mit genauen Tourenbeschreibungen (Schwierigkeitsgrad etc.) und diversen Tipps rund um das Klettern hat der *rotpunkt-Verlag* in seinem Programm. Die Führer sind in Fachbuchhandlungen sowie einschlägigen Sportgeschäften erhältlich.

Adresse Auskünfte über das Sportklettern im Département Haute-Provence erteilt zudem die Fédération Française de la Montagne et de l'Escalade, Comité Départemental, F-04600 Saint-Auban, ✆ 0033/0492643590, 0033/0492641127, www.ffme.fr.

Pétanque („Boule“)

„Pétanque ist das schönste Spiel, das Menschen je erfunden haben“, schwärmte der französische Schriftsteller und Filmregisseur Marcel Pagnol in den höchsten Tönen. Der Lieblingssport der Provenzalen ist keineswegs ein Spiel mit jahrhun-

dertelanger Tradition. Erst 1910 wurde Pétanque von einem älteren Herrn namens Jules Le Noir an der Strandpromenade von La Ciotat erfunden. Jules Le Noir litt so sehr an Rheuma, dass er seinem geliebten Boulespiel, bei dem der Ball mit Anlauf rund zwanzig Meter weit geworfen wird, nicht mehr nachgehen konnte. Zwangsweise „erfand" er eine gemäßigtere Version, die sich in kürzester Zeit über die gesamte Provence verbreitete und das alte Boulespiel (*Longue*) fast vollkommen verdrängte.

Spielregeln: Gespielt wird in zwei Mannschaften mit je zwei oder drei Spielern; jeder Spieler besitzt drei Kugeln. Das Ziel ist es, die knapp 900 Gramm schweren Eisenkugeln möglichst nahe an das 6–10 Meter entfernte *cochonnet* („Schweinchen"), eine kleine Holzkugel, heranzuwerfen, wobei die so genannten *tireurs* versuchen, gut platzierte gegnerische Kugeln „herauszuschießen". Die Mannschaft, deren Kugel am nächsten zum „Schweinchen" liegt, darf solange pausieren, bis der Gegner diese Position wieder innehat beziehungsweise keine Kugeln mehr besitzt. Am Ende des Spiels bekommt die siegreiche Mannschaft so viele Punkte wie sie Kugeln vor den gegnerischen in nächster Nähe des *cochonnet* platzieren konnte. Die Mannschaft, die zuerst 13 Punkte gesammelt hat, gewinnt die Partie. Wer mehr zur Geschichte und den Spielregeln wissen oder Boulekugeln bestellen will, wendet sich an: www.laboulebleue.fr.

Reiten

Die Haute-Provence hoch zu Ross zu erkunden, ist eine überaus reizvolle Alternative zum Wandern und Fahrradfahren. Die Angebote für Anfänger und Fortgeschrittene sind relativ groß und reichen vom einfachen Spazierritt bis zu ausgedehnten Reiterferien. Es muss kein Traum bleiben, die Berge der Haute-Provence auf dem Rücken eines Pferdes zu durchstreifen. Auskünfte erteilt:

Association régionale du Tourisme Equestre en P.A.C.A, 19, boulevard Victor-Hugo, F-06130 Grasse, ✆ 0033/0493426298.

Haltung bewahren!

Segeln und Surfen

Am Lac de Serre-Ponçon bieten mehrere Segel- und Surfschulen ihre Dienste an; auch Surfbretter sind dort zahlreich vorhanden (rund 15 € Ausleihgebühr für den halben Tag). Weitere Wassersportzentren sind der Lac de Sainte-Croix, der Lac de Castillon sowie am Esparron de Verdon. Stellenweise gibt es die Möglichkeit zum Wasserskifahren.

Segelfliegen

Die Haute-Provence gilt als das Mekka der europäischen Segelflieger. Alljährlich kommen tausende, um die hervorragende Thermik zu nutzen. In St. Auban, wo 1997 die Weltmeisterschaften stattfanden, befindet sich das größte staatliche Segelflugzentrum; in Vinon wird alljährlich der „Coup du Monde du Vol en Montagne" veranstaltet.

Skifahren

Skifahren in der Haute-Provence und den Hautes-Alpes hat eine lange Tradition. Bis ins frühe 20. Jahrhundert lassen sich die Anfänge des Wintertourismus zurückverfolgen. Ausgezeichnete Skigebiete findet man auch in den Seealpen, beispielsweise in Auron oder Valberg, wo 1937 die erste Seilbahn der Seealpen in Betrieb ging. Typisch für den französischen Wintersport sind die „Retortenstationen" wie beispielsweise La Foux d'Allos, die in den sechziger Jahren errichtet wurden. Zu den schönsten Skigebieten der Region werden Pra-Loup, Super-Sauze, Les Orres und Vars gezählt.

Neben dem klassischen Skifahren (*Ski alpin*) besitzt die Region ein ausgedehntes Loipennetz für die Anhänger des Langlaufs (*Ski de fond*). Selbstverständlich kommen auch Tourenskifahrer genauso auf ihre Kosten wie Snowboarder oder Extremsportler, die auf der Hochgeschwindigkeitsstrecke von Vars todesmutig zu Tal donnern können.

Snobs kommen im Frühjahr auf ihre Kosten: Bis zum frühen Nachmittag über die Pisten wedeln, rein ins Auto und knapp zwei Stunden später Après-Ski unter Palmen...

Eine **ausführliche Broschüre** mit den Angeboten der Wintersportorte in den Départements Alpes de Haute-Provence, Hautes-Alpes und Alpes-Maritimes (Zahl der Lifte, Loipenlänge etc.) ist erhältlich beim Comité Régional du Tourisme Provence-Alpes-Côte d'Azur, Les Docks – Atrium 10.5, 10, place de la Joliette, B.P. 46214, F-13567 Marseille Cédex 02, ✆ 0033/0491564700, 📠 0033/0491564701. www.decouverte-paca.fr/de.

Grand Canyon du Verdon

Tennis

Die Freunde des „weißen Sports“ finden in jeder größeren Stadt Tennisplätze vor. Zahlreiche Hotels der gehobenen Mittelklasse sowie komfortable Campingplätze halten ebenfalls Spielmöglichkeiten für Urlauber bereit. In der Saison ist eine Reservierung dringend zu empfehlen. Die Preise sind von der Tageszeit und der Exklusivität der Anlage abhängig.

Wandern und Bergsteigen

Die Haute-Provence und die Hautes-Alpes sind geradezu ideale Wandergebiete. Von Spaziergängen durch blühende Lavendelfelder bis hin zu Hochgebirgstouren bietet die Region etwas für jeden Geschmack. Ausgesprochen schöne Wandergebiete sind die Gegend rund um den Grand Canyon du Verdon oder das Pays du Buëch. Im Mercantour-Nationalpark nahe der italienischen Grenze sowie rund um den Lac de Serre-Ponçon gibt es ein ausgedehntes Netz alpiner Wandertouren jenseits der Baumgrenze. Weite Teile der Region lassen sich auf einem der gut ausgeschilderten Fernwanderwege (*Sentiers de **G**rande **R**andonnée*) erschließen. Wer beispielsweise auf dem weiß-rot markierten GR 6 „Alpes-Océan“ wandert, durchquert das Ubaye-Tal und gelangt anschließend über Sisteron in das Pays de Forcalquier.

Bei ausgedehnten Tagestouren empfiehlt es sich, das Risiko eines Wetterumschwungs nicht zu unterschätzen. Vor allem im Gebirge kann es bei Nebel und Regen sehr schnell zu drastischen Temperatureinbrüchen kommen, die lebensbedrohlich sein können. Wichtig ist daher die richtige Kleidung und Ausrüstung, da mit Wetterumschwüngen im Hochgebirge nicht zu spaßen ist. Es empfiehlt sich auch, die aktuellen Wettervorhersagen zu erfragen. Neben regenfester und warmer Kleidung ist auch festes Schuhwerk unerlässlich. Zudem sollte man in seinem Rucksack auch Verpflegung und Getränke mitführen. Gutes Kartenmaterial ist ebenfalls unverzichtbar. Ein Fernglas erleichtert das Beobachten der alpinen Tierwelt. Zuletzt sollte man auch seine eigenen Leistungsgrenzen nicht überschätzen. Als Richtschnur bei Bergtouren gelten bei trainierten Wanderern 300 Höhenmeter pro Stunde.

Hinweis Informationen zum Thema Wandern erteilt auch die Fédération Française de la Randonnée Pédestre (französischer Wanderverband), 14, rue Riquet, F-75019 Paris, ✆ 0033/0144899393. www.ffrandonnee.fr. In der Haute-Provence gibt es noch das Comité Départemental de Randonnée Pédestre, 14, chemin des Convertis, 04350 Malijai, ✆/℻ 0492340149.

In diesem Reisehandbuch finden Sie neben kurzen Hinweisen zu Wanderungen auch 14 ausführlich beschriebene Touren mit Karten, die fast immer wieder am Ausgangspunkt enden.

Herrliche Fernsicht vom Gipfel des Piolit

Beschaulich: Dorfplatz von Laragne-Montéglin

Wissenswertes von A bis Z

Adressen

Die Franzosen geben grundsätzlich die Hausnummer vor dem Straßennamen an. Ein Beispiel: *55, rue de la Gare*. Besitzt das Haus zusätzlich einen Nebeneingang, so lautet dessen Anschrift *55bis, rue de la Gare*; ein zweiter Nebeneingang würde mit *55ter* markiert sein. Die gängige Abkürzung für Avenue lautet "av.", für Boulevard "bd.". Fremdenverkehrsämter und andere größere Institutionen sind postalisch oft per Postfach (B.P.) zu erreichen.

Arbeiten

Für Deutsche und Österreicher gibt es – im Gegensatz zu Schweizer Staatsangehörigen – aufgrund des geltenden EU-Rechts keine Probleme, in Frankreich einer Tätigkeit nachzugehen. Der Arbeitgeber muss auf alle Fälle den gesetzlich vorgeschriebenen Mindestlohn (*SMIG*) zahlen, wenngleich man damit nicht sehr weit kommt. Ausländer haben es allerdings nicht leicht, in Südfrankreich einen Job zu finden. Die besten Möglichkeiten besitzen Personen mit guten Sprachkenntnissen auf dem touristischen Sektor. Hotels und größere Campingplätze suchen gelegentlich sprachversiertes Personal für die Rezeption. Während der Weinlese im Herbst sind zupackende Arbeitskräfte begehrt, doch ist die Arbeit an den Rebstöcken sicherlich kein locker verdientes Geld. Die Zentralstelle für Arbeitsvermittlung (**ZAV**) gibt jährlich die Broschüre "Jobben im Ausland" heraus. Für handwerklich Interessierte bietet die *Association pour la participation et l'action régionale* (**A.P.A.RE.**) unter dem Namen *Chantiers d'été* in den Départements Var, Vaucluse, Alpes-de-Haute-Provence und Hautes-Alpes besonders attraktive und zudem sehr sinnvolle Projekte an. Es handelt sich hierbei um kostengünstige Ferienaufenthalte, bei denen interessierte Freizeithandwerker unter fachkundiger Anleitung mithelfen können, bedrohte Kulturdenkmäler (Schlösser, Türme und Kirchen) vor dem Verfall zu retten. An den arbeitsfreien Nachmittagen (35 Stundenwoche!) werden Entdeckungstouren organisiert.

Dorfidylle in Simiane

• *Auskünfte* **ZAV**, Zentralstelle für Arbeitsvermittlung – Jobs und Praktika im Ausland –, Postfach, 53107 Bonn, Info-Center der ZAV ✆ 0228/7131313, www.ba-auslandsvermittlung.de.

A.P.A.RE., 41, cours Jean Jaurès, F-84000 Avignon, ✆ 0033/0490855115. www.apare-gec.org. Weitere Informationen über diverse Arbeitsmöglichkeiten enthält folgendes Buch:"Ferienjobs & Praktika Europa und Übersee", erschienen im Verlag Interconnections, Freiburg.

Behinderte

Wer mit einem Handicap unterwegs ist, steht bei manchen Hotels und Restaurants vor im wahrsten Sinne des Wortes unüberwindbaren Hindernissen. Hilfe bietet eine kostenpflichtige Broschüre, die von der *Association des Paralysés de France*

herausgegeben wird. Hier finden Sie Informationen zu behindertengerecht ausgestatteten Hotels und problemlos mit dem Rollstuhl zugänglichen Restaurants.
Anschrift A.P.F., Délégation de Paris, 22, rue du Père Guérin, F-75013 Paris, ✆ 0033/0140786900. www.apf.asso.fr.

Diplomatische Vertretungen

• *Französische Vertretungen im Ausland*
Bundesrepublik Deutschland: Französische Botschaft, Pariser Platz 5, 10117 Berlin, ✆ 030/20639000, 📠 030/20639010. Konsulate in Baden-Baden, Berlin, Düsseldorf, Frankfurt, Freiburg, Hamburg, Leipzig, Mainz, München, Saarbrücken, Stuttgart und Trier. www.botschaft-frankreich.de.
Schweiz: Französische Botschaft, Schosshaldenstr. 46, 3006 Bern, ✆ 031/3592111. www.ambafrance-ch.org. Konsulate in Basel, Zürich und Genf.
Österreich: Französische Botschaft, Technikerstr. 2, 1040 Wien, ✆ 01/502750. www.ambafrance-at.org. Das einzige Konsulat befindet sich in Innsbruck.
• *Ausländische Vertretungen in Frankreich*
Deutschland: Deutsche Botschaft, 13–15, av. Franklin-D.-Roosevelt, 75008 Paris, ✆ 0142997800, 📠 0143597418. www.paris.diplo.de. Deutsches Konsulat, 338, av. du Prado, 13295 Marseille Cédex 8, ✆ 0491167520, 📠 0491167528. Deutsches Honorarkonsulat, 34, av. Matisse, 06000 Nice, ✆ 0493835525, 📠 0493830550. Deutsches Konsulat, 2, rue du Téano, Monaco, ✆ 00377/97974965.
Österreich: Österreichische Botschaft, 6, rue Fabert, 75007 Paris, ✆ 0145559566, 📠 0145556365. Österreichisches Konsulat, 27, cours Pierre-Puget, 13006 Marseille, ✆ 0491530208, 📠 0491537151. Österreichisches Honorarkonsulat, 6, av. de Verdun, 06000 Nice, ✆ 0493870131, 📠 0491537151. Österreichisches Konsulat, 7, bd. des Moulins, Monaco, ✆ 93302300, 📠 92160454.
Schweiz: Schweizer Botschaft, 142, rue de Grenelle, 75007 Paris, ✆ 0125556700, 📠 0145513477. Schweizer Generalkonsulat, 7, rue d'Arcole, 13006 Marseille Cédex 6, ✆ 0496101410, 📠 0491570103. Schweizer Honorarkonsulat, 13, rue Alphonse Karr, 06000 Nice, ✆ 0493888509, 📠 0493885247.

Dokumente

Für Bürger aus der Bundesrepublik Deutschland und Österreich genügt ein gültiger Personalausweis, für Schweizer die Identitätskarte, doch hat sich in der Praxis die zusätzliche Mitnahme des Reisepasses bewährt. Für Kinder unter 16 Jahren reicht ein Kinderpass beziehungsweise der Eintrag im elterlichen Pass aus. Mit dem internationalen Studentenausweis erhalten Berechtigte diverse Vergünstigungen.

Feiertage

Banken, Büros und Geschäfte, aber auch fast alle Museen und Sehenswürdigkeiten haben an den beweglichen Feiertagen wie beispielsweise **Ostermontag**, an lokalen Festtagen sowie an folgenden Tagen geschlossen:

1. Januar	Neujahr	15. August	Mariä Himmelfahrt
1. Mai	Tag der Arbeit	1. November	Allerheiligen
8. Mai	Waffenstillstand 1945	11. November	Waffenstillstand 1918
14. Juli	Nationalfeiertag	25. Dezember	Weihnachten

Fotografieren

Wer in Schlössern, Kirchen oder Museen fotografieren möchte, sollte sich zuvor erkundigen, ob dies erlaubt ist. Das Blitzverbot lässt sich mit einem Stativ oder einem sehr lichtempfindlichen Film (400 ASA) umgehen. Wegen der teilweise extremen Lichtverhältnisse erweist sich ein UV- oder Polarisationsfilter als nützlich.

Geld

Da Frankreich schon zu Beginn der Europäischen Währungsreform beigetreten ist, gehören die umständlichen Wechselprozeduren der Vergangenheit an. Manchmal ist auf Quittungen noch ausgewiesen, dass ein Euro (€) 6,55957 französischen Franc (FF) entspricht. Hinweis: Den Cent bezeichnen die Franzosen übrigens weiterhin als „Centime". **Kreditkarten** – vor allem Eurocard und Visa – sind weit verbreitet; sie werden von den meisten, jedoch nicht von allen Hotels und Restaurants angenommen. Leider akzeptieren die Fahrscheinautomaten der SCNF keine deutschen Kreditkarten, das gleiche Problem stellt sich bei den Automaten der Tankstellen. Bei den immer seltener werdenden Reiseschecks beträgt die Tauschgebühr zumeist 1 %. Wegen der umständlichen Prozeduren am Bankschalter erweist sich eine EC-Karte mit Geheimzahl oder eine Kreditkarte als sehr hilfreich, denn Geldautomaten sind überall vorzufinden. Wer Geld mit seiner Kreditkarte abhebt, muss in der Regel mit 2 % des Betrags bzw. mindestens 5 € Gebühren rechnen. Inhaber von Postsparbüchern können mit der Postbank SparCard 3000plus zehnmal pro Jahr gebührenfrei Geld abheben.

• *Achtung* Bei Verlust der EC-Karte sollten Sie diese umgehend unter folgender Rufnummer in Deutschland sperren lassen: ✆ 0180/5021021; bei der Eurocard ist die Gesellschaft für Zahlungssysteme zu benachrichtigen: ✆ 069/79331910 oder ✆ 0145678484; Visa: ✆ 069/66305333; Diners: ✆ 0149061750; American Express: ✆ 069/97971000.

Gesundheit

Zwischen Deutschland sowie Österreich und Frankreich besteht ein gegenseitiges Versicherungsabkommen. Bei einem Arztbesuch ist eine Europäische Krankenversicherungskarte hilfreich; dennoch muss der Arztbesuch zunächst bar bezahlt werden. Die Rechnung beziehungsweise die Quittungen der Apotheke werden dann später der heimischen Krankenversicherung zur Erstattung vorgelegt. Wegen der umständlichen Prozedur und des teilweise hohen Eigenanteils – abgerechnet wird nämlich nach dem französischen System – empfiehlt es sich, vor der Reise eine Zusatzversicherung abzuschließen, die oft schon für 7,50 € zu bekommen ist.

Fast jedes größere Dorf besitzt eine eigene, mit einem grünen Kreuz gekennzeichnete Apotheke (pharmacie). Außerhalb der normalen Öffnungszeiten (ca. 9–12.30 Uhr und 14–18.30 Uhr) informiert ein Hinweisschild, welche Apotheke gerade Nacht- oder Sonntagsdienst hat. Häufig findet man an der Apotheke auch einen Präservativ-Automaten (préservatifs). Wer einen Zeltaufenthalt in oder am Rande der Camargue plant, sollte nicht vergessen, ausreichend Mückenschutzmittel mitzunehmen.

Haustiere

Katzen und Hunde unter drei Monaten dürfen nicht mitgenommen werden. Ältere Tiere benötigen ein tierärztliches Zeugnis sowie den Nachweis einer Tollwutschutzimpfung, die mindestens einen Monat, aber weniger als ein Jahr zurückliegen muss. Wer seinen vierbeinigen Liebling mit auf Reisen nimmt, wird feststellen, dass die Franzosen Hunden in der Regel sehr aufgeschlossen begegnen.

Information

Die Französischen Fremdenverkehrsämter (Maison de la France) halten auf Anfrage Prospektmaterial bereit und helfen vor Reiseantritt mit allgemeinen Auskünften gerne weiter. Dort ist auch das jährlich neu zusammengestellte Magazin „Tours de France: Hochprovence" kostenlos erhältlich:

In **Deutschland**: Maison de la France, Zeppelinallee 37, 60325 Frankfurt/M. (Zentrale), ✆ 0190/570025*, 📠 0190/599061* (* 0,49 € pro Minute). www.maison-de-la-france.com.

In **Österreich**: Maison de la France, Lugeck 1–2, 1010 Wien, ✆ 0900/250015*, 📠 01/5032872 (* 0,68 € pro Minute). www.franceguide.com.

In der **Schweiz**: Maison de la France, Rennweg 42, Postfach 3376, 8021 Zürich, ✆ 044/2174617, 📠 044/2174617.

In der **Region Provence-Côte d'Azur**: Comité Régional du Tourisme Provence-Alpes-Côte d'Azur, Les Docks – Atrium 10.5, 10, place de la Joliette, B.P. 46214, F-13567 Marseille Cédex 02, ✆ 0033/0491564700, 📠 0033/0491564701. www.decouverte-paca.fr/de.

Die Départements verfügen zudem über eigene Tourismusbüros (Comité Départemental du Tourisme):

Haute-Provence: Comité Départemental du Tourisme et des Loisirs, Maison des Alpes-de-Haute-Provence, B.P. 170, Immeuble François Mitterrand, F-04005 Digne-les-Bains Cédex, ✆ 0033/0492315729, 📠 0033/0492322494. www.alpes-haute-provence.com.

Hautes-Alpes: Comité Départemental du Tourisme des Hautes-Alpes, 8bis, rue Capitaine de Bresson, BP 46, 05002 Gap Cédex, ✆ 0033/0492536200, 📠 0033/0492533160. www.hautes-alpes.net.

Die Fremdenverkehrseinrichtungen der Städte und Ortschaften (Office de Tourisme oder Syndicat d'Initiative) versenden auf Anfrage ebenfalls gerne Prospekte, detaillierte Unterkunftsverzeichnisse sowie gegebenenfalls Informationen zu Pauschalangeboten. Die jeweiligen Adressen sowie Telefon- und Faxnummern des zuständigen Office de Tourisme beziehungsweise Syndicat d'Initiative sind im Reiseteil bei den einzelnen Orten angegeben.

Internet

Inzwischen verfügen die meisten Hotels der Provence über einen drahtlosen, doch leider nicht immer kostenlosen Zugang zum Internet. In Frankreich sprich macht dabei nicht von WLAN, sondern wie im Englischen von Wi-Fi (Wireless Fidelity). Einige Cafés locken inzwischen ihre Gäste mit einem kostenlosen Zugang ins World Wide Web.

Wer sich bereits vorab beim Surfen im Internet über die Haute-Provence informieren möchte, kann dies unter folgenden Adressen tun:

www.franceguide.com,
www.frankreich-sued.de,
www.frankreich-info.de,
www.gay-provence.org,
www.provence-online.com,
www.botschaft-frankreich.de.

Jagd

Die Jagd ist der französische Nationalsport schlechthin. Mehr als eine Million Franzosen haben eine Flinte im Schrank stehen, die sie alljährlich zur Jagdsaison hervorholen. Sie lassen sich auch nicht durch Proteste von Naturschützern und

Werbung vor dem Internetzeitalter

Tierfreunden von ihrem Freizeitvergnügen abhalten, denn die Jagd ist ein droit républicain. Hierzu muss man wissen, dass es seit der Revolution von 1789 nicht nur den Adeligen, sondern auch den „einfachen Leuten" gestattet ist, mit einer Flinte durch den Wald oder über die Felder zu ziehen. Besonders beliebt ist die Jagd auf Zugvögel, die alljährlich zu Hunderttausenden vom Himmel geholt werden. Das gesellschaftliche Gewicht der französischen Jäger sollte nicht unterschätzt werden. Im Februar 1998 demonstrierten 130.000 Menschen in Paris gegen eine Regierungsvorlage der Umweltministerin Dominique Voynet, die vorsah, die Schonzeit für bestimmte Wasservögel um zwei Monate zu verlängern. Mit Erfolg: Im Juni lehnte das Parlament mit den Stimmen aller Parteien, mit Ausnahme der Grünen, den Gesetzesentwurf ab, wohl wissend, dass dadurch europäisches Recht gebrochen wurde.

Kriminalität

Die Kleinkriminalität ist bekanntlich ein großes Problem in Südfrankreich. Im Gegensatz zu großen Städten und Küstengebieten muss man in der Haute-Provence allerdings schon sehr großes Pech haben, um das Opfer eines Diebstahls zu werden. Nichtsdestotrotz gilt: Vorsicht ist die Mutter der Porzellankiste!

Landkarten

Die gebräuchlichste und empfehlenswerteste Landkarte für die Region Provence-Côte d'Azur ist die Michelin-Karte Regional Nr. 527 im Maßstab 1:200.000; sie ist für 7 € im Buchhandel erhältlich. Ihr großer Vorteil beispielsweise gegenüber der ADAC-Karte liegt in der Darstellung der gesamten Region, inklusive der Haute-Provence. Sie ist allerdings etwas umständlich gefaltet. Wer nur einen Teil der Region bereisen möchte, kann auch eine Karte aus der Michelin-Reihe Local erwerben, die zumeist zwei Départements inkl. Stadtpläne und Index im Maßstab 1:150.000 abbildet. Die Haute-Provence ist auf der Nr. 334, die Provence auf der Nr. 341 dargestellt. Kostenpunkt in Frankreich: 4,55 €. Als weitere Alternative bieten sich die Reliefkarten aus der grünen Reihe (1:100.000) des Nationalen Geographischen Instituts (IGN) an. Sehr praktisch zum Wandern ist die blaue Serie des IGN, dank des Maßstabs von 1:25.000 sind auch die kleinsten Wege eingezeichnet. Für alle Karten französischen Ursprungs gilt: Sie sind im Urlaubsland günstiger als im heimischen Buchhandel.

Märkte

Der Besuch eines Wochenmarktes gehört zu den schönsten Eindrücken einer Reise durch die Haute-Provence. Noch bevor sich der erste Kunde nähert, stapeln sich leere Kisten und Pappkartons im Rinnstein. Salate, Kräuter und Gemüse werden zu bunten Kaskaden aufgebaut. Der Duft von reifem Rohmilchkäse und frischen Meeresfrüchten lässt einem das Wasser im Mund zusammenlaufen. Es gibt Stände, die Dutzende von Honigsorten und Olivenöle aus verschiedenen Herkunftsregionen anbieten, aber auch Textilien und gebrauchte Klamotten sind zu finden.

Bei den praktischen Informationen zu jedem Ort sind daher die Markttage aufgeführt, bei größeren Städten auch die Straße beziehungsweise der Platz, wo der Markt stattfindet.

Notruf

Im Falle eines Falles gilt in ganz Frankreich folgender Notruf: ✆ 17 für die Polizei (police) und ✆ 18 für die Feuerwehr (sapeur-pompiers).

Öffnungszeiten

In Frankreich gibt es keine gesetzlich vorgeschriebenen Öffnungszeiten; man kann aber davon ausgehen, dass die meisten Geschäfte zwischen 9 und 12 Uhr sowie zwischen 14.30 und 19 Uhr geöffnet haben. Große Supermärkte schließen gar erst um 21 oder 22 Uhr. Die Mittagspause wird, abgesehen von den großen Supermarchés (Carrefour, Géant Casino, Mammouth etc.) in Gap und Digne-les-Bains strikt eingehalten. Viele Geschäfte haben montags ganz- oder vormittags geschlossen, dafür kann man sich auch am Sonntagvormittag mit Lebensmitteln und Brot eindecken. Der Samstag gilt als ganz normaler Werktag.

Für Banken gelten andere Öffnungszeiten. Sie haben in der Regel von Montag bis Freitag von 9–12 Uhr und 14–16 Uhr geöffnet, mancherorts ist montags kein Publikumsverkehr möglich. Die Post macht nicht nur zumeist eine Stunde früher auf und zwei Stunden später zu, sondern sie öffnet auch Samstagvormittag ihre Pforten. Wer einen Museumsbesuch zwischen Mittwoch und Sonntag in der Zeit von 10–12 Uhr oder 14–17 Uhr plant, steht bei größeren Museen nur selten vor verschlossenen Türen. Fast alle Museen haben an einem Tag der Woche, zumeist Montag oder Dienstag, geschlossen. Im Gegensatz zu Deutschland sind die gesetzlichen Feiertage in Frankreich nicht für einen Museumsbesuch geeignet, denn auch das Museumspersonal legt dann einen freien Tag ein.

Pastrage

So heißt das lebendige Krippenspiel, das in den provenzalischen Dorfkirchen zu Weihnachten aufgeführt wird. Genaugenommen handelt es sich um eine fast rituelle Zeremonie, bei der ein Schäfer ein Lamm darbringt.

Individualität muss sein

Post

Auch in Frankreich wurde die alte Post (P.T.T.) aufgesplittet. La Poste widmet sich heute nur noch dem Brief- und Paketdienst. Briefmarken sowie Telefonkarten (télécarte) sind bei allen französischen Postämtern sowie in den Bureaux de Tabac erhältlich. Die hellgelben Briefkästen besitzen zumeist zwei Einwurfschlitze, einen für die jeweilige Stadt oder die nähere Umgebung, den anderen (autres destinations) für den Rest der Welt. Wer will, kann sich auch problemlos postlagernd Briefe oder Päckchen schicken lassen und diese mit Personalausweis oder Reisepass am „Poste-Restante“-Schalter innerhalb von 15 Tagen abholen (sonst gehen die Sendungen wieder an den Absender zurück). Adressierbeispiel:

Musterfrau, Michaela
Poste centrale (nur bei größeren Orten)
Poste restante
F-Postleitzahl, Ortsname („F“ steht für Frankreich)

Radio

Wie in Deutschland wird der französische Rundfunk von zahlreichen kommerziellen Lokalsendern bestimmt. Das Programm zeichnet sich in gewohnter Weise durch wenig Wortbeiträge, Werbung und aktuelle Chartmusik aus.

Wer an Nachrichten aus Deutschland interessiert ist, kann täglich von 8 bis 9 Uhr und von 19 bis 20 Uhr die Deutsche Welle auf der Mittelwellenfrequenz 702 empfangen. Als praktisch für die An- und Abreise erweist sich das auf 107.7 FM ausgestrahlte *Radio Traffic*; der Verkehrsfunksender berichtet jede Viertelstunde über den aktuellen Verkehrsfluss in Südfrankreich, zur vollen und halben Stunde wird der Service durch Informationen in englischer Sprache ergänzt. Reisende, die keine Fremdsprache beherrschen, erhalten unter der Rufnummer 0436680979 Auskünfte auf Deutsch.

Rauchen

Seit dem 1. Januar 2008 ist auch in Frankreich das Rauchen in Bars, Restaurants und Diskotheken verboten. Wer trotzdem raucht, soll 75 € Strafe zahlen, der Verantwortliche der betreffenden Einrichtung das Doppelte.

Kapelle am Col de Vars

Santons

Ein typisches Beiwerk einer provenzalischen Weihnacht sind die Santons, kleine, aus Ton gefertigte Krippenfiguren. Ihr Erfinder *Jean-Louis Lagnel* (1764–1822) begann an der Wende zum 19. Jahrhundert – eine sanfte Gegenbewegung zur antiklerikalen Französischen Revolution –, feinen Ton in zuvor gefertigte Gipsformen zu gießen. Anschließend wurden die Puppen liebevoll mit der Hand bemalt. Die Begeisterung für die kleinen Figuren war so groß, dass bereits 1803 in Marseille ein erster Puppenmarkt eröffnet wurde, dem bald andere folgten. Eine Besonderheit an den Santons ist, dass die Figuren nicht statisch wirken, sondern scheinbar in Bewegung sind. Aufgrund der durch den Tourismus zusätzlich angefachten Nachfrage haben in den letzten Jahren Kunstateliers die traditionelle Produktion wieder aufgenommen. Bei den in Kiosken und Souvenirgeschäften angebotenen Santons ist Vorsicht angebracht: Allzu oft handelt es sich bei „Schnäppchen" um billige Massenproduktionen, sogar Importe aus Fernost finden sich in den Regalen.

Schwule und Lesben

Die Agentur Gay Provence hat sich auf Reisen und Touren für Schwule und Lesben spezialisiert. Auf der ansprechenden Website gibt es auch Hotel- und Restauranttipps.
Infos ✆ 0033/490766827, 📠 0033/0490766513. www.gay-provence.org.

Sprache und Sprachkurse

Mit Deutsch und Englisch kommt man in Südfrankreich nicht sehr weit. Ein großer Teil der Bevölkerung besitzt entweder keine oder nur mäßige Fremdsprachenkenntnisse. Da erschwerend hinzu kommt, dass sich Franzosen – auch wenn sie es können – im eigenen Land nur ungern des Englischen bedienen, ist es ratsam, sich zumindest Grundkenntnisse in Französisch anzueignen. Dies hilft bei der Suche nach einer Unterkunft und erleichtert die alltäglichen Einkäufe beim Bäcker und im Lebensmittelgeschäft ungemein. Allein der Versuch, sich in der Landessprache verständlich zu machen, wird wohlwollend zur

Kenntnis genommen. Pluspunkte lassen sich auch durch den häufigen Gebrauch von *s'il vous plaît* sammeln. Denn im Gegensatz zu Deutschland gilt es in Frankreich als unhöflich, das Wörtchen *bitte* zu vergessen. Wer um eine Auskunft nachsucht, sollte ein freundliches *Pardon*, dem ein *Madame* oder *Monsieur* folgt, nicht vergessen. Französisch lernen unter südlicher Sonne, vielleicht verbunden mit ausgiebigen Streifzügen durch die Provence – ganz nebenbei lässt sich so das Angenehme mit dem Nützlichen verbinden. Mehrere private Anbieter von Sprachkursen machen sich auf diesem Markt Konkurrenz, aber auch die Universitäten von Aix-en-Provence und Avignon veranstalten Sommersprachkurse für Ausländer. Ein Preisvergleich lohnt sich: Die Angebote schließen manchmal Unterkunft und Verpflegung ein. In Gap kann man sich an die Université du Temps Libre wenden, die Pauschalarrangements anbietet. ✆ 0033/492513894, 📠 0033/492539831, www.uelasfrance.org.

Sehr informativ ist auch die Homepage www.sprachkurse-weltweit.de, auf der kommentierte Links zu zahlreichen Sprachschulen in der Provence ausführlich vorgestellt werden.

Provenzalisch – eine tote Sprache?

Frankreich war lange Zeit kein einheitliches Sprachgebilde. Spätestens die Ortsschilder in der Provence erinnern daran, dass neben dem Französischen noch eine andere Sprache existiert (hat). Das Provenzalische mit seinen vielen regionalen Idiomen und Dialekten ist eine dem Okzitanischen (*langue d'oc*) zuzurechnende Sprache, die sich nach der Völkerwanderung aus dem Vulgärlatein entwickelt hat und nach dem gemeinsamen Wort *oc* – lateinisch *hoc* – benannt wurde. Im Zeitalter der Troubadoure und Minnesänger erreichte das Okzitanische einen glanzvollen Höhepunkt. Als König Franz I. 1539 die im Norden Frankreichs gesprochene *langue d'oil* zur Amtssprache erhob, wurde das Okzitanische wie andere Regionalsprachen (Bretonisch, Katalanisch etc.) immer mehr zurückgedrängt. Vor allem in gebildeten Kreisen setzte sich alsbald das Französische durch. Die Revolution von 1789 und die Einführung der allgemeinen Schulpflicht – Französisch war als einzige Unterrichtssprache zugelassen – bewirkten, dass die Regionalsprachen endgültig an Bedeutung verloren.

Unter dem Einfluss der deutschen Romantik entstand dann in der Provence die sprachlich-kulturelle Erneuerungsbewegung des *Félibrige*, die ihren herausragendsten Vertreter in dem Dichter *Frédéric Mistral* (1830–1914) hatte. Mistral – er erhielt 1904 den Literaturnobelpreis für sein provenzalisches Versepos „Mireille" – entwickelte eine einfache, moderne Orthographie und gab ein umfangreiches Wörterbuch heraus. Zwei Beispiele: Statt „Quel est votre nom?" heißt es auf Provenzalisch „Coume vous dison?" Und wer Hunger wie ein Wolf hat, sagt nicht etwa: "J'ai une faim de loup", sondern stöhnt „Ai lou ruscle".

Heute wird Provenzalisch zwar wieder als Wahlfach an den Schulen gelehrt, eine größere Bedeutung kommt der Sprache aber nicht mehr zu. Ein sprachlicher Sonderfall ist Nizza: Da die Stadt und ihr Hinterland bis 1860 italienisch waren, blieb trotz Französisierung das *Nissart* einigermaßen lebendig.

Strom

Normalerweise 220 Volt Wechselstrom. Da die französischen Steckdosen einer anderen Norm unterliegen, werden flache Eurostecker oder Adapter benötigt, die vor Ort in Supermärkten oder im Fachhandel erhältlich sind.

Telefonieren

Es existiert ein dichtes Netz öffentlicher Telefonzellen. Um den Kauf einer Telefonkarte (*Télécarte*) kommt man kaum herum, da die meisten Münzfernsprecher in den letzten Jahren auf Telefonkarten umgestellt wurden. Kartentelefone sind wie gewohnt zu handhaben. Französische Telefonkarten sind entweder mit 50 oder 120 Einheiten erhältlich. Bei den meisten Telefonzellen ist es möglich, sich zurückrufen zu lassen (die Nummer ist am Apparat angegeben). Wer mit Vorliebe mobil telefoniert, sollte nicht vergessen, dass man auch dann bezahlt, wenn man aus Deutschland angerufen wird. Je nach Tageszeit kann ein Gespräch schnell mehr als 1 € pro Minute kosten.

Zitadelle von Colmars

- *Vorwahlen aus Frankreich* nach Deutschland: 00 49; nach Österreich: 00 43; in die Schweiz: 00 41. **Achtung**: Die Null der Ortskennzahl entfällt jeweils.
- *Vorwahl nach Frankreich* von Deutschland, Österreich und der Schweiz: jeweils 00 33

Hinweis: Im Herbst 1996 wurden die französischen Telefonnummern von einem acht- auf ein zehnstelliges Nummernsystem umgestellt. Der Südosten Frankreichs bekam die Ziffern 04, die bei allen Telefonnummern in diesem Reiseführer angegeben sind. Bei einem Anruf aus dem Ausland nach Frankreich entfällt allerdings die „0" vor der „4": also nur 00334...

Trinkgeld

Im Restaurant ist die Bedienung in der Regel im Preis inbegriffen (*service compris*). Dennoch sollte man je nach Zufriedenheit zwischen 5 und 10 Prozent Trinkgeld (*pourboire*) geben, sich Minimalbeträge herausgeben zu lassen, gilt als unhöflich. Bedenken sollte man auch, dass Friseure, Taxifahrer, Fremdenführer und Zimmermädchen Trinkgeld nicht nur zu schätzen wissen, sondern teilweise auch darauf angewiesen sind.

In der Haute-Provence sind Lavendelfelder allgegenwärtig

Waldbrände

Jahr für Jahr sorgen in den Sommermonaten große Flächenbrände für Schlagzeilen. Ein Funken genügt und die ausgedörrten provenzalischen Landschaften gehen in Windeseile in Flammen auf. Um Waldbrände zu vermeiden, ist es strengstens verboten, bei Wanderungen und Ausflügen glimmende Zigaretten oder glühende Streichhölzer wegzuwerfen – obwohl sich dies eigentlich von selbst verstehen sollte. Untersagt ist es auch, ein offenes Feuer zu entfachen sowie Glas liegen zu lassen (Selbstentzündungsgefahr!). Wildcampen in Gebieten mit Waldbrandgefahr wird verständlicherweise mit drastischen Geldstrafen geahndet.

Zeitungen/Zeitschriften

Die überregionalen deutschsprachigen Tages- und Wochenzeitungen (Süddeutsche Zeitung, Frankfurter Allgemeine Zeitung, Neue Züricher Zeitung, Spiegel, ZEIT, gelegentlich auch die Frankfurter Rundschau sowie die *taz*) sind in den größeren Städten sowie touristischen Zentren in der Regel spätestens einen Tag nach Erscheinen in den gut sortierten *Maisons de la Presse* erhältlich. Deutschsprachige Zeitungen sind manchmal auch in den *Bureaux de Tabac* zu finden; dort liegen auch die renommierten überregionalen französischen Zeitungen aus. Umfassende politische und kulturelle Berichterstattung bietet *Le Monde*, *Le Figaro* wird vor allem vom rechts-konser vativen Bürgertum gelesen, während sich *Libération* als linksorientierte Tageszeitung etabliert hat. Hinzu gesellen sich Wochenmagazine wie *Express*, *Le Point* und *Nouvel Observateur* sowie *Canard Enchainé*, eine satirische Wochenzeitung mit gut recherchierten Artikeln.

Die meistgelesenen Tageszeitungen der Region sind der eher rechtsliberal einzustufende *Var-Matin bzw. Nice-Matin*; ähnlich in der Berichterstattung ist die linksliberale *La Provence*. Im Département Hautes-Alpes wird hauptsächlich der *Dauphiné Libéré* gelesen. Wer des Französischen mächtig ist, findet in der lokalen Tagespresse Hinweise zu aktuellen Veranstaltungen und bekommt einen Einblick in die Lokalpolitik.

Zollbestimmungen

Seit dem 1. Januar 1993 existieren an den Binnengrenzen der Europäischen Union keine mengenmäßigen Ein- und Ausfuhrbeschränkungen mehr. Tabak, Alkohol und andere Waren können problemlos eingeführt werden, soweit erkennbar ist, dass sie ausschließlich für den Privatgebrauch bestimmt sind. Sollten die Grenzbehörden allerdings den Verdacht hegen, dass mit den mitgeführten Waren ein reger Handel betrieben wird, werden die Betreffenden zur Versteuerung herangezogen. Als Richtmenge gelten 800 Zigaretten bzw. 400 Zigarillos, 200 Zigarren oder 1 Kilo Tabak, 10 Liter Spirituosen sowie 90 Liter Wein und 110 Liter Bier. Für Schweizer gelten die üblichen Mengenbeschränkungen: 50 g Parfüm oder 0,25 Liter Eau de Toilette, 1 Liter Spirituosen oder 2 Liter Wein, 200 Zigaretten oder 100 Zigarillos oder 50 Zigarren oder 250 Gramm Tabak.

Grandioses Panorama: Pic de Bure

Hautes-Alpes

Nach Norden wird die Haute-Provence durch das Département Hautes-Alpes begrenzt, das in landschaftlicher und kultureller Hinsicht viele Gemeinsamkeiten mit der hügeligen Provence aufweist. Zudem kommen alle Reisenden, die den Weg durch die Schweiz oder über Grenoble wählen, zuerst in das Pays du Buëch und damit in das Département Hautes-Alpes. Zu den touristischen Höhepunkten gehören die Gipfel, der bis über 3000 Meter ansteigenden Südalpen sowie der Lac de Serre-Ponçon.

Gap

Am Kreuzungspunkt wichtiger Handelsstraßen gelegen, ist Gap seit jeher die Hauptstadt des Départements Hautes-Alpes. Als größte Stadt einer dünn besiedelten Region ist Gap das konkurrenzlose Kultur-, Wirtschafts- und Verwaltungszentrum. Noch ein kleiner Superlativ: Gap liegt 735 Meter über dem Meeresspiegel und ist damit die am höchsten gelegene Hauptstadt eines französischen Départements.

Gap ist die unumstrittene „Metropole“ des Départements Hautes-Alpes. Eindrucksvoll wird dies auch von der Statistik unter Beweis gestellt: So wohnt nicht nur jeder dritte Einwohner des Départements in Gap, zudem sind vier von fünf Angestellten im Dienstleistungssektor tätig. Viele Einheimische loben die Lebensqualität, die das recht beschauliche Gap zu bieten hat: Die Stadt kann auf beachtliche 300 Sonnentage verweisen, die Atmosphäre ist mediterran und heiter, hinzu kommt die Nähe zu den Skigebieten und dem Lac de Serre-Ponçon; andererseits ist man dank der Autobahn in knapp anderthalb Stunden in Marseille oder an den Stränden des Mittelmeers. Auch die Europäische Union hat sich von den Vorteilen überzeugen lassen und die Stadt im Jahr 2002 zur *Ville des Alpes de l'année* gekürt.

Auf den ersten Blick hat sich die Altstadt von Gap mit ihren engen, gewundenen Straßen und der Kathedrale ihr altertümliches Aussehen bewahrt. Wer allerdings mit offenen Augen durch die Stadt läuft, wird mittelalterliche Bauwerke vergeblich suchen, da die gesamte Stadt in den Religionskriegen in Schutt und Asche gelegt worden ist. Die wohl schönste Straße ist die *Rue Colonel Roux*, in der auch das Rathaus mit seiner schönen Fassade aus dem 18. Jahrhundert steht. Von seiner modernen Seite zeigt sich Gap mit dem 1988 eröffneten städtischen Theatre de la Passerelle, das Platz für 800 Zuschauer bietet. Weniger attraktiv sind die Randgebiete mit ihren gesichtslosen Mietskasernen.

Auch ohne wirklich historische Gebäude lohnt die Altstadt allemal einen ausgedehnten Bummel. Zu entdecken gibt es mehrere kleine Plätze – besonders schön ist die Place Jean-Marcellin mit ihren Cafés und bunten Häuserfassaden –, ein paar krumme Gassen und zahlreiche Geschäfte. Apropos Einkaufen: Was man in Gap und den großen Supermärkten am Stadtrand nicht kaufen kann, wird man auch sonst im Umkreis von knapp 100 Kilometern nicht finden.

Moderne Skulptur an der Place Alsace-Lorraine

Geschichte

Am Kreuzungspunkt wichtiger Handelsstraßen zwischen Grenoble und Marseille sowie zwischen dem Rhônetal und Italien gelegen, ist bereits eine kelto-ligurische Siedlung im Stadtgebiet von Gap nachweisbar. Zu Beginn des ersten Jahrhunderts unserer Zeitrechnung wurde direkt an der Römerstraße, die Turin mit dem Rhônetal verband, eine kleine Garnison namens *Vapincum* gegründet. Im Laufe der Zeit vermischten sich nach bewährtem Muster die römischen Legionäre mit der kelto-ligurischen Bevölkerung. Im Rahmen der Christianisierung entstand im 4. Jahrhundert erstmals ein Bistum, Gap selbst überstand die Wirren und Kriege der Völkerwanderungszeit dank seiner Stadtmauer relativ unbeschadet. Nach einer kurzen fränkischen Epoche gehörte Gap seit 834 zum Königreich von Burgund. Wirtschaftlich ging es allerdings erst wieder im Spätmittelalter bergauf, als sich die Stadt zu

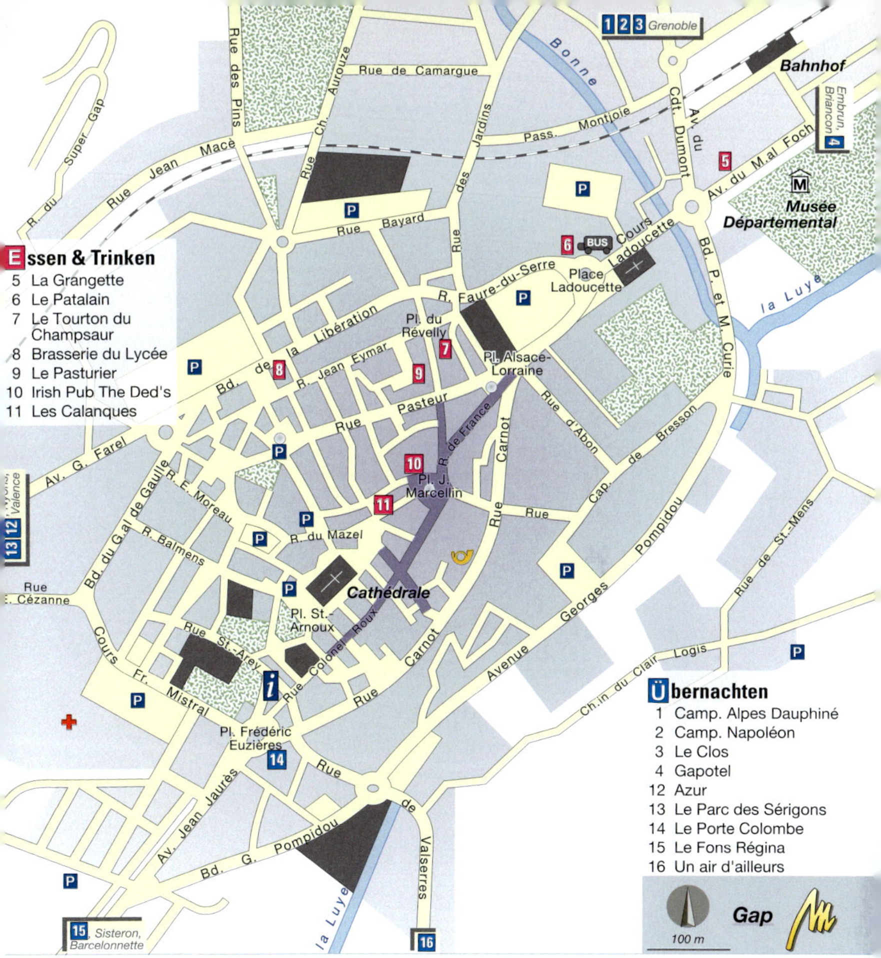

einem regional bedeutenden Handelsplatz entwickelte, der auch von den oberitalienischen Pilgerströmen nach Santiago di Compostela profitierte.

Das Schicksal meinte es nicht gut mit Gap: Seit der Völkerwanderungszeit wurde die Stadt mehrfach zerstört, so in den Religionskriegen und besonders schwer im Jahre 1692, als Gap von den Truppen des Herzogs von Savoyen erobert und bis auf die Grundmauern niedergebrannt wurde. Hinzu kamen Epidemien: 1630 wurde die Hälfte der Bevölkerung von der Pest dahingerafft, 1743 fielen dem Typhus mehr als 1200 Einwohner zum Opfer. Aufwärts ging es vor allem im 19. Jahrhundert, als die Provinzstadt, die infolge der Französischen Revolution zur Präfektur erhoben worden war, auch einen Bischofssitz erhielt und 1875 Anschluss an das Eisenbahnnetz der französischen Staatsbahnen fand. Paris war seither nur noch eine Tagesreise entfernt. Auch in den letzten Jahrzehnten ging es merklich bergauf, so hat sich die Bevölkerung seit 1960 mehr als verdoppelt.

Information/Diverses

• *Information* **Office de Tourisme**, tgl. außer So 9–12 und 14–18 Uhr. 2 A, cours Frédéric Mistral, B.P. 41, 05000 Gap, ✆ 0492525656, 📠 0492525657. www.gap-tourisme.fr bzw. www.ville-gap.fr.

• *Einwohner* 40.000 Einwohner.

• *Verbindungen* Der SNCF-Bahnhof liegt 500 Meter östlich der Altstadt in der Avenue des Alpes. Regelmäßige Zugverbindungen mit Briançon und Marseille sowie Grenoble und Valence. Reservierungen unter ✆ 3635. Der Busbahnhof (*gare routière*) liegt nur 200 Meter östlich der Altstadt an der Rue Faure du Serre. Häufige Busverbindungen zu den größeren Städten des Départements (Embrun, Briançon, Tallard etc.) sowie Fernverbindungen nach Sisteron, Barcelonnette, Marseille und Nizza. Auskünfte: ✆ 0492510605.

• *Parken* Es gibt mehrere ausgeschilderte Parkplätze und Tiefgaragen rund um die Altstadt.

• *Fahrradverleih* Cycles Fabre, 3, rue Villars, ✆ 0492515137, Blanc-Gras Sports, 39, rue Saint Arey, ✆ 0492539521. Ein Mountainbike kostet jeweils etwa 12 € für den halben Tag und bis zu 20 € für einen Tag. Einfache Fahrräder gibt es kostenlos im Office de Tourisme.

• *Markt* Mittwochvormittag auf der Place de la République, Samstagvormittag auf der Place Jean-Marcellin, Biomarkt am Freitagvormittag auf der Avenue Jean Jaurès.

• *Post* 18, rue Carnot.

• *Stadtführungen* Im Juli und Aug. Di um 17 Uhr, Do und Fr um 10 Uhr. Kosten: 3,20 €. Treffpunkt: Office de Tourisme.

• *Naturkost* La Vie Clair, 3, rue Villars, ✆ 0492515850. L'Abeillerie, 22, rue Pasteur.

• *Veranstaltungen* Mitte Juli kommen Gruppen aus ganz Europa zum *Festival Internationale de Folklore*. Im Dezember findet in der Altstadt der größte Weihnachtsmarkt der Südalpen statt.

• *Sprachkurse* Die Université du Temps Libre veranstaltet jedes Jahr zahlreiche Sprachkurse, die auch Verpflegung und Übernachtung mit einschließen. Infos zu den Pauschalarrangements unter ✆ 0492513894 oder unter www.uelasfrance.org.

• *Kino* Le Palace mit sechs Vorführsälen, 63, rue Carnot, ✆ 0492539635.

• *Schwimmen* Stade Nautique de Fontreyne, großes städtisches Schwimmbad mit Frei- und Hallenbad sowie einer Riesenrutsche und Minigolfplatz. Im Sommer tgl. 10–19.30 Uhr geöffnet. Route de Marseille.

• *Tennis* Tennis Club de Gap, Fontreyne, ✆ 0492539812.

• *Squash* Fitness-Center, 52, boulevard Pompidou, ✆ 0492539084.

• *Golf* 18-Loch-Platz von Gap-Bayard, Green-Fee 32,50 €, ✆ 0492501683.

• *Bowling* Le Canadien, Espace Tokoro, ✆ 0492523555.

• *Waschsalon* Le Select, 128, boulevard Pompidou oder 35, boulevard de la Libération.

Übernachten/Essen (siehe Karte S. 95)

• *Hotels* *** **Gapotel (4)**, leider mangelt es in Gap an wirklich charmanten Hotels. Das einzige an der Straße nach Briançon (knapp einen Kilometer vom Zentrum) gelegene Dreisternehotel leitet seinen dritten Stern wahrscheinlich auch nur von zwei funktionierenden Aufzügen ab. Vom Flair und der Ausstattung ähnelt es einem Kettenhotel, dafür sind die Preise recht erschwinglich und der Teppich ist neu. Es gibt noch einen Pool, der allerdings nicht viel größer ist als ein Whirlpool sowie ein gutes Restaurant ohne Charme (Menüs ab 18 €), WLAN vorhanden. EZ 50–55 €, DZ 54–67 €. 18, avenue Emile Didier, Gap, ✆ 0492523737, 📠 0492520646. www.gapotel.com.

*** **La Pastorale**, siehe Chorges.

** **Le Clos (3)**, das Logis-de-Hotel in Bahnhofsnähe ist ein Lesertipp von Renate Brettschneider-Glauer, die sich dort „sehr wohl gefühlt hat". Etwas zurückversetzt von der Straße nach Grenoble, ist dies eine absolut ruhige Unterkunft mit Garten. Die sauberen Zimmer besitzen einen provenzalischen Touch. Zimmer mit Flat-Screen je nach Ausstattung 50–60 €, die meisten besitzen einen kleinen Balkon. Im Restaurant gibt es Menüs für 17,50, 24 und 30 €, im Sommer sitzt man auf der Terrasse im Hof. Günstige Halbpension. Das Restaurant hat Sonntagabend und Montagmittag geschlossen. Im November Betriebsferien. 20ter, avenue

Commandant Dumont, ✆ 0492513704, ✆ 0492524106. www.leclos.fr.

** **Le Fons Régina (15)**, eine ruhig gelegene Herberge mit großem Garten (Tischtennis und Bouleplatz) und schattigem Swimmingpool (Mitte Mai bis Mitte Sept.), knapp zwei Kilometer südwestlich der Altstadt. Die teilweise renovierten Zimmer sind sauber und ordentlich. Und wenn man morgens im Halbschlaf das Gefühl hat, direkt am Meer zu wohnen, so stellt man ein paar Minuten später enttäuscht fest, dass es nur die Wasserleitung aus dem Nachbarzimmer war... EZ ab 43 €, DZ je nach Ausstattung und Saison 52–71 €. Gutes Frühstücksangebot (7 €). WLAN vorhanden. 13, avenue de Fontreyne, ✆ 0492539899, ✆ 0492534142. www.hotel-fonsregina.fr.

** **Le Porte Colombe (14)**, angenehmes Hotel am Altstadtrand mit einem rührigen Besitzer. Von außen wirkt das Gebäude wenig attraktiv, doch gefallen die 27 individuell eingerichteten Zimmer, die mit Klimaanlage und doppelt verglasten Fenstern ausgestattet sind. Eine tolle Aussicht auf die Kathedrale und die Südalpen haben die Zimmer im 6. Stock, beispielsweise Zimmer 65 (55 €) und 62 (70 €), letzteres ist so groß wie eine Suite und besitzt eine Sitzecke. EZ ab 47 €, DZ 50–54 €, geräumige Zimmer bis 70 €. Kostenloses WLAN. 4, place Frédéric Euzières, ✆ 0492510413, ✆ 0492524250. www.hotel-porte-colombe.com.

** **Azur (12)**, das Logis-de-France-Hotel in dem Weiler Freissinouse (7 Kilometer westl.) besitzt einen ausgedehnten Park sowie einen beheizten Swimmingpool. Das Hotel selbst sowie die Zimmer (50 €) sind nicht besonders spektakulär, aber annehmbar. Außerdem werden sechs Bungalows (62 €) vermietet. ✆ 04925178130, ✆ 04925 79237. www.hotelazur-fr.com.

• *Restaurants* **Le Patalain (6)**, seit rund 25 Jahren ist dieses in einer stattlichen Villa am Rande der Altstadt gelegene Restaurant zu Recht eine gute Adresse für anspruchsvolle regionale Küche zu einem sehr attraktiven Preis-Leistungs-Verhältnis. Das Ambiente ist leicht gediegen, die Gasträume sind in grünen Pastelltönen gehalten, im Sommer sitzt man auf dem schmalen Balkon oder der großen Terrasse im üppig begrünten Garten. Beim Tagesmenü zu 18,50 € hat man zwar nur beim Dessert eine Auswahl, doch mundete der Entenschlegel ausgezeichnet. Absolut lohnend ist das fünfgängige Menü zu 40 €. Nach einem *amuse bouche* wurde uns ein Zucchini-Gazpacho mit Hummer serviert, anschließend folgte eine mit Oliventapenade bestrichene Rotbarbe in einem hauchdünnen Teigmantel. Als Fleischgericht folgte eine gegrillte Taube. Eine Käseauswahl und eine Birne Helene als Dessert rundeten den Gaumenschmaus ab. Große Weinauswahl! Menüs zu 18,50 €, 22,50 €, 36 € oder 40 €. Sonntag und Montag Ruhetag. 2, place Ladoucette, ✆ 0492523083. www.lepatalain.com.

Le Pasturier (9), folgt man dem Urteil der Testesser von Gault-Millau (14 Punkte), so handelt es sich um das beste Restaurant von Gap (wir ziehen dennoch das Patalain vor). Das Menu Régional (41 €) bietet u. a. einen Lammschinken, Kartoffelcreme, gefüllte Tourtons mit Salat, eine Art Lasagne mit Spinat, Lammfilet, Käse und eine Dessertauswahl. Fazit: durchaus lecker und ansprechend, aber unserer Meinung nach weit von einem wirklichen Gourmettempel entfernt. Ein Lob verdienen hingegen die Desserts. In einer schmalen Gasse im Stadtzentrum gelegen, freundliche Räumlichkeiten, die Straßenterrasse hinter dem Haus ist allerdings wenig einladend. Menüs zu 27 und 41 €. Sonntag und Montag Ruhetag. 18, rue Pérolière, ✆ 0492536929.

La Grangette (5), kleines, rustikales Restaurant mit einer lauten Straßenterrasse, unweit des Musée Départemental. Klassische französische Küche, Entenliebhabern sei die *Magret de canard aux morilles* empfohlen. Menüs zu 16 (mittags), 21 und 29,50 €. Im Juli zwei Wochen Betriebsferien. 1, avenue du Maréchal-Foch, ✆ 0492523982.

Brasserie du Lycée (8), auch bei Einheimischen beliebte Brasserie mit großer Straßenterrasse. Menü zu 12 €. 41, boulevard de la Libération, ✆ 0492515336.

Le Tourton du Champsaur (7), der Name ist Programm: Das Restaurant hat sich ganz dem Tourton, einer lokalen Spezialität, verpflichtet. Zubereitet werden die „Krapfen" mit verschiedenen Kartoffelfüllungen und zusammen beispielsweise mit Salat und Schinken serviert. Ein Muss für Kartoffelfans! Große, schattige Straßenterrasse. Zum Mitnehmen gibt es zwölf Tourtons in einer Box für 4,80 €, die zwei Kilo schwere Familienpackung kostet 23 €. Menü 15 €. Sonntag und Montag Ruhetag. 8, place du

Révelly, ✆ 0492539091. www.tourtons.com.

Les Calanques (11), kleines Fischrestaurant mitten in der Altstadt. Menüs zu 10 € (mittags), 16 € und 24,50 €. Sonntag und Montag Ruhetag. 4, rue du Centre, ✆ 0492520409.

Place Jean-Marcellin, dieser schöne Altstadtplatz mit seinen zahlreichen Cafés und Kneipen ist „der" abendliche Treffpunkt von Gap. Beliebt ist vor allem der **Irish Pub The Ded's (10)**.

• *Jourten* **Un air d'ailleurs (16)**, mehrere Kilometer südlich von Gap bei Jarjayes werden von Mai bis August drei gut ausgestattete Jourten (mit Betten für 2–6 Pers.) vermietet. Ab zwei Nächten, 2 Pers. ab 50 € pro Nacht. ✆ 0492543787. www.unairdailleurs.net.

• *Camping* *** **Alpes Dauphiné (1)**, schöner Platz mit Laden, Restaurant und Swimmingpool, ein Stück oberhalb von Gap an der Straße nach Grenoble. Nur von Ostern bis September geöffnet. Route Napoléon, ✆ 0492512995. www.alpesdauphine.com.

** **Napoléon (2)**, in unmittelbarer Nähe, zwar nicht so komfortabel ausgestattet, dafür ist dieser Campingplatz erstens ganzjährig geöffnet und zudem nur halb so teuer (2 Personen plus Stellplatz ca. 10 €). Allerdings muss man die Warmwasserdusche extra bezahlen. Route Napoléon, ✆ 0492521241.

*** **Le Parc des Sérigons (13)**, der schönste Platz in der Umgebung von Gap liegt rund zehn Kilometer westlich bei der Ortschaft La Roche-des-Arnauds (in Richtung Veynes). Swimmingpool vorhanden. Vermietung von Wohnwagen und Chalets. Von Januar bis Oktober geöffnet. ✆ 0492578177. www.camping-serigons.com.

Sehenswertes

Cathédrale: Anstatt die Kathedrale zu beschreiben, müsste man wohl eher den Vorgängerbau beweinen. Nachdem Gap im 19. Jahrhundert zum Bischofssitz ernannt worden war, plante der Architekt Charles Laisné einen Neubau im Stil des Historismus. Die Arbeiten begannen 1866, wobei sich Laisné nicht nur an byzantinischen, romanischen und gotischen Vorbildern orientierte, sondern nach dem Vorbild von Embrun mit hellen und dunklen Gesteinsschichten einen schönen Kontrast herstellte. Als markanter Blickfang dient der über 70 Meter hohe Glockenturm.

Musée Départemental: Die Hautes-Alpes stehen in erster Linie für Natur, doch besitzt die Region auch einen reichen kulturellen Hintergrund, über den man sich am besten im Musée Départemental informiert. Da das Erdgeschoss für Sonderausstellungen genutzt wird, begibt man sich gleich zu den wertvollen archäologischen Sammlungen, die im Untergeschoss präsentiert werden. Der Fundus reicht von bronzezeitlichen Fundstücken über Zeugnisse der galloromanischen Epoche, darunter eine antike Doppelbüste von Jupiter Amun, bis hin zu romanischen Steinmetzarbeiten aus der ehemaligen Abtei Saint-André-de-Rosans. In den oberen Stockwerken wurde eine umfangreiche volkskundliche Abteilung mit Alltagsgegenständen sowie wertvollen Bauerntruhen und -schränken aus dem Queyras eingerichtet. Den Abschluss bildet die Gemäldegalerie; sie besitzt einen großen Fundus europäischer Malerei von 14. bis 19. Jahrhundert.

Adresse Avenue Maréchal du Foch. Geöffnet: Von Juli bis Mitte Sept. tgl. 10–12 Uhr und 14–18 Uhr, von Mitte Sept. bis Juni tgl. außer Di 14–17 Uhr, Sa und So bis 18 Uhr. Eintritt: 3 €, erm. 1,50 €.

Château de Charance: Nordwestlich des Stadtzentrums in mehr als 1000 Meter Höhe liegt die Sommerresidenz der Bischöfe von Gap. In dem Château aus dem 17. Jahrhundert samt Wirtschaftsgebäuden hat heute die Verwaltung des Nationalparks des Ecrins ihren Sitz, während die bischöflichen Gärten vom *Conservatoire Botanique National Alpin* genutzt werden. In dem 220 Hektar großen Areal werden schützenswerte und seltene Pflanzen der Alpenregion gezüchtet und gehegt, um dieses botanische Erbe für die Nachwelt zu erhalten.

Wer will, kann auf einem gelb markierten Wanderweg in der Rue des Pins starten und über den Chemin des Peupliers in rund eineinhalb Stunden zur Domaine de Charance hinaufsteigen, wobei 330 Höhenmeter überwunden werden müssen.

Öffnungszeiten der Nationalparkverwaltung Mo–Fr 10–12 und 14–18 Uhr. Führungen durch das Conservatoire Botanique National Alpin: Juli und Aug. Mo-Fr um 15 Uhr. Teilnahmegebühren: 4,90 €, erm. 3,40 €.

Route Napoléon

Gap ist eine der bekanntesten Stationen auf der in Südostfrankreich allgegenwärtigen Route Napoléon. Letztere bezeichnet nicht nur einfach eine touristische Straße, die man nach dem berühmtesten französischen Kaiser benannt hat, sondern eine für europäische Geschichte bedeutende historische Route. Als Napoléon 1815 von seinem Verbannungsort Elba floh und am 1. März mit einer kleinen Schar von 1200 treuen Gefolgsleuten am Strand von Golf Juan bei Cannes landete, hatte er nur ein Ziel: Paris und die Herrschaft über Frankreich zurückzugewinnen. Am schnellsten und einfachsten wäre die Route von Marseille über das Rhône-Tal gewesen, doch Napoléon wusste, dass er in Marseille mit Ablehnung und einem starken Kontingent königlicher Truppen zu rechnen hatte, und so entschied er sich für die beschwerlichere Route durch die Haute-Provence und die Südalpen. Seine Rückkehr gestaltete sich schnell zu einem grandiosen Triumphzug. Über Grasse, Castellane und Digne-les-Bains – er übernachtete in Séranon, Barrème und Malijai – stand Napoléon am Morgen des 5. März in Sisteron vor einer ersten Bewährungsprobe. Doch die mächtige Zitadelle war just an jenem Tag nicht besetzt. Napoléon wertete dies als positives Signal und bettete sich schließlich in Gap mit der Gewissheit des Siegers zur Ruhe – in der Rue de France steht das Haus, in dem Napoléon die Nacht verbrachte. Eine zweite kritische Situation erlebte der abgedankte Kaiser am 7. März in Laffrey, 25 Kilometer südlich von Grenoble, als sich ihm die königlichen Truppen entgegenstellten. Angesichts der Übermacht hielt Napoléon eine flammende Rede („Soldaten, ich bin euer Kaiser! Wenn einer unter euch meinen Tod wünscht, hier stehe ich!"), woraufhin die gegnerischen Soldaten mit fliehenden Fahnen zu ihm überliefen. Im Triumph traf er am gleichen Tag in Grenoble ein. Von dort aus erreichte er in drei Tagen Lyon, wo er mit den Rufen „Es lebe der Kaiser! Nieder mit den Adligen! Nieder mit den Priestern! Tod den Royalisten!" von der Bevölkerung begrüßt wurde. Nach weiteren zehn Tagen feierte Napoléon seine grandiose Rückkehr in Paris – er legte mit seinem Heer pro Tag beachtliche 47 Kilometer zurück –, das die bourbonische Königsfamilie fluchtartig verlassen hatte. Doch Napoléons Herrschaft sollte nur 100 Tage währen: Am 18. Juni unterlagen seine Truppen bei Waterloo dem vereinten englischen und preußischen Heer unter der Führung von Wellington und Blücher. Erneut musste der *L'Empereur* abdanken und den bitteren Weg in die Verbannung antreten. Als Verbannungsort wurde die im südlichen Atlantik vor Afrika gelegene Insel Sankt-Helena ausgewählt, wo Napoléon am 5. Mai 1821 starb.

Hautes-Alpes
Karten S. 102/103 und 118/119

Umgebung von Gap

Wanderung 1: Zu den Quellen des Petit Buëch und dem verlassenen Bergdorf Chaudun

Eine interessante Mittelgebirgswanderung, die ins Quellgebiet des Petit Buëch führt. Rastmöglichkeit beim verlassenen Bergdorf Chaudun. Keine Einkehrmöglichkeiten.

Ausgangspunkt: Wanderparkplatz in Rabou. Gesamtwanderzeit: 5,5 Stunden. Wegstrecke: ca. 20 Kilometer. Höhenmeter: 513 Meter. Schwierigkeitsgrad: mittel.

Rabou, 15 Kilometer nordwestlich von Gap gelegen, ist ein unbedeutender 100-Seelen-Ort am Ende einer Stichstraße (D 503). Eine Kirche, ein paar Häuser – mehr gibt es nicht. Ein wenig oberhalb des Ortes gibt es einen Parkplatz (WP 1), von dem aus der rot-weiß markierte Fernwanderweg GR 93 schnell zu erreichen ist (WP 2). Wir folgen dem gut sichtbaren Weg, der schon bald nach links abzweigt (WP 3) und leicht ansteigend oberhalb einer Schlucht verläuft. Links und rechts des Weges betört echter, wild wachsender Lavendel mit seinem einzigartigen Duft, optisch reizvoll sind auch der Beeren tragende Schneeball und die Feuerlilien. Nach einer knappen halben Stunde erreicht man den Sentier des Bans, einen spektakulären Aussichtspunkt, unter dem der Felsen fast senkrecht zur Schlucht abfällt. Zunächst in Serpentinen, geht es nun wieder bergab zu einer Wegkreuzung (WP 4) mit dem GR 94, doch wir gehen weiter flussaufwärts in Richtung Norden, überqueren ein steiniges, im Sommer ausgetrocknetes Flussbett (WP 5) und anschließend Weiden und Lichtungen, auf denen sogar Apfelbäume stehen, deren Früchte allerdings sehr sauer sind. Man erreicht die erste über den Petit Buëch führende Brücke (WP 6), der noch mehrere folgen. Die Vegetation wird dichter, der Weg führt durch einen Wald aus Buchen, Bergahorn und Weißdorn. Mit etwas Glück sieht man ein paar Mufflonschafe durch das Unterholz streifen – mehr als 500 leben in dem Gebirgs kessel – oder hört einen Uhu.

Blick auf den Kessel von Gap

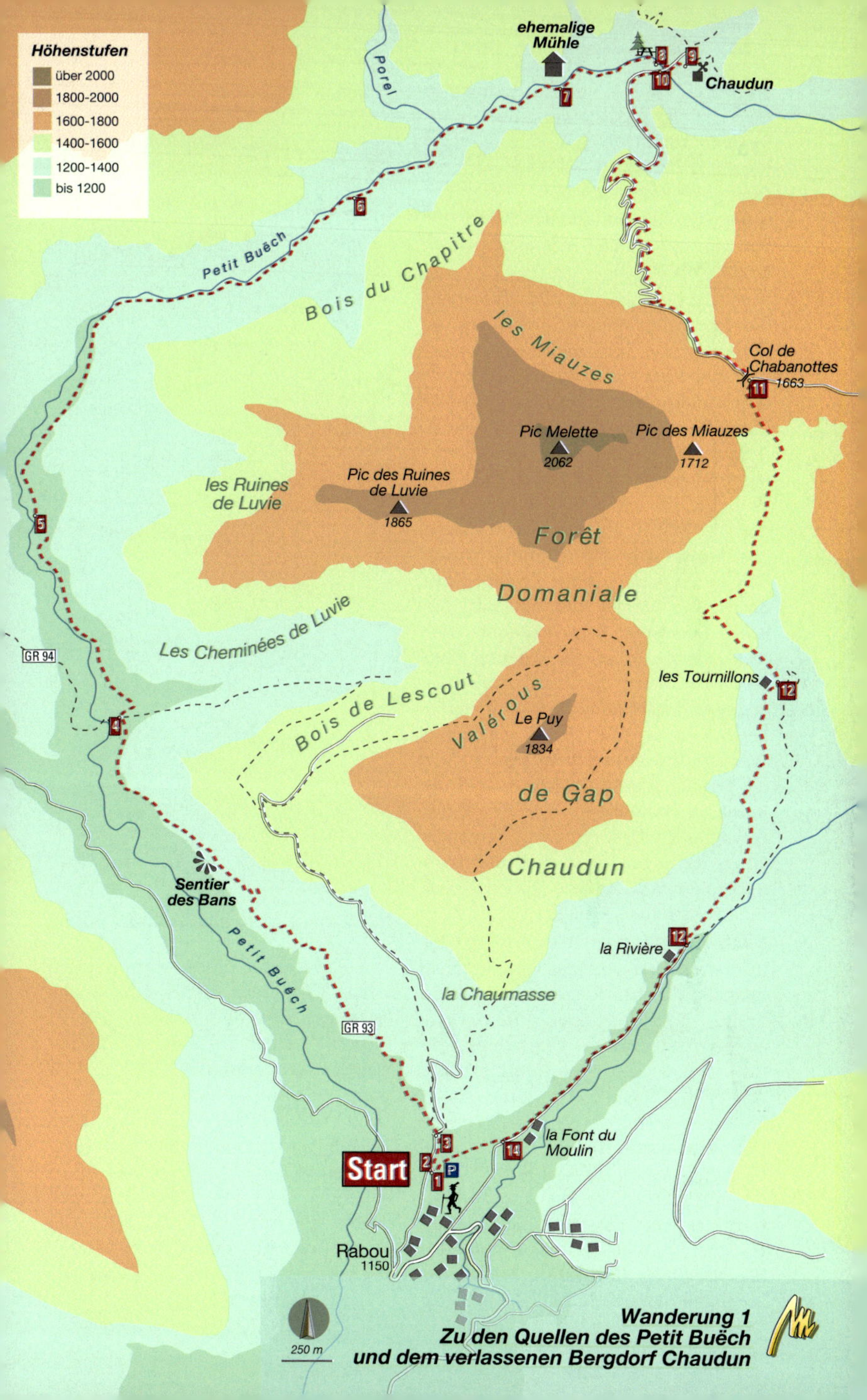

Höhenstufen
über 2000
1800-2000
1600-1800
1400-1600
1200-1400
bis 1200
ehemalige Mühle
Chaudun
Porel
Petit Buëch
Bois du Chapitre
les Miauzes
Col de Chabanottes
1663
Pic Melette
2062
Pic des Miauzes
1712
Pic des Ruines de Luvie
1865
les Ruines de Luvie
Forêt
Domaniale
de Gap
Chaudun
Les Cheminées de Luvie
GR 94
Bois de Lescout
Valérous
Le Puy
1834
les Tournillons
Sentier des Bans
Petit Buëch
la Rivière
la Chaumasse
GR 93
la Font du Moulin
Start
Rabou
1150
250 m
1
2
3
4
5
6
7
8
9
10
11
12
12
14
Wanderung 1
Zu den Quellen des Petit Buëch
und dem verlassenen Bergdorf Chaudun

Nur zehn Minuten von Chaudun stößt man auf die Reste einer Mühle (WP 7), dann folgt nach einer Kuhweide ein Rastplatz (WP 8). Etwa 50 Meter entfernt befinden sich eine Berghütte sowie die Ruinen von Chaudun mit den Resten der einstigen Dorfkirche (WP 9).

Man kommt sich vor, als hätte man das Ende der Welt erreicht, und so verwundert es auch nicht, dass Chaudun aus einer mittelalterlichen Klostergründung hervorgegangen ist. Die Menschen lebten in weitgehender Armut, ein wenig Viehzucht und karge Kartoffelernten – viel mehr gab es nicht. Das Landschaftsbild war damals größtenteils von Geröllfeldern bestimmt, der Ort ständig durch Schlammlawinen und Erosion bedroht, die Hänge von den Schafen kahl gefressen. Erst nachdem der französische Staat im August 1895 den Bewohnern das Land nach langen Verhandlungen abgekauft hatte, begann man mit groß angelegten Wiederaufforstungsmaßnahmen, um die Geröllfelder zu begrünen und die Berge zu stabilisieren. Die Bewohner versuchten indes, mit den Entschädigungszahlungen sich in Nordafrika und sogar in Kanada eine neue Existenz aufzubauen. Chaudun verfiel.

Nach einer kurzen Besichtigung der Ruinen gehen wir zurück zu einer Brücke (WP 10), hinter der uns eine breite, von Hundsrosen und Herbstzeitlosen gesäumte Forstroute, die mit einem Gelbstrich markiert ist, den Berg hinaufführt. Eine halbe Stunde geht es durch den Lärchenwald hinauf zum Col de Chabanottes (WP 11), wo auf 1667 Metern Höhe der höchste Punkt der Rundwanderung erreicht ist. Jetzt sind es noch etwa 1,5 Stunden zurück bis nach Rabou. Der Weg führt stetig bergab bis zu einem verlassenen Haus (WP 12), danach rechts abbiegen und nach knapp 15 Metern wieder scharf nach links wenden. Von nun an geht es immer an einer mit Silberdisteln bewachsenen Bergflanke entlang, bis man an einem asphaltierten Weg anlangt (WP 13). Die ersten bewohnten Häuser sind erreicht. Ein paar hundert Meter später kommt eine Weggabelung (WP 14). Über den nach rechts abzweigenden, geschotterten Weg erreicht man nach einem kurzen Anstieg wieder den Parkplatz.

Hautes-Alpes
Karten S. 102/103 und 118/119

L'Aérodrome de Gap-Tallard

Das fünfzehn Kilometer südlich von Gap bei dem Städtchen Tallard gelegene Aérodrome de Gap-Tallard erfreut sich bei Segelfliegern und Fallschirmspringern aus ganz Europa größter Beliebtheit. Im September 2003 fanden sogar die Weltmeisterschaften im Fallschirmspringen in Gap-Tallard statt. Die Beliebtheit von Tallard basiert auf den ausgezeichneten thermischen Bedingungen, die hier am Rande der Südalpen vorzufinden sind. Es werden auch Rundflüge mit dem Sportflugzeug über die nähere Umgebung, die Seealpen oder bis zur Côte d'Azur angeboten. Der Spaß kostet je nach Tour pro Person zwischen 30 und 210 €.

- *Information* Telefonisch ist der Flugplatz unter ✆ 0492540157 zu erreichen. www.gap-tallard.com.
- *Rundflüge* ✆ 0492540009.
- *Fallschirmspringen* Tandemsprünge werden für ca. 60 € angeboten: ✆ 0492540565. www.bartair.com.
- *Ballonfahrten* Es ist ein eindrucksvolles Erlebnis, mit der Montgolfière über dem Lac de Serre-Ponçon zu schweben. ✆ 0492540565. www.bartair.com.

Tallard

Noch ein paar Worte zur Ortsgeschichte: Ursprünglich gehörte Tallard zum Territorium der Grafen von Orange, später den Chevaliers de Saint-Jean de Jérusalem – der heutige Malteserorden – sowie einem Neffen des Papstes, bevor die Grundherrschaft samt Burg im 15. Jahrhundert von der Familie Clermont erworben wurde. Letztere herrschte bis zur Revolution über Tallard.

• *Information* **Office de Tourisme**, Place Commandant Dumont, 05130 Tallard, ✆ 0492540429, ✆ 0492540792. www.tourisme-tallard-barci.com.

• *Einwohner* 1560 Einwohner.

• *Verbindungen* Zahlreiche Busverbindungen mit Gap sowie nach Laragne und Sisteron.

• *Markt* Dienstag- und Freitagvormittag.

• *Veranstaltungen* Mitte Dezember bittet die Stadt zum *Trüffelfest* und feiert die Gourmetknolle gebührend.

• *Schwimmen* Das öffentliche Schwimmbad ist im Juli und August von 11–19 Uhr geöffnet.

• *Kanufahrten* Lohnend ist eine Kanutour auf der Durance von La Saulce bis nach Sisteron. Preis: 40 € pro Kanu für einen Tag.

• *Reiten* Auch stundenweise mit dem Pony oder Pferd. Hilary Roddier, Ecuries de Ceüze, 05130 Sigoyer, ✆ 0492579540. www.ceuze.stables.free.fr.

• *Essen* **Pizzeria du Château**, in einer beschaulichen Altstadtgasse liegt diese verspielte Pizzeria mit zünftiger Holzdecke. Hauptgerichte ca. 12 €, beispielsweise ein Côte d'Agneau und Tagliatelle, Pizzen von 6,80–13 €. 7, rue Chevalier.

Sehenswertes

Château de Tallard: Die ältesten Teile der Burg von Tallard datieren ins 13. Jahrhundert, später mehrfach verändert, entspricht der heutige Zustand weitgehend der Architektur des 16. Jahrhunderts. Allerdings nicht ganz: Die Burg wurde bereits in den Religionskriegen schwer beschädigt und schließlich 1692 von den Truppen des Herzogs von Savoyen gebrandschatzt – eine Vergeltungsmaßnahme für die Verwüstungen, die der Maréchal von Tallard zuvor in der Pfalz angerichtet hatte. Der Besucher gelangt durch den von zwei runden Türmen flankierten Eingang in den Ehrenhof (*Cour d'Honneur*), dessen Nordostseite die im spätgotischen Flamboyantstil errichtete Burgkapelle Saint-Jean und ein angrenzender zweigeschossiger Wohntrakt, der *Salle des Gardes*, einnehmen. Beide Gebäude haben die schon erwähnten Zerstörungen weitgehend ohne Schaden überstanden. Durch einen weiteren Innenhof (*Cour des Gardes*) gelangt man in das Zentrum der Burganlage. Von den zwei imposanten Wehrtürmen und den herrschaftlichen Wohntrakten zeugen nur noch ein paar Ruinen, die nicht zu begehen sind.

Geöffnet Nur im Juli bis Mitte Sept. tgl. 10–12 und 14–18 Uhr, zudem Führungen um 10.30, 14.30 und 17 Uhr. Eintritt: 3 €, erm. 2,50 €. Führungen: 4,50 €, erm. 3 €.

La Ferme du Col: Der Bauernhof am Col de la Sentinelle in der Nähe der Ortschaft Jarjayes (ein paar Kilometer nordöstlich von Tallard) ist vor allem für Kinder sehr interessant. Guy und Jacqueline Auroze halten neben einer ganzen Herde von Angoraschafen auch Alpakas, Yaks, eine vietnamesische Schweinerasse, Wachteln und Fasane.

Geöffnet Von Februar bis Anfang Nov. tgl. außer So 10–18 Uhr. Führungen um 15 Uhr, im Juli und August auch um 10.30 Uhr und 16.30 Uhr. Eintritt: 5 €, erm. 4 €.

Notre-Dame-du-Laus

Notre-Dame-du-Laus ist der bekannteste Wallfahrtsort in den Südalpen. Wie so oft in der Kirchengeschichte war es ein Hirtenmädchen, in diesem Fall die 17-jährige Benoite Rencural, der an einem Septembermorgen des Jahres 1664 die heilige Jungfrau erschien … Nachdem sich das „Schauspiel“ mehrmals wiederholt hatte, wurde flugs mit dem Bau einer Kirche begonnen. Ein wahrer Pilgerboom brach aus: Schon in den ersten eineinhalb Jahren kamen mehr als 100.000 Gläubige. Mit „dem Geld der Armen“, wie es in einer zeitgenössischen Chronik hieß, dauerte der Kirchenbau nur drei Jahre. Wer nicht aus religiösen Gründen zum Kloster pilgert, wird vor allem den Blick über das Tal der Avance würdigen.

Information www.notre-dame-du-laus.com.

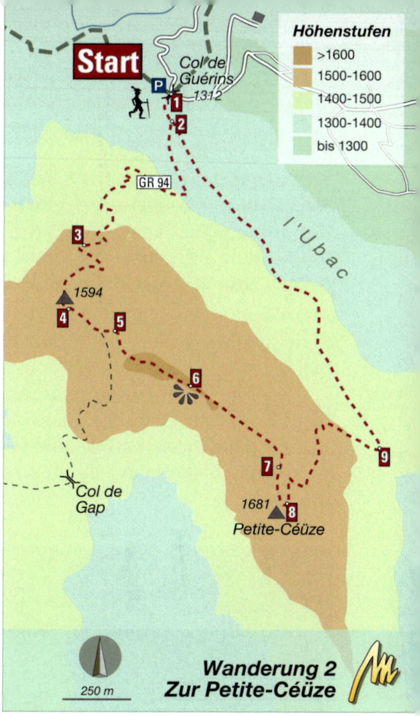

Wanderung 2: Zur Petite-Céüze

Eine reizvolle Kurzwanderung, die als Rundtour konzipiert ist und nach einem kurzen, schwierigen Schlussanstieg hinauf zur 1681 Meter hohen Petite-Céüze führt.

> Ausgangspunkt: Wanderparkplatz am Col des Guérins. Gesamtwanderzeit: 2,5 Stunden. Wegstrecke: ca. 8 Kilometer. Höhenmeter: 365 Meter. Schwierigkeitsgrad: mittel.

Im Südwesten von Gap liegt die markante Abbruchkante der Montagne de Ceüse. Über einen breiten Bergsattel, den Col des Guérins, reicht das Massiv hinüber zur Petite-Céüze. Von der Nationalstraße (N 85) zweigt eine kleine Landstraße (D 219) zur Ortschaft Sigoyer ab. Von dort sind es noch rund fünf Kilometer bis zum Parkplatz am Col des Guérins (WP 1). In dem kleinen Wäldchen campieren oft auch ein paar Kletterfreaks, denn die Abbruchkante der sich nördlich des Parkplatzes erhebenden Montagne de Céüze ist ein Paradies für Freeclimber. Wir lassen es gemütlicher angehen und laufen auf einem breiten, leicht ansteigenden Weg in Richtung Süden bis zu einer Abzweigung (WP 2). Dann folgen wir der Hinweistafel „Col de la Baume, Esparron“, der Weg ist schon seit dem Parkplatz identisch mit dem rot-weiß markierten Fernwanderweg GR 94, dem wir noch etwa eine dreiviertel Stunde folgen. In mäßig ansteigenden Kehren geht es einen spärlich bewaldeten Hang empor, wobei mehrere Elektrozäune (WP 3) überquert werden müssen. Durch ein Kiefernwäldchen hindurch gelangt man auf eine Hügelkuppe (WP 4), dort verlassen wir den Fernwanderweg und folgen fortan der

Markierung Gelbstrich, die uns in südsüdöstlicher Richtung anfangs über einen breiten Pfad (WP 5) zu einer Art befestigtem Landeplatz (WP 6) führt, der auf einem Felsgrat angelegt wurde. Mit etwas Glück kann man ein paar Murmeltiere entdecken. Der Gipfel der Petite-Céüze ist nun nicht mehr weit.

Allerdings stehen noch zwei kurze, steile Anstiege bevor. Zuerst hält man sich leicht nach rechts, denn dort findet sich an der Felswand eine Stelle (WP 7), die mit einfachen Kletterkünsten zu bewältigen ist; es gibt allerdings keine Sicherungsseile. Anschließend sind es nur noch zehn Minuten bis zum Gipfel (WP 8), doch sollte man das letzte steile Stück nicht auf dem direkten Weg erklimmen (gefährlich!), der Pfad schlängelt sich von der linken Seite empor. Auf dem Gipfel wird man mit der üblichen Fernsicht belohnt: Eindrucksvoll breitet sich der Kessel von Gap im Tal aus. Der anfangs steile Abstieg erfolgt weiter auf dem mit Gelbstrich markierten Pfad, der teilweise mit Geröll bedeckt ist und von echtem Lavendel und Silberdisteln gesäumt wird. Nach rund einer halben Stunde erreicht man einen breiten Pfad (WP 9), der nach einer weiteren halben Stunde zum Parkplatz (WP 1) führt. Glücklicherweise sprudelt unweit der Straße ein kleiner Brunnen, so dass man sich erfrischen kann.

Der Petit Buëch weist den Weg

Pays du Buëch

Das Pays du Buëch, das ganz im Westen des Départements Hautes-Alpes liegt, weist ein ganz anderes Landschaftsbild auf. Statt schneebedeckter Berggipfel und Almen begeistern ausgedehnte Lavendelfelder und ein mediterranes Klima gepaart mit provenzalischer Lässigkeit.

Seinen Namen erhielt der Landstrich von dem Flüsschen Buëch – wahrscheinlich keltischen Ursprungs –, der sich nördlich von Serres mit seinem kleinen Bruder, der Petit Buëch, vereint. „Das Wasser des Buëch ist grün und rinnt geräuschlos wie Öl", schrieb der berühmte provenzalische Dichter Jean Giono. Durch Deiche und Staudämme gebändigt, lässt sich schwer vorstellen, welche Überschwemmung der Buëch einst anrichtete. Die meisten Reisenden durchqueren das Pays du Buëch auf dem Weg von Grenoble nach Sisteron, ohne einen Zwischenstopp einzulegen. Ein Fehler, oder anders betrachtet, ein glücklicher Umstand, denn die Region ist touristisch kaum erschlossen. Besonders reizvoll sind die sich nach Westen hin öffnenden Täler mit den Hauptorten Rosans und Orpierre sowie die Gorges de la Méouge. Neben ausgedehnten Schafsweiden, dichten Wäldern und einer schwer zugänglichen

Macchia finden sich auch immer wieder großzügige Obstplantagen mit Apfel- und Birnbäumen, die an Südtirol erinnern. Historisch Interessierte finden Grabhügel aus römischer Zeit sowie Wanderpfade, die von den Einheimischen heute noch als Römerwege bezeichnet werden. Cineasten erinnern sich vielleicht an die Verfilmung von Jean Gionos Roman „Der Husar auf dem Dach“: Ein großer Teil der Außenaufnahmen wurde im Pays du Buëch gedreht.

Internet www.buech.com.

Serres

Die farbenfrohen Fassaden des sich an einen Felssporn schmiegenden Ortes künden bereits die nahe Provence an. Die verschachtelte Altstadt ist ein idealer Ausgangspunkt zur Erkundung der Region.

Serres: Baden im Buëch

An einem wichtigen Verkehrsknotenpunkt der Südalpen gelegen, kann Serres archäologischen Funden zur Folge auf eine mehr als 2000-jährige Geschichte zurückblicken. Die erste urkundliche Erwähnung datiert ins Jahr 739. Um den Handel besser kontrollieren zu können, errichteten die Grafen der Provence im Jahre 980 eine Burg über dem Ort, von der nach Richelieus Zerstörungsaktion allerdings nur wenige Mauerreste und die Ruinen einer Zisterne zeugen. Im Laufe des Mittelalters entwickelte sich Serres zu einem florierenden Handelsplatz mit einem jüdischen Viertel, dem Bourg Reynaud. Diverse Steuervergünstigungen sowie die Ansiedlung des Amtsgerichtes für die Region Gap begünstigten die Entwicklung. Wirtschaftlich führend waren die Hugenotten, die allerdings 1685 durch das Edikt von Fontainebleau vertrieben wurden. Damit verschwand auch das traditionsreiche Handwerk der Hutmacherei aus der Stadt. Im 20. Jahrhundert setzte nochmals ein wirtschaftlicher Niedergang ein, verschiedene alte Manufakturen wurden geschlossen und Bauernhöfe verkauft, so dass im Rahmen dieser Landflucht immer mehr junge Handwerker und Arbeiter ihr Glück in der Fremde suchten und Serres einen erheblichen Bevölkerungsrückgang zu verzeichnen hatte.

Serres besitzt noch heute ein ansprechendes Stadtbild mit Glockenturm und der romanischen Pfarrkirche Saint-Arey. Das schönste Bürgerhaus ist das aus dem 16. Jahrhundert stammende Maison Renaissance de Lesdiguières. Das ehemalige Wohnhaus des Hugenottenführers Duc de Lesdiguières besitzt eine reich verzierte Fassade mit farbigen Gipsornamenten. Ein weiteres Haus, das einst Lesdiguières gehörte, wird heute als Rathaus genutzt. Die große Attraktion des Ortes ist das Freizeitzentrum *Domaine de Germanette*, ein künstlicher Stausee mit Schwimmbecken, Kanu- und Bootsverleih sowie Spielplätzen und Einkehrmöglichkeiten. Eine ansprechende Anlage, die allerdings von Mitte Juni bis Mitte September eintrittspflichtig ist. Eine schöne Kurzwanderung führt auf dem *Sentier des Moines* von der Place du Tricot hinauf zur Chapelle Bonsecours, die 1730 von einem Einsiedler errichtet wurde und einen hervorragenden Blick auf das Tal des Buëch bietet.

- *Information* **Office du Tourisme**, Place du Lac, 05700 Serres, ✆ 0492670067, ℻ 04923671616. www.buech-serrois.com.
- *Einwohner* 1200 Einwohner.
- *Verbindungen* Busverbindungen mit Gap, Veynes und Rosans sowie mit Grenoble, Marseille und Nizza.
- *Markt* Dienstag- (nur im Sommer) und Samstagvormittag.
- *Veranstaltungen* Am 1. Augustwochenende werden bei der *Fête de la lumière du passé* alle Häuser der Altstadt illuminiert und in die Fenster historisch gekleidete Figuren gesetzt, die ihrem traditionellen Handwerk nachgehen. Am letzten Wochenende im Juli findet das *Festival de jazz* statt.
- *Übernachten* **Fifi Moulin**, passables Hotel am Rand des Zentrums. Die Zimmer (41–55 €) gehen zum Fluss hinunter. 13, rue Varenfrain, ✆ 0492670001. www.hotel-fifimoulin.fr.

Des Alpes, mitten im Ort an der Durchgangsstraße, eher als Etappenstation denn als eine Urlaubsherberge geeignet. Zimmer 45 €, besonders ruhig sind die nach hinten hinaus. Ganzjährig geöffnet, mit Restaurantbetrieb. Place du Lac, ✆ 0492670018.

- *Camping* **** **Domaine des Deux Soleils**, familiärer Platz mit nur 75 Stellplätzen. Restaurant und ein kleiner Pool mit tollem Blick sind vorhanden. Von Mai bis Sept. geöffnet. ✆ 0492670133. www.domaine-2soleils.com.

Wanderung 3: Gorges du Riou

Die Gorges du Riou sind eine wenig bekannte, aber sehr schöne Schluchtenlandschaft, die sich fünf Kilometer südöstlich von Serres hinter dem Weiler Saint-Genis öffnet. Wer keine Wanderung plant, kann hier im Sommer auch schön baden: Unweit der Route Nationale (N 75) wurde das Wasser des Riou zu einem *Plan d'eau* aufgestaut.

> Ausgangspunkt: Parkplatz beim Friedhof in Saint-Genis. Gesamtwanderzeit: 2 Stunden. Wegstrecke: ca. 7 Kilometer. Höhenmeter: ca. 150 Meter. Schwierigkeitsgrad: leicht.

Wer die Gorges du Riou genauer erkunden will, fährt durch die Ortschaft Saint-Genis hindurch und stellt sein Fahrzeug 500 Meter hinter der Kirche auf dem ausgeschilderten kleinen Parkplatz beim Friedhof ab. Die Schlucht ist nun zwar deutlich zu erkennen, doch sollte man sich nicht dazu verleiten lassen, den nächst besten Weg einzuschlagen; dieser befestigte Pfad endet bald und führt zu einer Obstwiese, dann entlang an einem künstlichen Wasserlauf sowie kleinen Lichtungen, bevor er sich letztlich aber immer mehr im Dickicht des Bachlaufs verliert. Um den richtigen Einstieg zu der leichten Kurzwanderung zu finden, kehrt man vom Parkplatz zu den ersten Häusern des Ortes zurück und biegt scharf rechts in eine kurze Sackgasse, die nur Anwohner befahren dürfen. Nach knapp hundert Metern ist die letzte Häuserruine erreicht und ein gelb markierter Wanderweg führt etwa fünfzig Meter oberhalb des Talgrundes zur Schlucht. Nach einem guten Kilometer kommt man an einer alten Steinbrücke vorbei, das Tal verengt sich zusehends und der Weg verläuft auf einem malerischen Steinpfad, der noch aus dem Mittelalter stammt. Längs des Weges wachsen Pippau, Lilien, blaue Kugeldisteln, Baldrian und wilder Oregano. Der Riou plätschert glasklar vor sich hin und bildet in der engen Schlucht ein paar Wasserbecken. Durch einen kurzen Felstunnel hindurch steigt der Weg in einem Kiefernwäldchen langsam an und führt zu einem schönen Aussichtspunkt, der einen eindrucksvollen Blick über die gesamte Schlucht bietet. Nur dreißig Meter entfernt weist ein Hinweisschild links hinunter in Richtung „M. F. de Jubéo"; dieser Pfad führt wieder hinunter zum Bachbett des Riou. Unweit einer Wasserkontrollstelle findet man leicht einen Picknickplatz. Wer Lust hat, kann sich in einem der flachen Felsbecken in dem rund 16 Grad kalten Wasser abkühlen.

Felstunnel in den Gorges du Riou

Nun macht man sich entweder wieder auf den Rückweg durch die Schlucht oder folgt dem Pfad noch ein Stück weiter in Richtung Jubéo.

Rosans

Rosans ist ein charmantes mittelalterliches Dorf, dessen Wurzeln bis in die galloromanische Zeit (*Rosus*) zurückreichen. Im Zentrum des Ortes steht der aus dem 13. Jahrhundert stammende Donjon einer einst mächtigen Burganlage. Rosans gilt als das Zentrum der Lavendelproduktion im Pays du Buëch. Alljährlich werden in der Region 4000 Kilogramm Lavendelessenz und 5000 Kilogramm Lavandinessenz hergestellt.

Nicht nur Charme, auch Toleranz werden hier groß geschrieben: Rosans gehörte zu den wenigen Gemeinden in Frankreich, die sich 1962 bei Ausbruch des Algerienkrieges dazu bereit erklärten, algerische Familien aufzunehmen, deren Männer vor Kriegsausbruch freiwillig in der französischen Armee gedient hatten. Diese so genannten *Harkis* galten in ihrer Heimat als Verräter und waren daher vom Tod bedroht.

- *Information* **Office de Rosannais**, Mairie, 05150 Rosans, ✆ 0492666666, ℻ 0492666433. www.rosans.com.
- *Einwohner* 500 Einwohner.
- *Markt* Sonntagvormittag.
- *Stadtführungen* Im Sommer jeden Di und Do um 17 Uhr. Treffpunkt Ecomusée.
- *Chambres d'hôtes* **L'Ensoleillée**, in einem sehr schönen, bäuerlichen Anwesen etwa einen Kilometer außerhalb von Rosans vermieten Monsieur und Madame Pacaud sechs gut ausgestattete Zimmer (51 € inkl. Frühstück, Abendessen 19 € ohne Wein). Tagsüber entspannt man am Pool, abends wird das Essen auf der Terrasse serviert. ✆ 0492666272, ℻ 0492666287. www.lensoleillee.com.

• *Camping* *** **Camping des Rosières**, dieser nette Campingplatz befindet sich in unmittelbarer Ortsnähe; er verfügt nur über 50 Stellplätze, so dass die Atmosphäre sehr persönlich ist. Swimmingpool vorhanden. Von Mai bis Sept. geöffnet. ✆ 0492666206. www.camping-rosieres.com.

Saint-André-de-Rosans

Einen Abstecher zu den Ruinen der Abtei von Saint-André-de-Rosans sollte man nicht versäumen. Das im späten 10. Jahrhundert gegründete Benediktinerkloster steht am Rande des gleichnamigen Ortes. Durch zahlreiche Schenkungen zu Wohlstand und Ansehen gekommen, werden die Klostergebäude in den Religionskriegen des 16. Jahrhunderts in Brand gesteckt – ein Schicksalsschlag, von dem sich Saint-André nicht mehr erholen sollte. Schlimmer noch: Im 19. Jahrhundert diente das Kloster den Dorfbewohnern als Steinbruch; 1883 wurde der Chor sowie die Fassade zerstört, um aus dem „Baumaterial" eine Schule zu errichten. Erst 1925 wurden die Ruinen von Saint-André unter Denkmalschutz gestellt und der Vandalismus fand ein Ende. Obwohl von der romanischen Kirche nur noch die Seitenwände des Kirchenschiffs erhalten sind, bietet die Ruine eine Vorstellung von der Größe und Pracht der Abtei. Die filigranen Fußbodenmosaike aus dem 12. Jahrhundert – sie ähneln denen im Kloster Ganagobie – kann man derzeit nicht in Augenschein nehmen, da die Ruine restauriert wird und durch ein Holzgitter vor unbefugten Eindringlingen geschützt wird. Dennoch lohnt sich der Blick auf das Klosterensemble.

Orpierre

Orpierre, der Hauptort des Céans-Tals, gefällt durch sein altertümliches Aussehen, wenngleich die Stadtmauern und die Zitadelle geschleift wurden. Lehensrechtlich gehörte der Ort lange Zeit zum Fürstentum von Orange. Einen schweren Schlag musste das Gemeinwesen im Jahre 1685 hinnehmen, als ein Großteil der Bevölkerung aus Glaubensgründen nach Kelze bei Kassel emigrierte. Viele angesehene Bürger und Handwerker sahen sich zu diesem Schritt gezwungen, da Ludwig XIV. das Edikt von Nantes aufgehoben und dadurch den Hugenotten ihre Religionsfreiheit entzogen hatte. Heute erinnern nur noch ein paar prächtige Renaissanceportale und stattliche Bürgerhäuser in der Grand Rue an den einstigen Glanz.

Wer in den Straßen ständig durchtrainierte, mit Seilen, Karabinern und Magnesia-Beutel ausgerüstete Kletterer sieht, muss sich nicht wundern, denn Orpierre ist eines der beliebtesten Kletterzentren Südfrankreichs. Die steil aufragenden Felsen im Bereich des Quiquillon ziehen Freeclimber aus ganz Europa an, da sie hier Touren in allen Schwierigkeitsgraden vorfinden. Die kleine Snack-Bar *Le Quartz* im Ort ist der informelle Treffpunkt aller Kletterfreaks. Hier werden Tipps über Routen ausgetauscht und mit leuchtenden Augen von den eigenen Felsenerlebnissen berichtet. P.S.: Die Klettersaison dauert von Ostern bis Ende Oktober, danach versinkt Orpierre für fünf Monate im Winterschlaf.

Die Pfarrkirche von Orpierre

Orpierre, ein Dorf am Abgrund

Nicht nur in geographischer Hinsicht, sondern auch in wirtschaftlicher Hinsicht befand sich Orpierre einst am Abgrund. Mitte des 19. Jahrhunderts lebten 1000 Menschen in dem malerischen Flecken, doch dann begann der Ort zusehends zu vergreisen. Ende des Zweiten Weltkriegs zählte man nur noch 250 Einwohner, als dann 1956 auch noch zahlreiche Olivenbäume einem starken Frost zum Opfer fielen und 1960 der örtliche Marmorsteinbruch geschlossen wurde, schien Orpierres Schicksal als Geisterdorf besiegelt. Durch Zufall kam der Fernsehjournalist Maurice Sévénot nach Orpierre und beschloss, dem ort zu helfen. Er drehte 1964 den Dokumentarfilm *Village à vendre*, „Dorf zu verkaufen", um das Interesse potenter Investoren zu wecken. Vergeblich – erst durch die unkonventionellen Maßnahmen des 1970 zum Bürgermeister gewählten Raymond Chauvet ging es langsam bergauf. Chauvet siedelte zuerst ein Internat für Kinder mit psychischen Störungen an, dann gelang es ihm, einen neuen Bäcker zu finden, indem er die Miete der Gemeindebäckerei an den monatlichen Umsatz koppelte; er wusste, ohne eigenen Bäcker war sein Dorf so gut wie „tot". Der „Durchbruch" kam dann Mitte der achtziger Jahre mit den touristischen Aktivitäten: Die beiden Kletterfreaks Dominique Jugy und Pierre-Yves Bochaton entdeckten, dass die Felsen über dem Ort ein wahres Paradies für Freeclimber darstellen, und machten sich daran, die Routen in den Steilwänden professionell zu erschließen. Hinzu kam eine ganze Infrastruktur mit einem Fachgeschäft für Kletterbedarf, bei der auch eine Toilette mit solarbetriebener Kompostieranlage nicht fehlen durfte. Vom „Kletter-Tourismus" profitiert inzwischen der gesamte Ort, rund zwei Dutzend Arbeitsplätze wurden geschaffen. Orpierre scheint gerettet!

• *Information* **Office du Tourisme**, 05700 Orpierre, ✆ 0492663045, 📠 0492663252. www.orpierre.fr.

• *Einwohner* 375 Einwohner.

• *Markt* Sonntagvormittag.

• *Klettern* Informationen zu einem 7-tägigen Kletterkurs gibt es unter ✆ 0492663045.

• *Schwimmen* Öffentliches Schwimmbad.

• *Hotel* ** **Les Céans**, dieses knapp fünf Kilometer südwestlich von Orpierre in dem Weiler les Begües gelegene Landhotel (Logis-de-France) ist die ideale Adresse für alle, die ein paar entspannte Tage auf dem Land verbringen wollen. Ein großer Garten mit sonnigem Swimmingpool, ein Tennisplatz, Bouleplatz und eine Sauna sorgen für Abwechslung. Abends sitzt man im zugehörigen Restaurant und erfreut sich beispielsweise an einem Fricassée de Volaille aux Morilles. Menüs 16,50–33 €. Zimmer je nach Ausstattung 42–58 €. Für 78 € werden zudem vier Bungalows mit Kochgelegenheit für bis zu 4 Personen vermietet. Von Nov. bis Mitte März Betriebsferien. ✆ 0492662422, 0492662829. www.le-ceans.fr.

• *Camping* **** **Les Princes d'Orange**, sehr gut ausgestatteter Platz – etwa 300 Meter vom Ort entfernt –, der sich in Terrassen den Hang hinaufzieht. Man muss eigentlich nicht extra betonen, dass sich hier alljährlich zahlreiche Kletterfreaks treffen, die zumeist auf der Biwakwiese zelten. Restaurant sowie Swimmingpool mit Wasserrutsche sind vorhanden. Vermietung von Chalets. Von April bis Ende Okt. geöffnet. ✆ 0492662253, 📠 0492663108. www.campingorpierre.com.

Lagrand

Der kleine, verschlafene Ort erstreckt sich auf einer Hügelkuppe nördlich der nach Orpierre führenden Landstraße (D 30). Sehenswürdigkeiten gibt es bis auf eine mittelalterliche Kirche mit Spitztonnengewölbe nicht, dennoch gefällt der 300-Seelen-Weiler. Eine Auberge mit Terrasse bietet sich zum Einkehren an.

Laragne-Montéglin

Der Doppelort Laragne-Montéglin liegt verkehrsgünstig an der Straße nach Sisteron, so dass die meisten Reisenden irgendwann mal an dem großen Marktplatz vorbeifahren. Ein Stopp lohnt sich zumindest aus zwei Gründen: Entweder man deckt sich mit dem in der Region produzierten Ziegenkäse *Laragne* ein oder man findet im gut sortierten Zeitschriftenladen (*Maison de la Presse*) eine aktuelle deutsche Tageszeitung, die hier allerdings wie überall in den Hautes-Alpes und der Haute-Provence mit einem Tag Verspätung eintrifft.

Noch ein Ausflugstipp: Liebhabern von kleinen verträumten Bergdörfern sei das fünf Kilometer östlich gelegene Upaix mit seinen bunten Häuserfassaden und einer Kirche aus dem 14. Jahrhundert ans Herz gelegt.

• *Information* **Office du Tourisme**, Places des Aires, 05300 Laragne, ✆ 0492650938, 📠 0492652841. perso.wanadoo.fr/office.laragne.

• *Einwohner* 3500 Einwohner.

• *Verbindungen* Täglich mehrere Busverbindungen nach Sisteron sowie nach Gap.

• *Markt* Donnerstagvormittag.

• *Schwimmen* Städtisches Freibad, geöffnet im Juli und Aug. tgl. außer So 10–12.30 Uhr und 14–19 Uhr.

• *Hotel* ** **Chrisma**, angenehmes, von der Besitzerin mit persönlicher Note geführtes Hotel, etwas außerhalb des Ortes an der Straße nach Serres gelegen. An heißen Tagen planscht man im Swimmingpool hinter dem Haus, wenn möglich empfiehlt es sich, eines der etwas teureren Zimmer (42–55 €) mit Balkon zum Garten hin zu reservieren. ✆ 0492650936, 📠 0492650936. membres.lycos.fr/hotelchrisma.

• *Chambres d'hôtes* **Mas de la Faye**, in einer landschaftlich sehr reizvollen Region mit traumhaftem Fernblick liegt dieses Anwesen der Familie Roy, das sicherlich eine der schönsten Möglichkeiten darstellt, im Pays du Buëch zu übernachten. Pascale Roy – sie spricht auch Deutsch! – vermietet drei

Gästezimmer, die von ihrer klassisch-modernen Ausstattung und Größe her einem Drei-Sterne-Hotel ebenbürtig sind. Eine sonnige Terrasse, ein eigenes Bad und WC sowie ein Fernseher gehören zu jedem Zimmer, von denen zwei sogar noch über eine kleine Kochecke mit Kühlschrank verfügen und daher einem Appartement ähneln. Zudem kann man den kleinen Swimmingpool der Familie benutzen. Liebevoll, aber sehr zurückhaltend kümmert sich Pascale um ihre Gäste, die jeden Morgen ein tolles Frühstück in einem eigenen Speisezimmer serviert bekommen. Auf Voranmeldung kocht Madame Roy abends ein ausgezeichnetes Menü, das für 15 € genauso günstig wie lecker ist. Auch die Übernachtungspreise sind nicht überteuert: Zimmer für 2 Personen inkl. Frühstück je nach Größe 50 € bzw. ab 3 Nächten 48 €. Anfahrt: Die Unterkunft liegt zehn Kilometer östlich von Laragne. Man fährt auf der D 942 in Richtung Gap und biegt kurz vor dem Dorf Ventavon links zum Col de Faye ab. Nach zwei Kilometern kommt ein großes gelbes Schild, das auf die wenige hundert Meter weiter rechts gelegene Unterkunft hinweist. Von Weihnachten bis Ostern geschlossen. ✆ 0492664372 oder 0615188158 (mobil).

Maison la Fontaine, im Nachbarweiler le Villard vermieten René und Thierry Reintjens ein Studio für 55 € (inkl. Frühstück), das uns von Herwig Staske und Gerlinde Kelnhofer empfohlen wurde. ✆/📠 0492664641.

Gorges de la Méouge

Gorges de la Méouge

Die Gorges de la Méouge mit ihren zahlreichen Wasserfällen und Felsbecken, die zum Schwimmen geradezu einladen, sind eines der beliebtesten Ausflugsziele der Region. Während sich im Frühjahr nur wenige Kajakfahrer auf dem Fluss tummeln, wird es im Hochsommer am Wochenende ganz schön eng.

Einsam ist man nur am frühen Morgen. Die Méouge – der Name *Méoujo* bedeutet auf provenzalisch so viel wie „honigfarbenes Wasser“ – ist ein relativ kleiner Fluss. Nur gut 40 Kilometer beträgt die Entfernung, die die Méouge von der Quelle bis zur Mündung in den Buëch durch die rötlich schillernden Felsen zurücklegt. Apropos Baden: Die schönste Badestelle ist unweit einer markanten „römischen Brücke“ mit drei Bögen, die allerdings erst aus dem 14. Jahrhundert stammt. Ganz Wagemutige springen aus rund zehn Meter Höhe in die milchig-türkisfarbenen Fluten.

Camping *** **Les Gorges de la Méouge**, gut ausgestatteter Campingplatz mit Pool und kleinem Laden in der Nähe der Ortschaft Barret-sur-Méouge. Auch Vermietung von Bungalows. Von Anfang Mai bis Ende Sept. geöffnet. ✆ 0492650847. www.camping-meouge.com.

Eindrucksvolles Gebirgspanorama

Aspres-sur-Buëch

Aspres-sur-Buëch liegt an der viel befahrenen Landstraße, die von Sisteron nach Grenoble führt. Die meisten Reisenden brausen nur durch den Ort und versäumen es, die verträumten Gassen, die altertümlichen Häuser mit ihren Sonnenuhren sowie das Château zu besichtigen.

- *Einwohner* 780 Einwohner.
- *Markt* Samstagvormittag.
- *Übernachten* ** **Du Parc**, dieses Logis-de-France-Hotel liegt mitten im Ort etwas zurückversetzt an der Hauptstraße. Passable Zimmer 45–50 €. Frühstück 8,50 €. Im Restaurant gibt es Menüs ab 22 €. WLAN. Route de Grenoble, ✆ 0492586001, ✆ 0492586784. www.hotelbuech.com.

Relais Saint Géraud, nettes Chambres d'hôtes, ebenfalls mitten im Ort. Vier schöne Zimmer für 60 € (inkl. Frühstück). Abends gibt es ein vegetarisches Menü für 17 €. Route de Grenoble, ✆ 0492587655. www.relaisdesaintgeraud.com.

Veynes

Veynes hat zwar nur gut 3000 Einwohner, doch dies reicht, um sich als fünftgrößte Stadt des Départements Hautes-Alpes rühmen zu können. Seine Bedeutung verdankt der Ort seiner Lage an einer Straßenkreuzung zwischen Gap, Die und Sisteron. Dies führte 1875 dazu, dass der Ort zu einem Verkehrsknotenpunkt des französischen Eisenbahnnetzes ausgebaut wurde; ein Depot zur Wartung von Lokomotiven und eine Schule zur Ausbildung von Eisenbahnern entstanden. Der Ortskern ist zwar unspektakulär, doch gefallen die bemalten Fassaden und das zumeist lebhafte Treiben.

- *Information* **Office du Tourisme**, Avenue Commandant Dumont, 05400 Veynes, ✆ 0492572743, ✆ 049258618. www.ville-veynes.fr.
- *Einwohner* 3250 Einwohner.
- *Verbindungen* Zug- und Busverbindungen mit Gap und Serres.
- *Markt* Donnerstagvormittag.
- *Internet* Espace Mulot, ✆ 0492571168.
- *Fahrradverleih* Garage Broche.
- *Schwimmen* Städtisches Freibad.
- *Camping* *** **Les Rives du Lac**, zwei Kilometer südlich von Veynes, direkt am Ufer eines künstlichen Sees mit schönen Bade- und Surfmöglichkeiten. Pool vorhanden. Auch Vermietung von Blockhäusern. Von Mai bis Sept. geöffnet. Plan d'eau des Iscles, ✆ 0492572090. www.camping-lac.com.

Château de Montmaur

Zu Füßen des Massif d'Auroze liegt Montmaur, ein 300-Seelen-Ort, dessen größte Attraktion ein von zwei Rundtürmen flankiertes Schloss ist. Ursprünglich im 14. Jahrhundert errichtet, wurde das Schloss in der Renaissance weitgehend umgebaut, um den repräsentativen Ansprüchen der Barone von Montmaur zu

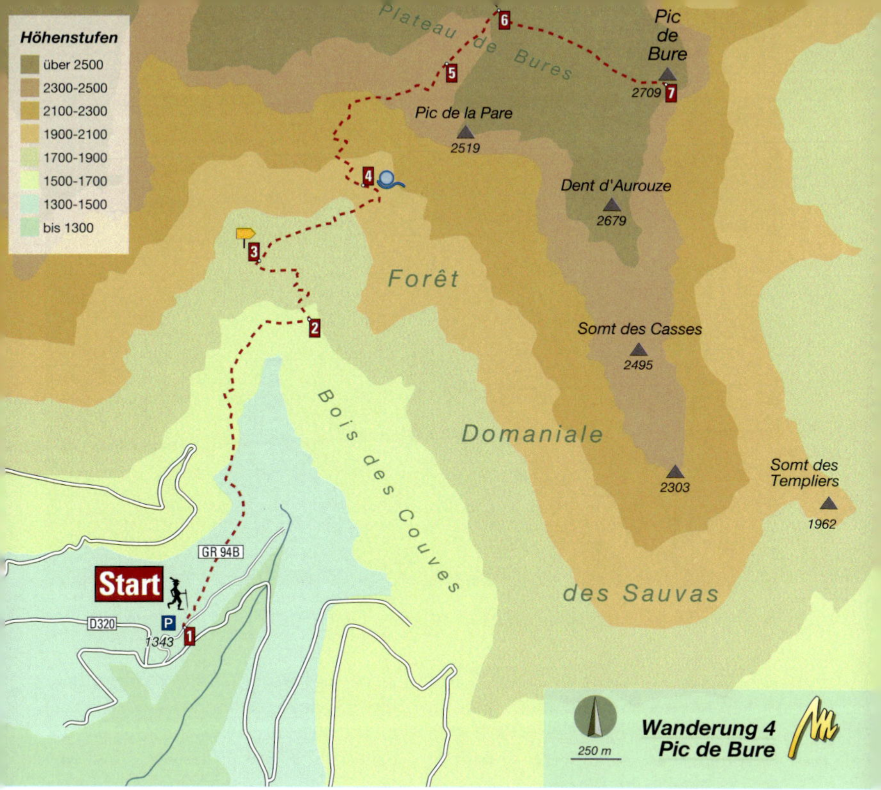

entsprechen. Bis 1825 war das Schloss im Besitz der Barone, in den dreißiger Jahren des 20. Jahrhunderts betrieb ein Engländer hier eine Art Schönheitsfarm. Während des Zweiten Weltkriegs war Montmaur einer der Stützpunkte der französischen Résistance. Heute kann das Schloss mit seinen Prunksälen besichtigt werden. Im Sommer werden abendliche Kostümfeste im Fackelschein organisiert, zudem finden regelmäßig Konzerte und Ausstellungen statt.

Geöffnet www.chateau-montmaur.com.

Wanderung 4: Pic de Bure

Der Gipfel des Pic de Bure ist mit 2709 Meter einer der höchsten in den Südalpen. Ein markanter Felsklotz, bei dessen Aufstieg mehr als 1300 Höhenmeter bewältigt sein wollen. Die Strecke ist teilweise recht steil und daher für Kinder unter zehn Jahren nicht geeignet. Erfahrung im Bergsteigen ist im Gegensatz zu guter Kondition nicht erforderlich. Achtung: Die Wanderung ist nur von Juni bis Ende September zu empfehlen, da der Pic de Bure die restlichen Monate des Jahres unter einer dicken Schneeschicht liegt. Bei einem Wetterumschwung kann es zudem empfindlich kalt werden.

Ausgangspunkt: Wanderparkplatz Les Sauvas . Gesamtwanderzeit: 7 Stunden. Wegstrecke: ca. 15 Kilometer. Höhenmeter: 1366 Meter. Schwierigkeitsgrad: schwer.

Auf dem Weg zum Gipfel müssen mehrere Geröllfelder überquert werden

Von Montmaur führt die kleine D 320 in Serpentinen bergauf und endet an einem Wanderparkplatz (WP 1). Nachdem das Schuhwerk geschnürt ist – knöchelhohe Wanderschuhe sind ratsam – und eine Windjacke und ein warmer Pullover im Rucksack verstaut sind, geht es anfangs gemächlich bergauf durch einen schönen Mischwald. Die Wanderroute ist gut ausgeschildert und bis kurz unterhalb mit dem rot-weiß markierten Fernwanderweg GR 94B identisch. Nach etwa einer Stunde steht man am Beginn des ersten Geröllfeldes (WP 2). Im beschwerlichen, serpentinenreichen Anstieg kann man sich auf die Geröllfelder einstimmen, der einen bis zum Gipfel begleiten wird. Recht idyllisch ist ein schattiges Wäldchen mit einem daneben stehenden Feld voller Weidenröschen. Ein Holzwegweiser (WP 3) verkündet, dass es noch 2,5 Stunden zum Gipfel sind. Wir folgen weiter dem Fernwanderweg und schenken der Abzweigung zur Fontaine de Vallon keine Beachtung. Eine kleine, allerdings kaum sprudelnde Quelle (WP 4) bietet sich für eine kurze Rast an, dann geht es weiter das Geröllfeld empor. Trotz der widrigen Verhältnisse haben sich viele unterschiedliche Pflanzenarten angesiedelt. Zu finden sind Weißer Mauerpfeffer, Silberdistel, verschiedene Nelkenarten, Wolfsmilch, Glockenblumen, Frauenmantel und immer wieder Blaudisteln (*Chardon bleu*). Nach dem Durchqueren des Geröllfeldes erreicht man den Sattel des Plateau de Bure (WP 5). Auf fortan mäßig ansteigendem Weg erreicht man einen Steinhaufen (WP 6), an dem der Fernwanderweg GR 94B weiter in Richtung Superdévoluy führt. Rechter Hand zweigt hier der Weg zum Pic de Bure ab. Noch 200 Höhenmeter sind zu bewältigen, dann steht man endlich auf dem Gipfel (WP 7)! An manchen Tagen pfeift der Wind mit Geschwindigkeiten von bis zu 130 km/h über die Gipfelkuppe. Dafür wird man bei guten Sichtverhältnissen mit einer grandiosen Fernsicht belohnt. Der Blick reicht vom Massif des Ecrins im Nordosten bis zum Lubéron und dem Mont Ventoux im Südwesten. Man wähnt sich in einer anderen Welt! Eine Orientierungstafel erklärt die Namen der umliegenden Berge. Der Rückweg erfolgt auf dem gleichen Pfad, allerdings weniger beschwerlich. In gut zwei Dritteln der Aufstiegszeit erreicht man wieder den Parkplatz (WP 1).

Lac de Serre-Ponçon

Wie eine blau-grüne Sichel schmiegt sich der Lac de Serre-Ponçon um die Ausläufer der Seealpen. Kaum etwas erinnert noch an seine „künstliche" Entstehung, längst ist er ein Paradies für Wassersportler jeglicher Couleur. Wer will, kann den See auf den Panoramastraßen auch mit dem Fahrrad oder Auto erkunden.

Die Idee, einen Stausee im Tal der Durance zu errichten, lässt sich bis auf das 19. Jahrhundert zurückverfolgen. Damals warb der Ingenieur *Ivan Wilhelm* für den Bau eines Staudamms, da es immer wieder zu verheerenden Hochwasserkatastrophen kam, wenn die Durance über die Ufer trat. Doch mussten noch mehrere Jahrzehnte ins Land gehen, bis die Staudammvision verwirklicht werden konnte. Die Arbeiten am Stausee – der Name „Serre-Ponçon" leitet sich von *Serre-Ponchoire* ab, was so viel wie „Berggipfel in Flaschenform" bedeutet – begannen 1955 und währten bis 1961. Insgesamt waren 3000 Menschen beschäftigt, um mehr als 1400 Millionen Kubikmeter Erde zu bewegen. Erstmals in Europa wurde eine neue Bautechnik erfolgreich erprobt: Die 123 Meter hohe und 600 Meter lange Staumauer wurde aus Schwemmerde errichtet und mit einer wasserundurchlässigen Tonschicht und Schlackenzement abgedichtet. Das

Unten im Tal: der Lac de Serre-Ponçon

Elektrizitätswerk hat eine Kapazität von 720 Millionen Kilowattstunden pro Jahr. Rund zehn Prozent der Energie, die in Frankreich aus Wasserkraft gewonnen wird, stammt vom Lac de Serre-Ponçon. Die am 6. November 1959 begonnene Flutung des Stausees wurde am 18. Mai 1961 nach mehr als eineinhalb Jahren abgeschlossen, als der Wasserspiegel die vorgesehene Marke von 780 Metern über dem Meer erreichte.

Der Lac de Serre-Ponçon erstreckt sich auf einer Länge von 20 Kilometern und einer Breite von bis zu drei Kilometern. Insgesamt besitzt der See mehr als 80 Kilometer Ufer mit überwachten Badeplätzen sowie versteckten Buchten, in denen man so gut wie ungestört ist. Von Anfang an wurde auch auf den Tourismus gesetzt: So entstanden rund um den See mehr als ein Dutzend Campingplätze. Der mit einer Fläche von 3000 Hektar und einer Tiefe von 120 Metern größte Stausee Frankreichs ist ein Paradies für Wassersportler. Da am Nachmittag stets eine schöne Brise aufkommt, tummeln sich vor allem Windsurfer und Segler auf dem See, Aktivurlauber können aber auch Wasserskifahren, Wandern und natürlich Baden. Kalt ist der Lac de Serre-Ponçon glücklicherweise nicht: Im Hochsommer erwärmt sich das Wasser auf bis zu 24 Grad Celsius. Allerdings kann es vorkommen, dass im Sommer zu viel Wasser aus dem See abgelassen wird, so dass der Wasserspiegel deutlich absinkt und die felsigen Ufer dann recht abweisend wirken. Eine Ausnahme bildet das *Plan d'eau* bei Embrun, das aus einer eigenen Quelle gespeist wird.

Selbstverständlich gibt es auch eine Kehrseite der Medaille. Der Stausee hat das Leben der Menschen einschneidend verändert, und zwar nicht nur positiv. Die kleine, aus dem 17. Jahrhundert stammende Kapelle Saint-Michel erinnert als steinernes Mahnmal daran, dass zahlreiche Gehöfte und mehrere Weiler in den Fluten des Stausees verschwanden. Verständlich, dass die Proteste gegen den Bau des Stausees zahlreich waren, selbst nach der Flutung des Sees nahmen sie nicht ab: 1982 gedachten mehr als 700 Menschen dem alten Savines, zum 30. Gedenktag versammelten sich gerade mal 140 Einheimische. Erinnerungen an die Vergangenheit weckt auch ein 1957 gedrehter Film. Jean Giono und François

Hautes-Alpes
Karten S. 102/103 und 118/119

Villiers ließen sich durch den Bau des Staudamms zu dem Film *L'eau vive* inspirieren, der die Lebenskraft des Wassers in den höchsten Tönen preist und die Flusslandschaft vor ihrer nachhaltigen Zerstörung zeigt.

- *Barrage de Serre-Ponçon* Führungen durch das Wasserkraftwerk finden im Juli und Aug. tgl. außer So von 9.45–11 Uhr und 14–16 Uhr statt. Eintritt: frei!
- *Bootsexkursionen* Von Savines-le-Lac (10, 14.30 und 16.15 Uhr) sowie von les Yvans (10.15, 14 und 15.30 Uhr) und der Baie Saint-Michel (10, 14.30 und 16 Uhr) legen Ausflugsboote ab, die den See erkunden. Fahrtkosten: 11 €, erm. 78 €.
- *Fahrradtour* Eine sportliche Herausforderung ist es, den Lac de Serre-Ponçon mit dem Mountainbike zu umrunden. Man kann eine solche Tour natürlich selbst organisieren oder sich von einem Kenner der Region zu den schönsten Plätzen führen lassen. Weitere Infos: ✆ 0492437743. www.embrunais-serreponcon.net.
- *Angeln* Angelscheine mit verschiedener Dauer verkauft: La pêche soleil, Embrun, 25, rue de la Liberté, ✆ 0492436604.

„Strände" am Lac de Serre-Ponçon

Rund um den Lac de Serre-Ponçon gibt es mehrere ausgewiesene Badestellen, die eine gewisse Infrastruktur bieten. Am attraktivsten sind die folgenden drei:

Plan d'eau d'Embrun: Vom eigentlichen Stausee durch eine Mauer abgegrenzt, findet man hier immer ideale Wasserbedingungen. Großer überwachter *Plage* mit Möglichkeiten zum Segeln.

Port Saint-Pierre: Der ebenfalls überwachte Strand an der Nordseite des südöstlichen Zipfel des Lac de Serre-Ponçon ist selten überlaufen und daher ein idealer Platz, um einen Tag am Wasser zu verbringen.

Baie Saint-Michel: Die mitten im See stehende Chapelle Saint-Michel gab der Bucht nicht nur ihren Namen, sie dient auch als optischer Fixpunkt.

Embrun

Embrun ist ein wahres Kleinod: Die Stadt thront auf einem steil abfallenden Felsvorsprung über der Durance. Die bunten Fassaden lassen die mediterrane mit der alpinen Architektur verschmelzen und über alle Häuser ragt die einstige Kathedrale, das Wahrzeichen der Stadt.

Embrun kann auf eine mehr als 2000-jährige Geschichte zurückblicken. Die Wurzeln reichen sogar über die kelto-ligurische Epoche hinaus; selbst Schmuckstücke aus der Bronzezeit wurden gefunden. Bereits in römischer Zeit war *Emburodunum* die Hauptstadt der unter Diokletian neu geschaffenen Provinz *Alpes Maritimae*. Da sich in der Spätantike die Einteilung der Diözesen an den römischen Verwaltungsstrukturen orientierte, war es fast zwangsläufig, dass der Ort im 4. Jahrhundert zum Sitz eines Bistums erhoben wurde. Zeitweise von Arles aus verwaltet, konnte das Bistum Embrun unter den Karolingern seine Eigenständigkeit zurückgewinnen. Seit dem Jahre 804 stand dem religiösen Zentrum der Seealpen – die Kirchenbücher vermerken acht in Embrun abgehaltene Konzile – ein Erzbischof vor. Bis zum Jahre 1801 blieb Embrun zusammen mit Arles und Aix-en-Provence eine der drei provenzalischen Kirchenprovinzen. Formalrechtlich zum Heiligen Römischen Reich gehörend, erhielt Embrun von den fränkischen Kaisern zahlreiche Privilegien, so eine eigene Gerichtsbarkeit und das Recht, Münzen zu prägen. Im Hochmittelalter gehörte Embrun erst zum Territorium der Grafen von Forcalquier, dann zur Grafschaft Viennois, bevor es 1349 zusammen mit Vienne an den französischen König fiel. Teile der Stadt wurden 1692 zerstört, als der Herzog von Savoyen in den Osten Frankreichs eindrang und eine Spur der Verwüstung hinterließ. Von einer anschließend von Vauban zum Schutz der Stadt errichteten Festung sind nur noch wenige Spuren erhalten.

Die Auflösung des Bistums war 1801 ein schwerer Schlag für Embrun; als sich wirtschaftliche Schwierigkeiten mehrten, kam es im Verlauf des 19. Jahrhunderts zu einem wahren Exodus der Bevölkerung. In dieses Bild fügt sich auch der Umstand, dass Embrun 1927 der Status einer Unterpräfektur des Départements Hautes-Alpes entzogen wurde. Erst der Bau des Lac de Serre-Ponçon und der damit verbundene Tourismus brachten einen bis heute anhaltenden Aufschwung mit sich. Embrun entwickelte sich zu einem der wichtigsten Sportzentren des französischen Gebirges, das sich stolz rühmt, das „Nizza der Alpen" zu sein. In der verkehrsberuhigten Altstadt – sie wurde vor ein paar Jahren fast vollkommen in

eine Fußgängerzone verwandelt – lässt es sich schön bummeln. Wer mit offenen Augen durch die Gassen läuft, wird reich verzierte Sonnenuhren und schmucke Renaissanceportale entdecken. Nicht versäumen sollte man den mit spätgotischen Fresken verzierten *Couvent des Cordeliers,* der heute das Office de Tourisme beherbergt. Eindrucksvoll ist auch die gegenüber der Kathedrale gelegene Maison de Chanonges; das Gebäude ist eines der seltenen romanischen Wohnhäuser, die noch in Südfrankreich erhalten sind. Die Fassade ziert ein steinerner Löwe, der eine Ziege gerissen hat.

Informationen/Diverses

- *Information* Office de Tourisme, Place Général Dosse, BP 49, 05202 Embrun, 0492437272, 0492435406. www.ot-embrun.fr bzw. www.embrun.net oder www.serreponcon-tourisme.com. Hier gibt es kostenloses WLAN.
- *Einwohner* 6200 Einwohner.
- *Verbindungen* Embrun besitzt einen SNCF-Bahnhof (✆ 04792430061) mit Verbindungen nach Gap sowie Paris und Marseille. Vom Busbahnhof (*gare routière*) fahren Busse nach Marseille, Nizza, Aix-en-Provence und Grenoble. Beide liegen im Nordosten der Stadt, nur wenige Fußminuten vom Zentrum entfernt.
- *Taxi* Taxi Jacky, ✆ 0492433661.
- *Markt* Mittwoch- und Samstagvormittag.
- *Maison de la Presse* Place Barthelon/Ecke Rue Clovis Hugues.

• *Internet* Omnis Cyberspace, 30, rue de la Liberté. Kostenloses WLAN im Office de Tourisme.

• *Veranstaltungen* Im Juli und August geben in der Kathedrale renommierte Musikensembles – so von der Mailänder Scala – eine Kostprobe ihres Könnens. Beim *Embruman* treten die Triathleten zum Wettstreit an, wobei vor allem das Radrennen zu den schwersten der Welt gehört. Mehr als 100.000 Zuschauer säumen die Rennstrecke.

• *Schwimmen* Plan d'eau, schöne Badezone am Lac de Serre-Ponçon. Im Juli und Aug. verkehren kostenlose Pendelbusse zwischen dem Stadtzentrum (z. B. Place de la Gare) und dem See.

• *Ökoladen* Biologische Produkte gibt es gleich im Zentrum. 6, place de la Mazelière

• *Kino* Le Roc, Boulevard Pasteur, ✆ 0492431957.

• *Disko* Discothèque La Casa, ZA de Baratier. Im Juli und Aug. tgl. geöffnet, sonst nur am Wochenende.

Übernachten/Essen (siehe Karte S. 122/123)

• *Hotels/Restaurants* *** **Les Bartavelles (3)**, das zwei Kilometer westlich des Ortes gelegene Hotel wurde vor einigen Jahren renoviert und bietet 43 gut ausgestattete Zimmer (88–98 €). Restaurant sowie Swimmingpool und zwei Tennisplätze sind vorhanden. Menüs ab 22 €. Les Clos des Pommiers, ✆ 0492432069, ℻ 0492431192. www.bartavelles.com.

** **Les Peupliers (6)**, dieses gut geführte Logis-de-France-Hotel vier Kilometer von Embrun entfernt in dem kleinen Weiler Baratier (auf dem Weg nach Les Orres). Ein Plus ist der von Mai bis Sept. beheizte Swimmingpool sowie die schöne Saunalandschaft mit Dampfbad im modernen Anbau. Die im rustikalen Stil (Holzdecke!) gehaltenen Zimmer mit Flat-Screen haben einen kleinen provenzalischen Touch und kosten je nach Saison 50–64 €. Gutes, einladendes Restaurant, im Sommer sitzt man auf der großen, schattigen Terrasse, Menüs ab 18 €. Großes Frühstücksbuffet! Kostenloses WLAN. Drei Wochen im April sowie drei Wochen im Oktober Betriebsferien. Chemin de Lesdier, ✆ 0492430347, ℻ 0492434149. www.hotel-les-peupliers.com.

****Hôtel de la Mairie (8)**, alteingesessenes Hotel (Logis-de-France) mitten im Ortszentrum am Marktplatz. Schon tagsüber trifft man sich in den stuckverzierten Räumlichkeiten auf einen schnellen Kaffee. Das gut besuchte Restaurant mit seinen Ölgemälden an den Wänden ist auch unter Einheimischen sehr beliebt und besitzt eine schöne, lauschige Straßenterrasse. Serviert werden regionale Köstlichkeiten wie *Tranche de gigot d'agneau*, wobei der Koch ein Faible für Morcheln hat. Leser bemängelten allerdings die fehlende Freundlichkeit der Bedienungen. Zimmer je nach Ausstattung 48–51 €. Menüs zu 18,50, 21 und 26 €. Montagmittag bleibt die Küche kalt, zudem zwei Wochen Anfang Mai sowie von Okt. bis Ende Nov. Betriebsferien. Place Barthelon, ✆ 0492432065, ℻ 0492434702. www.hoteldelamairie.com

* **Le Commerce (7)**, nur ein paar Schritte weiter, empfiehlt sich dieses Hotel dem preisbewussten Reisenden: Zimmer 42–45 €, wobei man bei den günstigeren Zimmern über den Flur zum Duschen muss. 1, rue Saint-Pierre, ✆ 0492435454, ℻ 0492438189.

Le Boulevard (2), beliebtes Restaurant mit zugehörigem Pub. Große Straßenterrasse! Ansprechende Menüs zu 15, 20 und 26 €, große Salatauswahl! Sonntag Ruhetag. Place Saint-Marcellin.

Chez Pierrot Fils (1), mitten in dem uralten Dorf Crots (rund vier Kilometer südwestlich von Embrun) werden in einer ehemaligen Schäferei hinter der Dorfkirche leckere hausgemachte Spezialitäten und Pizzen (6–12 €) angeboten. Familiäres Flair. Außer Sonntagmittag nur abends geöffnet, in der Nebensaison Montag bis Mittwoch geschlossen. ✆ 0492431343.

• *Camping* **** **Camping Municipal de la Clapière (4)**, sehr großer (367 Stellplätze!), komfortabel ausgestatteter Platz direkt am Seeufer. Von April bis Ende Nov. geöffnet. Avenue du Lac, ✆ 0492430183. www.camping-embrun-clapiere.com.

*** **Les Deux Bois (5)**, von der Atmosphäre schöner ist dieser vier Kilometer südlich bei Baratier gelegene Platz. Allerdings gibt es kein Seeufer, dafür entschädigt ein netter Pool. Von Mai bis Sept. geöffnet. ✆ 0492435414. www.camping-les2bois.com.

Tour Brune: die letzte Festung der Bischöfe

Sehenswertes

Cathédrale Notre-Dame-du-Réal: Die einstige Kathedrale von Embrun ist das kunsthistorisch bedeutsamste Bauwerk in den Hautes-Alpes und ein beredetes Zeugnis für den Reichtum der Bischöfe. Errichtet an der Wende vom 12. zum 13. Jahrhundert, wollten die Architekten zugleich dem Umstand Tribut zollen, dass das 360 von dem heiligen Marcellin gegründete Bistum zu den ältesten Frankreichs gehört. Die Bischofskirche steht in der Tradition der provenzalischen Romanik, wenngleich sich bereits gotische Stilformen ankündigen. Zudem lassen sich Einflüsse der lombardischen Architektur ausmachen, so bei der Lisenengliederung der Apsiden und dem unterhalb des Daches umlaufenden Bogenfries. Auch der dem Nordportal „Le Réal“ vorangestellte offene Portikus mit auf zwei Löwen gestützten Säulen hat seine Vorbilder in Oberitalien. Der rechte Löwe hält ein Kind in den Klauen, der linke ein Lamm oder eine Ziege. Ein architektonischer Fixpunkt ist die fein gearbeitete Rosette an der Westfassade. Der Turm selbst ist in die Fassade integriert; erst die oberen Geschosse treten als eigenständiges Element hervor. Allerdings handelt es sich um einen Wiederaufbau, der im 19. Jahrhundert nach den Originalplänen errichtet wurde.

Das Innere der Kathedrale – eine dreischiffige Basilika ohne Querhaus – wird geprägt von dem regelmäßigen Wechsel von hellem Kalkstein mit dunklem Schiefergestein – ein weiterer sichtbarer Einfluss der lombardischen Baumeister. Das Kirchenschiff besitzt mit einer Länge von 52 Metern und einer Breite von 23 Metern imposante Ausmaße. Die hohen Arkaden – im Mittelschiff mit Kreuzrippengewölbe – betonen den hallenartigen Aufbau der Kirche. Beachtung verdient auch der gemauerte Orgelfuß für die von König Ludwig XI. gestiftete Orgel – eine der ältesten von Frankreich! –, deren reich verzierter Erker einen besonderen architektonischen Akzent setzt. Die französischen

Könige bekleideten seither traditionell das Amt des Ehrenchorherren, das sich inzwischen auf den französischen Staatspräsidenten vererbt hat. Von den hinter der Kathedrale gelegenen Gärten Clovis-Hugues bietet sich ein faszinierender Panoramablick über das Tal.

Führungen Im Juli und August findet von Mo–Do um 16.30 Uhr eine Führung durch die Kathedrale statt.

Tour Brune: Der 27 Meter hohe Donjon der Bischöfe von Embrun wurde am Ende des 12. Jahrhunderts errichtet. Im Laufe der Geschichte erlebte er eine vielfältige Nutzung, unter anderem als Schatzkammer, Waffenlager, Gefängnis und Wasserreservoir. Heute beherbergt er eine Ausstellung zum Nationalpark. Von der Aussichtsplattform bietet sich ein toller Rundblick, mehrere Panoramatafeln geben Erläuterungen zu den umliegenden Berggipfeln.

Geöffnet Von Mitte Juni bis Mitte Sept. tgl. 10–12.30 Uhr und 14–19 Uhr, von Mai bis Mitte Juni und bis Ende Sept. nur am Wochenende 10–12.30 Uhr und 14–19 Uhr sowie sonntags in den Schulferien 14–18 Uhr. Eintritt: 2 €.

Südlich von Embrun

L'Abbaye de Boscodon

Rund sechs Kilometer südlich des Lac de Serre-Ponçon liegt die Abtei von Boscodon in der Abgeschiedenheit der Bergwelt. Eine kleine Straße steigt neben dem gleichnamigen Bach stetig bis zum Besucherparkplatz bergan. Bereits der Name Boscodon (*bois*, „Holz“) deutet an, dass die Gegend seit je her für ihren Waldreichtum bekannt war. Im Jahre 1132 gründete der Chalaisianerorden eine Abtei, die – da mit großzügigen Schenkungen bedacht – schnell zu Ansehen und Wohlstand gelangte. Schon 1165 gründeten die Mönche von Boscodon in der Einsamkeit der Montagne de Lure mit Notre-Dame-de-Lure ein weiteres Bergkloster, zwei weitere, Prads und Puyredon, folgten. Der Umstand, dass das Mutterkloster Chalais in dem Kartäuserorden aufgegangen war und der Chalaisianerorden praktisch nicht mehr existierte, bedrohte auch die Existenz von Boscodon. Vor allem der Erzbischof von Embrun wollte sich den reichen Grundbesitz des Klosters einverleiben. Um diese Avancen abzublocken, schlossen sich die Mönche von Boscodon formalrechtlich einer piemontesischen Benediktinerabtei an, die direkt dem Papst unterstellt war. Trotz mehrfacher kriegerischer Verwüstungen, so fiel das Kloster 1585 im Rahmen der Religionskriege marodierenden protestantischen Truppen zum Opfer, existierte Boscodon bis zu seiner Auflösung im Jahre 1769. Nach jahrhundertelangen „Übernahmeversuchen“ triumphierte der Erzbischof von Embrun und bemächtigte sich der ausgedehnten Ländereien. Doch währte die Freude nur kurz: In Folge der Revolution wurden die bischöflichen Ländereien säkularisiert und Boscodon als privates Landgut weitergeführt. Aufgrund seiner abgeschiedenen Lage entwickelte sich Boscodon im Zweiten Weltkrieg zu einem Zentrum der Résistance. Die letzte Besitzerin schenkte 1972 das Kloster dem „Freundeskreis von Boscodon“, der sich seither um die Restaurierung der Abtei kümmert und Ausstellungen sowie Konzerte organisiert. Zudem wurden am Parkplatz Holzbänke und -tische aufgestellt, die sich hervorragend zum Picknicken eignen.

Von den zuvor geschilderten Zerstörungen sind nur die Kirche und ein Flügel der angrenzenden Mönchsgebäude verschont geblieben. Die Klosterkirche selbst ist ein einschiffiger, wohl proportionierter Bau, wobei das Querschiff deutlich niedriger ist als das Langhaus. In ihrer Schlichtheit ähnelt die aus Tuffstein errichtete Kirche den Zisterzienserbauten.

Geöffnet Ganzjährig 8.30–18.30 Uhr geöffnet. Führungen: Im Juli und August tgl. außer So um 15 Uhr und 16 Uhr. Teilnahmegebühr: 3,50 €. www.abbayedeboscodon.fr.

Fôret de Boscodon

Rund um die Abtei erstreckt sich der 850 Hektar große *Fôret de Boscodon*, der vielleicht schönste Wald im Département Hautes-Alpes. Neben einem großen Bestand an Tannenbäumen finden sich hier auch Buchen und andere Laubbäume sowie Kiefern, Fichten und in höheren Lagen Lärchen. Auf einem botanischen Lehrpfad werden rund zwei Dutzend Baum- und Straucharten vorgestellt.

Wanderung 5: Auf den Pic de Morgon

Der Pic de Morgon ist mit 2324 Metern der höchste und markanteste Berggipfel rund um den Lac de Serre-Ponçon. Irgendwann nach ein paar Tagen, die mit Sonnenbaden und Faulenzen verbracht werden, wächst der Wunsch, von dem steilen Berggrat hinunter auf den See zu blicken. Um zum Ausgangspunkt der Wanderung zu gelangen, muss man mit dem Auto zur Abtei von Boscodon hinauffahren. Ein Hinweisschild weist den Weg zum Wanderparkplatz *le Grand Clot*, von dem aus eine der Aufstiegsvarianten beginnt. Allerdings ist die Straße zum Wanderparkplatz nur eine ungeteerte, sehr holprige Forststraße, so dass man etwa zwanzig Minuten mit dem Auto bergauf hoppelt.

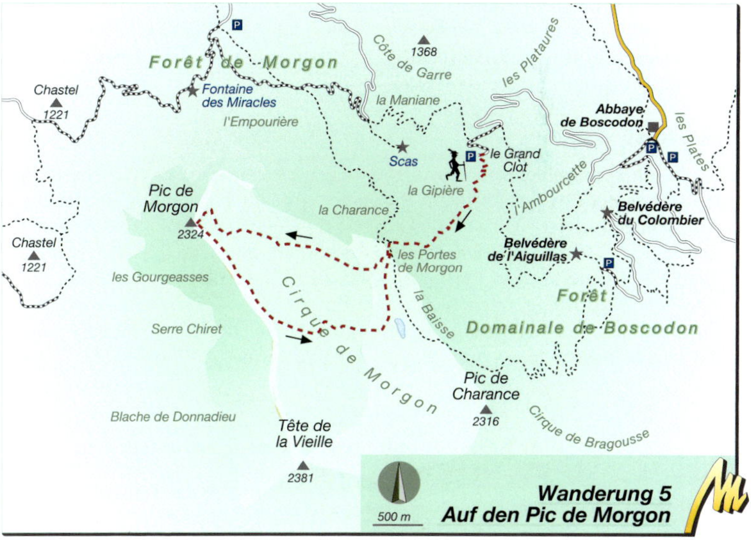

Ausgangspunkt: Wanderparkplatz am Le Grand Clot. Gesamtwanderzeit: 4,5 Stunden. Wegstrecke: ca. 10 Kilometer. Höhenmeter: 664 Meter. Schwierigkeitsgrad: mittel.

Vom Wanderparkplatz – 1660 Meter hoch gelegen – windet sich ein breiter Weg in mehreren Kehren steil nach oben, anschließend führt der Weg unterhalb eines Felsgrades (rechter Hand ist ein steiler Abgrund) nur noch mit einer mäßigen Steigung zu den *Portes de Morgon*. Jetzt öffnet sich ein beeindruckender Blick über die *Cirque de Morgon*, selbst der Gipfel lässt sich schon vage in der Ferne ausmachen. Die *Cirque de Morgon*, die nun in westlicher Richtung überquert wird, ist eine von Berghängen eingerahmte Hochebene, die im Sommer als Weide für Schafe genutzt wird. Nach einer Viertelstunde passiert man eine kleine, steinerne Schäferhütte mit Viehgattern, bevor es anschließend eine gute Stunde lang sehr steil bergauf geht. Vor lauter Anstrengung vergisst man fast die Flora am Wegesrand zu bewundern, so beispielsweise Alpendistel, Edelweiß und Alpenrose sowie der Enzian mit seinem königsblauen, von Mai bis August blühenden Kelch. Je weiter man sich dem Gipfel nähert, desto spärlicher wird die Vegetation, gelegentlich verfolgen einen neugierige Ziegen, die sich bei der Gipfelrast gerne am mitgebrachten Proviant schadlos halten. Bei guten Wetterverhältnissen ist der Blick vom Pic de Morgon grandios und reicht über den gesamten Lac de Serre-Ponçon und weite Teile der Südalpen. Man könnte nun auf dem gleichen Weg zurückkehren, doch wesentlich reizvoller ist es erst einmal in südlicher Richtung auf dem leicht absteigenden Felsgrat zu wandern. Bis auf eine kleine Stelle, an der man sich sicherheitshalber auch mit den Händen abstützen sollte, ist der Pfad nicht sehr beschwerlich. Nach einer halben Stunde geht es wieder bergab und quer durch die Cirque de Morgon zu den Portes de Morgon. Der nun folgende Abstieg auf einem Forstweg ist identisch mit dem Hinweg. Nach einer weiteren halben Stunde ist der Ausgangspunkt wieder erreicht.

Les Orres

Das Wintersportgebiet von Les Orres ist gewissermaßen der „Hausberg" von Embrun, da der Ort nur fünfzehn Kilometer südöstlich der alten Bischofsstadt liegt. Drei Kilometer oberhalb des ausgesprochen reizvollen, alten Dorfes mit seinen aus Feldstein gemauerten Bauernhöfen entstand in den siebziger Jahren die Winterstation Pramouton, deren 88 Pistenkilometer bis zu einer Höhe von 2720 Meter reichen. Im Sommer steht den Gästen ein Panoramaschwimmbad zur Verfügung, zudem gibt es in der Umgebung mehrere reizvolle Wanderziele, so zum Beispiel der Lac de Sainte-Marguerite.

Information/Übernachten/Essen

- *Information* Office du Tourisme, 05200 Les Orres, ✆ 0492440161, 📠 0492440456. www.lesorres.com.
- *Übernachten/Essen* ** **Les Peupliers**, siehe Embrun.

Les Jas de la Viera, dieser traditionelle Gasthof in Les Orres ist eine sowohl schöne wie auch preisgünstige Adresse, um ein paar Tage in den Bergen zu verbringen. Wo findet man schon ein DZ für 33 €

oder kann für 12 € im Schlafraum nächtigen? Lohnend ist auch die Halbpension für 22 €. ✆ 0492441036, 📠 0492441037. www.gitelaviera.com.

• *Chambres d'hôtes* **La Jarbelle**, ein schön restaurierter, massiver alter Bauernhof mit Bruchsteinmauerwerk. Christine Joannard und Gilles Trifigny vermieten rund 14 Kilometer von Embrun entfernt in dem Weiler les Ribes sechs schöne Zimmer mit Bad und WC. Bis auf eines haben alle Zugang zu einem Balkon, zudem steht den Gästen ein großer Gemeinschaftsraum im zweiten Stock zur Verfügung. Abends sitzt man an der gemütlichen, großen Tafel unter der wuchtigen Holzdecke im Erdgeschoss, wo ein schöner offener Kamin an kalten Tagen für Wärme sorgt. Übernachtung mit Halbpension 39–42 € (viergängiges Menü inkl. Wein) pro Person. ✆ 0492441133, www.lajarbelle.com.

Wanderung 6: Zum Lac de Sainte-Marguerite

Die wohl schönste Wanderung in der Umgebung von Les Orres führt hinauf zu dem 2227 Meter hoch gelegenen Lac de Sainte-Marguerite. Der Weg ist zwar steil, aber technisch einfach und erfordert deshalb keinerlei spezielle Kenntnisse. Ausgangspunkt ist ein kleiner Parkplatz in einer Straßenkehre, ein paar hundert Meter oberhalb der Skistation Pramouton gelegen. Ein hölzerner Wegweiser mit mehreren Wanderzielen weist auch auf den Lac de Sainte-Marguerite hin, wobei die Zeitangabe (Zwei Stunden) großzügig gerechnet ist.

Ausgangspunkt: Parkplatz oberhalb von Pramouton. Gesamtwanderzeit: 4 Stunden. Wegstrecke: ca. 10 Kilometer. Höhenmeter: 550 Meter. Schwierigkeitsgrad: mittel.

Zu Beginn verläuft der auch mit einem blauen Punkt markierte Wanderpfad auf einem Forstweg, der die ersten 20 Minuten gemächlich ansteigt, bevor die Überquerung einer Alm die ersten Schweißtropfen ins Gesicht treibt. Am Wegesrand blühen Schafsgarbe, Pippau, Weidenröschen und Glockenblumen,

Rast am Lac de Sainte-Marguerite

selbst Enzian konnten wir entdecken. Unterhalb einer Felswand bietet sich rechter Hand noch ein Abstecher zur Source de Jérusalem an (20 Minuten), oder man nimmt gleich über einen breiten Geröllweg den steilen Anstieg zum Vallon de l'Eyssalette in Angriff. Die ausgedehnte Hochalm wird als Sommerweide genutzt, mit viel Glück lassen sich aber auch weiße Rebhühner, Mufflonschafe und Murmeltiere beobachten. Ein letzter steiler Anstieg ist noch zu bewältigen, bevor man am Ufer des Lac de Sainte-Marguerite steht und auf einer Picknickbank rasten kann. Wer will, kann den See in einer Viertelstunde umrunden, bevor der Abstieg begonnen wird. Anfangs ist der Weg mit dem Aufstieg identisch, doch nach zehn Minuten zweigt rechter Hand ein ebenfalls mit blauem Punkt sowie dem Hinweisschild „Station" markierter Pfad ab, der hinunter nach Les Orres führt. Nachdem man mehrere kleine Bachläufe und Rinnsale übersprungen hat, verläuft der Weg steil am Hang entlang, später wird eine Skipiste überquert. Landschaftlich sehr reizvoll ist der nun folgende Abschnitt, der durch einen ausgedehnten Lärchenwald führt. Hier gilt allerdings eine gewisse Vorsicht, da der Weg an einem steilen Abgrund entlang führt. In mehreren Kehren geht es nun zielstrebig talabwärts, bevor nach rund eineinhalb Stunden Abstieg die ersten Liftanlagen des Skigebietes auftauchen. Nun geht es entlang des befestigten Weges bergab bis nach einer Viertelstunde der Ausgangspunkt wieder erreicht ist.

Parc National des Ecrins

Das Bergmassiv nördlich von Embrun gehört zu dem 1973 eingerichteten Parc National des Ecrins, der sich über 272.000 Hektar erstreckt und nach Norden hin bis weit in das Département Isère hinein reicht. Besonders eindrucksvoll ist die 91.800 Hektar große Kernzone des Nationalparks, eine Hochgebirgslandschaft mit imposanten Gletschern, einsamen Bergseen, Hochalmen und Matten. Dutzende von z. T. äußerst schwer begehbaren Gipfeln liegen jenseits der 3000-Meter-Grenze. Die *Barre des Ecrins* misst sogar stattliche 4102 Meter! Insgesamt 17.000 Hektar sind das ganze Jahr über durch das Eis der Gletscher bedeckt. Zur einzigartigen Tier- und Pflanzenwelt zählen Steinbock, Gämse, Hermelin, Schneehase, Steinadler und Murmeltiere sowie Edelweiß, Enzian, blaue Disteln, Anemonen und Alpen-Rhododendren. Der südliche, im *Embrunais* gelegene Teil ist dagegen schon spürbar vom mediterranen Klima geprägt. Jeder menschliche Eingriff in die Landschaft wird vermieden, die Natur muss selbst ihr Gleichgewicht finden. Es versteht sich daher von selbst, dass strenge Vorschriften gelten: Weder Feuer noch Hunde, Jagen oder Campen sind erlaubt. Als das größte Problem gilt die fortschreitende Erosion.

Internet www.les-ecrins-parc-national.fr.

Chorges

Unweit des nordwestlichen Zipfels des Staudamms liegt das Dorf Chorges, das bereits Ende des 10. Jahrhunderts gegründet wurde. Erst durch den Bau des Lac de Serre-Ponçon erlebte die Gemeinde einen nachhaltigen wirtschaftlichen Boom. Glücklicherweise wird der Verkehr zwischen Gap und Embrun auf einer Umgehungsstraße am Ort vorbei geführt, so dass man relativ ungestört durch die Gassen schlendern kann. Das bedeutendste Baudenkmal des Ortes ist die

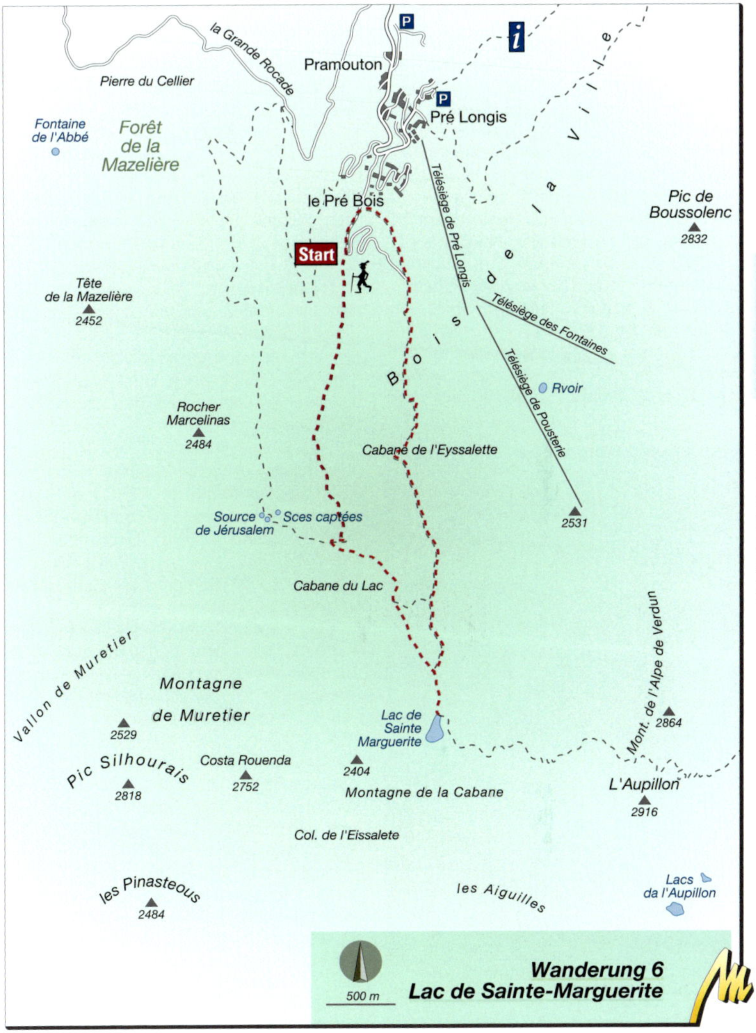

Kirche Saint-Victor-de-Marseille mit ihrem romanischen Nordportal und einem markanten Glockenturm.

Information/Diverses

- *Information* Office de Tourisme, Place Centrale, 05230 Chorges, ✆ 0492506425, 📠 0492509344. www.otchorges.com.
- *Einwohner* 1300 Einwohner.
- *Verbindungen* Busverbindungen mit Gap und Embrun.
- *Markt* Im Juli und August am Sonntagvormittag.

Übernachtung/Essen

• *Hotels/Restaurants* *** **La Pastorale**, dieses kleine Hotel (nur 8 Zimmer) liegt an einem sonnigen Südhang des Piolet in dem Weiler Les Brès, wenige Kilometer nordwestlich von Chorges. Sylviane Gonon und ihr Mann haben den aus dem 16. Jahrhundert stammenden Bauernhof in jahrelanger Arbeit in ein sehr persönliches Hotel verwandelt, wobei sie auch gekonnt einige moderne Elemente integriert haben. Die individuell eingerichteten Zimmer besitzen viel Charme, ohne dass es an Komfort mangelt. Unser Lieblingszimmer ist „Queyras", ein schmuckes Doppelzimmer mit Kreuzgewölbe, Parkettboden, offenem Kamin und einem großen Holzbalkon. Übrigens verdienen auch die hervorragenden Matratzen ein Lob. Die Zimmer kosten zwischen 79 und 99 €. Von Mai bis Mitte Okt. geöffnet. Pool vorhanden. Kein Restaurantbetrieb, das Frühstückbuffet (8,50 €) wird im einstigen Kuhstall aufgetischt. Es empfiehlt sich die Anfahrt über La Bâtie Neuve, von dort aus ist das Hotel sehr gut ausgeschildert (Entfernung: fünf Kilometer). ✆ 0492502840, ℻ 0492502114. la-pasto rale@wanadoo.fr.

** **De la Poste**, in Ermangelung eines Hotels in Chorges muss man am Westufer des Stausees bis nach Espinasses fahren. Dieses Logis-de-France-Hotel ist eine nette Unterkunft an einer viel befahrenen Straße. Glücklicherweise gehen die Zimmer (40–47 €) nach hinten hinaus. ✆ 0492544003, ℻ 0492545135. www.hotellaposte.fr.

Des Alpes, einfacher Gasthof am westlichen Ortsrand mit Straßenterrasse. Bodenständige Küche vom Entenschlegel bis zur Forelle. (Menüs ab 18 €), Tagesmenü 13 €. ✆ 0492506008.

• *Camping* *** **Camping La Viste**, dieser angenehme, gepflegte Campingplatz liegt unweit des Belvédère Ivan-Wilhelm rund hundert Meter über der Staumauer in einem kleinen Kiefernwäldchen und einer angrenzenden Wiese. Zur Ausstattung gehören ein Restaurant, Swimmingpool, Kinderspielplatz und eine Kletterwand. Zudem werden rund zwei Dutzend sehr gut ausgestattete Châlets für 2 bis 7 Personen vermietet, die je nach Saison zwischen 380 und 770 € kosten. Für diesen Preis bekommt man ein schönes Blockhaus samt Terrasse, Bad, WC, einer voll eingerichteten Küchenzeile sowie einen Fernseher mit ZDF-Kanal. Die Bettwäsche ist ebenfalls inklusive. Von Mitte Mai bis Mitte Sept. geöffnet. Belvédère du Barrage de Serre-Ponçon, ✆ 0492544339. www.laviste.fr.

*** **Le Roustou**, netter Campingplatz auf einer Halbinsel mit Blick auf die Chapelle Saint-Michel. Extras: Privatstrand, Swimmingpool und Kinderspielplatz. Zudem werden 16 Chalets vermietet. Von Mai bis Sept. geöffnet. ✆ 0492506263.
www.campingleroustou.com.

** **La Baie de Saint-Michel**, günstiger städtischer Campingplatz am Seeufer. Die Übernachtung für 2 Personen kostet rund 10 €. Nur im Sommer geöffnet. ✆ 0492506772.

Blick auf den Talkessel von Gap

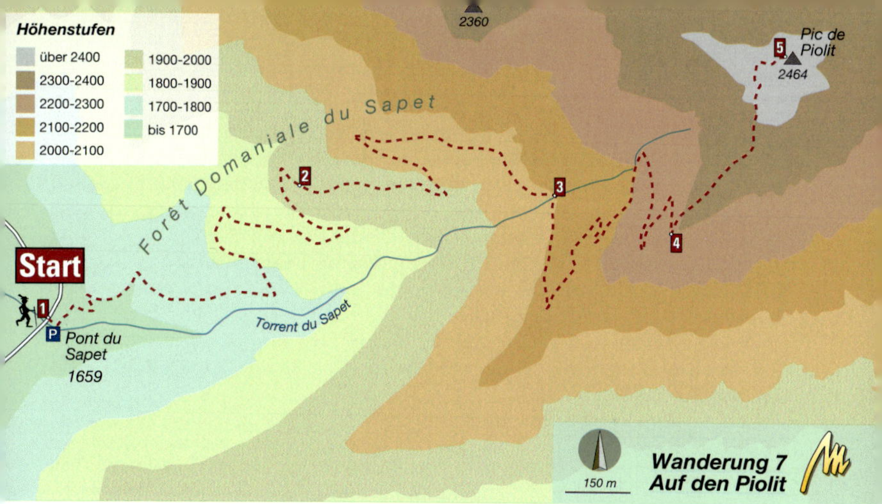

Wanderung 7: Auf den Piolit

Der Piolit ist mit seinen 2464 Metern Höhe einer der höchsten Berggipfel in der Umgebung von Gap und lässt sich daher nur in den Sommermonaten bezwingen. Auf der Bergwanderung, die auf dem gleichen Weg wieder zurückführt, bieten sich immer wieder beeindruckende Ausblicke über das Landschaftspanorama der Hautes-Alpes.

Ausgangspunkt: Wanderparkplatz Pont du Sapet. Gesamtwanderzeit: 4–5 Stunden. Wegstrecke: ca. 11 Kilometer. Höhenmeter: 805 Meter. Schwierigkeitsgrad: schwer.

Der Piolit liegt knapp 20 Kilometer östlich von Gap. Von der zum Lac de Serre Ponçon führenden N 94 zweigt bei La Bâtie-Neuve eine kleine Landstraße (D 214) ab, die allmählich ansteigend zum Parkplatz Pont du Sapet (WP 1) führt. Die letzten zwei Kilometer muss man über eine Schotterpiste holpern.

An der „Tannenbrücke" lässt man das Auto stehen und folgt fortan dem mit einem gelben Strich markierten Wanderweg zum Piolit. In kleineren und größeren Kehren schlängelt sich der Weg anfangs durch einen Wald mit vielen Tannen und Schwarzkiefern. An lichteren Stellen wachsen Springkraut, Waldmeister, Witwenblume, Weidenröschen, Flockenblume, Bittersüßer Nachtschatten sowie Glockenblumen. Die Vegetation ändert sich dann mit dem Erreichen der Baumgrenze (WP 2). Links und rechts des Pfades findet man Hauswurz, Erika, Silberdistel, Wolfsmilch, Wacholder sowie Königskerze. In Serpentinen geht es weiter einen Hang empor, einmal über einen ausgetrockneten Wasserfall (WP 3), dann ändert sich das Profil, sobald ein schmaler Berggrat (WP 4) erklommen ist, der sich schnell verbreitert. Der Piolit ist nun nur noch eine halbe Stunde entfernt, doch zehren die letzten 100 Höhenmeter vor dem Gipfel (WP 5) noch einmal an den Kräften. Der Lohn ist eine herrliche Aussicht auf den Talkessel von Gap sowie die umgebenden Berge des Massif de Ecrins und der Südalpen. Zurück zum Ausgangspunkt geht es nun auf dem gleichen Weg, bis man nach etwa zwei Stunden wieder auf dem Parkplatz (WP 1) steht.

Saint-Apollinaire

Saint-Apollinaire ist das wohl schönste Bergdorf auf der Nordseite des Lac de Serre-Ponçon. Es besitzt viele alte, noch immer bewirtschaftete Bauernhöfe und eine gewachsene Infrastruktur. Drei Kilometer vom Dorf entfernt liegt auf 1452 Meter Höhe der kleine Lac de Saint-Apollinaire. Der von Tannen eingerahmte kleine Gletschersee erinnert an ein verwunschenes Bergszenario. Wer sich von den frostigen Temperaturen – im Sommer angeblich bis 17 Grad Celsius – nicht abschrecken lässt, kann sogar baden. Zweifel ruft die Möglichkeit hervor, sich ein Boot auszuleihen. Angesichts der Größe des Sees wird es einem schon nach fünf Minuten langweilig. Dann schon eher eine Runde Minigolf auf dem benachbarten Minigolfplatz.

• *Übernachten/Essen* ** **Les 4 Saisons**, bei Skifahrern beliebtes Berghotel in Réallon, mehrere Kilometer oberhalb von Saint-Apollinaire. Im Sommer nur im Juli und Aug. geöffnet. ✆ 0492442600, ℻ 0492442655. www.hotel-4-saisons.com.

• *Camping* ** **Le Clos du Lac**, der kleine, städtische Campingplatz liegt direkt neben dem Lac de Saint-Apollinaire. Ein angenehmes Wiesengelände mit tollem Panoramablick über den Lac de Serre-Ponçon. Von Mai bis Sept. geöffnet. ✆ 0492442743. www.camping-closdulac.com.

Muséoscope du Lac

Unweit der Staumauer beherbergt ein modernes Gebäude eine multimediale Ausstellung zur Geschichte des Lac de Serre-Ponçon. Nicht nur bei schlechtem Wetter ist ein Besuch der Vorführung eine ideale Ergänzung zur touristischen Erkundung der Region. Zugegebenermaßen recht happig ist allerdings der Eintrittspreis. Anfangs zeigen mehrere Modelle wie die heute verschwundenen Dörfer Salvines und Ubaye vor der Flutung des Stausees ausgesehen haben. Im Anschluss dokumentieren mehrere Filme das Leben vor und nach dem Bau des Lac de Serre-Ponçon, wobei auch kritische Stimmen zu Wort kommen, die den Verlust des heimatlichen Bodens beklagen. Ein Film beschäftigt sich beispielsweise mit den Zeiten, als der 304 Kilometer lange Lauf der Durance für die Flößerei eine Hauptverkehrsader darstellte (Vom Mittelalter bis zum Beginn des 20. Jahrhunderts wurden auf diese Weise mächtige Stämme aus den Alpen in Richtung Mittelmeer transportiert). Danach wird die Überflutung der Täler von Durance und Ubaye eindrucksvoll mit Licht und Nebel simuliert. Am Schluss steht ein Beitrag über den Bau der mächtigen Staumauer; ehemalige Arbeiter berichten von ihren Erlebnissen und Erfahrungen, die sie während der in technischer wie in körperlicher Hinsicht herausfordernden Bauphase gemacht haben.

• *Geöffnet* Beginn des Films von März bis Okt. tgl. um 10, 11 und 12 Uhr sowie ab 13.30 alle 40 Minuten bis 18 Uhr, im Juni und Sept. tgl. außer Di um 10, 11, 14, 15, 16 und 17 Uhr, im Mai tgl. außer Di 14, 15 und 16 Uhr, im März, April und Okt. tgl. außer Di und Do 14, 15 und 16 Uhr. Eintritt: 8,60 €, erm. 6,60 €. www.museoscope-du-lac.com.

Savines-le-Lac

Das direkt am Seeufer gelegene Savines-le-Lac ist ein auf dem Reißbrett geplantes Dorf ohne große Atmosphäre; das alte Savines fiel dem Bau des Stausees zum Opfer und liegt in den Tiefen des Sees begraben. Aufgrund der zentralen

Lage und den zahlreichen Einkaufsmöglichkeiten führt der Weg irgendwann einmal in die umtriebige Seegemeinde. Ein „Yachthafen“ und ein Strand vervollständigen das touristische Angebot.

- *Information* **Office du Tourisme**, 9, avenue Combe d'Or, 05160 Savines-le-Lac, ✆ 0492443100, 📠 0492443019. www.savines-le-lac.fr.
- *Einwohner* 650 Einwohner.
- *Markt* Dienstag- und Freitagvormittag.
- *Hotel/Camping* ** **Les Sources**, das von einem jungen Paar geführte kleine Hotel mit angegliedertem Campingplatz ist eine angenehme Adresse. Die elf Zimmer sind gepflegt und kosten 38–50 €, wobei die teureren über einen Balkon und eine kleine Küchenzeile verfügen. Frühstück 6 €. Der Campingplatz hat von Juni bis 15. September geöffnet, es werden auch Mobilhomes vermietet. ✆ 0492442052. www.hotel-les-sources.com.
- *Camping* *** **La Palatrière**, wunderschön am Hang gelegener Campingplatz (nur 50 Stellplätze, ca. 15 € für 2 Pers.) zwischen Savines und Sauze-du-Lac. Gute ausgestattet mit einem herrlichen Swimmingpool. Es werden auch Bungalows ab 47 € vermietet. Von April bis Okt. geöffnet. ✆ 0492442098. www.lapalatriere.com.

** **Les Eygoires**, der mit 333 Stellplätzen sehr große, städtische Campingplatz zieht sich in Terrassen zum See hinunter. Das schattige, angenehme Areal liegt ein paar hundert Meter westlich des Ortes. ✆ 0492442048.

- *Jugendherberge* **Auberge de Jeunesse**, einfache Herberge am Ortsausgang in Richtung Barcelonnette, 200 Meter vom Seeufer entfernt. Mehrere Schlafsäle für vier bis acht Personen, pro Nacht 11,60 €. Von Mitte Juni bis Aug. geöffnet. ✆ 0492442016, 📠 0492442454.

Demoiselles Coiffées de Vallauria

In unmittelbarer Nähe der oberhalb des Sees entlang führenden D 954 – sieben Kilometer südwestlich von Savines – hat die Erosion ein paar eigenartige Felspfeiler hinterlassen, die mit etwas Phantasie an eine Damenrunde mit Kopfhauben erinnern und deswegen als Demoiselles Coiffées bezeichnet werden. Die wie Pfeiler aufragenden Felsgebilde gehören zu den in den Alpen

Ein Werk der Erosion: Demoiselles Coiffées

(aber nicht nur hier) häufiger anzutreffenden Phänomen der Erdpyramiden; sie entstanden beim Abschmelzen urzeitlicher Gletscher, da sie aus resistenterem Gestein bestanden und so der Erosion trotzen konnten.

Le Sauze-du-Lac

Hoch über dem östlichen Steilufer des Lac de Serre-Ponçon liegt Le Sauze-du-Lac. Abgesehen von dem grandiosen Panoramablick – besonders am Vormittag, wenn man die Sonne im Rücken hat –, der sich von einer Bergterrasse auf den See bietet, besitzt das Dorf keine weiteren Attraktionen. Den zehnminütigen Zwischenstopp sollte man sich dennoch nicht entgehen lassen, die D 954 führt direkt am Dorf vorbei. Unterhalb des Dorfes befinden sich ein netter Strand (Port Saint-Pierre) und ein Tierpark (*Parc Animalier*).

Südufer des Lac de Serre-Ponçon

Das Südufer des Lac de Serre-Ponçon ist relativ unspektakulär. Die einzige nennenswerte Siedlung ist La Bréole, ein kleiner Weiler mit Schwimmbad, der durchaus Charme besitzt. Wer zum Baden ans Seeufer will, muss nördlich von Le Lautaret einer drei Kilometer langen Landstraße folgen. Dies ist der einzige offizielle Badestrand am Südufer.

• Camping * **Camping Municipal du Lac**, der zum Gemeindegebiet von Saint-Vincent-les-Forts gehörende Platz liegt direkt am See. Einfache Ausstattung. ✆ 0492855157. Nur einen Kilometer höher befindet sich der Campingplatz Lou Pibou, ebenfalls einfach.

* **Barneaud**, einfacher, sehr schlichter Zeltplatz mit vielen holländischen Gästen. Auf einem Wiesengelände im Weiler La Bréole. Nur von Mai bis Sept. geöffnet. ✆ 0492855137.

Östlich von Embrun

Guillestre

Das knapp über 1000 Meter hoch in einem breiten Talkessel am Fuße des Col de Vars gelegene Städtchen ist eine beliebte Etappenstation auf der Route des Grandes Alpes. Eingerahmt von hohen Berggipfeln, die den Regen abhalten, ist Guillestre einer der Orte mit den geringsten Niederschlägen in Frankreich. Obwohl von der römischen Via Domitia tangiert, wurde Guillestre erstmals im Jahre 1118 urkundlich erwähnt, als man die Kirchen von Risoul und Ceillac in der Region Queyras Guillestre unterstellte. Einen spürbaren Aufschwung erlebte der Ort durch den Zuzug zahlreicher Bürger aus La Roche-de-Rame, nachdem deren Häuser von den Fluten der Durance zerstört worden waren. Im Mittelalter war der Ort befestigt, doch erinnert heute nur noch die Tour d'Eygliers und die Porte du Saint-Esprit an die einstige Stadtmauer.

Kunsthistorisch sehenswert ist die Pfarrkirche, ein ehedem vollkommen romanischer Bau. Heute sind allerdings nur noch der Turm und das Westportal der Säulenvorhalle von dem ursprünglichen Gotteshaus erhalten, die anderen Teile der einschiffigen saalartigen Kirche stammen trotz der gotischen Formensprache aus dem 16. Jahrhundert. Die sich über zwei Joche an der Nordseite erstreckende Kapelle wurde später angefügt. Wenn möglich, sollte man an einem Montag nach Guillestre kommen, denn der seit dem Mittelalter überlieferte Markttag ist der größte der Region Queyras.

Guillestre: Ort mit Flair

Information/Diverses

- *Information* Maison du Tourisme du Guillestrois, Place Salva, 05600 Guillestre, ✆ 0492450437, ℻ 0492451909. www.pays-du-guillestrois.com.
- *Einwohner* 2200 Einwohner.
- *Verbindungen* SNCF-Bahnhof in Mont-Dauphin, ✆ 0492450705. Busverbindungen mit Briançon, Gap und weiter nach Marseille.
- *Markt* Montagvormittag.
- *Schwimmen* Das städtische Schwimmbad (*Piscine Municipale*) ist nur im Juli und Aug. geöffnet.
- *Kino* Le Riou Bel, ✆ 0492451481.

Übernachten/Essen

- *Hotel/Restaurant* ** **Le Catinat Fleuri**, der Architekt dieses ein Stück oberhalb des Zentrums gelegenen Logis-de-France-Hotels hat sicherlich keinen Preis gewonnen, doch die Zimmer (je nach Ausstattung und Saison 54–74,50 €) sind ordentlich und besitzen einen Balkon, zudem sind ein Swimmingpool und ein Tennisplatz vorhanden. Beliebt bei Fahrradfahrern. Durchschnittliches Restaurant sowie ein kleiner Campingplatz sind ebenfalls vorhanden. ✆ 0492450762, ℻ 0492452888. www.catinat-fleuri.com.
- *Jugendherberge* **Auberge de Jeunesse Les Quatre Vents**, angenehme Unterkunft in Flussnähe. Die Übernachtung mit Frühstück in einem der 20 Vierbettzimmer kostet ab 16,70 € inkl. Frühstück. Im Oktober und Nov. geschlossen. Quartier la Rochette, ✆/℻ 0492450432. http://aj.quatrevents.free.fr.
- *Camping* Es gibt rund um Guillestre ein halbes Dutzend Plätze, das Angebot reicht von dem luxuriösen **** **Le Villard** (ganzjährig geöffnet mit Pool, Kinderspielplatz und anderen Annehmlichkeiten, Stellplatz für 2 Pers. ca. 18 €, ✆ 04922450654) bis zu dem ebenfalls ganz netten, aber günstigeren ** **Le Vivier** (Stellplatz für 2 Pers. ca. 9,15 €, ✆ 0492450147, nur vom 10.6. bis 10.9. geöffnet).

Mont-Dauphin

Umgebung: Das sich bis zur italienischen Grenze erstreckende **Queyras** ist eine kulturell eigenständige Region, die für ihre Sonnenuhren und abgeschiedenen Bergdörfer bekannt ist. Wer einen Abstecher plant, sollte nach **Saint-Véran** fahren. Das über 2000 Meter hoch gelegene Dorf ist nicht nur der höchste dauerhaft bewohnte Ort Europas, sondern besitzt auch wunderschöne alte Holzhäuser mit offenen Dachspeichern.

Mont-Dauphin

Mont-Dauphin ist eine der beeindruckendsten französischen Grenzfestungen. Als Vauban das Felsplateau erblickte, schrieb er begeistert: „Dieser Ort scheint ausgezeichnet und absichtlich gemacht für die bestgelegene Festung der Welt." Schnell machte sich der Festungsbaumeister des Sonnenkönigs ans Werk und entwarf 1693 eine Zitadelle, die als Bollwerk über dem Tal der Durance thronen sollte. Die Bauarbeiten an der für eine Besatzung von 2000 Soldaten geplanten Festung zogen sich allerdings ein ganzes Jahrhundert hin. Bastionen, Kasernen und Waffenarsenal wurden errichtet, selbst eine Kirche fand auf dem Felsvorsprung Platz. Wenig erfolgreich war der Versuch, innerhalb der Festung eine Stadt zu gründen, da aufgrund der militärischen Vorgaben (Ausgangssperre etc.) nur wenige Familien bereit waren, sich auf dem Mont-Dauphin niederzulassen. Erst im Laufe des 19. Jahrhunderts stieg die Bevölkerung auf 400 Seelen an. Seit sich die Armee 1980 vom Mont-Dauphin zurückgezogen hat, wird versucht, die verschlafene Siedlung als „Stadt der Kunst und Geschichte" zu vermarkten. Zusammen mit den anderen Festungsbauten von Vauban wurde Mont-Dauphin im Jahre 2008 von der UNESCO zum Weltkulturerbe erklärt.

• *Geöffnet* Von Juni bis Aug. 9–12 Uhr und 14–18 Uhr (Führungen um 10.30, 14.30 und 16.30 Uhr) sowie von Sept. bis Mai 14–17 Uhr (Führungen um 14.30 Uhr). Eintritt: 4 €, erm. 3 €; mit Führung 5,50 €. www.monum.fr.

• *Übernachten* ** **L'Auberge de l'Echauguette**, wer eine Unterkunft mit historischem Flair vorzieht, kann in Mont-Dauphin im Haus eines ehemaligen Offiziers (17. Jahrhundert) übernachten. Die 13 einfachen Zimmer (45–54 €, Frühstück 5,50 €, Halbpension 47 € pro Person) besitzen teilweise noch alte Kamine (Zimmer 8), die Familienzimmer haben Stockbetten. Das Restaurant ist Sonntagabend, Montag und Dienstag geschlossen. Menüs zu 23 €. Rue Catinat, ✆ 0492450713, 📠 0492451422. www.echauguette.com.

Vars

Mit dem Slogan „Village tendresse, station vitesse“ wirbt der Wintersportort Vars für seine Weltrekordskipiste. Auf einem eigens präparierten Spezialhang werden hier jedes Jahr Weltrekordversuche unternommen. Zusammen mit dem benachbarten Risoul ist das Skigebiet von Vars eines der größten der französischen Südalpen. Oberhalb von Vars führt die D 902 durch Lärchenwälder und Almwiesen sowie an einem See vorbei hinauf zum 2109 Meter hohen Col de Vars.

Doch selbst im Sommer werden in Vars Geschwindigkeitsrekorde gebrochen. Jedes Jahr treffen sich hier ein paar hart gesottene Biker, um ihren Champion zu ermitteln. Frühmorgens gegen sieben Uhr, wenn die Pistenbedingungen ideal sind, versammelt sich die eingeschworene Renn-Gemeinschaft mit ihren Zweirädern an der Abfahrtspiste, um sich halsbrecherisch talabwärts zu stürzen. Es geht zwar etwas langsamer zu als beim Speed-Ski, doch auch 125 km/h auf dem Bike haben es garantiert in sich.

Speed-Ski – schneller als ein Porsche, nur ohne Motor

Wer träumt nicht davon, ohne Motor in weniger als sieben Sekunden auf 200 km/h beschleunigen zu können und damit schneller als ein Porsche 911 zu sein? In Vars ist dies möglich! Erst unlängst gaben sich im Rahmen der Winter-Extremspiele „Mad Masters“ die Cracks aus der ganzen Welt in den südfranzösischen Alpen ein Stelldichein. Die Wettbewerbsstrecke misst rund 800 Meter plus weitere 800 Meter zum Abbremsen. Wobei es kurz nach dem „Startturm“ fast senkrecht nach unten geht. Ohne physikalische Berechnungen geht gar nichts. Luftströme heben die Ski ab, Verwirbelungen greifen den Körper an: Speed-Ski ist ein Balanceakt zwischen Stabilität und dem Luftwiderstand, wobei dem CW-Wert eine hohe Bedeutung zukommt. Um die Rennbekleidung und die Fahrposition zu optimieren, wurden mit dem Hochgeschwindigkeits-Skifahrer sogar aerodynamische Tests im Windkanal des Sauber Formel-1-Teams durchgeführt. Kosten: Schlappe 60.000 €. Wichtig ist neben einem gehörigen Quantum Mut auch das richtige Gleitmittel aus graphithaltigem Wachs, um die 2,40 Meter langen Spezialski zu präparieren. Der derzeitige Rekord von Vars steht bei 243 km/h, Versuche, die 250 km/h-„Schallmauer“ zu durchbrechen, sind bis dato noch gescheitert. Übrigens können auch durchschnittliche Skifahrer einen speziellen Kurs belegen. Zum krönenden Abschlussrennen geht es dann auf die Zeitmessstrecke: Bei erreichten 110 km/h erhalten sie eine Bronzemedaille, bei 170 km/h eine Goldmedaille.

Simiane-la-Rotonde

Haute-Provence

Die Landschaft in dem an die Seealpen grenzenden nördlichen Teil der Provence ist spröder, die Menschen gelten als verschlossen und in sich gekehrt; doch die verknöcherten Olivenbäume, Weinstöcke und Lavendelfelder sind blühende Zeugen einer Zugehörigkeit zum mediterranen Kulturraum.

Die zahlreichen, kaum besiedelten Regionen der Haute-Provence stellen einen Gegensatz zu dem als typisch geltenden Bild der Provence dar. Dieser Unterschied wird bei einer Wanderung über die Montagne de Coupe oder bei einer Fahrt über die Montagne de Lure, einem sich in west-östlicher Richtung erstreckenden Gebirgszug, dessen Kammhöhen in rund 1300 bis 1800 Meter Höhe verlaufen, sehr deutlich. Manosque, Forcalquier und Sisteron sind zusammen mit Digne-les-Bains die urbanen Zentren einer größtenteils landwirtschaftlich geprägten Region mit pittoresken Dörfern wie Simiane-la-Rotonde, Banon, Dauphin oder Lurs. Im gesamten Département Alpes de Haute-Provence leben nur 139.000 Menschen; wo wenig Menschen leben, gibt es bekanntlich wenig Protest. Getreu dieser Maxime initiierte Charles de Gaulle auf dem Plateau d'Albion die Stationierung der einzigen landgestützten Atomraketen Frankreichs; erst Präsident Chirac ordnete 1996 die Vernichtung des atomaren Waffenarsenals an. Als zwei Jahre später die letzte Rakete verschrottet war und die Soldaten aus der strukturschwachen Region abzogen, rückte zum Unmut der Einheimischen als „Ersatz" eine Abteilung Fremdenlegionäre nach. Für den Vorschlag des grünen Europa-Abgeordneten Daniel Cohn-Bendit, auf dem Plateau ein europäisches Zentrum für Konfliktforschung anzusiedeln, konnte sich in den Kreisen der französischen Regierung scheinbar niemand erwärmen ...

Eine wichtige Lebensader der Haute-Provence ist seit jeher das Tal der Durance; schon die römische *Via Domitia*, die damalige Hauptverkehrsstraße von Italien nach Südfrankreich, führte entlang des Flusses, der früher, als sein Zufluss noch nicht über das mächtige Stauwehr des Lac de Serre-Ponçon kontrolliert werden konnte, immer wieder über seine Ufer trat und das Tal überschwemmte. Spätestens nach dem Durance-Durchbruch von Sisteron stellt sich das provenzalische Lebensgefühl ein; die Stadt, so schrieb Jean-Louis Vaudoyer, „ist wahrlich die Perle der Haute-Provence, eine schwülstige dicke Barockperle, entstanden aus der unermüdlichen Wut eines Wildbaches“.

Mit der Provence werden bekanntlich die blauvioletten Lavendelfelder assoziiert, doch genau genommen befinden sich die Zentren des Lavendelanbaus in der Haute-Provence. Nordwestlich des Lac de Sainte-Croix, auf dem Hochplateau von Valen-

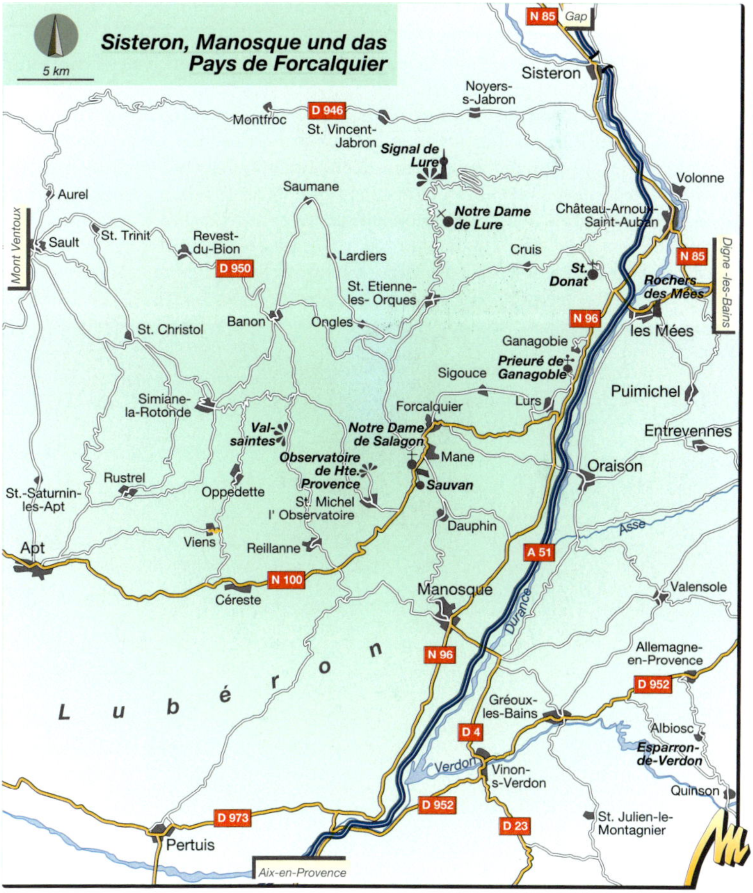

Sisteron, Manosque und das Pays de Forcalquier

Sisteron Karte S. 141

sole, erstrecken sich die ausgedehntesten Lavendelfelder der Provence, westlich von Forcalquier wird eine Rundtour als *Route de la Lavande* angepriesen. Im Spätsommer weisen vereinzelt aufsteigende Rauchsäulen auf Lavendel-Destillerien hin.

• *Information* **Comité Départemental du Tourisme et des Loisirs**, Maison des Alpes de Haute-Provence, Immeuble François Mitterrand, B.P. 170, F-04005 Digne-les-Bains Cédex, ✆ 0033/0492315729, 📠 0033/0492322494, www.alpes-haute-provence.com; Les Routes de la Lavande, 2, avenue de Venterol, B.P. 36, 26111 Nyons Cédex, ✆ 0475266591, www.routes-lavande.com.

Sisteron

Für all diejenigen, die von Grenoble über die Route Napoléon gen Süden fahren, ist Sisteron das „Tor zur Provence". Der von steilen Felswänden eingerahmte Durance-Durchbruch ist fürwahr ein würdiges Eingangstor.

„Segustero" nannten die Römer ihr Kastell, Spuren davon sind bis auf ein ausgegrabenes Mausoleum allerdings so gut wie nicht erhalten. Das Kastell und die kleine Ansiedlung dienten zur Sicherung der *Via Domitia*, der wichtigsten römischen Handelsstraße in dieser Region. Zu Beginn des 6. Jahrhunderts wurde Sisteron Bistum und blieb es bis zur Französischen Revolution; mehrere Synoden und Konzile haben kurz nach der Bistumserhebung hier stattgefunden. Wegen der verkehrstechnischen und strategischen Bedeutung von Sisteron errichteten die Grafen von Forcalquier im Mittelalter eine mächtige Zitadelle, um den Zugang zur Provence besser kontrollieren zu können. Sisteron wurde im 14. Jahrhundert erneut befestigt, wovon noch einige

Steiler Aufstieg zur Zitadelle von Sisteron

Stadtmauertürme zeugen. Während des Zweiten Weltkriegs wurde die historische Bausubstanz im August 1944 durch einen Bombenangriff der Alliierten, der gegen die deutschen Besatzer gerichtet war und 400 Todesopfer forderte, stark in Mitleidenschaft gezogen, doch konnten die Schäden weitgehend behoben werden. Die Altstadt mit ihren verwinkelten Gassen, überdachten Durchgängen (*Andrônes*) und kleinen Plätzen ist immer noch einen Spaziergang wert: Neben einem Uhrturm mit provenzalischem Glockenkäfig und der ehemaligen Kathedrale Notre-Dame-des-Pommiers gilt die hoch gelegene Zitadelle als Hauptsehenswürdigkeit. Heute leben die 7500 Einwohner Sisterons einerseits vom Tourismus, andererseits von der intensiven Schafzucht der Umgebung. Das Lammfleisch aus Sisteron (*Agneau de Sisteron*) ist nicht nur in Feinschmeckerkreisen wegen der wohlschmeckenden Weidekräuter begehrt. Allerdings wurde nicht jedes hier geschlachtete Lamm auf provenzalischen Weiden satt. In das Schlachthaus von Sisteron wandern auch Lämmer aus anderen Regionen, um so das berühmte Prädikat zu bekommen.

Kommissar Laviolette auf Spurensuche

Inzwischen hat wohl jede europäische Region vom Allgäu bis nach Cornwall ihren eigenen Kriminalkommissar. So schickt Donna Leon ihren Commissario Brunetti durch Venedig, in Sizilien fahndet Andrea Camilleris Montalbano und auch die Haute-Provence hat ihren Meisterdetektiv: Pierre Magnans Kommissar Laviolette. Letzterer ermittelt eher mit dem Bauch als dem Kopf und hält gerne auch mal ein Beweismittel zurück. In recht unkonventioneller Manier durchstreift er die Eichenwälder um Banon, klettert auf die Zitadelle von Sisteron oder wandelt in Digne-les-Bains an den Ufern der Bléone – immer dem Mörder auf der Spur.

Sein Erfinder Pierre Magnan kam erst relativ spät zu Ruhm und Ansehen. Magnan wurde am 19. September 1922 in Manosque geboren, wo er noch heute wohnt. Nach der Schule absolvierte er eine Ausbildung als Typograph, bevor er sich 1943 der Résistance anschloss. Bereits kurz nach Kriegsende schrieb er seinen ersten Roman, doch der Erfolg wollte sich nicht einstellen und so verdiente er 27 Jahre lang sein Geld in Paris als Angestellter in einem Unternehmen für Kühltransporte. Erst als Magnan mit 54 Jahren wegen Sparmaßnahmen entlassen wurde, kam er über das Schreiben von Kriminalromanen zum literarischen Schaffen zurück. Schon sein erster Roman „Das Zimmer hinter dem Spiegel" war ein Erfolg, der zweite Laviolette-Krimi „Das ermordete Haus" wurde allein in Frankreich mehr als 500.000-mal verkauft und mit einem renommierten Literaturpreis ausgezeichnet. Bis heute folgten mehr als zwanzig Romane und andere Bücher, die in verschiedene europäische Sprachen übersetzt worden sind, sechs davon sind auch auf Deutsch erschienen. Es besteht kein Zweifel, dass Pierre Magnan heute der bekannteste in der Haute-Provence lebende Schriftsteller ist. Informationen über sein Werk bietet auch seine Homepage www.lemda.com.fr.

Sisteron
Karte S. 141

Information/Verbindungen/Diverses

• *Information* **Office de Tourisme**, Hôtel de Ville, B.P. 42, Place de la République, 04200 Sisteron Cédex, ✆ 0492613650, 📠 0492611957, www.sisteron.fr.

• *Einwohner* 7800 Einwohner.

• *Verbindungen* Bereits seit 1868 besitzt Sisteron einen Eisenbahnanschluss. Regelmäßige Zugverbindungen nach Lyon, Grenoble, Briançon, Valence, Manosque, Aix und Marseille. Gare de Sisteron, Avenue de la Libération, ✆ 0492626569. Busverbindungen bestehen nach Nizza, Marseille (2 Std.), Genf, Grenoble, Gap, Briançon, Barcelonnette, Digne, Embrun, Forcalquier und in die umliegenden Täler. Der Busbahnhof (*Gare routière*) liegt zentral beim Rathaus, place de la République, ✆ 0492612218.

• *Veranstaltungen* **Festival des Nuits de la Citadelle**, von Mitte Juli bis Mitte Aug. werden im Hof der alten Zitadelle Tanz, klassische Musik sowie Theateraufführungen dargeboten. Weitere Infos unter ✆ 0492 610600. **Fête de l'Agneau**, riesiges Grillfest um das berühmte Sisteroner Lammfleisch, am dritten Sonntag im Juli.

• *Markt* Jeden Mittwoch- und Samstagvormittag. Zudem findet jeden zweiten Samstag im Monat ein großer, ganztägiger Markt statt.

• *Literatur* Pierre Magnan, Tod unter der Glyzinie, Scherz Verlag. Spannender Krimi, der in Sisteron spielt und mit einem Mord auf der Zitadelle während der Festspiele beginnt.

• *Stadtführungen* Im Juli und Aug. Mi um 10.30 und 16.30 Uhr. Treffpunkt: Office de Tourisme. Teilnahmegebühr: 1 €.

• *Diskothek* L'Elysée Night, an der Straße nach Gap.

• *Baden* Am Ufer der Durance lockt ein künstlicher kleiner See mit diverser Infrastruktur zum Baden (Plan d'Eau des Marres). Ein öffentliches Schwimmbad liegt am Ende der Avenue du Stade. Nur im Juli und Aug. tgl. außer So geöffnet.

• *Fahrradvermietung* Locabikes, ✆ 0492 611493.

• *Gleitschirmfliegen* Club Altitude, Monsieur Torres, ✆ 0492628407.

• *Minigolf* Chemin des Marres.

• *Flugplatz* Mitfluggelegenheiten bietet: Aérodrome de Vaumeilh, ✆ 0494621745.

• *Reiten* Club la Fenière, Peipin, ✆ 0492 624402.

• *Wandern* Lohnenswerte Kurzwanderung (3 Std.) entlang des Sentier Botanique du Molard. Der Wanderpfad beginnt hinter der Gendarmerie, avenue Jean-Moulin, erklärt werden an sieben Stationen Aufbau und Funktion des Waldes. Wer an einer geführten Wandertour teilnehmen will, wendet sich an die Maison des Guides, ✆ 0492 626800.

Übernachten/Essen

• *Hotels* *** **Grand Hôtel du Cours**, alteingesessenes Hotel – seit drei Generationen im Familienbesitz – mit Patina und empfehlenswertem Restaurant, schräg gegenüber dem Busbahnhof. Das einzige, was den dritten Stern rechtfertigt, sind wahrscheinlich die Minibar und ein Aufzug. Die etwas altertümlichen und kleinen Zimmer kosten je nach Ausstattung 70–88 €, EZ ab 60 €, Frühstück 10 €. Einen schönen Blick haben die Zimmer zur Cathédrale hin. Gutes Restaurant mit großer Straßenterrasse, Menüs zu 24 und 30 €. Kostenloses WLAN, gebührenpflichtige Garage. Von März bis Mitte Nov. geöffnet. Allée de Verdun, ✆ 0492 610451, 📠 0492614173.
www.hotel-lecours.com.

** **Tivoli**, älteres, aber sehr sauberes Hotel im Zentrum. Die Zimmer sind nicht sehr geräumig, besitzen aber gute Matratzen und einen jüngst verlegten Teppichboden. Je nach Ausstattung 35 €, 47 € sowie 52 € (letzteres mit Bad). Nur das Frühstück (5 €) enttäuschte, das Croissant schmeckte fad und pro Person gab es nur ein Döschen Marmelade. Restaurant mit Straßenterrasse. WLAN vorhanden. Wer möchte, kann sein Auto in der hoteleigenen Tiefgarage parken. 21, place René Cassin, ✆ 0492611516. www.hotel-tivoli.fr.

** **Ibis**, modernes, unpersönliches Kettenhotel, dafür mit Swimmingpool. Zimmer 65 €. Drei Kilometer nördlich des Zentrums. ✆ 0492626200, 📠 0492626210.
www.ibis.fr.

Direkt nebenan gibt es ein günstigeres **Etap-Hotel**, Zimmer für 44 €.

Chambres d'hôtes, ein Lesertipp von Herbert Traube: „Monique Monier vermietet Zimmer (52 € inkl. Frühstück) mit viel Atmosphäre in dem sechs Kilometer südlich gelegenen Dorf Peipin. 4, chemin de Valbelle, ✆/📠 0492624297. www.guideweb.com/provence/bb/lou-pichoun.

• *Restaurants* **Lou Pebre e l'Ariet**, die Inneneinrichtung ist zwar wenig verheißungsvoll, dafür enttäuscht die Küche nicht. Menüs für 16 und 24 €. Der Schwerpunkt liegt auf der italienischen Küche. Die Pizza (7–13 €) kommt aus dem Holzofen. Sonntagabend und Montag Ruhetag. Rue Sainte-Ursule, ✆ 0492612579.

Le Paix, beliebte Pizzeria im Zentrum, die sich in ein Gewölbe erstreckt. Pizza ca. 9 €. Menü 18 €. Sonntagabend Ruhetag. 41, rue Saunerie, ✆ 04926126229.

Les Becs Fins, traditionelles Restaurant, ein paar Häuser weiter ebenfalls in der Fußgängerzone. Trotz der vielen Prominentenfotos an den Wänden bleibt die Küche hinter ihren Ansprüchen und ihrem Preisniveau zurück. Menüs zu 19 (mittags), 25, 36, 46 und 58 €, die Flasche Wein schlägt mit 14 € zu Buche. Kleine Straßenterrasse. Sonntagabend und Montag geschlossen, eine Woche im Juni Betriebsferien. 16, rue Saunerie, ✆ 0492611204.

• *Camping* **** **Les Prés-Hauts**, komfortable Anlage mit Swimmingpool und Tennisplatz, drei Kilometer außerhalb des Zentrums. 2 Pers. ca. 13 €. Quartier Basse Chaumiane. Von März bis Okt. geöffnet. ✆/📠 0492611969.

** **Le Jas du Moine**, kleiner Campingplatz, mehrere Kilometer südlich von Sisteron bei Salignac an der D 4 gelegen. Schattige Anlage mit Swimmingpool, Bungalow- und Wohnwagenvermietung. Ganzjährig geöffnet. ✆ 0492614043. www.camping-jasdumoine.com.

Sisteron: Tour de l'Horloge

Sehenswertes

Citadelle: Die in den Wirren der Religionskriege schwer beschädigte mittelalterliche Zitadelle wurde 1597–1600 von Jean Erard, einem Kriegsingenieur Heinrich IV., nicht nur instand gesetzt, sondern den zeitgenössischen Anforderungen gemäß erweitert. Erard sicherte die Zitadelle mit geböschten Mauern und vorgeschobenen Bastionen ab. Zeitweise diente die Zitadelle auch als Gefängnis, so schmachtete der spätere polnische König Johann-Kasimir 1639 hinter den dicken Mauern des Donjons (Burgturms), nachdem er unvorsichtigerweise Kardinal Richelieu in die Fänge geraten war. Wem der Aufstieg (etwa 15 Minuten) zu steil ist, kann in den Sommermonaten auch mit einer Bimmelbahn hinauffahren. Oben angekommen, lassen sich die Wälle geruhsam inspizieren und eine einmalige Aussicht auf den Zusammenfluss von Durance und Buëch genießen. Ganz oben erhebt sich die im Zweiten Weltkrieg schwer beschädigte Chapelle Notre-Dame de Château in einer besonders exponierten

Lage. Informationen über die Geschichte der Wehranlage erteilen die aufgestellten Pappkameraden per Tonband.

Öffnungszeiten Die Zitadelle und das Musée de la Citadelle sind von April bis 15.11. tgl. von 9–18 Uhr, in der Hochsaison von 9–19 Uhr zu besichtigen. Eintritt: 5,50 €, erm. 2,75 €.

Musée Terre & Temps: Im Mittelpunkt des in einer Kapelle aus dem 17. Jahrhundert (hinter der Kathedrale) untergebrachten Museums steht die Zeit. Von den Spuren, die sie in der Natur hinterlässt (Erosion, Felsspalten), und von den Anstrengungen der Menschen, die Zeit messbar zu machen, erzählt die Ausstellung. Zu den Exponaten gehören chinesische Kalender, Sonnenuhren, Pläne, die den Mechanismus einer Turmuhr erläutern etc. Von der Decke baumelt ein Nachbau des Foucault'schen Pendels, mithilfe dessen 1851 eindrucksvoll der Beweis angetreten wurde, dass sich die Erde dreht.

Öffnungszeiten Mitte Mai bis Mitte Sept. Di–Sa 9–12 Uhr und 14–18 Uhr. Eintritt: 2,50 €, erm. 2 €.

Notre-Dame-des-Pommiers: Die ehemalige Kathedrale am Place Général de Gaulle ist ein romanischer Bau aus dem 12. Jahrhundert. Die Architektur weist deutlich lombardische Einflüsse auf, woraufhin auch der Wechsel zwischen hellen und dunklen Quadern zurückzuführen ist. Reich dekoriert ist die Westfassade, die ursprünglich noch wie viele Kirchen in den Südalpen eine Vorhalle besaß. Ungewöhnlich ist das dunkle, kryptenhafte Innere der dreischiffigen Kirche.

Öffnungszeiten April – Nov. tgl. 15—18 Uhr.

Durch den Forêt de Fontbelle

Diese traumhafte Auto- oder Fahrradtour (sehr anstrengend, rund 90 Kilometer) führt durch die alpine Gebirgslandschaft östlich von Sisteron. Auf der D 3 geht es hinauf in Richtung Saint-Geniez, wobei man an dem Pierre Ecrite (ein im Auftrag des römischen Präfekten Dardanus im frühen 5. Jahrhundert beschrifteter Felsen) sowie einem „Tierpark" (*Parc animalier*) mit Rotwild und Mufflons vorbeikommt. Auf dem Weg in das Bergdorf Authon lässt sich rechter Hand eine kleine Kapelle entdecken, die an einem Felsen zu kleben scheint. Rundum öffnet sich eine hochalpine Landschaft mit grandiosen Fernblicken. Durch den Forêt de Fontbelle mit seinen dichten Nadelwäldern gelangt man zum Col de Fontbelle (1304 Meter), dem höchsten Punkt der Tour. Auf dem Weg hinunter in das Tal der Bléone lohnt das Bergdorf Thoard noch einen kurzen Halt, um sich in einem der Cafés zu stärken. Unweit der Ortschaft Mallemoisson trifft man auf die Route Nationale, die einen wahlweise zurück nach Sisteron oder auch nach Digne-les-Bains führt.

Wanderung 8: La Crête de Géruen

Landschaftlich eindrucksvolle Wanderung hinauf auf die Crête de Géruen, eine mächtige Abbruchkante, die den Forêt de Fontbelle überragt. Im Mittelteil muss ein steiler Anstieg bewältigt werden. Nach Erreichen des Gipfelkamms geht es auf dem gleichen Weg zurück zum Ausgangspunkt.

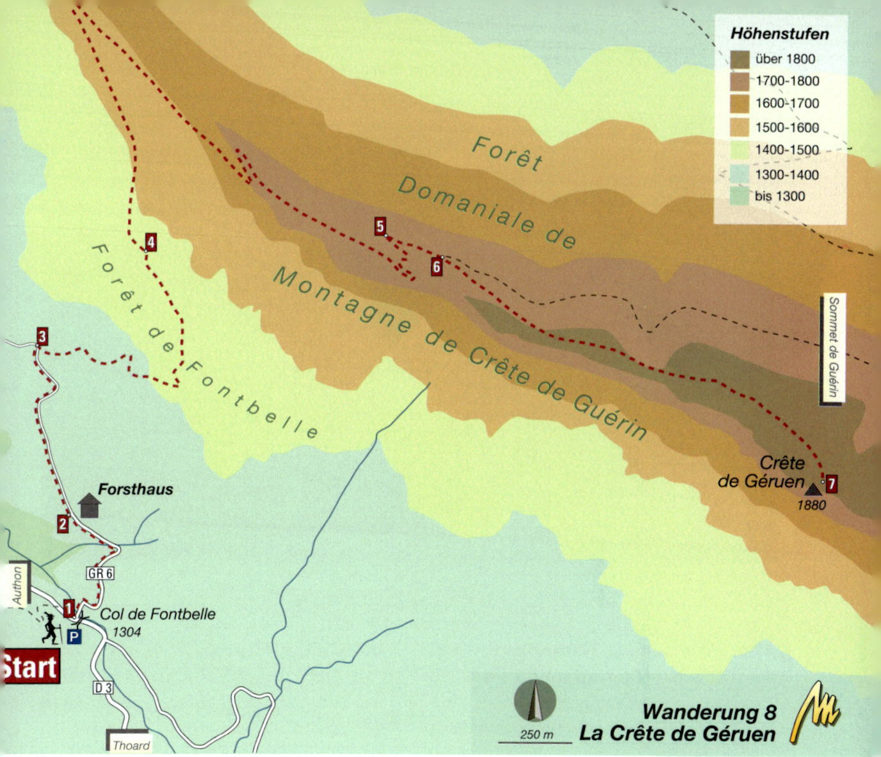

Ausgangspunkt: Wanderparkplatz am Col de Fontbelle. Gesamtwanderzeit: 4 Stunden. Wegstrecke: ca. 9 Kilometer. Höhenmeter: 576 Meter. Schwierigkeitsgrad: mittel.

Schon von weitem ist die mächtige Crête de Guérin auszumachen. Sie ist vom Süden her mit dem Auto über Thoard oder von Westen her von Sisteron kommend über Saint Geniez über die D 3 zu erreichen. Am höchsten Punkt, dem 1304 Meter hohen Col de Fontbelle, befindet sich ein großer Wanderparkplatz (WP 1), an dem wir unsere Wanderung beginnen. Der mehr als 1000 Hektar große Forêt de Fontbelle ist übrigens ein „künstlicher" Wald, der vor rund hundert Jahren im Zuge umfangreicher Aufforstungsarbeiten entstand, um der fortschreitenden Erosion Einhalt zu gebieten.

Der Weg ist während der ersten zwei Drittel des Aufstiegs identisch mit dem rot-weiß-markierten Fernwanderweg GR 6 und führt anfangs auf einer breiten Forstroute zu einem verlassenen Forsthaus (WP 2). Die Steigung ist jetzt nur mäßig, erst nach der Abzweigung vom Forstweg (WP 3) geht es etwas mehr bergauf. Der Wander-weg führt durch ein Kiefernwäldchen, in dem aber auch Schwarztannen und Lärchen stehen. Man passiert eine Kreuzung, an der links die Langlaufloipe abzweigt (WP 4). Meter für Meter steigt man zur Abbruchkante empor, die Bäume werden weniger, dafür findet man am Wegesrand Echten Lavendel, Glockenblu-

La Crête de Géruen: Eindrucksvolle Abbruchkante

men, Wacholder, Natternkopf, Weidenröschen, Taubenkropf, Edelweiß, Hauswurz und Schafgarbe. Nach einer guten Stunde ist schließlich der Bergkamm (WP 5) erreicht. Anschließend verläuft unsere Wanderroute noch etwa 100 Meter gemeinsam mit dem Fernwanderweg, dann zweigt rechter Hand der gelb markierte Weg zum Sommet de Géruen ab (WP 6). Der Weg führt zumeist mit ein paar Metern Abstand an der windgeschützten Nordseite der Abbruchkante entlang. Im Sommer blühen hier Schlüsselblumen, Steinnelken und Rittersporn. Immer wenn man sich der Abbruchkante nähert (Achtung: Absturzgefahr!), wird man mit einem tollen Blick hinunter in das Tal der Bléone belohnt. Nachdem man etwa 45 Minuten auf dem Kamm entlanggewandert ist, steht man auf dem Gipfel, dem 1880 Meter hohen Sommet de Géruen (WP 7). Der Rückweg ist mit dem Aufstieg identisch und nach rund eineinhalb Stunden gelangt man wieder zum Parkplatz (WP 1) zurück.

Ribiers

Der neun Kilometer nordwestlich von Sisteron gelegene Marktflecken ist bekannt für seine Obstbaumplantagen, die sich über einen weiten Talkessel ausdehnen. Ribiers gehört übrigens zu den ältesten Siedlungsgebieten der Haute-Provence. Archäologen haben unlängst Spuren aus dem Neolithikum entdeckt. Ribiers selbst wurde im 12. Jahrhundert gegründet und gehörte wie das benachbarte Mison einer adeligen Familie namens Mévolhon, von deren einstiger Burg nur noch wenige Mauern zu sehen sind. Sehenswert ist die Kirche Notre-Dame-de-L'Assomption mit ihrem auffälligen, quadratischen Glockenturm; sie besitzt ein schönes, von zwei Säulen flankiertes romanisches Portal. Die Kirche liegt unweit der großen Place de la Fontaine und die dortige Bar de la Fontaine ist der informelle Treffpunkt des Ortes.

Mison Village

Schon von weitem sind die Ruinen einer imposanten mittelalterlichen Burg auszumachen, die den Ort und das Tal dominieren. Mison Village liegt etwas abseits der Route Nationale und ist nicht mit dem Straßendorf Mison zu verwechseln. Ein kleine Stichstraße schlängelt sich zu dem harmonischen Ort, den man wirklich als Bilderbuchdorf bezeichnen kann. Es ist herrlich, durch die Gassen und rund um die Burg zu spazieren. Zudem gibt es ein ausgezeichnetes Restaurant.

• *Essen* **L'Iris de Suse**, das einzige Restaurant im Dorf ist alles andere als eine schlechte Wahl. Der Patron mit seinem gezwirbelten Schnurbart ist ein Unikum: Er kocht und serviert gleichzeitig. Und Kompliment: Geboten wird ländliche Küche auf hohem Niveau zu angemessenen Preisen. Lecker war der Lammschmorbraten (*Daube d'agneau à la provençale*). Menüs zu 20 €, 24 €, 30 € und 36 €. Achtung: Kreditkarten werden nicht akzeptiert. Sonntagabend und Montag Ruhetag. ✆ 0492622169.

Vallée du Jabron

Südwestlich von Sisteron erstreckt sich das Vallée du Jabron, ein breites Tal, das sich nördlich der Montagne de Lure erstreckt. Abseits der Touristenströme gelegen, hat sich das Tal mit seinen eifrig bewirtschafteten Feldern und Weiden noch weitgehend seine Ursprünglichkeit bewahren können. Der „Hauptort" ist Noyers-sur-Jabron, der einst auf einem Hügel nördlich des heutigen Ortes stand, aber im 19. Jahrhundert aufgegeben und ins Tal verlegt wurde. Wer will, kann zu den 3,5 Kilometer nördlich gelegenen Ruinen des Dorfes (Vieux Noyers) mit seiner restaurierten romanischen Kirche Notre-Dame-de-

Im Vallée du Jabron finden sich mehrere idyllische Kapellen

Sisteron/Umgebung
Karte S. 141

Bethléem hinaufwandern und anschließend in der Bar *Le Central* einkehren. Nahezu parallel zum Fluss erschließt die D 953 das gesamte Tal mit den Orten Saint-Vincent-sur-Jabron, Montfroc und les Omergues.

• Übernachten/Essen **L'Escapade**, in einer stattlichen Landvilla in Noyers werden zwei Chambres d'hôtes (2 Pers. 60 € bis 75 € inkl. Frühstück.) vermietet. Zudem gibt es noch ein kleines Ferienhaus für bis zu 4 Pers., das wegen seiner steilen Treppe allerdings für Kleinkinder ungeeignet ist (je nach Saison 350–550 € pro Woche). Ein großer Garten und ein Pool versüßen den Aufenthalt. Von Mitte April bis Okt. geöffnet. ✆ 0492620004. www.escapadesenjabron.com.

Château de Montfroc, der Übernachtungstipp für Freizeitburgherren: In einem Schloss aus dem 17. Jahrhundert vermieten Paul und Claire Thielemans-Degive, ein nettes belgisches Ehepaar, sechs schön eingerichtete Zimmer von 55–80 € (jeweils inkl. Frühstück). Die beiden günstigsten haben zwar ein eigenes Bad, müssen sich aber eine Toilette teilen. Das Zimmer für 80 € ist so groß wie eine Suite und besitzt eine eigene Terrasse zum Innenhof. Besonders stimmungsvoll ist das Abendessen an der gemeinsamen Tafel (vier Gänge für 20 € pro Person inkl. Wein und Aperitif), das im Sommer im herrlichen Innenhof serviert wird. Ein schöner Garten mit Sitzgelegenheiten und ein Whirlpool stehen den Gästen zur Verfügung. ✆/℻ 0492 620664, www.provence.guideweb.com/chateau/montfroc/indexa.html.

Montagne de Lure

In einer Höhe von 1300 bis 1800 Meter verlaufen die Kammhöhen des Lure, die sich unweit von Sisteron in west-östlicher Richtung erstrecken. Eine kleine Straße (D 53) schlängelt sich vom Jabron-Tal über das Dorf Valbelle in steilen Serpentinen bis knapp unter den *Signal de Lure* empor – oben angekommen, ist der 1826 Meter hohe Gipfel in wenigen Minuten erreicht. Die im Winter als Skigebiet genutzte Südseite läuft gemächlich in Richtung Saint-Etienne-lès-Orgues und Forcalquier aus, wobei sich ein Abstecher zum ehemaligen **Chalaisianerkloster Notre-Dame-de-Lure** anbietet. Von dem 1236 Meter hoch gelegenen Kloster – es wurde 1165 von den Mönchen aus Boscodon gegründet – sind allerdings nur noch die Kirche und ein flaches Nebengebäude erhalten; Tische unter schattigen Bäumen laden zu einer kleinen Rast ein. Jedes Jahr am 15. August ist das Kloster Ziel einer Wallfahrt. Direkt hinter der Apsis des Klosters beginnt der rot-weiß markierte Fernwanderweg GR 6, der durch einen schattigen Buchenhain in rund zwei Stunden bis hinauf zum Gipfelkamm führt.

Je höher man im Lure-Gebirge hinauf kommt, desto karger und rauer wird die Landschaft, Wacholderheiden und dürftig bewachsene Geröllfelder dominieren das Bild. Trotz des strengen Charakters ist der Gebirgszug eine ideale Wanderregion. In der ersten Hälfte des 20. Jahrhunderts bevölkerten noch große Ziegen- und Schafherden die menschenleeren Hochweiden der Montagne de Lure; verfallene Schäferhäuschen und Tränken zeugen heute von ihrer Anwesenheit. Die Tiere kehrten in die sattere Ebene zurück, sobald die bergigen Weideplätze kahl gefressen waren. *Jean Giono*, der „Vergil der Provence", fand in dieser archaisch-mystischen Landschaft seine geistige Heimat: „Von der Höhe des Lure sieht man die ganze magische Haute-Provence vor sich ausgebreitet: Das ganze Land des Lavendels, des Gestrüpps, das von alters her genutzt wird, raucht, schnarcht, brummt, schläft und flach wird im Wind. ... Das Leben begrub mich so tief darin, dass ich zuweilen, gleich einem Gott spürte, wie mein Kopf, meine Haare und meine Augen voller Vögel waren, wie meine Arme schwere Äste trugen, wie meine Brust erfüllt war von Ziegen, Pferden und Stieren, wie meine Füße Wurzeln hinter sich herschleppten und wie der Schrecken der ersten Menschen mich durchbohrte wie Sonnenpfeile. Pan hüllte mich in Glücksschauer, so wie der Wind das Meer streichelt.“

Volonne/Château-Arnoux

Zwischen den beiden Dörfern Château-Arnoux und Volonne verbreitert sich die Durance zum Lac l'Escale. Während das am linken Ufer gelegene Volonne ein relativ verschlafener Ort ist, leidet das Flair von Château-Arnoux unter dem regen Durchgangsverkehr. Bekannt ist der Ort auch wegen des im Süden von Château-Arnoux gelegenen Segelflugzentrums Saint-Auban; es ist das größte in Europa. Mitten im Ortszentrum steht ein imposantes Renaissanceschloss mit Park, das als Rathaus genutzt wird. Übrigens besitzt auch Volonne ein als Rathaus dienendes Schloss. Oberhalb von Château-Arnoux erhebt sich die Chapelle Saint-Jean, von der aus sich ein toller Blick über das Tal bietet.

Information/Verbindungen

- *Information* Office de Tourisme du District de la Moyenne Durance, 04160 Château-Arnoux, ✆ 0492640264, 📠 0492625455. www.la-moyenne-durance.fr.
- *Einwohner* Die gesamte Gemeinde hat 5000 Einwohner.
- *Verbindungen* Tgl. rund sieben Zugverbindungen nach Sisteron und Grenoble sowie über Manosque und Aix-en-Provence nach Marseille. Nach Avignon zwei, nach Nizza sowie Digne eine Verbindung pro Tag.
- *Fahrradverleih* Cycles Baro, 5, place du Commerce, ✆ 0492642661.
- *Markt* Freitagvormittag in Volonne.

Karte S. 141

Château-Arnoux: Renaissanceschloss

Übernachten/Essen

• *Hotels/Essen* **** **La Bonne Etape**, die ehemalige Postkutschenstation gilt zu Recht als einer der anspruchsvollsten Gastronomiebetriebe in der Region. Die Kreationen von Pierre Gleize wurden mehrfach von Michelin und Gault-Millau ausgezeichnet. Menüs zu 42 €, 73 €, 88 und 100 €. Egal ob Lammgerichte oder geschmorter Fasan, man muss nicht befürchten, enttäuscht zu werden. Wer will, kann in der ehemaligen Poststation auch sehr komfortabel übernachten und sich am nächsten Tag im Garten hinter dem Haus entspannen oder am Swimmingpool in der Sonne aalen. Die stilvoll mit altem Mobiliar eingerichteten Gästezimmer (zumeist mit kleiner Terrasse oder Balkon) kosten zwischen 152 und 268 € pro Nacht. Vom 3.1. bis 12.2. geschlossen, im Restaurant bleibt die Küche am Montag und Dienstag kalt. Chemin du Lac, ✆ 0492640009, ℻ 0492643736, www.bonneetape.com.

Hôtel du Château, nichts Spektakuläres, aber die Zimmer mit Preisen von 42 € bis 45 € eignen sich vor allem als Etappenstation. Es empfiehlt sich, ein Zimmer zum Hof zu wählen. Place Jean-Jaurès, ✆ 0492 640026, ℻ 0492642349.

Au Goût du Jour, großes Lob verdient dieser „Ableger" der Bonne Etape. Feinste ländliche provenzalische Küche zu sehr annehmbaren Preisen. Das Kaninchen mit Senfsoße war ein Gedicht! Zudem belasten die kreativen Menüs zu 18 (mittags), 21 und 24 € die Reisekasse nur gering. Montag- und Dienstagmittag in der Nebensaison geschlossen. 14, avenue du Général de Gaulle, ✆ 0492644848.

L'Oustaou de la Foun, zwei Kilometer nördlich von Château-Arnoux zaubert Gérald Jourdan, ein kreativer Küchenchef und ehemaliger Schüler von Alain Ducasse, in einem einladenden Landgasthaus an der Nationalstraße wahre Gaumenfreuden zu erschwinglichen Preisen. Im Sommer sitzt man tagsüber in einem schönen Innenhof. Nach einem geminzten Erbsengazpacho als *amuse bouche* folgten marinierte Sardinen mit Salat, dann eine Rascasse mit Fenchelsoße und Gemüse, als Fleischgang ein Lammfilet mit kalter Ratatouille. Einen Käsegang gibt es nicht, dafür begeisterte als Dessert eine ungewöhnliche Variation des Klassikers Pfirsich Melba. Guter Service, ausgezeichnete Auswahl regionaler und überregionaler Weine zu annehmbaren Preisen. Menüs zu 17 € (nur mittags), 30 € und 45 €. Sonntagabend und Montag in der NS Ruhetag. Abends erst ab 20 Uhr geöffnet. ✆ 0492 626530. • *Chambres d'hôtes* **El Cantara**, einen Kilometer nördlich von Volonne vermietet Monique Revelli in ihrem am Hang gelegenen Haus drei sehr gepflegte Fremdenzimmer, jeweils mit Terrasse. Ein Blick auf die Wände zeigt, dass Madame Revelli in ihrer Freizeit gerne malt. Allerdings haben die Preise in der letzten Zeit zu sehr angezogen. Als EZ mit Frühstück 46 €, als DZ mit Frühstück 52 €. Quartier Saint Jean, ✆/℻ 0492643038. www.gite-de-france-provence.com.

• *Camping* **** **Les Salettes**, der komfortabel ausgestattete Platz (Schwimmbad) unterhalb von Château-Arnoux besitzt 300 Stellplätze auf einem Wiesengelände und ist ganzjährig geöffnet. Minigolf und Kinderspielplatz sind ebenfalls vorhanden. ✆ 0492640240. www.lessalettes.com.

**** **L'Hippocampe**, ebenso schön und gut ausgestattet auf der anderen Flussseite bei Volonne. Mit Restaurant, kleinem Laden, Tennisplatz und Swimmingpool sowie diversen Freizeitaktivitäten. In der Saison recht teuer, die Stellplätze sind gut beschattet und abgegrenzt. Von Mitte April bis Sept. geöffnet. ✆ 0492 335000. www.l-hippocampe.com.

> Leser Axel Lindner empfiehlt eine schöne **Tour** über das Plateau de Valensole: Von der D 4 in einem Kreisverkehr bei Malijai auf das Plateau abbiegen. Über Puimichel (schönes Bergdorf) nach Oraison (wieder an der D 4), unterwegs durchquert man eine einsame Hochebene mit vielen Lavendelfeldern.

Umgebung

Montfort: Für alle Reisenden, die von Sisteron kommen, ist das rechter Hand der Durance gelegene Montfort das erste Village perché. Diese sich über eine Berghügel stülpenden Dörfer sind typisch für die Haute-Provence.

Les Pénitents de Mées: „Die Büßer von Mées" wird die auffällige Felsformation in der Nähe des gleichnamigen Dorfes genannt. Glaubt man der Sage, so ließ der heilige Donatus – ein Einsiedler, der an der Wende zum 6. Jahrhundert gelebt haben soll – eine Gruppe von Mönchen zur Strafe mitsamt ihren Kutten zu Stein erstarren, weil diese allzu gierig einem Tross leicht bekleideter Frauen hinterher geblickt hatten. Sage hin, Sage her, die steil aufragenden, monumentalen Felssäulen stellen auf jeden Fall ein äußerst pittoreskes Ensemble im Tal der Durance dar.

Saint-Donat: Auf dem Les Mées gegenüberliegenden Ufer führt eine Straße zu einer kleinen, dem heiligen Donatus geweihten Kirche hinauf. Im Mittelalter stand hier ein Kloster, von dem heute nur noch der frühromanische, dreischiffige Sakralbau zeugt. Wäre die Kirche nach der Revolution nicht jahrzehntelang als Schafstall genutzt worden, würden wahrscheinlich heute nur noch ein paar Grundmauern stehen.

Forcalquier
Karte S. 141

Forcalquier

Der ehemalige Stammsitz der einst so mächtigen Grafen von Forcalquier krönt eine Bergkuppe zwischen Lubéron und Montagne de Lure. Der gesamte Landstrich trägt auch heute noch den Namen Pays de Forcalquier. Besondere Sehenswürdigkeiten gibt es nicht, dennoch besitzt der 4100 Einwohner zählende Ort viel Charme.

Forcalquiers herausragende mittelalterliche Stellung gründete sich auf das ortsansässige Grafengeschlecht, das im 12. Jahrhundert unter Béranger IV. zu den drei bedeutendsten Adelsgeschlechtern der Provence zählte. Am Hof der Grafen von Forcalquier versammelten sich zahlreiche Troubadoure, zu vielen anderen Herrschaftshäusern unterhielten die Grafen verwandtschaftliche Beziehungen. Zu Beginn des 13. Jahrhunderts gelangte Forcalquier – der Name leitet sich von einer aus dem Kalkgestein hervorsprudelnden Quelle (*Font Calquier*) ab – durch Heirat an das Haus Anjou, das die Stadt bis 1481 regierte. Als am 2. Dezember 1851 Napoléon III. in Paris mit einem Staatsstreich die Macht an sich riss, probten in Forcalquier entschlossene Republikaner einen letztlich vergeblichen Gegenaufstand: Napoléon III. waren die kaiserlichen Würden nicht mehr zu nehmen. Auch später blieb die Gegend „aufrührerisch": Im Zweiten Weltkrieg hatte die Résistance hier eines ihrer aktivsten Zentren. Das altertümliche Forcalquier übte auch auf Künstler einen besonderen Reiz aus: *Raoul Dufy*, einer der Mitbegründer des Fauvismus, ließ sich in seinen reifen Jahren in Forcalquier nieder und verstarb dort am 23. März 1953.

Das Schloss der Grafen befand sich einst hoch über der Stadt; infolge der Revolution wurde es jedoch bis auf wenige Reste abgetragen, gegen Ende des 19. Jahrhunderts errichtete man auf dem geschichtsträchtigen Ort die neobyzantinische Wallfahrtskapelle Notre-Dame-de-Provence. Den Mittelpunkt von Forcalquier bildet die Place du Bourguet; rund um diesen Platz sind alle wichtigen Bauten versammelt. Lohnend ist es, durch die Gassen hinter der Kathedrale zu schlendern. Einladende Restaurants sowie Einrichtungsgeschäfte und Feinkostläden locken mit ihren Auslagen.

Information/Verbindungen/Diverses

- *Information* **Office de Tourisme Intercommunal du Pays de Forcalquier**, B.P. 10, 13, place de Bourguet, 04301 Forcalquier Cédex, ✆ 0492751002, 📠 0492752676, www.forcalquier.com. Öffnungszeiten: Mo–Fr 9–12 Uhr und 14–18 Uhr, in der Hochsaison auch Samstagnachmittag und Sonntagmorgen.
- *Einwohner* 4375 Einwohner.
- *Verbindungen* Die Busse halten an der Place Bourguet. Tgl. rund zwei Verbindungen nach Apt, Cavaillon, Avignon, Château-Arnoux, Digne-les-Bains, Lurs und Mane.
- *Veranstaltungen* **Festival „Les Voix"**, Anfang August geben internationale Chöre in der Kathedrale eine Kostprobe ihrer Stimmgewalt.
- *Stadtführungen* Vom 15. Juni bis 15. Sept. jeden Do um 10 Uhr, vom 15. Sept. bis 15. Juni Sa um 10 Uhr. Treffpunkt: Office de Tourisme. Teilnahmegebühr: 3 €. Wer des Englischen mächtig ist, kann sich dort auch einen Walkman ausleihen und sich per Kopfhörer führen lassen.
- *Markt* Jeden Montagmorgen findet auf der Place du Bourguet einer der lebendigsten Märkte der Haute-Provence statt, selbst Ziegen, Hühner und Stallhasen werden verkauft. Als besonders schön gilt der Markt am Ostermontag.
- *Schwimmen* Beheiztes Freibad an der Route de Sigonce.
- *Fahrradverleih* Am Campingplatz und bei Maxi Meca, Boulevard de la République, ✆ 0492751247. Tipps für Fahrradtouren bietet www.velopaysforcalquier.com.

Übernachten/Essen

- *Übernachten/Essen* *** **Bastide Saint Georges**, modernes, aber sehr stilvolles Hotel auf einer Anhöhe zwei Kilometer außerhalb des Ortes. Die Anlage gruppiert sich um einen großen Swimmingpool, der von April bis Ende Sept. auf 27 Grad beheizt wird. Es gibt verschiedene Zimmertypen, deren Preis stark von der Reisezeit (Hochsaison Mitte Juni bis Ende Aug.). abhängt. Angebote erfragen. Die normalen Zimmer kosten 75–98 €, mit Terrasse 115–145 €, schön sind die Familienzimmer für bis zu 4. Pers. mit Mezzanine und Terrasse (155–190 €). Frühstücksbuffet 12 € (im Sommer auf der Terrasse). Einen hervorragenden Ruf genießt auch das zum Hotel gehörende Restaurant Les Terrasses de la Bastide (Menüs ab 20 €). Route de Banon, ✆ 0492757280, 📠 049277281. www.bastidesaintgeorges.com.

** **Auberge Charembeau**, wunderschönes ländliches Anwesen mit zwei Swimmingpools (der kleine ist von April bis Okt. beheizt) und einem Tennisplatz sowie Fahrradverleih. In dieser Preisklasse sicherlich eine der schönsten Unterkünfte im Pays de Forcalquier! Freundlicher Empfang. Im Sommer wird das hervorragende Frühstück (9 €) im Park unter Bäumen serviert. 24 Zimmer – viele mit Balkon oder Terrasse – mit Du/WC und Telefon kosten je nach Ausstattung und Saison 54–108 €. Es gibt auch Zimmer (für bis zu 4 Pers.) mit einer kleinen Küche, die wochenweise (483–847 €) vermietet werden. WLAN vorhanden. Mitte Nov. bis Ende Feb. geschlossen. Drei Kilometer außerhalb des Ortes auf einem Hügel. Route de Niozelles, ✆ 0492709170, 📠 0492709183, www.charembeau.com.

** **Grand Hôtel**, nettes, ordentlich geführtes Hotel an einer etwas lauten Straße mitten im Zentrum (es gibt aber auch Zimmer nach hinten hinaus). Zimmer je nach Ausstattung 39–48 €. 10, boulevard Latourette, ✆ 0492750035, 📠 0492750632.

Ferme-Auberge du Bas Chalus, alter Bauernhof auf einer kleinen Anhöhe. Die Familie Goletto vermietet 6 sehr einfache Zimmer (als DZ ab 50 € mit Frühstück), tagsüber relaxen die Gäste an einem der beiden kleinen Swimmingpools. Auch Camping à la Ferme möglich. Das vorzügliche „Restaurant" (Menüs 20–22 €) ist nur abends geöffnet und bietet ländliche Küche. Januar und Februar geschlossen. Route de Niozelles, ✆ 0492750567 📠 0492753920, www.baschalus.net.

Le Lapin Tant Pis, die ungewöhnliche Gewürzküche von Gérard Vives stellt den Gaumen vor immer neue Herausforderungen. Mittagsmenü zu 28 €, sonst 48 €. Nur im Juli und Aug. Fr, Sa und So am Abend geöffnet. 10, avenue Saint Promasse, ✆ 0492753888.

L'Aïgo Blanco, direkt hinter der Kathedrale gelegen, begeistert dieses Restaurant vor allem durch seine große Terrasse. Die Salate (10–13 €) und das Menü (15,50 €) sind lecker und preiswert. In der Nebensaison Montag geschlossen. 5, place Vielle, ✆ 0492752723.

Le Bourguet, das Café im Herzen der Stadt ist das Stammlokal des Krimiautors Pierre Magnan und diente schon als Schauplatz von Literaturverfilmungen. WLAN gibt es auch. 7, place du Bourget, ✆ 0492750023.

Aux deux Cades, ein sympathisches Landbistro in Niozelles. Wer möchte, kann auf der Terrasse mitten im Ort auch nur einen Salat essen, Hauptgerichte rund 15 €. In der Nebensaison Dienstag und Mittwochmittag geschlossen. Place de l'Eglise, ✆ 0492750329.

• *Chambres d'hôtes* **Le Relais d'Elle**, zwei Kilometer hinter Niozelles liegt dieser ehemalige Bauernhof rechter Hand ein Stück von der Straße entfernt. Freundliche Besitzer und ein toller Swimmingpool sind weitere Pluspunkte dieser Herberge. Insgesamt werden fünf Zimmer vermietet, die für 2 Pers. 58–65 €, für 3 Pers. 70–80 €, jeweils inkl. des (etwas bescheidenen) Frühstücks kosten. Lohnend und günstig ist auch das viergängige Abendessen für 22 € inkl. Wein. Zum Dessert wurde dem aus Nürnberg stammenden Autor zufällig ein Lebkucheneis serviert... Route de la Brillanne, ✆ 0492 750687. http://relaisdelle.com.

Bergerie la Beaudine, in einem alten Gehöft aus dem 18. Jahrhundert vermietet Malou Pagliano drei schöne Gästezimmer sowie ein Ferienhaus für 10 Personen. DZ 57 € inkl. Frühstück. ✆ 0492750 152, ✆ 0492753868, www.guideweb.com/provence/bb/beaudine.

• *Camping* **** **Lac du Moulin de Ventre**, knapp sieben Kilometer östlich von Forcalquier (östlich von Niozelles). Gut ausgestatteter Platz mit Swimmingpool (nur Juli und Aug.) am Ufer eines kleinen Sees, auf dem man auch Boot fahren kann. Von April bis Sept. geöffnet. ✆ 0492786331.

*** **Indigo**, einen knappen Kilometer außerhalb des Zentrums, in der Nähe des Schwimmbads. Fahrradverleih. April bis Okt. geöffnet. Route de Sigonce, ✆ 0492 752794. www.camping-indigo.com.

Mohnfelder setzen im Frühsommer bunte Farbakzente

Die Affäre Dominici

Wer über den sehenswerten Friedhof von Forcalquier schlendert, kann dort auch das Grab des englischen Gelehrten Sir Jack Drummond, seiner Frau und deren gemeinsamer Tochter besuchen. Die Familie kam im August 1952 in der Nähe von Lurs unter mysteriösen Umständen ums Leben. Der Verdacht richtete sich schnell auf den schlecht beleumundeten Familienclan der Dominici, da die Leichen nur unweit ihres Anwesens aufgefunden wurden. Es folgte ein spektakulärer und undurchsichtiger Prozess, der auch in der internationalen Presse große Resonanz fand und mitsamt der Vorgeschichte 1973 mit Jean Gabin verfilmt werden sollte.

Der Mörder schien schnell gefunden: Bei den Ermittlungen beschuldigten die eigenen Angehörigen den 76-jährigen Gaston Dominici der Tat. Gaston gestand und schilderte einen ominösen Tathergang, den er später jedoch widerrief. Schließlich behauptete auch noch Gustave Dominici, sein Vater sei unschuldig. Der Familienclan entzweite sich während der Verhandlung, Vermutungen wurden laut, Gaston decke ein anderes Familienmitglied. Die Vernehmung des Angeklagten gestaltete sich schwierig, da dieser nur wenige französische Worte beherrschte und sich überwiegend in der provenzalischen Sprache ausdrücken konnte, was zu Falschinterpretationen seiner Aussagen führte. Erschwerend kam hinzu, dass die in der Durance versenkte Tatwaffe als Gaston Dominicis Eigentum identifiziert werden konnte. Schließlich wurde Gaston Dominici von den Geschworenen zum Tode verurteilt; das Urteil wurde allerdings nicht vollstreckt, da ihn Präsident de Gaulle nach heftigen öffentlichen Protesten begnadigte. Gaston Dominici starb 1967 in einem Altersheim in Digne, ohne das Geheimnis gelüftet zu haben.

Sehenswertes

Notre-Dame-du-Marché: Forcalquier war zwar niemals Bischofssitz, dennoch erhielt die Kirche den Titel einer Nebenkathedrale (*Concathédrale*). Das ursprünglich einschiffige Gotteshaus erweist sich als Sammelsurium verschiedener Stilepochen; gemäß dem steigenden Ansehen der Grafen von Forcalquier wurde die Kirche mehrfach erweitert und präsentiert sich heute als wuchtiger, weitgehend romanischer Sakralbau. Mehrmals im Jahr dient die Kathedrale als feierlicher Rahmen für Konzertaufführungen.

Couvent des Cordeliers: Das 1236 gegründete Kloster ist eine der ältesten Niederlassungen des Franziskanerordens in der Provence. „Cordeliers" wurden die Franziskaner übrigens wegen ihrer Kutten genannt, die sie mit einer Kordel (*corde*) in der Taille zusammenhielten. Auf päpstliche Weisung wirkten die Franziskaner als Inquisitoren gegen die aufgrund ihrer angeblich ketzerischen Umtriebe verfolgten Katharer. Das zeitweise sogar als Bauernhof genutzte Kloster – es besitzt einen schönen Kreuzgang – wurde in den sechziger Jahren in großem Umfang restauriert und der Öffentlichkeit dadurch wieder zugänglich gemacht.

Adresse Boulevard des Martyrs. Öffnungszeiten: Juli bis 15.9. tgl. außer Di Führungen um 11, 14.30, 15.30, 16.30 und 17.30 Uhr.

Musée Municipal: Das städtische Museum zeigt Funde aus prähistorischer und galloromanischer Zeit sowie Fayencen aus Apt, Moustiers und Forcalquier. Die Ausstellung wird durch eine Sammlung mit Gegenständen zur Alltagskultur der Haute-Provence vervollständigt.

Adresse Hôtel de Ville. Öffnungszeiten: 15. Juni bis 15. Sept. tgl. außer So 10–12 Uhr und 15–19 Uhr. Eintritt: 1,50 €.

Cimetière: Der nordöstlich der Stadt gelegene Friedhof wird vor allem wegen seiner kunstvollen, labyrinthartigen Heckenskulpturen gerühmt. Die Taxus- und Zypressenhecken schließen kleine Mausoleen ein.

Forcalquier: Notre-Dame-du-Marché

Pays de Forcalquier

Saint-Etienne-lès-Orgues

Das am Südhang der Montagne de Lure gelegene Dorf wurde im 14. Jahrhundert durch die Pest und lokale Auf stände entvölkert und verwüstet. In der zweiten Hälfte des 15. Jahrhunderts kam es zu einer Art Neugründung, als sich mehrere aus der Nähe von Apt stammende Familien hier niederließen. Eine Kirche mit polygonalem Chor und ein ursprünglich aus dem 13. Jahrhundert stammendes Schloss tragen zu dem wohlgefälligen Ortsbild bei. Übrigens: Der Name hat nichts mit Orgelpfeifen zu tun, sondern leitet sich von dem provenzalischen Ortsnamen Onègues ab.

- *Information* Office de Tourisme, Square Elie Pallet, 04230 Orgues, ✆ 0492730257.
- *Einwohner* 900 Einwohner.
- *Markt* Mittwochvormittag.
- *Schwimmen* Für französische Verhältnisse sehr großes und sehr schönes Schwimmbad ein paar hundert Meter südlich des Ortes. Nur im Juli und Aug. geöffnet.
- *Übernachten* **Les Vignaus**, einfache, aber nette Privatzimmer in einer ehemaligen Seidenraupenzüchterei, etwa einen Kilometer südwestlich des Ortes. Netter Garten. EZ 35 €, DZ 49 € (jeweils inkl. Frühstück). Abendessen 20 € inkl. Wein, ✆/℻ 0492730243. www.lesvignaus.com.

Cruis

Rund um ein im 11. Jahrhundert gegründetes Augustinerkloster entwickelte sich eine kleine, beschauliche Ortschaft, deren Reichtum den Bischöfen von Sisteron lange ein Dorn im Auge war. Im Jahre 1456 gelang es ihnen endlich, sich das Kloster und die zugehörigen Ländereien unter den Nagel zu reißen. Im Zentrum von Cruis, das gerade einmal 550 Einwohner zählt, steht noch immer die einstige Klosterkirche, deren älteste Teile aus dem 14. Jahrhundert stammen. Im Inneren begeistern ein paar schöne Retabeln (Altaraufsätze).

Pays de Forcalquier Karte S. 141

• *Übernachten/Essen* ** **Auberge de l'Abbaye**, mitten im Ort liegt direkt neben der Klosterkirche dieses nette Hotel; es ist für sein gutes Restaurant bekannt, das sich der regionalen Küche verschrieben hat. Bei unserem letzten Besuch trafen wir einen belgischen Hotelbesitzer aus Montfroc, der knapp 50 Kilometer zurücklegte, um hier zu Mittag zu speisen. Wenn das keine Empfehlung ist... Im Sommer sitzt man auf einer netten Terrasse. Die zeitlosen Zimmer mit großen Bädern kosten von 55 € bis 75 €, eines namens Lavande (65 €) hat sogar eine eigene Terrasse mit Blick auf die geschichtsträchtige Abtei. Frühstück 8 €. Menüs zu 24 €, 30 €, 35 € und 55 €. Mittwoch und Sonntagabend ist das Restaurant geschlossen. ✆ 0492770193, 📠 0492770192 http://monsite.wanadoo.fr/auberge-abbaye-crius.

Grand Champ, dieses zwei Kilometer westlich von Cruis gelegene Chambre d'hôtes ist eine traumhafte Adresse, um entspannte oder sportlich ambitionierte Tage zu verbringen. Sehr freundlich ist der Besitzer Philippe Patrier, der mit vielen Freizeittipps zu helfen weiß. Es gibt einen Bouleplatz, eine Tischtennisplatte und einen kleinen Fußballplatz, besonders attraktiv ist der große Swimmingpool, der in der Regel von Mitte Mai bis Okt. geöffnet ist. Unter den Gästen waren sogar schon Triathleten, die hier ihre Bahnen zogen. Die farbenfrohen (vielleicht etwas zu bunten) Zimmer für 2 bis 5 Personen kosten beispielsweise 50 € für 2 Personen inkl. Frühstück (jedes mit eigenem Bad und Gemeinschaftsterrasse). Abends versammelt man sich an der langen Tafel, für ein mehrgängiges Abendessen mit Kaffee und Wein werden nur 17 € berechnet. Noch günstiger ist die Nacht auf einem der sechs schattigen Campingstellplätze (6 € pro Erwachsenen, 3 € pro Kind). ✆ 0492770110, 📠 0492770954. www.grandchamp04.fr.

Käseträume in Kastanienblätter gehüllt

Die bekannteste Spezialität des Ortes ist der *Banon de Banon*, ein in Kastanienblättern gereifter Ziegenkäse, der je nach Reifegrad mild und cremig oder pikant bis leicht säuerlich schmeckt. Ursprünglich nur von einer kleinen Käserei produziert, entwickelte sich der Banon in den letzten vier Jahrzehnten zu einer der bekanntesten Käsesorten Frankreichs. Täglich werden mehr als 3000 Liter Milch von frei in der Haute-Provence weidenden Ziegen nach Banon angeliefert und dort weiterverarbeitet. Zunächst wird die Milch auf etwa 30 Grad Celsius erhitzt und mit Labferment angereichert. Anschließend wird das Milchprodukt mit einem Käsesieb entnommen und auf ein Gitterrost gelegt. Mit Pfeffer und Bohnenkraut gewürzt, wird der Banon in der Trockenkammer vier bis sechs Tage lang zum Reifen gebracht, bevor man ihn in fünf oder sechs Kastanienblätter einwickelt und mit Bast aus Madagaskar verschnürt. Die Gerbsäure der Blätterschicht wirkt nicht nur konservierend, sondern gibt dem Käse auch eine zusätzliche Geschmacksnote.

Ongles

Ongles ist eines jener verträumten Dörfer, die an den südlichen Ausläufern der Montagne de Lure zu finden sind. Hier kennt der Pfarrer noch jedes seiner 300 Schäfchen persönlich und die meisten Fremden kehren irgendwann im Café de la Tonnelle ein.

Lohnend sind Abstecher nach **Lardiers** – gut isst man im Café de la Lavande – sowie nach **Saumane**, dessen schmucke Dorfkirche Saint-Pierre-aux-Liens (15. Jahrhundert) besichtigt werden kann. Von hier gelangt man mit dem Auto in wenigen Minuten nach Banon.

Banon

Buchhandlung Le Bleuet

Der kleine, kaum 1000 Einwohner zählende Ort im Nordwesten von Forcalquier ist berühmt für seinen in Kastanienblättern gereiften Ziegenkäse (*Banon de Banon*). Genau genommen besteht Banon aus zwei völlig verschiedenen Ortsteilen. Da ist einmal das mittelalterliche Banon mit seinen zahlreichen alten Häusern, die mit ihren steil aufragenden Fassaden sehr geschickt die nicht vorhandenen Stadtmauern ersetzen. Am höchsten Punkt des Dorfes steht eine kleine, im Verfall begriffene Kirche. Unterhalb des historischen Zentrums ist im 19. Jahrhundert eine moderne Siedlung entstanden. Insgesamt gefällt Banon durch sein authentisches Flair, noch ist es kein langweiliges, schmuck renoviertes provenzalisches Vorzeigedorf. Zwei Besonderheiten seien noch erwähnt: Zum einen gibt es in Banon mit *Le Bleuet* die wohl schönste Buchhandlung der gesamten Haute-Provence, deren großes Sortiment scheinbar von vielen Lesern gewürdigt wird. Zum anderen sollte man unbedingt die kleine Wurst- und Käsehandlung *La Brindille Melchio* besuchen. Sie bietet eine tolle Auswahl an Banon-Käse sowie an absolut leckeren Salamis, die sich – knapp einen Meter lang und fingerdünn – wie ein Vorhang durch den schmalen Laden ziehen. Diese *Brindilles* werden am Stück verkauft und sind mit Walnüssen, Pinienkernen, Paprika, Wacholder oder sogar Pastis gewürzt. Ein wahrer Augen- und Gaumenschmaus! Zudem fungiert *La Brindille Melchio* als Kontaktbörse für die Vermittlung von Privatzimmern und Ferienwohnungen.

- *Information* **Syndicat d'Initiative**, 04150 Banon, ✆ 0492733637, ℻ 0492732102.
- *Markt* Dienstagvormittag.
- *Veranstaltungen* **Fête du Fromage**, großes Käsefest Mitte/Ende Mai.
- *Literaturtipp* Pierre Magnan, Laviolette auf Trüffelsuche. Krimi, der in den Wäldern um Banon spielt. Scherz Verlag, München 2002.
- *Buchhandlung* **Librairie Le Bleuet**, ungewöhnlich gut sortierte Buchhandlung mit einem hölzernen Bücherturm neben dem Eingang. In den Regalen stehen über 100.000 Bücher! Auch englische Literatur. Place Saint Just. Tgl. 9.15–20 Uhr geöffnet.
- *Charcuterie* **La Brindille Melchio**, wird inzwischen vom Sohn geführt. Geöffnet von April bis Sept. tgl. außer Mo 7.30–12.30 Uhr und 14.30–19 Uhr, im Winter auch Di geschlossen. Place de la République, ✆ 0492 732305. Die Würste kann man auch im Internet bestellen (Postversand): www.charcuterie-melchio.fr.

• *Übernachten/Essen* **Les Voyageurs**, einfaches Restaurant-Café mit Straßenterrasse. Serviert wird regionale Küche, so dass auch ein Banon-Käse zum Abschluss nicht fehlen darf. Menüs ab 14,50 € (mittags), sonst ab 20 €. Place de la République, ✆ /℡ 0492732102.

• *Chambres d'hôtes* **La Maison du Voisin**, diese nur zwei Häuser neben der legendären Buchhandlung Le Bleuet gelegene Unterkunft ist ein Lesertipp von Rolf Memming: „Monsieur Herve Voisin vermietet mehrere ansprechende Gästezimmer für 37–47 €. Demnächst soll es auch einen Schlafsaal geben. In einer gut ausgestatteten Küche kann man sich selbst das Abendessen zubereiten. Auch um das Frühstück muss man sich selbst kümmern, aber die Bäckerei ist nur einen Steinwurf entfernt." Place Saint Just, ✆ 0492733766. www.sud-gite.com.

• *Camping* *** **L'Epi Bleu**, kleine, nette Anlage mit wenig Schatten und steinigem Boden. Zur Abkühlung steht ein kleines Schwimmbad zur Verfügung. Von April bis Sept. geöffnet. ✆ 0492733030. www.campingepibleu.com.

Prieuré de Ganagobie

Das hoch über dem Durancetal gelegene Kloster, eine Gründung aus dem 10. Jahrhundert, gilt als das herausragendste romanische Bauwerk der Haute-Provence. Im Gegensatz zu den wesentlich berühmteren Zisterzienserabteien von Sénanque und Le Thoronet erstickt das Kloster von Ganagobie glücklicherweise nicht im Besucheransturm, und das, obwohl die Klosterkirche die wahrscheinlich bedeutendsten mittelalterlichen Bodenmosaike Frankreichs besitzt. Erst 1897 zogen Benediktinermönche aus Marseille in das seit der Französischen Revolution leer stehende, mehrfach geplünderte Kloster und setzten das stark heruntergekommene Bauwerk wieder instand. Im Jahre 1957 begannen die Restaurierungsarbeiten, die mittlerweile weitgehend abgeschlossen sind.

La Brindille Melchio : ein Paradies für Salamiliebhaber

Wer während des Gottesdienstes (siebenmal täglich) kommt, kann den Gregorianischen Gesängen der Mönche lauschen.

Die einschiffige, spitztonnengewölbte Klosterkirche besitzt ein für die Provence ungewöhnliches Skulpturenportal. Im Tympanon thront Christus, eingerahmt von den Evangelistensymbolen und zwei Engeln; auf dem Türsturz befindet sich eine Abbildung der zwölf Apostel. Kunsthistorisch besonders wertvoll sind die **Mosaike** in den drei Apsiden und im Querschiff, die lange unter einer Schuttschicht verborgen lagen und bis 1985 aufwändig restauriert wurden. Die mehr als 70 Quadratmeter großen Mosaike stammen aus der Mitte des 12. Jahrhunderts und bestehen aus rotem Ziegelstein, weißem Marmor und einem basaltähnlichen, schwarzgrauen Stein. Die Ikonographie ist faszinierend: Ritter besiegen Fabelwesen, Tierkreiszeichen wechseln sich mit geometrischen Formen ab. Manche Figuren verführen zum Schmunzeln – so erinnert der Elefant im Hauptchor mehr an eine Kuh mit Rüssel als an einen Dickhäuter –, andere sind kunsthistorisch bedeutsam, wie die Darstellung des mit einem Drachen kämpfenden heiligen Georg; es dürfte sich dabei um die älteste Darstellung des heiligen Georg handeln, die im Abendland überliefert ist. Der ebenfalls imposante romanische Kreuzgang mit seinen filigranen Doppelsäulen – er wurde nach fast vollständiger Zerstörung zu Beginn des 20. Jahrhunderts restauriert – kann nicht besichtigt werden, da er den Mönchen zur Kontemplation dient. Das mit Eichen und Pinien bestandene Plateau von Ganagobie war schon vor mehr als 2000 Jahren bewohnt: Am nördlichen Ende des 1400 Meter langen Plateaus wurden die Reste eines keltischen Oppidums entdeckt. war schon vor mehr als 2000 Jahren bewohnt: Am nördlichen Ende des 1400 Meter langen Plateaus wurden die Reste eines keltischen Oppidums entdeckt.

Panoramadorf Lurs

Wer will, kann von Ganagobie auf einer kleinen, wenig befahrenen Flurstraße direkt nach Lurs fahren (kein Hinweisschild, nur die Tafel Hotel Séminaire verweist auf das Ziel), *wobei man unweigerlich eine noch aus römischer Zeit stammende Brücke überqueren muss; die Brücke erinnert noch heute an die hier verlaufende Via Domitia. In einer Höhe von zehn Metern spannt sich die 30 Meter lange Brücke über einen kleinen Bach.

Öffnungszeiten Tgl. außer Mo 15–17.30 Uhr. Eintritt: frei! www.ndganagobie.com.

Lurs

Wie ein Balkon schwebt das nur 320 Seelen zählende Lurs über dem breiten Tal der Durance. Das Dorf geht angeblich auf eine Gründung Karl des Großen zurück. Die Bischöfe von Sisteron errichteten im Norden des Dorfes ihre Sommerresidenz, auf der gegenüberliegenden Seite ein heute zum Hotel umfunktioniertes bischöfliches Seminar. Hier beginnt die „Promenade des évêques“, ein von einem Kreuzweg mit zehn Stationen gesäumter Weg, der zur Chapelle Notre-Dame-de-Vie führt. Mitten in Lurs wurde ein Freilichttheater für diverse Sommerspektakel eingerichtet.

• *Information* Syndicat d'Initiative de Lurs, 04700 Lurs, ✆ 0492791020.

• *Essen/Übernachten* *** **Le Séminaire**, in den historischen Gemäuern am südlichen Ortsende schläft und isst man gut, allerdings ist das Preisniveau recht hoch. Übernachtungsgäste (EZ ab 89 €, DZ 119 €) relaxen am beheizten Swimmingpool, an kalten Tagen geht es in die Sauna. Im zünftigen Gewölbe werden Menüs ab 25 € serviert. Jan. Betriebsferien. ✆ 0492799419, 0492791118, www.hotel-leseminaire.com.

• *Camping* **Les Coccinelles**, auf dem Bauernhof von Frédéric Massé gibt es sechs Plätze inmitten der herrlichen Natur, Route de Notre Dame des Anges, ✆ 0492798053.

Sigonce

In der Region rund um Forcalquier finden man zahlreiche idyllische Dörfer, die sich in vielerlei Hinsicht ähneln – Sigonce ist eines davon. Das 280-Einwohner-Dorf, zehn Kilometer nordöstlich von Forcalquier gelegen, wird von einer wuchtigen spätmittelalterlichen Burg dominiert. Zudem gilt es noch, die aus dem 15. Jahrhundert stammende Kirche Saint-Claude zu bewundern.

Sigonce zieht sich einen kleinen Hügel empor

Mane

Unterhalb der auf einem Hügel thronenden Ruinen einer mächtigen mittelalterlichen Festung (Privatbesitz, keine Besichtigung möglich!) drängen sich die Häuser von Mane. Bei einem Spaziergang durch die historische Oberstadt lassen sich mehrere stattliche Häuser aus dem 15. und 16. Jahrhundert entdecken. Auffallend ist auch das ausgesprochen schöne Portal der Pfarrkirche Saint-André.

• *Markt* Sonntagvormittag.

• *Übernachten/Essen* **** **Le Couvent des Minimes**, dieses im Mai 2008 eröffnete Nobelhotel bietet in den Räumen eines alten Klosters viel Komfort, wenngleich den modernen Zimmer mit ihren großzügigen Bädern jegliche Patina fehlt. Zum Hotel gehört noch ein tolles Spa samt Swimmingpool, Hallenbad und Sauna. Und einen Hubschrauberlandeplatz gibt es auch... DZ je nach Ausstattung 185–425 €. Bei Frühstückspreisen von 25 € sollte man gleich über eine Halbpension (80 € pro Person) nachdenken. Ganzjährig geöffnet. Chemin des Jeux de Maï, ✆ 0492 747777, ✆ 0492747778. www.couventdesminimes-hotelspa.com.

** **Le Mas du Pont Roman**, dieses südwestlich von Mane gelegene Landhotel gefällt mit seinen großzügigen Zimmern, die ausnahmsweise einmal jenseits der provenzalischen Nationalfarben in hellen Tönen gehalten sind. Große Bäder. Zudem gibt es ein kleines Hallenbad, eine Sauna und einen großen Swimmingpool im Garten für die heißen Tage. DZ ab 80 €, Frühstück 8 €. ✆ 0492 754946, ✆ 0492753673. www.pontroman.com.

Notre-Dame-de-Salagon: Ein kleines Stück außerhalb von Mane steht die ehemalige Benediktinerabtei Notre-Dame-de-Salagon inmitten von Wiesen und Feldern. Das im 11. Jahrhundert gegründete Kloster wurde nach der Revolution aufgelöst, die vorhandenen Bauten als Bauernhof zweckentfremdet und als Scheunen und Ställe genutzt. Erst 1955 wurde dem Verfall Einhalt geboten, umfangreiche, mittlerweile abgeschlossene Restaurierungsarbeiten begannen. In der Kirche legte man bei Grabungen nicht nur die Fundamente eines im 6. Jahrhundert errichteten Vorgängerbaus frei, auch römisches Mauerwerk kam zum Vorschein. Die Klosterkirche selbst ist ein schlichter spätromanischer Bau mit harmonischen Proportionen und schmuckem Portal.

Rund um das einstige Kloster wurden drei Gärten angelegt, einer mit Gewürzpflanzen, einer mit Heilpflanzen und einer im Stil eines mittelalterlichen Klostergartens. Die Klostergebäude werden museal genutzt, das *conservatoire ethnologique* widmet sich dem längst in Vergessenheit geratenen Alltagsleben der Haute-Provence. So werden beispielsweise interessante Einblicke in die regionale Köhlerei gewährt, die nur von eingewanderten italienischen Familien betrieben wurde.

Noch ein Hinweis: Rund 400 Meter westlich des Klosters führt eine romanische Brücke über die Laye, die zu den bedeutendsten Werken mittelalterlicher Brückenbaukunst in der Provence gehört.

Öffnungszeiten Mai bis Sept. tgl. 10–12 Uhr und 14–18.30 Uhr, sonst tgl. 14–18 Uhr. Eintritt: 6 €, erm. 3,56. Mit Führung: 7 €. www.musee-de-salagon.com.

Château de Sauvan: Das im frühen 18. Jahrhundert errichtete Schlösschen – die Pläne stammen von dem Architekten Jean-Baptiste Franque – würde man wohl eher an der Loire vermuten als in der herben Landschaft der Haute-Provence. Beeindruckend ist vor allem die der Gartenseite zugewandte Fassade; der Schlossbau blieb unvollendet, da die Arbeiten 1720 wegen einer Pestepidemie eingestellt

Pays de Forcalquier Karte S. 141

wurden. Die Architektur zeigt bereits Anklänge des aufkommenden Klassizismus. Umgeben ist das Schloss von einem vier Hektar großen französischen Park.

Öffnungszeiten Juli bis Aug. Führungen tgl. außer Sa um 15.30 Uhr, Sept. bis Juni nur Do und So um 15.30 Uhr. Eintritt: 7 €, erm. 3 €. Der Park ist tgl. 10–12 und 15–17.30 Uhr geöffnet. Eintritt: 2,50 €. www.chateaudesauvan.com.

Straßen für die Ewigkeit

Die *Via Domitia* war die älteste und zugleich wichtigste Landverbindung der Römer von Italien nach Südfrankreich. Über den Mont-Genèvre-Pass kommend, strömten zahllose Soldaten, Händler und Kuriere der Provinz Gallia Narbonensis entgegen. Wichtige provenzalische Etappenstationen waren Sisteron, Apt und Cavaillon. Dem berühmten römischen Geographen Strabo zufolge „ist diese Strecke im Sommer ausgezeichnet; sie ist jedoch im Winter und Frühjahr infolge Überschwemmungen durch die Wasserläufe ein Sumpfloch, das man teils durch Fähren, teils über Holz- und Steinbrücken überquert".

Auch rund 2000 Jahre später ist die von den geübten römischen Straßenbauern geschaffene Trasse an mehreren Stellen deutlich zu erkennen. Manche Meilensteine stehen sogar noch an ihrer ursprünglichen Stelle, am auffälligsten sind aber die Brücken, so der Pont de Ganagobie, der Pont de Céreste und der Pont Julien in der Nähe von Bonnieux. Die Via Domitia erleichterte wie alle bedeutenden römischen Straßen nicht nur den Händlern ihren Weg, sondern sie diente im Krisenfall der Truppenbeförderung und der schnellen Nachrichtenübermittlung. Erst gegen Ende des 18. Jahrhunderts gelang es den europäischen Staaten, durch den Bau der Chausseen die Reise- und Botengeschwindigkeit zu steigern. Für die „Anwohner" war der Bau der Straße allerdings alles andere als eine Freude: Die Römer konfiszierten nicht nur den benötigten Boden ohne Entschädigungsleistungen, sie wälzten auch die Bau- und Unterhaltskosten auf die Anwohner ab.

Dauphin

Exakt 687 Menschen – wenn seit Redaktionsschluss keine Veränderung zu verzeichnen war – leben in dem kleinen, eine Bergkuppe krönenden Dorf, acht Kilometer südlich von Forcalquier. Die Gegend war bereits in römischer Zeit besiedelt, wie Archäologen anhand zahlreicher Funde nachweisen konnten. Im Mittelalter wurde Dauphin dann gar mit einer Stadtmauer befestigt. Nett anzusehen ist die Kirche aus dem 15. Jahrhundert mit ihrem hübschen Glockenturm, die alten Gassen strahlen viel Charme aus.

Information Syndicat d'Initiative, ✆ 0492795198.

Observatoire de Haute-Provence

Auf dem Weg zum südwestlich von Forcalquier gelegenen Observatorium kommt man zuerst durch das beschauliche **Saint-Michel-l'Observatoire**. Das Dorf wartet mit engen Gassen und einer nicht unbedeutenden romanischen Kirche auf, die auf dem höchsten Punkt des Ortes steht; bedingt durch spätere

Umbauten präsentiert sich die Kirche als Stilgemisch. Besonders wertvoll sind die mittelalterlichen Fresken in der Südgalerie.

Zwei Kilometer weiter nördlich wurde 1937 ein **Observatorium** errichtet, da in der Haute-Provence keine umweltverschmutzenden Dunstwolken den Himmel bedecken. Das Observatorium mit seinen 13 Kuppeln gehört zu den bedeutendsten astronomischen Forschungszentren in Europa. Erst in den letzten Jahren wurden hier drei Planeten außerhalb unseres Sonnensystems entdeckt: „51 Pégasi“ (1995), „14 Herculis“ und „Gliese 876“ (beide 1998). Zu den Besuchszeiten kann man mit einem 1,93 Meter langen Teleskop einen Blick in die unendliche Weite des Himmelszeltes werfen.

- *Führungen* Von April bis Sept. Mi um 14 und 16 Uhr, von Okt. bis März Mi um 15 Uhr. Teilnahmegebühr: 2,50 €, erm. 1,50 €. www.obs-hp.fr.
- *Übernachten/Essen* **Hôtel l'Observatoire**, kleines Hotel mitten im Dorf mit nur fünf Zimmern, die in verschiedenen Pastellfarben gehalten sind. Gutes Restaurant, im Sommer wird das Essen auf der großen Terrasse serviert, Menüs zu 16 € (mittags) und 26 €. EZ 49 €, DZ für 67 €. Montag Ruhetag. Place de la Fontaine, ✆ 0492766362, 📠 0492766316. www.lobservatoire-provence.fr.

Simiane-la-Rotonde

Das Dorf ist eines der vielen *village perché*, die in der Haute-Provence so häufig anzutreffen sind. Fernand Braudel, einer der bedeutendsten französischen Historiker, erinnerten diese Dörfer an die kleinen Marktflecken der südlichen Alpen, aus denen ihre Einwohner häufig stammten. Die Häuser von Simiane-la-Rotonde künden vom Wohlstand vergangener Tage, welchen sich die Bewohner durch die Glasmacherkunst und dank der fruchtbaren Felder erwarben. Auf einem steilen, über 600 Meter hoch aufragenden Hügel angelegt beherrscht Simiane die nähere Umgebung. Gekrönt wird der Ort von der namensgebenden Rotunde, dem letzten Rest einer ansehnlichen Burg, darunter schmiegen sich die Häuser an den Berg. Bis ins 12. Jahrhundert hinein hatten hier die Herren von Simiane ihren Stammsitz, der zweigeschossige Rundbau – die Zwischendecke wurde bei der Restaurierung vor einigen Jahren wieder eingefügt – dürfte wahrscheinlich als Wohnturm gedient haben. Aufgrund der ungewöhnlichen Architektur des Turmes – das Gewölbe teilt sich in zwölf Nischen – wurde dieser wieder-

Die Rotunde: bis heute ein rätselhaftes Bauwerk

holt für einen Sakralbau gehalten. Heute wird die Rotunde auch für Ausstellungen und Veranstaltungen genutzt. In den letzten Jahren verstärkt sich der Eindruck, dass Simiane langsam ausstirbt. Inzwischen gibt es nicht einmal mehr ein Café im Ort.

Einsam in den Wäldern: Oppedette

- *Information* Mairie, 04150 Simiane-la-Rotonde, ✆ 0492731134. www.simiane-la-rotonde.fr.
- *Öffnungszeiten der Rotunde* Mai bis Aug. tgl. 10.30–13 Uhr und 13.30–19 Uhr, im März, April, Sept. und Okt. tgl. außer Di 13–17.30 Uhr. An der Kasse ist eine ausführliche Beschreibung des Bauwerks in deutscher Sprache erhältlich. Eintritt: 4 €, erm. 3 €.
- *Camping* ** **Camping de Valsaintes**, kleiner Platz (25 Stellplätze) mit kleinem Pool in einem weltabgeschiedenen Tal unweit einer ehemaligen Abtei. Auch Bungalowvermietung ab 250 € pro Woche. Von April bis Okt. geöffnet. ✆ 0492 759146. In Valsaintes, fünf Kilometer östlich von Simiane-la-Rotonde. www.valsaintes.com.

Valsaintes

Die Abbaye de Valsaintes ist die vierte und am wenigsten bekannte Zisterzienserabtei der Provence. Um 1180 gründeten Zisterziensermönche aus Silvacane am Ende eines abgeschiedenen Tals (rund sieben Kilometer südöstlich von Simiane-la-Rotonde) ein Tochterkloster. Die Architektur der noch vorhandenen Klosterbauten ist aber wenig spektakulär. Interessanter ist die nahe gelegene, im 17. Jahrhundert gegründete Zweitniederlassung Boulinette mit ihrem Rosengarten. Seit 1996 wurden mehr als 600 verschiedene Rosenarten in einem parkähnlichen Areal gepflanzt und selbstverständlich gibt es auch einige Exemplare der Zisterzienserrose.

Öffnungszeiten Von 1. Mai bis 15. Juni tgl. 14.30–18 Uhr. Eintritt: 6 € bzw. 3 €. Um 10 Uhr finden zudem historische und botanische Führungen statt. Teilnahmegebühr: 8 €. www.valsaintes.org.

Oppedette

Oppedette – sechs Kilometer südöstlich von Simiane-la-Rotonde – ist ein aussterbendes Dorf mit nur noch 56 Einwohnern, einer Kirche und einem Café-Restaurant, das als Kontaktbörse dient und kleine Häppchen anbietet. Wie der Name andeutet, geht der an einem Felsabhang gelegene Ort auf ein keltisches Oppidum zurück. Hundert Meter tiefer liegt auch die größte Attraktion des Ortes: Das Flüsschen Calavon hat sich eine tiefe Schlucht in den Kalkstein gegraben. Diese Gorges d'Oppedette gehören zu den vergleichsweise unbekannten Naturschönheiten der Haute-Provence und können auf einem ausgeschilderten Pfad in etwa drei Stunden erkundet werden. Wer will, kann auf dem Fernwanderweg GR 4 weiter bis nach Céreste wandern.

Wanderung 9: Gorges d'Oppedette

Ein tiefes Bett hat sich das kleine Flüsschen Cavalon im Laufe der Jahrtausende bei Oppedette in den Kalkstein gegraben. Der Rundwanderweg um die Gorges d'Oppedette führt zumeist am Rande der Schlucht entlang. Da die Felsen sehr holprig sind, ist gutes Schuhwerk zu empfehlen.

Ausgangspunkt: Mairie von Oppedette. Gesamtwanderzeit: 3 Stunden. Wegstrecke: ca. 7 Kilometer. Höhenmeter: 95 Meter. Schwierigkeitsgrad: leicht bis mittel.

Das Rathaus (Mairie) von Oppedette (WP 1) ist der Ausgangspunkt der Wanderung. Anfangs geht es ein kleines Stück in das Dorf hinein, dann biegt man oberhalb des Waschhauses linker Hand in eine kleine Gasse, die sich zu einem Wanderpfad verengt und rotweiß markiert ist (Fernwanderweg GR 6). Die nächste Stunde orientiert sich die Wanderung an dieser Markierung. Nach kurzer Zeit erreicht man einen kleinen, von einer Mauer abgegrenzten Friedhof, den man an der rechten Seite passiert. Wenige Minuten später steht man an einem kleinen Aussichtspunkt (WP 2) am Rand der Schlucht mit ihren steilen Felsabbrüchen. Noch spektakulärer ist allerdings der Blick vom nächsten Aussichtsfelsen (WP 3), der wie ein Balkon in die Gorges d'Oppedette hineinragt. Weiter geht es über steinige Pfade durch das Unterholz, dann wird die Landstraße überquert. Etwa 200 Meter lang läuft man an einem Feld vorbei, dann erreicht man wieder die Straße (WP 4), folgt ihr eine Weile parallel, dann biegt man nach rechts ab (WP 5). Der holprige Weg schlängelt sich durchs Gebüsch, bis der Rand der Schlucht wieder erreicht ist. An einer Brücke (WP 6) treffen wir wieder auf die Landstraße, an deren Rand wir etwa hundert Meter bis zu einer zweiten Brücke (WP 7) entlang laufen. Direkt hinter der Brücke biegen wir rechts ab und folgen von nun an der gelben Markierung, die uns den gesamten Weg entlang des westlichen Schluchtrandes begleitet. Vorsicht: Bei

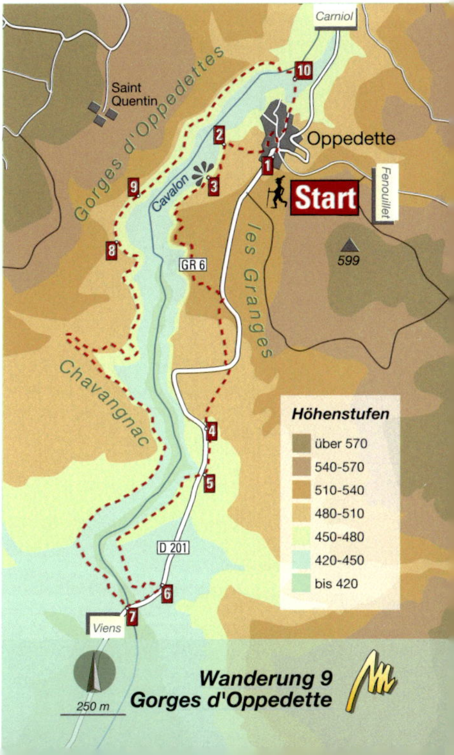

Regen können die Felsen rutschig sein! Nur einmal schwenkt der zwischen Ginster und Wacholder verlaufende steinige Pfad ein Stück ins Landesinnere ab, wo man ein Feld erreicht (WP 8). Zwei kleine Täler müssen „durchquert" werden und irgendwann steht man neben einer trichterförmigen Einsturzhöhle, aus der eine Eisenleiter (WP 9) ragt. Um der eigenen Sicherheit willen sollte man davon absehen, über die Leiter auf den Grund der Schlucht zu klettern. Auf dem letzten Streckenabschnitt bietet sich ein schöner Blick auf das Dorf Oppedette, bevor der Abstieg zum meist trockenen Flussbett (WP 10) beginnt. Auf der anderen Seite geht es nun noch einmal fünf Minuten bergauf, dann ist der Ausgangspunkt (WP 1) wieder erreicht. Sobald man wieder zu Kräften gekommen ist, sollte man noch kurz durch die Gassen von Oppedette streifen.

Von Sault nach Rustrel

Sault

Sault, das in 766 Metern Höhe auf einem Felsvorsprung thront, liegt an der Grenze zwischen den Départements Vaucluse und Haute-Provence. Von der einstigen Burg und der Stadtmauer von Sault zeugen nur noch spärliche Reste; im 16. Jahrhundert war Sault die Hauptstadt einer 1561 zur Grafschaft erhobenen Baronie. Sehenswert ist die romanische Kirche, deren Erscheinungsbild allerdings durch den im 16. Jahrhundert erfolgten Anbau eines Seitenschiffs leidet. Bekannt ist das einstige *Saltus* („waldreiche Gegend") heute vor allem wegen der zahlreichen, den Ort umgebenden Lavendelfelder und seines köstlichen Nougats.

Information/Verbindungen/Diverses

- *Information* **Office de Tourisme**, Avenue de la Promenade, 84390 Sault, ✆ 0490640121, 📠 0490641503. www.saultenprovence.com.
- *Verbindungen* Eine Busverbindung tgl. nach Apt (1x) sowie nach Carpentras (4x).
- *Markt* Mittwochvormittag.
- *Veranstaltungen* Lavendelfest: 15. August.
- *Fahrradverleih* Albion Cycles, je nach Fahrrad ab 12 € pro Tag. Route de Saint-Trinit, ✆ 0490640932.
- *Schwimmen* Direkt neben dem Campingplatz befindet sich ein öffentliches Schwimmbad. Geöffnet: Juli und Aug. 10–12.30 Uhr und 14.30–19 Uhr.
- *Musée de Sault* Der Fundus des Museums reicht von ägyptischen und galloromanischen bis zu mittelalterlichen Exponaten, zudem sind Gemälde des heimischen Malers Evariste de Valernes ausgestellt. Geöffnet: Im Juli und Aug. tgl. außer So 15–18 Uhr. Sonst nach Vereinbarung: ✆ 0490 640230. Eintritt: frei!
- *La Ferme aux Lavandes* Sammlung mit 100 Lavendelsorten. Botanische Führungen, Verkauf von Setzlingen. Führungen um 11, 15 und 17 Uhr. Kosten: 10 €. Route du Ventoux, ✆ 0490641074. www.la-ferme-aux-lavandes.com.

Übernachten/Essen

- *Hotels/Restaurants* *** **Hostellerie du Val-de-Sault**, traumhaft gelegene Herberge mit toller Aussicht auf das Plateau de Sault. Für all jene, die die Einsamkeit und Abgeschiedenheit lieben. Neben den beiden Swimmingpools steht allerdings noch ein Tennisplatz zum Zeitvertreib zur Verfügung. Achtung: Im Sommer ist Halbpension Pflicht. Dies ist jedoch alles andere als ein Nachteil, denn das Restaurant gehört zu den besten der Region und ist für seine winterlichen Trüffelmenüs bekannt. Komfortable Zimmer im provenzalisch-asiatischen Stil mit Terrasse je nach Saison und Ausstattung ab 169 € bzw. 228 € (Halbpension für 2 Pers.). Menüs ab 39, 42 und 87 €

(Trüffelmenü). Richtung Banon bzw. Campingplatz, Ancien Chemin d'Aurel, ✆ 0490640141, 📠 0490641274. www.valdesault.com.

** **Le Louvre**, kein Museum für Lavendelkunst, sondern ein alteingesessenes Hotel-Restaurant (Logis de France) mit großer Terrasse und zünftigem Speisesaal. Die freundlichen, im provenzalischen Stil eingerichteten Zimmer – im ersten Stock mit Balkon – kosten je nach Ausstattung 65–75 €, Frühstück 8 €. Mittagsmenü für 16 € mit einem Viertel Wein, abends ab 21 €. Von Ostern bis Allerheiligen geöffnet. Place du Marché, ✆ 0490640888, 📠 0490641401. www.louvre-provence.com.

Le Signoret, hinter dem gepflegten Haus mit den grünen Fensterläden verbirgt sich das günstigste Hotel von Sault. Einfache Zimmer von 43 € bis 53 € mit Dusche und WC, wenige mit einem kleinen Balkon. Restaurant mit Straßenterrasse, Menüs ab 15 €. Avenue de l'Oratoire, ✆/📠 0490641144. www.lesignoret.fr.

Le Provençal, preisgünstiges Restaurant mit guter Küche und kleiner Terrasse, direkt im Zentrum von Sault gelegen. Lecker mundete das bodenständige *Fricassée de rognons de veau à poivre vert* (Kalbsnierenfrikassee mit grünem Pfeffer). Mittagsmenü zu 10,50 €, abends 15 und 21,50 €. Außer Juli und Aug. immer Montagabend und Dienstag Ruhetag. Rue Portes-des-Aires, ✆ 0490640909.

Pâtissérie André Boyer, ein Lesertipp von Hans-Ulrich Bächle, der von „exzellenten" Süßwaren schwärmte und auch „die malerische Ladeneinrichtung" mit der stuckverzierten Decke zu loben wusste. Auch ein französisches Magazin bezeichnete Boyer unlängst als einen der angesehensten Nougatiers der Provence. Porte des Aires, ✆ 0490640023. www.nougat-boyer.fr.

La Promenade, es gibt eigentlich nur einen Grund diese Snackbar mit Café zu besuchen, aber der ist eindrucksvoll: Die herrliche Straßenterrasse mit Blick zum Mont Ventoux, der vor allem am Vormittag schön in der Sonne liegt. Wenigstens einen Kaffee sollte man sich hier gönnen. La Promenade, ✆ 0490641434.

• *Camping* ** **Camping Municipal du Deffends**, der günstige städtische Campingplatz befindet sich knapp zwei Kilometer östlich des Ortes in einem baumreichen, schattigen Areal, direkt neben dem öffentlichen Schwimmbad (Eintritt). Von April–Sept. geöffnet. Route de Saint-Trinit, ✆ 0490640718.

Umgebung

Gorges de la Nesque

Die Schlucht der Nesque gilt neben dem Mont Ventoux zu Recht als landschaftlicher Höhepunkt der Region. Eine Straße (D 942) erschließt zwischen Villes-sur-Auzon und Sault einen rund 20 Kilometer langen, teilweise recht spektakulären Streckenabschnitt, der durch eine karge und spärlich besiedelte Berglandschaft führt. Am 872 Meter hohen *Rocher du*

Wanderwege: stets gut markiert

Cire bietet sich ein grandioser Blick in die 300 Meter tiefer gelegene Schlucht. Es ist beachtlich, welch tiefes Bett sich die kleine, im Sommer nur spärlich fließende Nesque im Laufe der Zeit in das Felsmassiv gegraben hat.

Saint-Trinit

Das sieben Kilometer östlich von Sault gelegene Dörfchen Saint-Trinit besitzt eine sehenswerte romanische Kirche. Der wuchtige, einschiffige Bau ist von sachlicher Strenge geprägt und strahlt mit seinem fein gefugten Mauerwerk viel Würde aus. Typisch für die provenzalische Romanik sind die Blendarkaden.

Aurel

Das fünf Kilometer nördlich von Sault gelegene Felsendorf präsentiert sich als ein Labyrinth aus Gassen und Treppen, die sich um eine Burg und eine romanische Kirche mit zwei Gewölben scharen. Der 200-Seelen-Ort wurde im 12. Jahrhundert vom Johanniterorden gegründet. Das einstige Hospiz befindet sich heute in Privatbesitz und kann nicht besichtigt werden. Nur wenige Besucher verirren sich nach Aurel, zumeist sind es Radfahrer, die sich im einzigen Hotel-Restaurant des Ortes stärken.

• *Übernachten/Essen* * **Le Relais du Mont Ventoux**, absolut charmantes ländliches Logis-de-France-Hotel mitten im Ort. In der liebevoll verschachtelten Herberge sind alle 13 Zimmer individuell in freundlichen Farben eingerichtet. Unser Favorit ist das Zimmer Amandine mit einer eigenen Terrasse, weitere Zimmer mit Balkon. Ein großer Whirlpool und eine Fahrradgarage sind auch vorhanden. Preise: Je nach Größe 45–55 €, Frühstück 7 €. Lohnenswert ist die Halbpension mit 80–100 € für zwei Personen. Die Besitzerin stammt übrigens aus Lothringen und spricht ausgezeichnet Deutsch. Im einladenden Restaurant mit seinem dominierenden Tresen wird deftige provenzalische Küche serviert, deren Qualität auch von Lesern gelobt wurde. Im Sommer sitzt man auf der sonnigen Straßenterrasse und genießt die Aussicht. Große Salatauswahl für 8–11 €, Menüs 16, 22 und 24 €. Es gibt auch ein vegetarisches Menü für 16 €. Im Sommer ist eine Reservierung ratsam. Von Mitte Nov. bis Anfang März Betriebsferien. WLAN vorhanden. ✆ 0490640062, 📠 0490641288. www.provenceweb.fr/84/relais-ventoux.

Montbrun-les-Bains

Das bereits zum Département Drôme gehörende Montbrun-les-Bains hieß bis ins 19. Jahrhundert noch schlicht „Montbrun“, doch die kommerzielle Nutzung der im Tal gelegenen Thermalquellen zog eine Namensänderung nach sich. Der mittelalterliche Ort gehört zu Recht zum elitären Kreis der „Les plus beaux villages de France“. Die Häuser ziehen sich wie gestapelt einen steilen, ockerbraunen – und daher namensgebenden – Hügel empor. Ganz oben erheben sich die Ruinen des während der Französischen Revolution zerstörten Châteaus.

Markt Samstagvormittag.

Aulan

Der Stammsitz der Comte d'Aulan mit dem gleichnamigen Château d'Aulan liegt inmitten der Gorges du Toulouranc, einer eindrucksvollen Schluchtenlandschaft. Die Burg stammt im Kern aus dem 12. Jahrhundert, wurde aber später mehrfach verändert.

Öffnungszeiten nur im Juli und Aug. von 10–12 Uhr und 14–18 Uhr.

Hoch über Saint-Saturnin-lès-Apt

Séderon

Das beschauliche Straßendorf an dem Flüsschen Méouge liegt genau zwischen der Montagne de Lure und dem Mont Ventoux. Lohnend sind Wanderungen durch die Lavendelfelder der Umgebung.

- *Informationen* http://sederon.free.fr.
- *Markt* Sonntagvormittag.

Lioux

Lioux ist kein Indianerstamm, sondern ein provenzalisches Dorf vor einer imposanten Kulisse: Direkt hinter den Häusern ragt eine Felswand über 100 Meter senkrecht in die Höhe.

Übernachten/Essen **Auberge de Lioux**, kleine Herberge (8 schöne Zimmer à 52 €) inmitten einer idyllischen Landschaft. Kleiner Pool und Garten vorhanden. Eine Reservierung ist ratsam, Menü nach Vorbestellung 18 €. ✆ 0490057752, 📠 0490056109.

Saint-Saturnin-lès-Apt

Am südlichen Rand des Plateau de Vaucluse liegt Saint-Saturnin-lès-Apt, das sich wohltuend von Gordes oder Roussillon abhebt, denn es ist ein lebendiges Dorf und nicht etwa im Winter verwaist und ausgestorben. Das heutige Dorf liegt zu Füßen eines lang gestreckten Bergrückens auf dem sich noch eine Burgruine aus dem 11. Jahrhundert sowie andere zerstörte Festungsmauern und eine Kapelle befinden. Der malerische, neben dem Burgfels angelegte See dient als Rückhaltebecken für die lokale Wasserversorgung. Ein weiterer markanter Blickfang ist die Windmühle von Saint-Saturnin-lès-Apt; sie ist übrigens ein typisches Beispiel für die provenzalischen Mühlen, da ihr zurückspringender Dachstuhl dem Mistral nur wenig Angriffsfläche bietet.

- *Information* Office de Tourisme, Place de la Marie, 84490 Saint-Saturnin-lès-Apt, ✆ 0490754312, 📠 0490755610.
- *Einwohner* 2400 Einwohner.
- *Höhe* 400 Meter ü. d. M.
- *Markt* Dienstagvormittag.
- *Schwimmen* Städtisches Freibad im Juli und Aug. tgl. 10–19 Uhr geöffnet.
- *Übernachten/Essen* **Domaine des Andéols**, zwei Kilometer außerhalb des Ortes befindet sich dieser außergewöhnliche Landsitz, zu dem mehrere „Ferienhäuser" gehören. Es handelt sich dabei allerdings um einzigartige Designerunterkünfte, jenseits der typischen provenzalischen Dekorsprache. Schwimmen kann man in einem lang gestreckten Pool, der von Olivenbäumen gesäumt wird. Das Exklusive hat allerdings seinen Preis: Suiten von 250–740 € pro Nacht, in der teuersten Kategorie gar mit privatem Pool. Im Restaurant gibt es Menüs zu 68 und 90 €. www.domainedesandeols.com.

** **Le Voyageurs**, einfaches Logis-de-France-Hotel mit einem ausgezeichneten, aber günstigen Restaurant. An unseren Ravioli und der darauf folgenden Entenbrust gab es nichts zu beanstanden. Nette Terrasse, nur dem Service mangelt es etwas an Aufmerksamkeit. Menüs zu 19 (mittags), 26 und 35 €. Zimmer 45 €. Das Restaurant hat Mittwoch und Donnerstagmittag geschlossen. 2, place Gambetta, ✆ 0490754208.

Le Saint-Hubert, angenehmes Hotel-Restaurant mitten im Zentrum. Die freundliche Fassade mit den blauen Fensterläden kann als stimmungsvolle Einladung angesehen werden. Menüs für 19 und 26 €, der halbe Liter Wein 9 €. Eines der Zimmer kostet 60 €. Das Restaurant hat montags Ruhetag. Place de la Fraternité, ✆ 0490754202, ✆ 0490 754990. Einen letzten Tropfen kann man sich direkt gegenüber in der Bar des Amis genehmigen.

Wie aus Ockersand Ocker wird

Um die wertvollen Ockerpigmente zu gewinnen, wird ein seit der Steinzeit kaum verändertes Verfahren angewandt. Teilweise oberirdisch, teilweise unter Tage abgebaut, wird die sandige Erde als rote Brühe über Kanäle in verschiedene Absatzbecken geleitet; nachdem sich der Sand vollständig abgesetzt hat, werden die verschiedenen Becken schichtweise mit reinem Ockerkonzentrat gefüllt. Anschließend wird der mit einer Egge in Ziegelform geteilte Ockerschlamm von Wind und Sonne getrocknet. Die Ziegel werden nun teilweise im Ofen gebrannt, um die beliebten tiefroten Farbtöne zu erzielen, bevor sie zuletzt zu feinem Pigmentpuder zerrieben werden. Weitere Farbnuancen werden durch Mischen der verschiedenen Pigmentarten erzielt. Allerdings kann man aus einem einzigen Ockerbruch nur eine begrenzte Farbpalette gewinnen. Daher erkennt das geschulte Auge in der Regel schnell, aus welcher Region die jeweiligen Ockerpigmente stammen.

Rustrel

Das kleine, wenig aufregende Dorf wäre ohne seine berühmten Ockerbrüche (*Colorado Provençal*) wohl keinen Besuch wert. Die südlich von Rustrel gelegenen Ockerbrüche sind zwar etwas weniger spektakulär als diejenigen von Roussillon, dafür aber weitläufiger und nicht so sehr überlaufen. Der motorisierte Untersatz muss auf dem gebührenpflichtigen Parkplatz (3 €) abgestellt werden. Ein weit verzweigtes, gut ausgeschildertes Trampelpfadnetz erschließt die Ockerlandschaft und führt auch zu einem kleinen Wasserfall. Im Sommer wird bei Trockenheit der Besuch der Ockerbrüche eingeschränkt. Der Zugang ist dann nur vormittags (bis 12 Uhr) individuell möglich. Danach ist die Begehung nur im Rahmen einer Führung möglich.

• *Übernachten/Essen* ** **Auberge de Rustréou**, angenehmes, ländliches Gasthaus, mit wildem Wein berankt. Ordentliche Zimmer je nach Ausstattung 52–58 €, das Zimmer Nr. 6 verfügt sogar über eine Terrasse. Im empfehlenswerten Restaurant (*Daube à la ancienne*) gibt es Menüs zu 21,90 und 28 €. Kleine Terrasse. 3, place de la Fête, ✆ 0490049090.

• *Chambres d'hôtes* **Istrane**, in einem traditionellen Bauerngehöft in der Nähe der Ockerbrüche werden drei Zimmer vermietet (53 € inkl. Frühstück), ✆ 0490049286. www.istrane.com.

• *Camping* ** **Le Colorado**, zwei Kilometer vor Rustrel liegt dieser familiäre Platz in einer landschaftlich reizvollen Region. Die Plätze haben ausreichend Schatten, ein Swimmingpool und kostenlose Warmwasserduschen sorgen für einen angenehmen Aufenthalt. Von Mitte März bis Mitte Okt. geöffnet. Notre-Dame-des-Anges, ✆ 0490049037.

• *Schwimmen* Oberhalb des Dorfes gibt es auch ein öffentliches Schwimmbad (*Piscine*), das allerdings nur im Juli und Aug. geöffnet ist.

Jeden Samstag findet ein großer Markt statt

Manosque

Die betriebsame Kleinstadt mit ihrem verspielten mittelalterlichen Zentrum wird zumeist mit Jean Giono, dem wohl bekanntesten provenzalischen Schriftsteller, in einem Atemzug genannt. Zeitlebens blieb Giono seiner im Tal der Durance gelegenen Geburtsstadt treu, viele seiner Romane spielen in der Umgebung von Manosque. Das Centre-Jean-Giono und ein zehntägiges Jazz-Festival erfrischen das städtische Kulturleben.

Manosque wurde im Hochmittelalter von den Grafen von Forcalquier zur Sicherung des Handelsverkehrs im Tal der Durance gegründet. Auch wenn man die Stadtmauer im 19. Jahrhundert abgetragen hat, lässt sich ihr Verlauf noch deutlich ausmachen: Der beim Abbruch angelegte breite Boulevard umschließt die Altstadt kreisförmig. Zwei von einst sechs Stadttoren sind bis heute erhalten geblieben: die Porte Saunerie, ein mächtiges Tor, das seinen Namen von dem benachbarten Salzspeicher – *saou* ist das provenzalische Wort für Salz – bekam, und die höher gelegene Porte Soubeyran, deren Turm einen sehr schönen zwiebelförmigen Glockenkäfig besitzt. In den vom Spätmittelalter geprägten Gassen des Zentrums weist Manosque noch einen relativ unverfälschten Charme auf. Die zur Fußgängerzone umgewandelte Rue Grande führt, an der Eglise Saint-Sauveur vorbei, als Hauptachse durch die Altstadt. Die vielen kleinen Geschäften in der Altstadt laden förmlich zu einem Einkaufsbummel ein. An der von Platanen beschatteten Place de l'Hôtel de Ville, dem beschaulichen Mittelpunkt von Manosque, steht mit der Eglise Notre-Dame-du-Romigier die andere bedeutende Kirche der Stadt.

Zu Beginn des 20. Jahrhunderts lebten nur ein paar Tausend Menschen in Manosque. Schmerzlich empfand Jean Giono die nach dem Zweiten Weltkrieg einsetzende, unaufhaltsame Verstädterung seiner geliebten Heimatstadt. Manosque begann bereits damals, seinen Aufstieg zum wirtschaftlichen Zentrum der Region zu nehmen; heute ist die Bevölkerung auf knapp 20.000 Seelen angewachsen, wobei die Stadtväter in den vergangenen Jahrzehnten so manche Bausünde begangen haben. Manosque profitiert auf dem touristischen Sektor von Gionos Bekanntheitsgrad, zahlreiche Besucher wandeln auf seinen Spuren. Beispielsweise wurde 1995 in Manosque Jean Gionos Roman „Der Husar auf dem Dach" mit Juliette Binoche und Olivier Martinez in den Hauptrollen und Gérard Depardieu als wirrem Polizeikommissar in einer Nebenrolle verfilmt. Die Produktion – eine der teuersten in der französischen Kinogeschichte – verschlang umgerechnet knapp 30 Millionen Euro und sorgte für eine europaweite Giono-Renaissance.

Information/Verbindungen/Diverses

- *Information* **Office de Tourisme**, Place du Docteur Joubert, 04100 Manosque, ✆ 0492721600, ✆ 0492725898. www.ville-manosque.fr.
- *Einwohner* 20.300 Einwohner.
- *Verbindungen* Der SNCF-Bahnhof von Manosque liegt rund 1,5 Kilometer südöstlich der Altstadt an der Place Frédéric Mistral (Busse fahren regelmäßig ins Zentrum), ✆ 0492515050. Rund 7 x tgl. verkehren Züge nach Sisteron und Gap sowie nach Aix-en-Provence, Marseille, Riez und Moustiers-Sainte-Marie. Zudem bestehen regelmäßig **Busverbindungen** nach Marseille (75 Min.) und Avignon (2 Std.). Die Gare Routière befindet sich am Boulevard Charles de Gaulle, 200 Meter südlich der Altstadt, ✆ 0492875599.
- *Fahrradverleih* Evasion Biclou Manosquin, ✆ 0492725139.
- *Markt* Samstagvormittag.
- *Veranstaltungen/Feste* **Rencontres Cinématographiques**, Cineasten-Treffen im Januar. **Les Fêtes Médiévales**, alle zwei Jahre im Juni (2010, 2012 etc.) wird in den Gassen der Altstadt ein mittelalterliches Fest gefeiert. **Festival de Jazz**, zehn Tage im Juli wird in Manosque gejazzt; Programm beim Kulturamt, ✆ 0492703407. **Journées Jean Giono**, ebenfalls im Juli dreht sich alles um den berühmtesten Sohn der Stadt.
- *Literaturtipps* Die passende Urlaubslektüre muss selbstverständlich von Jean Giono sein. Wie wäre es mit „Das Lied der Welt" oder „Der Husar auf dem Dach"?
- *Einkaufen* Einen riesigen Auchan-Hypermarché gibt es an der Straße nach Sisteron.
- *Schwimmen* Drei Kilometer östlich von Manosque trifft man auf einen künstlich angelegten Badesee (Plan d'eau des Vannades) mit guter Wasserqualität.

Charmant: Die Altstadt von Manosque

Übernachten/Essen

• Übernachten/Essen **** **Hostellerie de la Fuste (9)**, der traditionsreiche Landgasthof – Nobelherberge mit beheiztem Swimmingpool wäre wohl die exaktere Beschreibung – liegt sechs Kilometer östlich von Manosque in Richtung Valensole. Bei schönem Wetter speist man unter alten Platanen im Garten. Die Menüs (ab 49 €) entführen in den Gourmethimmel. 13 Zimmer zu je nach Saison 95–180 €. Von Jan. bis Anfang März geschlossen, das Restaurant hat außer im Hochsommer Sonntagabend und Montag Ruhetag. ✆ 0492720595, 📠 0492729293. www.lafuste.com.

*** **Le Pré Saint-Michel (1)**, modernes, freundliches Hotel mit gutem Restaurant, den Swimmingpool wird man an heißen Tagen zu schätzen wissen. Ansprechende Zimmer, je nach Saison 75–100 €, die teureren mit Terrasse. Auf der Homepage werden manchmal günstigere Tarife angeboten. Zwei Kilometer außerhalb vom Zentrum. Route de Dauphin, ✆ 0492721427, 📠 0492725304. www.presaintmichel.com.

** **Le Terreau (8)**, einfaches, aber empfehlenswertes Hotel in den provenzalischen Farben. Zimmer je nach Ausstattung 31 € (mit Waschbecken), besser ausgestattet von 40 € bis 72 €. 21, place du Terreau, ✆ 0492721550, 📠 0492728042, www.hotelduterreau.fr.

** **Le François 1er (7)**, zentrale, aber ruhige Lage. Die Zimmer zu 29 € sind schlicht und besitzen genauso wenig Charme wie die teureren. Für 48 € schläft man anderswo besser – daher nur ein Ausweichquartier. 18, rue Guilhempierre, ✆ 0492 720799, 📠 0492875485.

Le Petit Lauragais (5), südwestfranzösische Spezialitäten in leicht distinguiertem Ambiente. Und eine Entenbrust fehlt selbstverständlich auch nicht auf der Karte. Statt einem Côtes du Rhône trinkt man hier selbstverständlich einen Cahors oder Gaillac. Menüs zu 14,50 € (mittags), 22,80 und 34,50 €. Mittwoch- und Samstagmittag sowie Sonntag geschlossen. Im Juli Betriebsferien. 6, place du Terreau, ✆ 0492721300.

Le Lubéron (6), Mireille und Jean-Pierre de Geeter haben das ambitionierte Restaurant zu einer in Feinschmeckerkreisen gern besuchten Adresse gemacht. Ausgezeichnetes Preis-Leistungs-Verhältnis. Die kreative provenzalische Küche orientiert sich stark am saisonalen Angebot. Kulinarische Ausflüge inklusive: Wie wäre es beispielsweise mit Auberginen-Gratin mit Parmesan oder einem Frikassee vom Bresse-Huhn? Es stehen aber auch traditionell provenzalische Gerichte wie *pieds et pacquets* auf der Karte. Schattige Straßenterrasse. Menüs zu 14 und 19 € (mittags), sonst zu 28, 38 und 55 €. Sonntagabend und Montag Ruhetag. Ende August und Anfang September Betriebsferien. 21, place du Terreau, ✆ 0492720309.

Aigo Blanco (4), neu eröffnetes Restaurant, das im Erdgeschoss an ein Bistro, im ersten Stock an ein privates Dinner denken lässt. Je nach Jahreszeit ändert sich die Küche, im Sommer wird provenzalische Küche serviert, im Winter deftiges aus der Haute Savoie. Hauptgerichte à la carte 15–30 €. 3, place du Terreau, ✆ 0492756183.

La Barbotine (3), nettes Restaurant mit altem Fliesenboden und Holzstühlen mitten im Zentrum mit Blick auf das Rathaus. Große, schattige Straßenterrasse. Einfache, aber zufrieden stellende Menüs zu 18 € (vegetarisch) und 26 €, große Salatauswahl (ab 10 €). Im Winter Sonntag und Montag geschlossen. 5, place Hôtel de Ville, ✆ 0492725715.

• Chambres d'hôtes **La Bastide de l'Adrech (10)**, schmuckes, im Süden der Stadt gelegenes Anwesen aus dem 18. Jahrhundert. Vermietet werden fünf komfortable Zimmer für 68 € inkl. Frühstück. Abendessen für 26 €. Avenue des Serrets, ✆ 0492711418. www.bastide-adrech.com.

• Jugendherberge **La Rochette (11)**, ganzjährig geöffnet, Zelten möglich. Übernachtung 15,50 €. Parc de la Rochette (knapper Kilometer westlich der Altstadt), Avenue Argile, ✆ 0492875744, 📠 0492724391.

• Camping *** **Les Ubacs (2)**, der städtische Campingplatz, eine lang gestreckte, wenig berauschende Anlage westlich der Altstadt, besitzt einen kleinen Swimmingpool. Öffnungszeiten: Von April bis Ende Sept. Avenue de la Repasse, ✆ 0492722808.

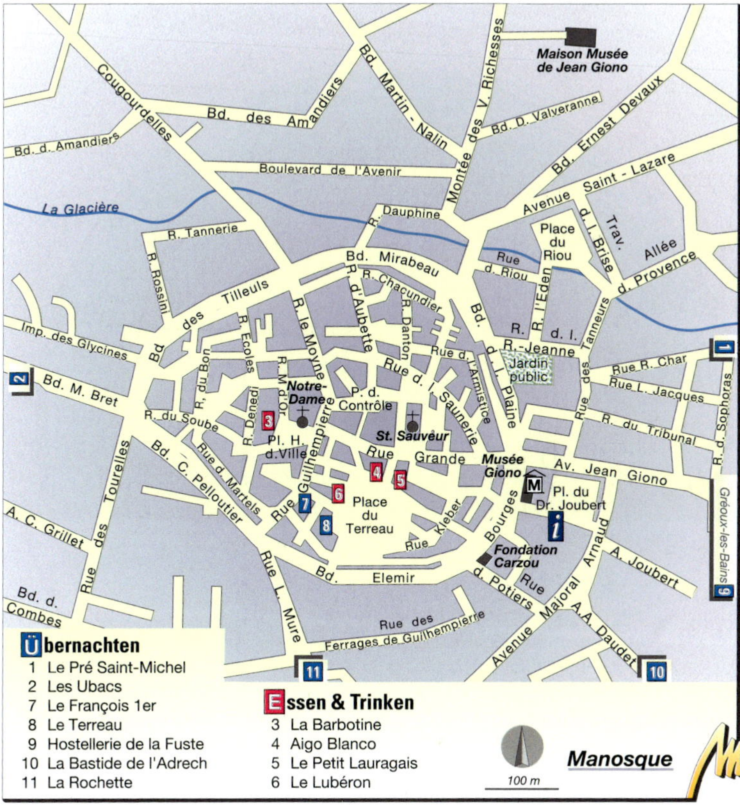

Manosque
Karten S. 141 und 177

Sehenswertes

Notre-Dame-de-Romigier: Die Kirche ist der älteste Sakralbau der Stadt; sie ging aus einem einschiffigen romanischen Bau hervor, den man im 16. Jahrhundert durch zwei Seitenschiffe erweiterte. Das Prunkstück der Kirche ist ein zum Altar umfunktionierter frühchristlicher Sarkophag aus Carrara-Marmor mit einer Darstellung der zwölf Apostel, der zur barocken Innenausstattung nicht recht passen will. Beachtung verdient auch die schöne schwarze Madonna im linken Seitenschiff, nach der die Kirche auch ihren Namen hat; sie stammt noch aus romanischer Zeit und ist eine der ältesten Schwarzen Madonnen Frankreichs.

Saint-Saveur: Rund hundert Meter hinter der Porte Saunerie öffnet sich die Rue Grande alsbald zu einem kleinen beschaulichen Platz mit einem Brunnen, der von der Fassade der Eglise Saint-Saveur mit ihren drei Okuli geprägt ist. Hinter dem gotischen Portal verbirgt sich ein ursprünglich romanisches Kirchenschiff.

Fondation Carzou: Jean Carzou, ein armenischer Künstler, hat seine Vision der Apokalypse an die Wände einer ehemaligen Konventskapelle gemalt. Auf

Frühchristlicher Sarkophag

mehr als 600 Quadratmetern bringt Carzou vor allem seine Angst vor den neuzeitlichen Vernichtungswaffen zum Ausdruck.

Adresse Boulevard Elémir Bourges. Öffnungszeiten: Mai bis Sept. tgl. außer Mo und So 10–12.30 Uhr und 14.30–18.30 Uhr, im Juli und Aug. auch So, Okt. bis April Mi–Sa 10–12.30 Uhr und 14.30–18.30 Uhr. Eintritt: 4 €, erm. 2,30 €.

Centre Jean Giono: Rechtzeitig vor seinem 100. Geburtstag gedachte Manosque seines großen Sohnes mit der Einrichtung des *Centre Jean Giono*, das nicht nur ein Museum mit angegliederter Bibliothek und Videothek ist, sondern ein lebendiges Kulturzentrum, das neben Lesungen und Autorenbegegnungen auch eine Sommeruniversität initiiert. Zudem werden Stadtrundgänge („Auf den Spuren von Giono") von hier aus organisiert. Zeitgleich mit dem bunten Treiben eines regionalen Jazzfestivals finden alljährlich im Juli die Jean-Giono-Tage statt. Geht man vom Centre Jean Giono durch die Porte Saunerie, stößt man auf die betriebsame Rue Grande; hier, im Haus Nr. 14, ist Jean Giono aufgewachsen. Das Gebäude wurde vor geraumer Zeit renoviert und wirkt recht ansehnlich; es fällt daher schwer, sich vorzustellen, dass Gionos Vater das Kinderbett seines Sohnes stets vor dem eindringenden Regen in Sicherheit bringen musste.

Adresse 1, Boulevard Elémir Bourges, ✆ 0492705454. Öffnungszeiten: April bis Sept. Di–Sa von 9.30–12.30 Uhr und 14–18 Uhr. Eintritt 4 €, erm. 2 €. www.centrejeangiono.com.

Maison Musée de Jean Giono: Das einstige Wohnhaus von Jean Giono blieb nach dem Tod des Dichters (1970) unverändert und kann besichtigt werden. Angeblich wies einst jeder Ortsansässige einem ankommenden Fremden wie von selbst den Weg zu Jean Gionos Haus, gerade so, als ob es für diesen in Manosque nur ein Ziel geben könnte. Doch die Zeiten haben sich geändert:

Mühsam muss man sich heute zu Gionos Haus durchfragen, allzu oft wird man mit einem Achselzucken weiter verwiesen. Schließlich ist das Ziel erreicht: Ein von Blumen, Büschen und einer efeubewachsenen Mauer gesäumter schmaler Fußweg führt zum Eingang von Jean Gionos Haus und Garten im Lou-Paraïs-Viertel. Obwohl nur unweit des Zentrums gelegen, ist das Anwesen, in dem Giono von 1929 bis zu seinem Tod gelebt hat, ein Hort der Stille. So muss das Haus eines Schriftstellers aussehen! Steigt man die Treppen empor, so findet man Gionos Arbeitszimmer vor, als hätte er es nur kurzzeitig verlassen. Das geräumige Studio mit dem offenen Kamin ist sonnendurchflutet, die Wände zieren Bücherregale und Landkarten. Mit den Landkarten hat es eine besondere Bewandtnis: Als Giono aus gesundheitlichen Gründen gezwungen war, das Wandern aufzugeben, nahm er dies gelassen hin: „Jetzt mache ich die Wanderungen in meinem Kopf ... und betrachte meine Landkarten."

Adresse Lou-Paraïs-Viertel, Fußweg zweigt vom Montée des Vraies Richesses ab. Öffnungszeiten: Nur Freitag von 14.30–17 Uhr. ✆ 0492877303.

Mont d'Or: Auf dem sich nur wenig außerhalb des Zentrums erhebenden Mont d'Or (steile Zufahrt) steht noch der Turm eines ehemaligen Schlosses der Herzöge der Provence. Schön ist der Blick auf Manosque: Die Dächer des Zentrums sind – wie zu Gionos Zeiten – noch immer ineinander verzahnt „wie die Platten einer Rüstung". Die modernen Stadtviertel sind aber nicht mehr zu übersehen.

Auch unter Schafen gibt es Individualisten

Jean Giono, der Vergil der Provence

Als „Vergil der Provence" hat André Gide den Schriftsteller Jean Giono bezeichnet. Doch in gewisser Hinsicht ist Giono eher ein untypischer Vertreter der provenzalischen Literatur. Nicht ohne Grund bekannte er selbst einmal in einem Interview: „Ich bin kein Provenzale. Ich bin nur in der Provence geboren. Aber ich bin zufällig in der Provence geboren, weil sich meine Eltern hier kennen gelernt und hier geheiratet haben." Gionos Provence ist eine erfundene Landschaft, vergleichbar mit Faulkners Süden. Gionos Großvater stammte aus dem Piemont. Allerdings wanderte er nicht – wie viele seiner Landsleute im 19. Jahrhundert – der Arbeit wegen in die Provence aus, sondern er gehörte zusammen mit dem Vater von Emile Zola der italienischen Sozialrebellen-Bewegung der Carbonari an und musste fliehen, da er 1848 in Abwesenheit zum Tode verurteilt worden war. Zwangsweise wurde er in der Provence heimisch. Gionos Vater, ein unsteter Schuhmachergeselle, ließ sich erst im reifen Alter von 50 Jahren in Manosque, einem kleinen Städtchen im Tal der Durance, nieder und heiratete. Wenig später, am 30. März 1895, erblickte Jean das Licht der Welt.

Jean Gionos Eltern waren nicht gerade wohlhabend: Die Mutter arbeitete als Büglerin, sein Vater war ein Schuhmacher, der weit herumgekommen war: „Er konnte einen ganzen Schuh ganz allein machen... Welche Freiheit ihm das gab! Er machte die Schuhe, die man bei ihm bestellt hatte; dann nahm er sein Geld, packte sein Bündel und ging! ... Wenn er kein Geld mehr hatte, ließ er sich auf dem Hauptplatz eines Dorfes nieder und die Leute brachten ihm ihre Schuhe zum Reparieren. So ist er in ganz Europa herumgekommen, ohne dass ihn jemand störte, ohne die geringste Sorge zu haben." Um diese Freiheit hat Jean Giono seinen Vater stets beneidet.

Als Jean die fünfte Klasse der Mittelschule besuchte, erkrankte sein Vater schwer, so dass er die Schule verlassen musste, um einen Brotberuf zu erlernen. Giono trat in das Comptoir national d'escomptes ein, wo er jahrzehntelang als Bankbeamter sein Geld verdiente. Als Ausgleich zu seiner trockenen Büroarbeit brach Giono immer wieder zu Erkundungen in die Umgebung auf. Auf diesen steten Wanderungen und Streifzügen entdeckte Giono die imaginäre Landschaft seines Herzens: Das weite, kahle Plateau der Hochprovence, dessen Bewohner er in seinem Frühwerk mehr poetisch verklärte als realistisch porträtierte. Einen Zugang zu den vielfach noch provenzalisch sprechenden Bauern und Hirten fand er nur durch die poetische Einbildungskraft. Ihrer Umgangssprache, dem Provenzalischen, war er nämlich nicht mächtig.

Der Erfolg seiner ersten beiden, 1930 veröffentlichten Romane „Der Hügel" und „Die Geburt der Odyssee" bestärkte ihn, die Kontoführung aufzugeben und sich fortan nur noch der Schriftstellerei zu widmen. Bei den armen Hirten und Ackerbauern glaubte Giono, die Grundelemente der zutiefst verehrten friedvollen, weil archaischen Lebensformen ausmachen zu können: Hunger und Liebe, Offenheit und Ehrlichkeit, Leben und Sterben. Nicht grundlos verglich Peter de Mendelssohn in seinem Nachwort zur deutschen Ausgabe von „Ernte" Gionos Landschaft und seine Helden mit den Gestalten Homers. In den Großstädten, wo in seinen Augen die Menschen ein erbärmliches, selbstentfremdetes Leben im Rhythmus des Maschinenzeitalters fristeten, machte Giono die Grundübel der modernen Welt aus. Bewusst hielt sich Giono von den großen Städten zeitlebens fern und verherrlichte die Einfachheit des ländlichen Daseins: „In der Stadt ist vielleicht das geistige Leben interessanter, aber anderswo gibt es diese herrliche Erziehung durch die Natur, die einem wunderbare Dinge gibt, das Wesentliche, Brot, Wasser... Die wesentlichen Dinge sind rein. Die Luft, das wird ein ungeheurer Luxus werden." Die naturverklärende, mythische Darstellung der bäuerlichen Welt stieß auf heftige Resonanz. Schon in den dreißiger Jahren pilgerten seine jungen, anti-städtisch, anti-modern und pazifistisch eingestellten Verehrer nach Manosque. Giono wurde zum gefeierten Jugendidol! In seinem Umkreis entstand eine regelrechte „Zurück-aufs-Land"-Bewegung; die Bemühungen, aufgegebene Bauernhöfe in der weltabgeschiedenen Haute-Provence zu bewirtschaften und Landkommunen zu gründen, scheiterten jedoch. Die bäuerlichen Utopisten wurden angesichts der harten Wirklichkeit schnell eines Besseren belehrt: So beließen sie es dabei, verlassene Häuser notdürftig instand zu setzen und sich dort zu literarischen Gesprächen zusammenzufinden.

Nach dem Ende des Zweiten Weltkriegs wurde Giono der Kollaboration verdächtigt, vorübergehend mit Publikationsverbot belegt und inhaftiert, dabei hatte er den jüdischen Pianisten und Musikwissenschaftler Jan Meyrowitz bis Kriegsende vor den Nazis versteckt. Und dies, obwohl in Manosque ein Nebenlager des berüchtigten Internierungslagers Les Milles unterhalten worden war! Welches Vergehen hatte ihm ein halbes Jahr Gefängnis eingebracht? Giono, der nach seinen Erfahrungen in der Hölle von Verdun zum überzeugten Pazifisten geworden war, hatte sich öffentlich für das Münchener Abkommen ausgesprochen, weil er hoffte, dadurch könnte eine militärische Auseinandersetzung mit dem Nazideutschland vermieden werden. Hinzu kam, dass seine naturverherrlichende Prosa als geistige Verbundenheit mit der deutschen Blut-und-Boden-Ideologie gewertet wurde. Zwar wurde Giono 1954 mit der Aufnahme in die Académie Goncourt öffentlich rehabilitiert, doch ein Makel blieb. Er selbst schien die anmaßenden Verdächtigungen nie ganz vergessen zu haben: Noch in dem kurz vor seinem Tod veröffentlichten Buch „Ennemonde" lässt er eine Figur auftreten, die nach Kriegsende „unschuldig" ins Gefängnis geworfen wurde.

In seinen reifen Jahren stand Jean Giono mit seinen Warnungen vor der drohenden Umweltzerstörung jahrzehntelang auf verlorenem Posten. Seit ein paar Jahren aber haben die französischen Umweltschützer ihn zum geistigen Vater ihrer Bewegung erkoren. Und dies nicht zu Unrecht: Bereits in den sechziger Jahren, als die französische Regierung den Bau eines Atomkraftwerks im Tal der Durance beschlossen hatte, protestierte Giono energisch, wenngleich vergeblich. Wieso, so wollte er wissen, würde dieses technisch angeblich so sichere Wunderwerk nicht an der Seine vor den Toren von Paris errichtet, wo der größte Teil des Stroms verbraucht wird?

Nordwestliche Umgebung

Céreste

Rund 20 Kilometer westlich von Manosque liegt das beschauliche Céreste an der Straße (N 100) nach Apt. Die sympathische Siedlung diente schon den Römern als Etappenstation auf der *Via Domitia* und besitzt außerdem noch Teile der Wehrmauern, die das mittelalterliche *Cederesta* schützten. Die größten Sehenswürdigkeiten sind aber sicherlich die nahe gelegene Prieuré de Carluc und eine Brücke aus römischer Zeit. Céreste war übrigens der Altersruhesitz des berühmten Fotografen Henri Cartier-Bresson, der hier in seinem Haus am 3. August 2004 im Alter von 95 Jahren starb.

- *Information* Office de Tourisme, Place de la République, 04280 Céreste, ✆ 0492790984, ℻ 0492790743. www.cereste.fr.
- *Einwohner* 1050 Einwohner.
- *Verbindungen* Tgl. zwei Busverbindungen in Richtung Forcalquier sowie über Apt nach Cavaillon.
- *Markt* Dienstagvormittag.
- *Übernachten/Essen* ** **L'Aiguebelle**, Hotel-Restaurant an einem kleinen Platz im Ortskern, mit Straßenterrasse. Ausgezeichnet ist das Restaurant, dessen Menüs oft bestimmten Themen (Lavendel, Käse etc.) gewidmet sind. Im Sommer sitzt man recht angenehm auf der Straßenterrasse. Mittagsmenüs 16 €, sonst 24 und 35 €. Die unspektakulären Zimmer kosten 35 € (mit Waschbecken), sonst 47–55 €, Frühstück 7 €. Mitte Dez. bis Mitte Feb. Betriebsferien. Montag Ruhetag. Place de la République, ✆ 0492790091, ℻ 0492790729. www.hotel-luberon-aiguebelle.com.

Auberge de Carluc, hinter einer ockerfarbenen Fassade mit blauen Fensterläden verbirgt sich ein ausgezeichnetes, familiär wirkendes Restaurant. Einladende Straßenterrasse. Die Küche ist recht vielfältig, man hat beispielsweise die Wahl zwischen gegrillten Gambas und einem Kaninchen. Menüs zu 16 und 23 €. Dienstagabend und Mittwoch geschlossen. Cours Aristide-Briand, ✆ 0492790632.

La Pastorale, dieses im ersten Stock mit kleiner Terrasse gelegene Restaurant wird von einem holländischen Paar geführt und ist ein Lesertipp von A. Müller, der die freundliche Atmosphäre und die Qualität der provenzalischen Küche lobte. Es gibt drei Menüs zu 16,50, 22 und 29,50 €. Der halbe Liter vom offenen Hauswein kostet 5,50 €. Montag und Dienstagmittag geschlossen im Nov. Betriebsferien. Cours Aristide-Briand, ✆ 0492790800.

Prieuré de Carluc

Lohnenswert ist ein Ausflug zu den wieder ausgegrabenen Ruinen des Klosters Carluc. Dieser romantische Ort liegt zwischen Céreste und Reillane, ein Stück oberhalb der RN 100. Von dem im 11. Jahrhundert gegründeten Benediktinerkloster sind noch Befestigungsmauern, Grabstätten, in den Fels gehauene Kammern sowie die ehemalige Klosterkirche St. Pierre zu sehen. Von der Kirche aus erstreckt sich ein ehemals überdachter Korridor, der mehrere, in den Fels geschlagene Gräber birgt. Da Carluc aus einer Gründung des Klosters Montmajour hervorgegangen ist, wird vermutet, dass sich die Bruderschaft am Mutterkloster orientierte und sich in erster Linie der Grabpflege verschrieben hatte.

Besichtigung der Klosterkirche Tgl. 14.30–17 Uhr, im Winter nur von Do–So (Auskunft: ✆ 0492790416). Eintritt: 2 €.

Unspektakulär aber dennoch schön: die Landschaft rund um Viens

Pont Romain

Wer den direkten Weg von Céreste zur Prieuré de Carluc wählt, stößt nach kurzer Zeit zwangsläufig auf eine knapp 2000 Jahre alte Brücke, die seit römischer Zeit ununterbrochen genutzt wird.

Reillanne

Das römische *Reglana* lag einst in der Ebene, bedingt durch die Wirren der Völkerwanderungszeit zogen sich die Bewohner auf einen leichter zu verteidigenden Hügel zurück. Um diese etwas exponierte Anhöhe gruppiert sich das mittelalterliche Dörfchen, das noch immer von dem Turm einer Burg aus dem 11. Jahrhundert gekrönt wird. Die engen gekrümmten Gassen mit den altertümlichen Häusern laden zum Schlendern ein. Zum Parken eignet sich der große Dorfplatz, der von einem Monumentalbrunnen aus dem 19. Jahrhundert geschmückt – oder besser „dominiert" – wird. Von hier ist es nur ein Katzensprung zu dem altertümlichen, aber charmanten Café du Cours.

• *Information* **Office de Tourisme**, Cours Thierry d'Argenlieu, 04110 Reillanne, ✆ 0492764537, 📠 0492764459.

• *Einwohner* 1200 Einwohner.

• *Markt* Donnerstag- und Sonntagvormittag.

• *Veranstaltungen* Votivfest am 1. So im Aug.

• *Übernachten/Essen* **Auberge Pierry**, der kulinarisch interessanteste Zwischenstopp ist diese einstige Postkutschenstation an der Route Nationale, nicht zu verwechseln mit der nahen Auberge de Reillanne (s. u.). Kredenzt wird eine ländliche provenzalische Küche, die allerdings nicht ohne Reiz (z. B. mit Pastis flambierte Gambas) und zudem günstig ist. Große Gartenterrasse. Menüs zu 13 € (mittags), sonst 17, 24, 29 und 38 €. Der halbe Liter vom offenen Hauswein kostet 5,50 €. Dienstag Ruhetag. Route de Céreste, ✆ 0492765195.

Auberge de Reillanne, nettes, allein stehendes provenzalisches Gehöft mit sechs großzügigen Zimmern 70–75 €, Frühstück 8,50 €. Auch Restaurantbetrieb. Von Mitte Okt. bis März Betriebsferien. An der D 214 unterhalb des Dorfes gelegen. ✆ 0492764595, 📠 0492 764595. www.auberge-de-reillanne.de.

• *Chambres d'hôtes* **L'Oustaou di Barri**, diese von einem älteren Ehepaar (sie spricht ausgezeichnet Deutsch) geführte Herberge ist in Lesertipp von Yvonne Ritter. Untergebracht ist man in einem alten Haus, das auf der Stadtmauer errichtet wurde. Ein kleiner Garten und eine Küchenecke stehen den Gästen zur Verfügung. Die Preise für die drei Gästezimmer variieren nach Aufenthaltsdauer und Reisezeit (54–59 € inkl. Frühstück). Rue du Moulin, ✆/📠 0492765513, Mobil: 0671734701, www.oustaou-di-barri.com.

Viens

Viens ist fraglos eines der schönsten Dörfer zwischen Lubéron und Haute-Provence. Mindestens so reizvoll wie Gordes, nur – noch? – ohne den ganzen Trubel. Das 990 erstmals als *Vegnis* urkundlich erwähnte Dorf liegt mit seinen spiralenförmigen Gassen auf einer kleinen Anhöhe. Abgesehen von der Ruine einer romanischen Kirche aus dem 12. Jahrhundert gibt es noch ein sich in Privatbesitz befindendes Schloss. Geschäfte oder etwa Souvenirläden darf man nicht erwarten, dafür ist in Viens mit seiner vergleichsweise geringen Zahl an Zweitwohnsitzen das Dorfleben noch intakt.

• *Übernachten/Essen* ** **Le Nouveau Relais Saint Paul**, etwa drei Kilometer unterhalb des Dorfes beherbergt ein frei stehendes Anwesen ein passables Landhotel mit Restaurant (Menü zu 22 €) direkt neben einer mittelalterlichen Kapelle. Absolut ruhige Lage, tolle Frühstücksterrasse! Für sportliche Naturen stehen ein großer Swimmingpool und ein etwas abseits gelegener Tennisplatz zur Verfügung. Allerdings hat der neue Besitzer bisher von einer anstehenden Renovierung der Zimmer abgesehen, weswegen es der Unterkunft an Charme mangelt. Zimmer je nach Größe 50–90 €, Frühstück 10 €. Route de Digne, ✆ 0490752147, 📠 0490753080. www.hotel-relais-saint-paul.com.

Nebel im Tal von Digne

Digne-les-Bains

Digne-les-Bains, die Hauptstadt des Départements Alpes de Haute-Provence, liegt am Schnittpunkt dreier Täler inmitten einer von Lavendelfeldern geprägten Landschaft. Rund 600 Meter hoch über dem Meeresspiegel gelegen, ist Digne-les-Bains zudem für seine Heilquellen und seine gute Luft bekannt.

Bereits die Römer schätzten die Thermalquellen von *Dinia*, wie Digne-les-Bains damals genannt wurde; ihre Heilkraft sollen die Quellen speziell bei Rheuma und Atemwegserkrankungen entfalten. Obwohl bisher keine Grundmauern aus römischer und frühchristlicher Zeit freigelegt werden konnten, ist eine kontinuierliche Besiedlung von Digne erwiesen. Allerdings ist die genaue Lage unbekannt. Man weiß nicht einmal, ob die römische Stadt in der Nähe des heutigen Stadtzentrums oder bei der alten Kathedrale Notre-Dame-du-Bourg zu suchen ist; Letzteres ist allerdings wahrscheinlicher. Analog zu zahlreichen anderen größeren Römerstädten wurde Digne in der Spätantike Sitz eines Bistums (506). Lange Zeit war die Stadt zweigeteilt, bevor im Spätmittelalter die Bewohner des unteren Stadtteils aus Sicherheitsgründen vom Tal auf den felsigen Hügel zogen.

Unterhalb der verwinkelten Gassen der Altstadt verläuft der im 19. Jahrhundert als Prachtstraße angelegte Boulevard Gassendi, dessen Platanen vor allem im Hochsommer kaum Licht einfallen lassen und für angenehme Temperaturen sorgen. Die Straße ist nach Pierre Gassendi benannt, einem 1592 in einem Dorf unweit von Digne geborenen Philosophen, Mathematiker und Astronom von europäischem Rang. Gassendi stand nicht nur mit Descartes in regem Briefkontakt, sondern lieferte durch seine exakten Beobachtungen des Merkurs den Beweis für Galileis Behauptung, die Sonne stünde im Mittelpunkt unseres

Planetensystems. Wer wissen will, wie Gassendi ausgesehen hat, kann die Bronzestatue auf dem Place Charles de Gaulle näher in Augenschein nehmen. Digne-les-Bains ging auch in die Literaturgeschichte ein: Eine Szene aus Victor Hugos sozialrevolutionärem Roman „Die Elenden" spielt in der Lavendelmetropole der Haute-Provence. Die Hauptfigur des Romans, der ehemalige Zuchthäusler Jean Valjean, wandelt sich dank der Güte des Bischofs von Digne zum ehrbaren Menschen. Durch die 1975 in Betrieb genommenen Kuranlagen gewann Digne – seit 1988 Digne-les-Bains – an touristischer Attraktivität: Jährlich werden mehr als 10.000 Kurgäste gezählt. Ein schöner Blick auf Digne-les-Bains und das Tal der Bléone eröffnet sich übrigens von der 872 Meter hoch gelegenen Chapelle de la Croix, die über einen Fußweg zu erreichen ist, der bei der Avenue Paul Martin abzweigt.

Information/Verbindungen/Diverses

- *Information* **Office de Tourisme et de Thermalisme**, Le Rond-Point, Place Tampinet, 04005 Digne-les-Bains, ✆ 0492366262, 📠 0492322724, www.ot-dignelesbains.fr.
- *Einwohner* 17.500 Einwohner.
- *Verbindungen* Gut 3 Stunden und 15 Minuten benötigt der *Train des Pignes* („Pinienzapfenzug") für die phantastische Fahrt von Digne nach Nizza. Der Zug fährt viermal pro Tag (7.29 Uhr, 10.55 Uhr, 14.25 Uhr, 17.30 Uhr). Kosten bis Nizza 17,65 €. Gare de Digne-les-Bains. Auskunft: ✆ 0492310158, www.trainprovence.com. Zusätzlich fahren täglich SNCF-Züge nach Marseille, Lyon und Paris. ✆ 0492310067. Der Bahnhof liegt sehr zentrumsnah in der Avenue Pierre Sémard, am rechten Ufer der Bléone. Der Busbahnhof an der Place Tampinet ist noch zentraler. Die Linie 1 fährt in zehn Minuten zu den etwas außerhalb gelegenen Thermen. Digne ist eine Station der VFD-Linie zwischen Genf und Nizza: tgl. um 13.30 Uhr über Castellane und Grasse nach Nizza, um 10.45 Uhr über Grenoble nach Genf. Tgl. um 12 Uhr eine Busverbindung über Forcalquier, Apt und Cavaillon nach Avignon. Zudem fahren mehrmals tgl. Busse nach Manosque, Aix-en-Provence und Marseille. In Richtung Norden geht es einmal tgl. über Seyne-les-Alpes nach Barcelonnette.
- *Veranstaltungen* **Rencontres Cinématographiques**: Alternative Kinotage im März. **Corso de Lavande**: Im August kann man sich in Digne, der *Capitale-des-Alpes-de-la-Lavande*, ein (Duft-)Bild von der reichen Lavendelernte der Umgebung machen.
- *Literaturtipp* **Alexandra David-Néel**: Mein Indien. Knaur Taschenbuch, München. Das wohl bekannteste Buch der in Digne-les-Bains beheimateten Tibet-Forscherin.
Victor Hugo: Die Elenden.
Pierre Magnan: Das Zimmer hinter dem Spiegel. Spannender, in Digne spielender Krimi. Scherz Verlag.
- *Markt* Jeden Mittwoch- und Samstagvormittag ist Markttag. Jeden 1. Samstag im Monat findet zudem ein großer, ganztägiger Markt statt.
- *Kino* Le Top. 58, boulevard Gassendi, ✆ 0492680476.
- *Hauptpost* 4, rue André-Honnorat.
- *Maison de la Presse* 67, boulevard Gassendi.
- *Internet* Cyber Games Café, ab 1,50 € für 10 Minuten. 48, rue de l'Hubac, ✆ 0492320019.
- *Etablissement Thermal* Das Thermalbad Les Eaux Chaudes ist von Mitte Feb. bis Anfang Dez. geöffnet. Die Öffnungszeiten schwanken stark. Bitte im Office de Tourisme erkundigen, wann man im 35 Grad Celsius warmen Wasser planschen kann. Infos über Kurmöglichkeiten: Etablissement Thermal, Route des Bains, 04000 Digne-les-Bains, ✆ 0492323292. www.eurothermes.com.
- *Schwimmen* Am künstlich angelegten Lac de Ferrols an der Straße nach Nizza kann man schwimmen oder in der Sonne faulenzen.
- *Hallenbad* Avenue François Cuzin, ✆ 0492310690.
- *Minigolf* Square Louis Jouvet.
- *Golf* 18-Loch-Golfplatz, 4, route de Chaffaut, ✆ 0492305800.
- *Mountainbike-Verleih* **GB Sports Cycles**, 8, cours des Arès, ✆ 0492310529. Sonntag und Montag geschlossen.
- *Gleitschirmflugschule* „Dinovol", Ecole de parapente de Digne-les-Bains, ✆ 0492324206.
- *Waschsalon* 99, boulevard Gassendi.

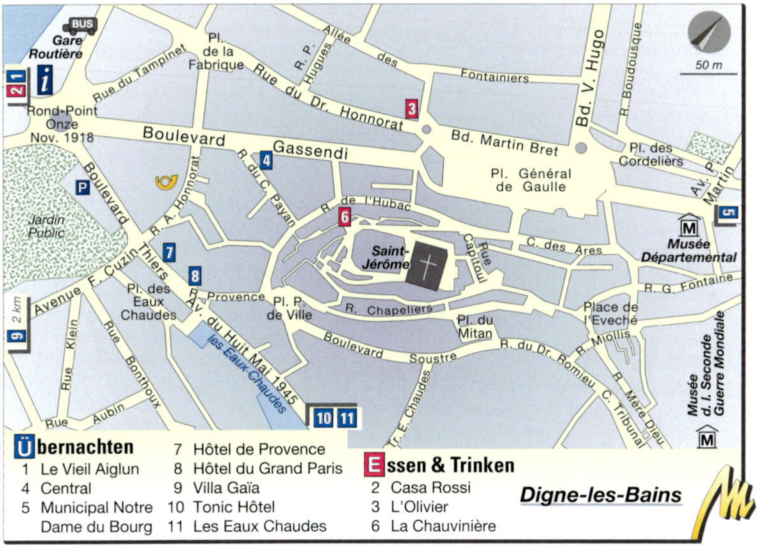

Digne-les-Bains
Karte S. 187 und 195

Übernachten/Essen

• *Übernachten/Essen* *** **Hôtel du Grand Paris (8)**, das vornehmste Hotel von Digne (EZ ab 75 €, DZ 88–125 €, Frühstück 15 €) residiert in einem stattlichen Haus aus dem 17. Jahrhundert und besitzt durchaus Flair. Ein angemessenes Preis-Leistungs-Verhältnis bietet auch das von Restaurantführern gelobte Restaurant, das auch außergewöhnliche Gerichte wie ein Filet de Pigeon (Taubenfilet) gekonnt zuzubereiten weiß. Im Sommer speist man unter Platanen. Menüs ab 26 € (mittags), sonst 45 € bis 60 €. Im Restaurant Montag und Dienstagmittag Ruhetag, Weihnachten bis Ende Februar Betriebsferien. 19, boulevard Thiers, ✆ 0492311115, ✆ 0492323282. www.hotel-grand-paris.com.

*** **Villa Gaïa (9)**, stilvoll eingerichtete Villa mit großem Park und Tennisplatz. Nur zwei Kilometer vom Zentrum entfernt, ist das intime Hotel eine Oase der Ruhe (nur zwölf Zimmer!). Die Atmosphäre ist sehr angenehm, was sicherlich auf das freundliche Besitzerpaar zurückzuführen ist. Die Zimmerpreise von 72–102 € sind in Anbetracht der Ausstattung absolut angemessen. Tolles Badezimmer! Jeden Abend wird den Hausgästen auf Vorbestellung ein wechselndes Menü (28 €) angeboten, wobei auf die Verwendung biologisch angebauter Zutaten Wert gelegt wird. Halbpension 134–170 € für 2 Pers., Frühstück 9 €. Von April bis Ende Okt. geöffnet. An der Straße nach Nizza, ✆ 0492312160, ✆ 0492312012, www.hotelvillagaia.fr.

** **Tonic Hôtel (10)**, modernes Kurhotel, alle 60 Zimmer (66,50–83 €) sind mit Bad, Telefon und TV ausgestattet. Frühstück 9,40 €. Ein Fitnessraum und ein Pool stehen den zumeist älteren Gästen zur Verfügung. Von April bis Okt. geöffnet. Avenue des Thermes, ✆ 0492322031, ✆ 0492324454. www.eurothermes.com.

** **Central (4)**, wie der Name schon andeutet, sehr zentral gelegen. Die gefliesten Zimmer sind ausgesprochen sauber und werden durch ein paar alte Möbel aufgepeppt. Kostenpunkt: Je nach Ausstattung 31–53 € (das günstigste mit Etagentoilette zum Jugendherbergspreis...), Frühstück 6 €. 26, boulevard Gassendi, ✆ 0492313191, ✆ 0492314978. www.lhotel-central.com.

Hôtel de Provence (7), dieses einfache, aber ordentlich geführte Hotel huldigt den provenzalischen Farben, in manchen Zimmern hängen die bekannten Drucke von van Gogh. Wer will, kann sich vor dem Haus unter dem Schatten einer Platane entspannen. EZ 42 €, DZ 54–60 €. 17, boulevard Thiers, ✆ 0492313219, ✆ 0492314839. www.hotel-alpes-provence.com.

L'Olivier (3), anspruchsvolle mediterrane und französische Kühe im modernen Ambiente zu keineswegs überteuerten Preisen. Auf der Menükarte stehen auch leckere Fischgerichte wie *Filets de Rougets rôti* (gegrilltes Rotbarbenfilet). Menüs zu 16,50 € (nur mittags), 19,50 €, 25 € und 31 €. Straßenterrasse. 1, rue des Monges, ✆ 0492314741.

La Chauvinière (6), inmitten der Altstadt wird ländliche Küche zu angenehmen Preisen serviert. Beim günstigsten Menü gab es als Vorspeise *Caillette de Digne*, dann *Magret de Canard* sowie ein Dessert. Terrasse. Menüs zu 15 €, 22 € und 29 €, Plat du Jour 10 €. Montag Ruhetag. 56, rue l'Hubrac, ✆ 0492314003.

Casa Rossi (2), Liebhabern der italienischen Küche empfiehlt sich ein Abstecher in das kleine, sechs Kilometer westlich gelegene Dorf Champtercier. In dem Restaurant neben der Kirche wird eine traditionelle italienische Küche gepflegt. Jeden Monat wechselt das Angebot, immer drei Vorspeisen (ca. 7 €), drei Hauptspeisen (10–13 €, meist Pasta) und drei Desserts (ca. 5 €). Lecker waren die *Tagliatelle ai gamberi e zucchine*. Im Sommer sitzt man auf der Terrasse, die mit bunten Metallstühlen bestückt ist. ✆ 0492345022. www.casa-rossi.fr.

• *Chambres d'hôtes* **Le Vieil Aiglun (1)**, Annick und Charles Speth, ein belgisches Ehepaar, haben ihren Traum von einem Leben in der Provence verwirklicht und einen Teil des verlassenen Dorfes Vieil Aiglun – nur die spätromanische Kirche war vollständig erhalten – gekauft und in die wahrscheinlich schönsten Chambres d'hôtes des gesamten Départements verwandelt. In der einsamen, isolierten Lage mit herrlichem Bergpanorama gibt es fünf toll renovierte Gästezimmer (Nichtraucher!) mit dem Komfort eines 3-Sterne-Hotels sowie eine Ferienwohnung und ein Ferienhaus für bis zu 5 Personen (640–1450 € pro Woche). Auf dem weiträumigen Grundstück gibt es noch einen herrlichen Pool, einen Bouleplatz, eine Tischtennisplatte, einen Kinderspielplatz sowie mehrere lauschige Sitzgelegenheiten und einen Gemeinschaftsraum mit Fernseher. Wenn man in einer der Hängematte liegt und vor sich hin träumt, dann ist das Paradies nicht mehr weit. Übernachtung für 2 Pers. je nach Reisezeit 85–100 € inkl. Frühstück (ab 7 Tagen 10 € Erm.), jede weitere Person 25 € zusätzlich. Zweimal pro Woche wird abends für die Gäste gekocht, das Menü inkl. Wein und Kaffee kostet 27 €. Im Sommer sitzt man an der großen, langen Tafel im Freien. Den Gästen steht im Speisesaal eine Küchenecke samt Kühlschrank zur Verfügung, sodass man sich auch leicht ein paar Kleinigkeiten zubereiten kann. Hinweis: Tiere sind nicht erlaubt. Anfahrt: Acht Kilometer westlich von Digne zweigt an der RN 85 rechter Hand die kleine D 417 ab, die nach drei Kilometern – zuletzt in steilen Serpentinen – nach Vieil Aiglun führt. Mitte Nov. bis Mitte März geschlossen. Bezahlung mit Kreditkarte möglich. ✆ 0492346700. www.vieil-aiglun.com

• *Ferienwohnungen und -häuser* Vom Office de Tourisme wird eine kleine Broschüre herausgegeben, in der über 200 Objekte aufgeführt sind. Das Angebot entspricht der regen Nachfrage von Seiten der Kurgäste. Die Preise für eine Woche bewegen sich je nach Saison für 2 Pers. zwischen 150 und 350 €.

• *Camping* *** **Les Eaux Chaudes (11)**, wie der Name schon andeutet, liegt der Platz gleich bei den Thermalquellen, etwas außerhalb vom Zentrum. Angenehmes, von Wäldern eingegrenztes Wiesengelände an einem Bach. Ausreichend Schatten. Von April bis Okt. geöffnet. Routes des Thermes, ✆ 0492 323104. www.campingleseauxchaudes.com.

** **Municipal Notre Dame du Bourg (5)**, die städtische Anlage mit insgesamt 120 Plätzen bietet ein vergleichbares Angebot und liegt ebenfalls an einem Fluss. Von Mitte Mai bis Okt. geöffnet. Route de Barcelonnette, ein Stück hinter der Kathedrale Notre-Dame-du-Bourg, ✆ 0492310487.

Sehenswertes

Notre-Dame-du-Bourg: Die alte Kathedrale von Digne steht nordöstlich des Zentrums an der nach Seyne führenden D 900. Obwohl erst im 13. Jahrhundert errichtet, ist Notre-Dame-du-Bourg ein – bis auf das gotische Rundfenster in der Westfassade – rein romanischer Bau. Der unlängst renovierte, heute nur noch als Friedhofskirche dienende Sakralbau besitzt einen hierfür typischen, lang gestreckten einschiffigen Grundriss. Prachtvoll gestaltet ist das Westportal, im Inneren sind Wandmalereien fragmentarisch erhalten. Bei Grabungen wurde festgestellt, dass die Kirche auf den Grundmauern eines antiken Vorgängerbaus steht. Unter der Kirche wurde eine Krypta mit Gräbern aus der Römerzeit entdeckt. Da das komplette Kirchenmobiliar während der Revolution zerstört worden war, wurden Altar, Kerzenständer und Bischofsstuhl von dem Kanadier David Rabinowitch extra für die Kirche angefertigt.

Öffnungszeiten Von Juni bis Okt. tgl. 15–18 Uhr, von Nov. bis April nur So 15–16.30 Uhr.

Saint-Jérôme: Hoch über Digne-les-Bains thront die von 1490 bis 1500 errichtete Kathedrale Saint-Jérôme. Mit ihrem Bau trug man verspätet der Verlagerung des Stadtkerns vom Tal auf den Hügel Rechnung. Mitte des 19. Jahrhunderts wurde die Kirche vergrößert, wobei die Fassade eine prunkvolle Neugestaltung erlebte.

Öffnungszeiten Di, Mi, Do und Sa 15–17 Uhr, ✆ 0492320648.

Denkmal für Pierre Gassendi

Fondation Alexandra David-Néel: Die nach dem Tod von Alexandra David-Néel eingerichtete Stiftung fördert Exil-Tibeter und wissenschaftliche Forschungsprojekte. Alle Werke, Dokumente und Fotografien ihrer Asienreisen sind hier versammelt. Sehenswert ist auch die orientalische Ausstattung der Zimmer, darunter mehrere tibetanische Kultobjekte und ein kleiner Tempel, in dem die Forschungsreisende meditierte.

Adresse Route de Nice, 27, avenue du M. Juin. Führungen: 10, 14 und 15.30 Uhr. Teilnahme: kostenlos! www.alexandra-david-neel.org.

Musée de la Seconde Guerre Mondiale: An historischer Stelle, in einem 1939 errichteten Schutzraum, dokumentiert das Museum die Geschichte des Zweiten Weltkriegs, der *occupation* (der Besatzung) und der *résistance* (des Widerstandes) in der Haute-Provence.

Adresse Place Paradis. Öffnungszeiten: Von Juli bis Aug. Mo–Fr 14–18 Uhr, von Mitte April bis Mitte Nov. nur Mi von 14–17 Uhr. Eintritt: frei!

Musée Gassendi (Musée Départemental): Die Dauerausstellung des bereits im 19. Jahrhundert gegründeten Kunst- und Naturkundemuseums wurde unlängst neu konzipiert und widmet sich einem breiten Themenspektrum. Die Exponate reichen von der Schmetterlingssammlung über die provenzalische Landschaftsmalerei des 19. Jahrhunderts bis hin zu zeitgenössischer Kunst. Selbstverständlich wird auch das Wirken des Humanisten Pierre Gassendi gewürdigt.

Adresse 64, boulevard Gassendi. Öffnungszeiten: April bis Sept. tgl. außer Di 11–19 Uhr, Okt. bis März tgl. außer Di 13.30–17.30 Uhr. Eintritt: 4 €, 1. So im Monat frei! www.musee-gassendi.com.

Musée Départemental d'Art Religieux: In einer ehemaligen Kapelle der Büßermönche wurden zahlreiche wertvolle religiöse Kunstgegenstände aus der ganzen Region zusammengetragen.

Adresse Place des Récollets. Öffnungszeiten: Nur Juni bis Sept. tgl. 10–18 Uhr. Eintritt: frei!

Alexandra David-Néel – Oder: Aus dem Leben einer ungewöhnlichen Frau

Noch vor ihrer Volljährigkeit verließ die 1868 in Paris geborene Alexandra David ihr Elternhaus, um mit dem Fahrrad Spanien zu erkunden. Später studierte sie Orientalistik und Musik, bevor sie mit 23 Jahren den Vorderen Orient bereiste. In Hanoi gab sie ihr Debüt an der dortigen Oper. Der berühmte Komponist Jules Massenet empfahl sie an die Komische Oper von Paris, wo sie allerdings keinen Vertrag erhielt. Nachdem Alexandra David an mehreren Provinzopern (Besançon, Poitiers) gesungen hatte, heiratete sie 1900 in Tunis den steinreichen Eisenbahningenieur Philippe Néel. Mit dem nötigen finanziellen Polster ausgestattet, erkundete sie in den folgenden Jahrzehnten Indien, Tibet und China, machte die Bekanntschaft von Mahatma Gandhi, dem Philosophen Sri Aurobindo und dem Dalai Lama. Sie war unter anderem die erste Europäerin, die die Stadt Lhasa besuchte, obwohl dies Ausländern bei Todesstrafe untersagt war. Zwischen ihren Expeditionen zog sie sich in ihr 1928 in der Provence erworbenes Haus zurück, das heute die Stiftung Alexandra David-Néel beherbergt. Nach einem letzten, durch politische Wirren unfreiwillig verlängerten Chinaaufenthalt ließ sie sich 1946 endgültig in ihrem Haus in Digne nieder, das unter dem Namen *Samten Dzong* („Festung der Meditation") alsbald zu einem Zentrum für fernöstliche Philosophie und Lebensführung wurde. Für eine letzte Überraschung sorgte sie einen Tag vor ihrem 101. Geburtstag, als sie auf dem Rathaus von Digne erschien, um ihren abgelaufenen Reisepass für eine Reise nach Moskau verlängern zu lassen. Dazu kam es allerdings nicht mehr, denn nur wenige Monate später ging ihr ereignisreiches Leben zu Ende.

Musée-Promenade de la Réserve Géologique de Haute-Provence: Das zwei Kilometer außerhalb von Digne an der Straße nach Barles gelegene Centre de Géologie de Saint-Benoît ist der richtige Ort, um einen Einblick in die geologische Vergangenheit zu gewinnen. Über 20 Prozent der Hochprovence gehören zu einem 1984 gegründeten geologischen Naturpark (*Réserve Naturelle Géologique de Haute-Provence*), der mit einer Fläche von 145.000 Hektar der größte seiner Art in Europa ist und vom Centre de Géologie verwaltet wird. Im Sommer werden auch Tages- und Halbtageswanderungen angeboten, die an mehreren faszinierenden Versteinerungen (Vogelfüße und Ammoniten) vorbeiführen. Um zum Centre zu gelangen, muss man das Auto am Parkplatz abstellen und noch etwa 15 Minuten zu Fuß den Berg hinaufgehen.

• *Öffnungszeiten* Von April bis Okt. Mo–Fr 9–12 Uhr und 14.30–17.30 Uhr. ✆ 0492315131. Eintritt: 4,60 €, erm. 2,75 €. Weitere Informationen über Führungen erteilt: Centre de Géologie, Quartier Saint-Benoît, 04000 Digne-les-Bains, ✆ 0492367070, 📠 0492367071. www.resgeol04.org.

Jardin Botanique des Cordeliers: In dem zum Collège Maria Borrély gehörenden historischen Garten (ehemaliges Franziskanerkloster) wachsen rund 350 verschiedene Gewürzkräuter und Heilpflanzen. Der Garten liegt ein kleines Stück nördlich des Boulevard Gassendi und ist leicht zu finden.

Adresse Place des Cordeliers. Öffnungszeiten: Im Juli und Aug. Di–Sa 9–12 Uhr und 15–19 Uhr, April, Mai, Juni sowie Sept. und Okt. 9–12 Uhr und 14–18 Uhr. Eintritt: frei!

Lacs des Ferréols: Freizeitpark mit zahlreichen Attraktionen am linken Ufer der Bléone, vom Zentrum aus flussabwärts an der RN 85 gelegen. Ein künstlicher See und große Liegewiesen laden zum Baden und Sonnen ein.

Umgebung

(siehe Karte S. 195)

Réserve Naturelle Géologique de Haute Provence

Von Digne in Richtung Barles durchquert man das 1984 gegründete *Réserve Naturelle Géologique de Haute Provence.* In dem 145.000 Hektar großen Naturschutzgebiet lassen sich Spuren aus den verschiedensten Epochen der Erdgeschichte ausmachen. Neben Pflanzen aus dem Paläozoikum, wurden in dem „alpinen Meer" versteinerte Reptilien aus dem Mesozoikum und Vögel aus dem Tertiär gefunden. An verschiedenen Stellen sind besondere Konzentrationen von Fossilien oder eindrucksvolle erdgeschichtliche Auffaltungen auszumachen. Zu den wertvollsten Funden gehört ein 185 Millionen Jahre alter Ichtyosaurus. Das 4,50 Meter lange versteinerte Skelett, das durch eine Glasplatte geschützt wird, befindet sich zehn Kilometer nördlich von Digne. Das Auto muss an einem Wanderplatz an der D 900 abgestellt werden, ein markierter Pfad führt in einer Stunde zur Fundstelle. Doch ist dies nicht der einzige spektakuläre Fund: Bereits kurz außerhalb von Digne ragt direkt neben der Straße (D 900) eine steile Platte empor, auf der zahllose Ammoniten zu sehen sind. Auch die anderen Versteinerungen sind leicht zu finden, da die Wege zu den Fundstellen gut ausgeschildert sind.

Achtung: Nur autorisierten Fachleuten ist es erlaubt, den Zeugnissen der Erdgeschichte mit Hammer und Meißel zu Leibe zu rücken. An mehreren Stellen ist sogar das Aufsammeln von Versteinerungen verboten!

Clues de Barles

Nördlich von Digne-les-Bains hat sich das Flüsschen Bès ein eindrucksvolles Bett gegraben. Im südlichen Teil des Tales wird seit Jahren versucht, der Erosion Einhalt zu gebieten. Im Zuge von Wiederaufforstungsmaßnahmen hat man Schwarzkiefern und Lärchen an den kahlen Berghängen gepflanzt. Weiter nördlich verengt sich das Tal nach ungefähr fünfzehn Kilometern im Bereich der Clues de Barles, an der engsten Stelle der Schlucht liegen zwischen den hochhaushohen Felswänden nur wenige Meter, so dass kaum mehr ein Sonnenstrahl auf den Talgrund fällt. Am Ende der Schlucht liegt das namensgebende Barles, das mit seinen vier Dutzend Häusern und einer Kirche die einzige größere Ansiedlung im Tal ist. Der Friedhof von Barles diente übrigens Pierre Magnan als Schauplatz für seinen Krimi „Der Mörder mit der schönen Handschrift".

Thoard

Das kleine 500-Einwohner-Dorf ist das traditionelle Zentrum der Vallée des Duyes, einer von Landwirtschaft – insbesondere Schafzucht – bestimmten Landschaft. Viele Produzenten von Angorawolle, Käse, Wurst oder Honig haben sich im Dorf und in seiner Umgebung niedergelassen. Schon in keltischer Zeit besiedelt, wurde Thoard im Mittelalter befestigt, wovon noch ein mächtiger Turm zeugt, der wahrscheinlich noch ins 12. Jahrhundert datiert.

Markt Von Juni bis Sept. jeden Sonntagvormittag. Am 15. August werden auf der *Foire aux agnelles* Lämmer verkauft.

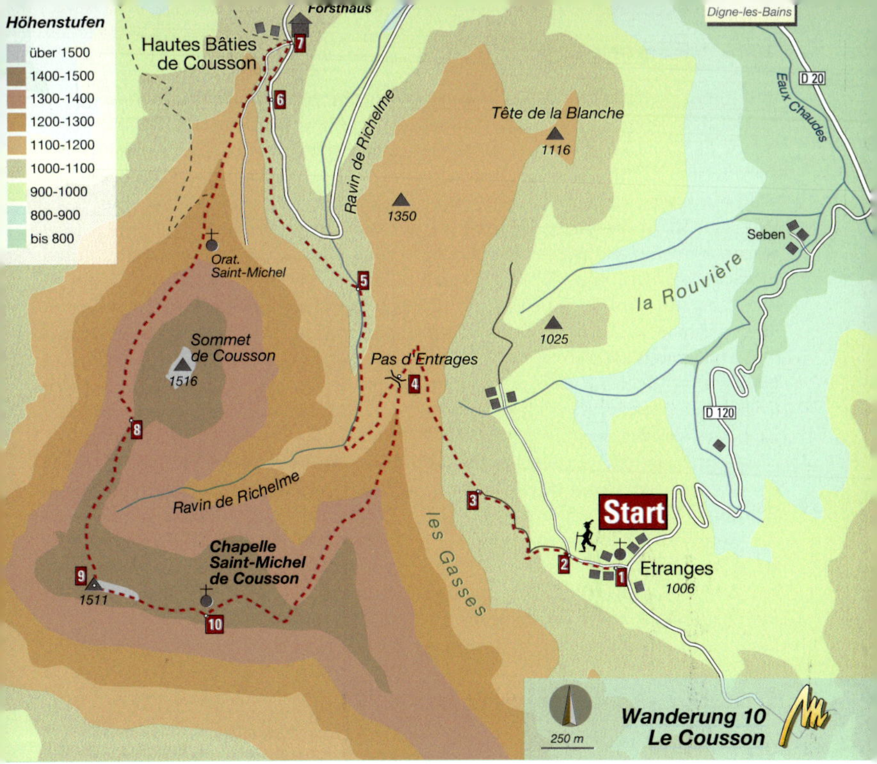

Wanderung 10: Le Cousson

Der Cousson erhebt sich wenige Kilometer südlich von Digne-les-Bains. Der markante Gipfel wird auf der Wanderung allerdings nur umrundet. Das Ziel ist die Chapelle Saint-Michel de Cousson, die in exponierter Lage auf einem Felssporn thront.

Ausgangspunkt: Parkplatz oberhalb von Entrages. Gesamtwanderzeit: 4,5 Stunden. Wegstrecke: ca. 12 Kilometer. Höhenmeter: 506 Meter. Schwierigkeitsgrad: mittel.

Ausgangspunkt der Wanderung ist das 1007 Meter hoch gelegene 100-Seelen-Dorf Entrages, das von Digne-les-Bains über die an den Thermalquellen vorbeiführende D 20 sowie die D 120 in wenigen Minuten zu erreichen ist. Entrages liegt ein wenig weltabgeschieden am Ende einer Stichstraße. Das wichtigste Datum in der Ortsgeschichte ist der 4. März 1815, als Napoléon auf seinem Weg von Elba nach Paris durch Entrages kam, bevor er später in Digne Station machte.

Vom Parkplatz (WP 1) aus führt ein breiter Feldweg in Richtung Westen (Markierung gelb-rot), an einer Gabelung (WP 2) folgt man der linken Abzweigung. Wenig später verengt sich der Feldweg zu einem Wanderpfad (WP 3). Der Aufstieg zum Pas d'Entrages ist schattenlos und schweißtreibend, links und rechts wachsen Glockenblumen, Nelken, Ginster und Berberitzen. Oben auf dem Pass kommt man an eine Wegkreuzung (WP 4) und nimmt rechter Hand den gelb-rot markierten Wanderweg nach Hautes Bâties de Cousson. Der Weg führt in einer weiten Kehre durch einen Mischwald hinunter zu einem kleinen Bachlauf, den man überqueren muss (WP 5), um anschließend wieder bergauf zu marschieren. Ein kleines Stück folgt man einer breiten Forstpiste (WP 6), über die man zu einem Forsthaus mit benachbarter Wasserstelle (WP 7) gelangt. Jetzt beginnt der mit einem Gelbstrich markierte anstrengendste Teil der Wanderung: Ein steiler Aufstieg ohne jegliche Serpentinen führt durch einen schattigen Buchenwald in Richtung Cousson. Allerdings wird der Berg entlang einer Abbruchkante an seiner Westseite umrundet. Der aus Digne stammende Mathematiker Pierre Gassendi hatte übrigens im 17. Jahrhundert auf dem Gipfel des Cousson astronomische Beobachtungen gemacht. Wir erklimmen allerdings nicht den Gipfel des Cousson, sondern wenden uns an einer Abzweigung (WP 8) nach Süden, um erst über eine Viehweide zu laufen und dann einen kurzen, sehr steilen und schattenlosen Anstieg zu einem Bergkamm (WP 9) zu bewältigen, dessen Verlängerung zu einer kleinen Kapelle namens Saint-Michel de Cousson (WP 10) führt. Auf den Stufen der Kapelle lässt es sich herrlich rasten. Nach Süden hin blickt man in Richtung Gorges du Verdon. Anschließend geht es eine halbe Stunde stetig bergab, bis man am Pas d'Entrages (WP 4) wieder auf die gelb-rote Markierung stößt. Der letzte Abschnitt der Wanderung, die hinunter zum Parkplatz (WP 1) führt, ist identisch mit dem Aufstieg.

Vallée de la Blanche

Das Vallée de la Blanche erstreckt sich vom Col de Maure nach Nordwesten bis hinunter zum Lac de Serre-Ponçon, wo die Blanche in die Durance mündet. Die Gegend um das Massif les Monges ist eine sehr dünn besiedelte Region, die seit Jahrzehnten immer wieder Aussteiger verschiedenster Couleur anlockt, die von den Einheimischen abschätzend als *marginaux* bezeichnet werden. Neben dem „Hauptort“ Seyne-les-Alpes locken im Winter weitere drei Skigebiete: Saint-Jean, Chabanon und Le Grand Puy.

Seyne-les-Alpes

Seyne-les-Alpes erstreckt sich auf einem markanten Bergrücken inmitten des Vallée de la Blanche und ist im Winter wie im Sommer ein gleichermaßen beliebter Ferienort, von dem aus sich die Umgebung gut erkunden lässt. Im Mittelalter und der Frühen Neuzeit war Seyne ein strategisch sehr wichtiger Ort, da man von hier aus einerseits die Zugänge zur Ubaye und zur Durance, andererseits zur Blèone und Bès kontrollieren konnte. Bekannt ist Seyne auch als das französische Zentrum der Maultierzucht. Bis zum Zweiten Weltkrieg wurden hier im Durchschnitt pro Jahr 800 Maultiere geboren.

- Information Office de Tourisme de la Vallée de la Blanche, Place d'Armes, Maison de Pays, 04140 Seyne-les-Alpes, ✆ 0492351100, 📠 0492352884. www.seynelesalpes.com.
- Einwohner 1500 Einwohner.
- Markt Dienstag- und Freitagvormittag.
- Veranstaltungen *Concours Mulassier*, am 2. Sonntag im August wird das Maultierfest im Volksfeststil samt Maultierrennen gefeiert.
- Übernachten/Essen **Le Vieux Tilleul**, ein ehemaliger Bauernhof, der in ein Logis-de-France-Hotel verwandelt wurde. Großer Garten und Pool vorhanden. 20 Zimmer je

nach Ausstattung 40–64 €, Frühstück 7 €. Empfehlenswert ist die Halbpension. WLAN vorhanden. Les Auches, route d'Auzet, ✆ 0492350004, 📠 0492352681. www.vieux-tilleul.fr.

• *Camping* *** **Lou Passavous**, mehrere Kilometer südöstlich von Seyne befindet sich linker Hand ein komfortabler, gut geführter Campingplatz mit Pool. Von Mai bis Sept. geöffnet. ✆ 0492351467. www.loupassavous.com.

Citadelle: Die unter Ludwig XIV. errichtete Zitadelle diente der Grenzsicherung gegenüber Savoyen. Und wie man sich denken kann, ist wieder einmal Vauban, der arbeitswütige Festungsbaumeister des Sonnenkönigs, am Werk gewesen.

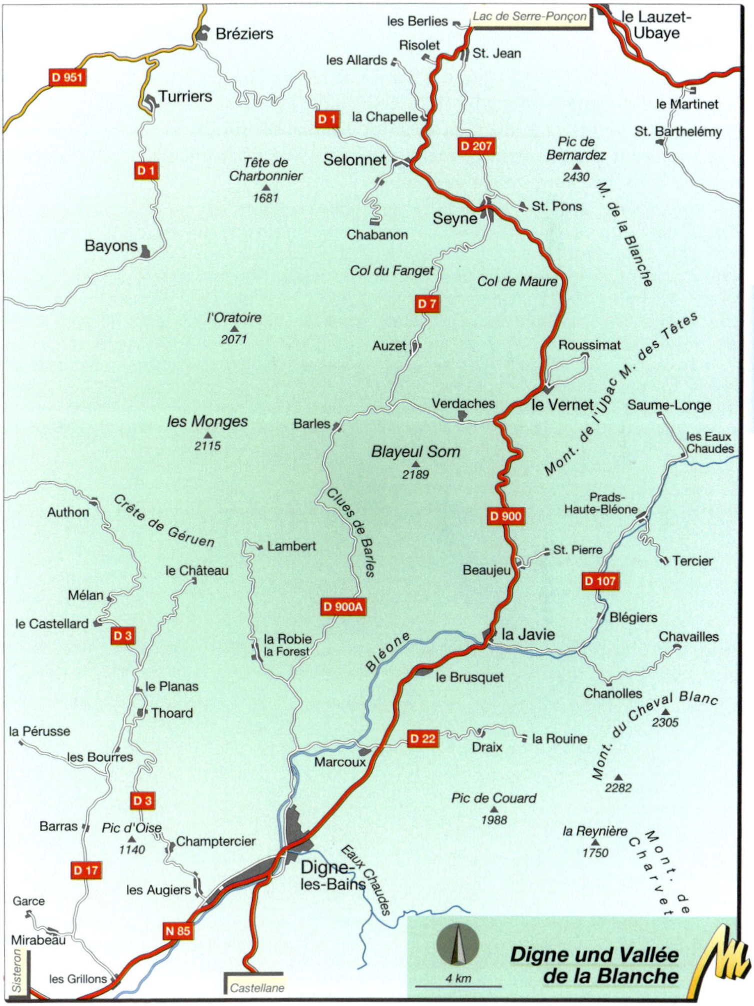

Vallée de la Blanche
Karte S. 195

Integriert wurde ein Wehrturm aus dem 13. Jahrhundert, von dessen oberster Plattform sich ein schöner Blick über den Ort bietet.

Geöffnet Tgl. 10–12 Uhr und 15–18 Uhr. Eintritt: 3 €, Kinder unter 10 Jahre frei!

Notre-Dame-de-Nazareth: Die Architekten der romanischen Pfarrkirche haben sich beim Bau an der alten Kathedrale von Digne orientiert; dies zeigt sich beispielsweise deutlich an dem dreistufigen Südportal, dessen Spitzbogen allerdings schon den neuen Stil der Gotik ankündigen. Auffällig ist das steile Giebeldach, das an der Südseite von einem quadratischen Turm überragt wird. Die einschiffige Kirche ohne Querhaus ist ein schlichter Bau mit raumgliedernden Halbsäulen; die kleinen Seitenkapellen datieren aus einer späteren Phase.

Selonnet

Zu den beschaulichen Dörfern des Vallée de la Blanche gehört auch der 400-Seelen-Weiler Selonnet, der vier Kilometer nördlich von Seyne abseits der viel befahrenen Landstraße liegt. Zwei nette Gasthäuser und eine schmucke Kirche mit kuriosem Glockenturm – mehr gibt es nicht zu bewundern, doch für einen kurzen Zwischenstopp reicht es allemal.

• *Übernachten/Essen* ** **Le Relais de la Forge**, das Logis-de-France-Hotel ist ein typischer Landgasthof mit regionaler Küche, beispielsweise Faux Filet mit Waldpilzen. Menü zu 12,50 € (nur mittags), 15, 25 und 30 €. Die schlichten Zimmer kosten je nach Ausstattung 45–58 €, EZ ab 40 €, Frühstück 8 €. Seit kurzem gibt es auch einen kleinen beheizten Pool. Place du Village, ✆ 0492351698, 📠 0492350737. www.relaisdelaforge.fr.

Chez la Poète, das sehr sympathische, von jungen Leuten betriebene Hotel-Restaurant liegt ebenfalls am Dorfplatz mit schöner Terrasse. Mittags kommt schon mal ein Bauer im Traktor vorgefahren, um sich zu stärken. Salate 8 €. Menüs 10 und 12,50 € (mittags), 18 und 25 €. Ein Viertel vom Hauswein kostet 2,50 €. Einfache, aber ordentliche Zimmer (51 €, Frühstück 3 €), im ersten Stock mit Balkon. Sonntagabend in der Nebensaison geschlossen. Place du Village, ✆ 0492350612, 📠 0492352980.

Isoliert: Chapelle Saint-Michel de Cousson

Blick vom Pont de Galetas in den Grand Canyon du Verdon

Grand Canyon du Verdon

Der Grand Canyon du Verdon zählt ohne Zweifel zu den beeindruckendsten Landschaftsszenarien im Süden Frankreichs. Der Name erinnert an sein amerikanisches Pendant, doch sind beide eigentlich nicht miteinander vergleichbar. Der Grand Canyon du Verdon ist kleiner, besitzt dafür aber eine wesentlich üppigere Vegetation. Die Schönheit der Schlucht kommt am besten bei einer gemächlichen Umrundung zur Geltung.

Der Verdon entspringt westlich des Nationalparks von Mercantour im Massif des Trois Evêches in etwa 2500 Meter Höhe und mündet 170 Kilometer später südlich von Manosque in die Durance. Durch den Zufluss von Bouchier, Chadolin, Lance sowie anderen Wildbächen schwillt er gewaltig an. Das starke Gefälle – durchschnittlich zehn Meter pro Kilometer – verwandelte den Verdon schnell in einen reißenden Gebirgsfluss, der mehr als 800 Kubikmeter Wasser pro Sekunde herunterspülen konnte. Doch mit dieser Urgewalt ist es seit ein paar Jahrzehnten vorbei: Durch fünf Staudämme wurde der Verdon gezähmt; es entstanden die Stauseen von Castillon, Chaudanne, Sainte-Croix, Quinson und Esparron. Durch den Bau der verschiedenen Staustufen wurde es möglich, die Kraft des Verdon zur Energiegewinnung und Trinkwasserversorgung zu nutzen.

Hinter Castellane grub sich der Verdon im Laufe der Zeit ein gewaltiges Bett: Bis zu 700 Meter tief wühlte sich der Fluss in den weichen Jura-Kalk, bevor er nach 21 Kilometern in den Lac de Sainte-Croix mündet. Wie eine gewaltige Wunde klaffen die *Gorges du Verdon* in der Erdoberfläche. In schwindelerregender Tiefe schlängelt sich der Fluss wie ein jadegrünes Band durch die Schlucht. Bevor die Wassermassen durch den Bau der Staustufen reguliert werden konnten, war es ein nahezu unmögliches Unterfangen, die Schlucht zu durchqueren. Erst 1905 gelang dem französischen Höhlenforscher Edouard Alfred Martel die Erkundung der Schlucht. Die touristische Erschließung vollzog sich recht langsam: 1928 legte der *Touring Club de France* die ersten Wanderwege und Aussichtsplattformen an. Durch den 1947 vollendeten Bau der *Corniche Sublime* wurde der Südrand des Grand Canyons zugänglich. Mit der 1973 eröffneten Kammstraße (*Routes des Crêtes*) zollte man dann dem Touristenansturm Rechnung. Im Jahre 1997 wurde ein 177.000 Hektar großes Gebiet zum Parc Naturel Régional du Verdon erklärt und besonderen Schutzbestimmungen überantwortet.

Die Anmut des Grand Canyon du Verdon hat auch ihre Nachteile: Im Juli und August drängeln sich die Touristen in Scharen auf den Panoramastraßen rund um den Canyon; an den Felswänden kleben die Kletterfreaks, andere Wagemutige stürzen sich am Pont de l'Artuby mit dem Bungee-Seil 182 Meter in die Tiefe, Wanderfreunde ziehen zu Hunderten durch die Schlucht. Mit anderen Worten: Von einer beschaulichen Stimmung kann nicht die Rede sein. Wer daher die Möglichkeit hat, sollte die Gorges du Verdon lieber in der Vor- oder Nachsaison aufsuchen. Allein wird man allerdings dann auch nicht sein – zu viele Reisende sind antizyklisch unterwegs.

Achtung: Erfahrungsgemäß gehören die Parkplätze rund um den Grand Canyon zum bevorzugten Terrain von Kleinkriminellen. Daher sollte man keine Wertsachen im Auto zurücklassen.

Erkundungstouren

Für eine Umrundung des Grand Canyon du Verdon benötigen motorisierte Touristen – je nach Länge und Anzahl der Zwischenstopps – einen halben bis ganzen Tag. Spektakuläre Ausblicke und mehrere liebenswerte Dörfer gilt es dabei zu entdecken.

Theoretisch ist es nebensächlich, von welchem Ausgangsort man zu einer Erkundung aufbricht. Da die Schlucht jedoch weitgehend in ost-westlicher Richtung verläuft, sind die Lichtverhältnisse am besten, wenn man am Morgen in Castellane aufbricht und nachmittags nach einem erfrischenden Bad im Lac de Sainte-Croix in Richtung Castellane zurückfährt. Sportliche Naturen sehen sich den Canyon lieber – wandernd oder Kajak fahrend – von unten an. Am besten ist es aber, den Canyon erst einmal zu umrunden, bevor man am nächsten Tag die Wanderstiefel schnürt.

Nordroute: Die am Nordrand des Verdons (*rive droite*) verlaufende Straße (D 952) führt von Moustiers über La-Palud-sur-Verdon nach Castellane. Nachdem man den 1032 Meter hohen Col d'Ayen passiert hat, verläuft die Straße in ihrem mittleren Abschnitt in einiger Entfernung vom Canyonrand. Um näher heranzukommen, empfiehlt es sich, in La-Palud die Route des Crêtes zu nehmen. Einige Kilometer weiter bietet sich beim Point Sublime ein Abstecher zu dem kleinen idyllischen Bergdorf Rougon an.

Routes des Crêtes: Eine Fahrt auf der Kammstraße (D 23) ist ein imposantes Erlebnis; erst 1973 angelegt, erschließen sich auf dem bei La Palud-sur-Verdon abzweigenden, 23 Kilometer langen Rundkurs zahlreiche atemberaubende Ausblicke in die Tiefen der Schlucht. An ihrem höchsten Punkt führt die im Winter gesperrte Routes des Crêtes (Zufahrt bis La Maline möglich) bis auf 1459 Meter hinauf! Mit Glück kann man beim Belvédère de l'Escalès Freeclimber an den senkrecht abfallenden Felswänden beobachten. Die Rundfahrt auf der D 23 sollte man von La Palud in östliche Richtung (Castellane) beginnen, da ein Teil der Strecke Einbahnstraße ist!

Südroute (Corniche Sublime): Von Castellane kommend, erreicht man die Corniche Sublime, indem man nach zwölf Kilometern bei Pont-de-Soleils links abbiegt, um nach einer kleinen Schleife über Trigance beim Aussichtspunkt Balcons de la Mescala wieder dem Lauf des Verdon zu folgen. Wenig später führt die Straße über den Pont de l'Artuby. Die Brücke überspannt einen Seitenfluss des Verdon in 200 Meter Höhe! Allein das Hinunterschauen kann eine leichte Übelkeit verursachen. Manchen Zeitgenossen reicht dies anscheinend nicht: Sie suchen den richtigen Kick beim Bungee-Jumping von der Brücke. In ihrem weiteren Verlauf schlängelt sich die Corniche Sublime – an grandiosen Aussichtspunkten vorbei – entlang der Südseite des Canyons (*rive gauche*) bis zu dem kleinen Weiler Aiguine

Schwindelerregende Abgründe

- *Weitere allgemeine Informationen über den Verdon* Verdon Accueil, Rue National, 04120 Castellane, ✆ 0492836736, ℻ 0492837311, sowie Verdon Accueil, 83630 Aiguines, ✆ 0494702164, ℻ 0494842359.
- *Öffentliche Verkehrsmittel* Den Grand Canyon du Verdon mit öffentlichen Verkehrsmitteln zu erkunden ist nicht gerade einfach: Nur auf der Nordroute verkehren Busse (*Navettes*) und dies auch nicht gerade häufig: Um 12.15 Uhr von Castellane nach Moustiers mit Stopps in Rougon und La Palud sowie in umgekehrter Richtung von Moustiers nach Castellane um 10.50 Uhr (vom 1.7. bis 15.9. jeweils Di, Mi und Sa, sonst nur am Sa, allerdings nicht an Feiertagen). Im Juli und Aug. fahren Mo–Sa Busse von Castellane (7.45 Uhr und 16 Uhr) nach La Maline. Von La Maline nach Castellane um 9.30 Uhr und 17.15 Uhr, jeweils mit Halt in La Palud und Point Sublime.
- *Taxi* Praktisch bei Wanderungen, allerdings schwer zu bekommen. Es gibt drei Anbieter: Gérard Susini, ✆ 0492836538; Taxi Adrien, ✆ 0492773820; Taxi Roger, ✆ 0492836534.

Karte S. 200/201

Wanderung 11: Grand Canyon du Verdon

Der Grand Canyon du Verdon galt lange Zeit als unbezwingbar. Erst dem französischen Höhlenforscher Edouard Alfred Martel (1859–1938) gelang es 1905 während einer dreitägigen Expedition, den Canyon zu durchqueren. Ein nach ihm benannter Weg, der *Sentier Martel*, ist die bekannteste Route durch den Canyon. Über weite Strecken ist dieser mit dem Fernwanderweg GR 4 identisch und daher sehr leicht zu verfolgen. Der Sentier Martel kann in beide Richtungen begangen werden, doch aufgrund geographischer Gegebenheiten ist der Weg von La Maline in Richtung Point Sublime leichter und wird daher häufiger benutzt. Für die beschriebene Wanderung sind je nach Tempo und Pausen zwischen 5 und 8 Stunden einzuplanen; festes, trittsicheres Schuhwerk sowie ausreichend Trinkwasser sind dringend empfohlen. Einkehrmöglichkeiten in der Auberge du Point Sublime.

Von der Berghütte La Maline führt ein kurvenreicher Pfad hinunter in die Schlucht. Am Verdon angekommen, hält man sich linker Hand flussaufwärts. Der Weg zieht sich an der Felswand der Cavaliers entlang bis zur Baume aux Boeufs, einer auch als Biwakplatz geeigneten Höhle. Ein kurzer Abstecher (10 Minuten) zur so genannten Mescla, wo der Artuby mit dem Verdon zusammenfließt, bietet sich für konditionsstarke Wanderer an. Auf dem Sentier Martel geht es steil empor zur Brèche Imbert, einem aussichtsreichen Felsvorsprung. Anschließend muss man die 265 Stufen einer Metalltreppe hinabsteigen, um den Weg in Richtung Point Sublime fortsetzen zu können. (Als Hundebesitzer und bei einem hereinbrechenden Gewitter kann man auch den 1194 Meter langen Tunnel von Guegues benutzen. Wer nicht schwindelfrei ist, sollte besser in umgekehrter Richtung wandern, da es leichter ist, die Treppe hinaufzusteigen.) Der nun folgende Abschnitt ist relativ einfach zu bewältigen, allerdings sollte man hierzu eine Taschenlampe mitnehmen, da zwei Tunnel (100 Meter und 670 Meter) durchquert werden müssen, bevor es hinauf zum Point Sublime geht. Um zurück zum Ausgangspunkt zu gelangen, hat man mehrere Möglichkeiten: Entweder man trampt zurück – klappt in der Regel gut –, nimmt den selten verkehrenden Bus oder ruft sich ein Taxi. Praktisch ist es natürlich, wenn man zwei Autos zur Verfügung hat und zuvor eines hier geparkt hat.

Warnung: Aufgrund der Gefahr einer unverhofften Schleusenöffnung ist auf dem Grund der Schlucht dringend Vorsicht angebracht. Der Verdon sollte nur auf den hierfür vorgesehenen Brücken überquert werden!

Ausgangspunkt: La Maline. Gesamtwanderzeit: 7 Stunden. Wegstrecke: ca. 15 Kilometer. Höhenmeter: ca. 450 Meter. Schwierigkeitsgrad: schwer.

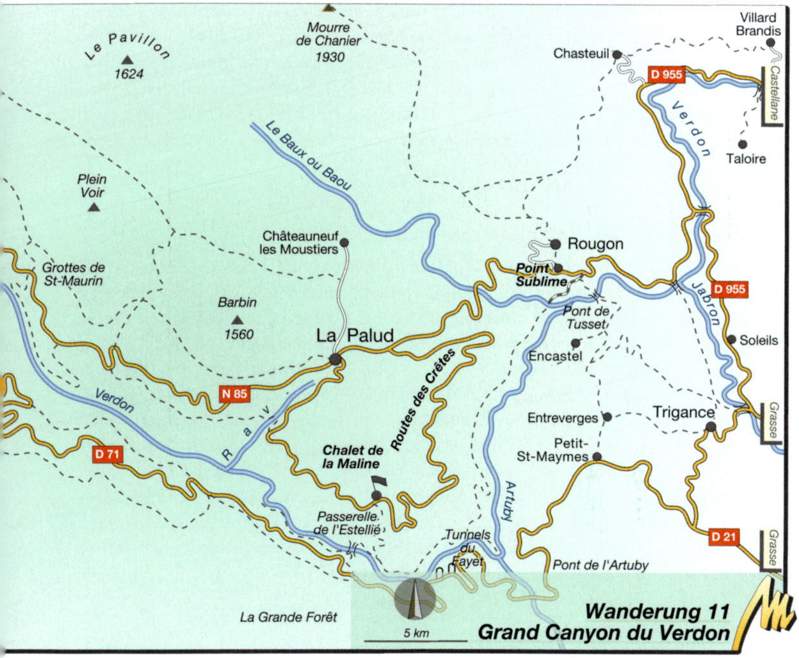

Moustiers-Sainte-Marie

Ein Ort wie aus dem Bilderbuch! Vor einer steil aufragenden Felskulisse drängen sich mehrere Dutzend alte Häuser auf engem Raum zusammen. Ein Wildbach trennt den Ort in zwei Hälften, die dahinter liegende Schlucht wird von einer 227 Meter langen Kette mit einem goldenen Stern überspannt.

Der Name deutet es an: Die Keimzelle von Moustiers war ein Kloster (*Monasterium*), und zwar eines der ältesten Frankreichs: Es wurde bereits in der ersten Hälfte des 5. Jahrhunderts auf Betreiben des Bischofs von Riez gegründet. Aufgrund der Sarazenenstürme aufgegeben, wurde Moustiers im 11. Jahrhundert wiederbesiedelt und zu einer wehrfähigen kleinen Stadt ausgebaut. Die von einem italienischen Mönch aus Faenza begründete Fayencekunst führte seit der Mitte des 17. Jahrhunderts zu einer wirtschaftlichen Blüte. Die Bevölkerung von Moustiers wuchs schnell auf mehr als 3000 Menschen an. Die aus den hiesigen Öfen stammenden Fayencen zählten zu den begehrtesten im französischen Königreich. Angeregt wurde die große Nachfrage von einer Anordnung des Sonnenkönigs. Ludwig XIV. hatte nämlich seinen Adeligen den Gebrauch von goldenem und silbernem Tafelgeschirr untersagt, woraufhin diese ihre Gäste auf edlem Fayencegeschirr bewirteten. Vor mehr als hundert Jahren – nachdem wieder jeder von goldenen Tellern essen durfte... – kam die Fayenceherstellung mangels Bedarf zum Erliegen, doch der Schriftsteller Marcel Provence – was für ein Name! – erweckte 1927 das traditionelle Handwerk wieder zum Leben und gründete zwei Jahre später zudem das Fayencenmuseum. Die 600 Einwohner von Moustiers leben heute vom Tourismus und der Fayenceproduktion, die für die Feinheit ihres Tonmaterials berühmt ist. Da fast alle Individualreisenden und Ausflugsbusse auf dem Weg zum Grand Canyon du Verdon hier Station machen, ächzt der Ort im Sommer regelrecht unter dem Touristenansturm. Es herrscht akute Parkplatznot!

Wer spannte die Kette über die Schlucht?

Um die die Schlucht von Moustiers überspannende 227 Meter lange, gusseiserne Kette, in deren Mitte ein goldener Stern prangt, rankt sich eine Legende. Angeblich soll dieser so genannte *Cadeno* (*La Chaîne de l'Etoile*) von einem aus Moustiers stammenden Johanniterritter namens Blacas gestiftet worden sein. Blacas – so die Überlieferung – habe, nachdem er 1249 auf einem Kreuzzug in die Hände der Sarazenen gefallen war, gelobt, über der Schlucht einen Stern zu Ehren der heiligen Jungfrau aufzuspannen, wenn er je wieder befreit werden würde. Zweifel an der Geschichte stellen sich jedoch ein, wenn man in der Armen-Seelen-Kapelle der Pfarrkirche das Gemälde eines unbekannten Meisters näher studiert. Das 1482 gemalte Bild zeigt ein sehr genaues Landschaftsszenario von Moustiers, allerdings ohne die auffällige Kette! Eine Frage bleibt daher offen: Wer spannte die Kette über die Schlucht?

Information/Verbindungen/Diverses

- *Information* **Office de Tourisme**, 04360 Moustiers-Sainte-Marie, ✆ 0492746784, ✆ 0492746065, www.ville-moustiers-sainte-marie.fr.
- *Einwohner* 600 Einwohner.
- *Verbindungen* Mit dem Bus um 13.45 Uhr über Riez, Gréoux und Aix nach Marseille sowie um 10.50 Uhr über La Palud und Rougon nach Castellane (von März bis Okt. tgl. außer So und an Feiertagen). Zwei weitere Busverbindungen tgl. über Riez nach Manosque. Die Busse halten am Boulevard Charles de Gaulle.
- *Parken* Großer Parkplatz hinter bzw. über dem Dorf; im Sommer reicht die Kapazität allerdings oft nicht aus.
- *Taxi* ✆ 0492746687.
- *Dorffest* Am Samstag und Sonntag nach Ostern. Historischer Pilgerzug zur Wallfahrtskapelle Notre-Dame-de-Beauvoir sowie Fayenceausstellungen. Ähnliches am 8. Sept. (Fête de Pélerinage). Anfang Juni: Fête de la Faïence mit Trachtenumzügen.
- *Markt* Freitagmorgen.
- *Fayencen* Mehrere kleine Keramikbetriebe rund um Moustiers stellen traditionelle Fayencen her, teilweise sind Einblicke in die Fertigung möglich.

Übernachten/Essen

- *Übernachten/Essen* *** **La Bastide de Moustiers**, das von einem ausgedehnten Park umgebene ländliche Anwesen besitzt viel Charme. Kaminsalon, Bibliothek sowie ein beheiztes Schwimmbad (15 x 7 Meter) stehen den Gästen zur Verfügung. Sehr zu empfehlen ist auch das angegliederte Restaurant: Gekocht wird traditionell auf hohem Niveau zu sehr angemessenen Preisen (Menüs zu 48 und 68 €). Kein Wunder: Das Restaurant gehört keinem Geringeren als dem berühmten Meisterkoch Alain Ducasse. Zimmer 160–335 €. La Grislière, Quartier Saint-Michel, ✆ 0492704747, ✆ 0492704748, www.bastide-moustiers.com.

*** **La Ferme Rose**, kleiner, charmanter Gasthof mit nur elf sehr ruhigen, stimmungsvollen Zimmern (78–113 €), unterhalb des Dorfzentrums gelegen. Die teureren Zimmer mit Balkon oder Terrasse. ✆ 0492746947, 📠 0492746076, www.lafermerose.fr.fm.

** **Les Restanques**, dieses unlängst eröffnete Hotel – nur fünf Fußminuten vom Dorfzentrum entfernt – erinnert ein wenig an ein Motel, da man direkt vor der Tür parken kann. Den großzügigen Zimmern, die im Parterre über eine eigene Terrasse verfügen, mangelt es allerdings etwas an Charme. Tolle Bäder! Je nach Zimmertyp 59 oder 69 €, im Juli und Aug. 10 € teurer. Frühstück 7,50 €, kostenloses WLAN. Dez. bis März Betriebsferien. Route des Gorges du Verdon, ✆ 0492749393, 📠 0492745291. www.hotel-les-restanques.com.

** **La Bonne Auberge**, schön renoviertes Hotel mit Restaurant (Menüs ab 19 €), über das sich ein Leser lobend äußerte. Mit Swimmingpool, am östlichen Ortsende gelegen. Zimmer 56–78 €, Frühstück 8 €. Von Mitte Feb. bis Mitte Nov. geöffnet. ✆ 0492746618, 📠 0492746511.

** **Le Relais**, angenehme Herberge mitten im Ort neben der Brücke. 18 passable Zimmer je nach Saison von 62 bis 81 €. Im Dez. und Jan. geschlossen. Place du Convent, ✆ 0492746610, 📠 0492746047, www.lerelais-moustiers.com.

La Ferme Sainte-Cécile, der zwei Kilometer östlich des Ortes gelegene Landgasthof ist bekannt für seine ansprechende Küche, die auf frischen regionalen Zutaten basiert. Das beste Restaurant in Moustiers! Schöne Terrasse! Menüs zu 26 € (nur mittags) und 35 €. Montag und Sonntagabend in der Nebensaison geschlossen. Route des Gorges du Verdon, ✆ 0492746418. www.ferme-ste-cecile.com.

Les Santons, mitten im Ort direkt neben der Kirche und wie der Name schon andeutet steht auf jedem Tisch eine der provenzalischen Krippenfiguren. Der Küchenchef hat seine Kochkünste in einem berühmten Pariser Restaurant erworben. Vielleicht glänzt ja der goldene Stern wegen dieses Restaurants am Himmel von Moustiers. Die Preise sind aber keineswegs überteuert, so erfreuten wir uns beim günstigsten Menü als Vorspeise an einem Rotbarbenfilet auf Karottenselleriesalat, dem eine hervorragende gegrillte Entenbrust und eine luftige Crème brûlée folgten. Schöne Terrasse über dem Fluss. Menüs zu 26 und 36 €. Dez. und Jan. sowie jeden Montagabend und Dienstag geschlossen. Place de l'Eglise, ✆ 0492746648. www.lessantons.com.

Côte Jardin, das unterhalb des alten Dorfes gelegene Restaurant mit schönem Garten zeichnet sich durch seine lockere Atmosphäre aus. In dem Familienbetrieb wird keine hohe Kochkunst zelebriert, dafür wird eine bodenständige Kost mit üppigen Portionen serviert, die auch hungrige Mäuler zufrieden stellt. Unser Hauptgericht, ein gegrillter Lammspieß mit grünen Bohnen und frittierten Kartoffelscheiben, war ebenso groß wie lecker. Der Ziegenkäse zum Dessert wurde zusammen mit rotem Mangold angerichtet. Menüs zu 23 und 29 €. La Maladrerie, ✆ 0492746891.

• *Camping* *** **Saint Jean**, Wiesengelände mit mäßigem Schatten, in der unteren Hälfte des Areals schläft man ruhiger als oben an der Straße. Stellplatz inkl. 2 Pers. ab 12 €. Gepflegte Sanitäranlagen. Von Ostern bis Sept. geöffnet, ✆ 0492746685. Es gibt übrigens noch ein halbes Dutzend weiterer Campingplätze rund um den Ort, so z. B. den angenehmen Campingplatz ** **Maynasse**, dessen Sanitäranlagen von Lesern gelobt wurden. Von Ostern bis Okt. geöffnet. ✆ 0492746671. www.camping-manaysse.com.

Sehenswertes

Musée Historique de la Faïence: Das in einem historischen Gewölbe untergebrachte Museum bietet einen guten Einblick in die Geheimnisse der Fayenceherstellung. Zahlreiche Exponate zeigen das künstlerische Spektrum der in Moustiers beheimateten Faïenciers. Ausgestellt sind Fayencen aus drei Jahrhunderten, darunter Werke der berühmten Manufakturen Clérissy, Olreys und Laugier.

Adresse Place du Presbytère. Öffnungszeiten: Von April bis Okt. tgl. außer Di 9–12 Uhr und 14–18 Uhr, im Juli und Aug. tgl. außer Di bis 19 Uhr. Eintritt: 2 €, erm. 1 €.

Notre-Dame: Die Pfarrkirche von Moustiers ist bis auf den gotischen Chor ein romanischer Bau. Die einschiffige Kirche präsentiert sich als düsteres, stimmungsvolles

Gotteshaus. Schon von weitem fällt der wohl proportionierte Glockenturm auf; sein Baumeister hat sich wahrscheinlich an norditalienischen Vorbildern orientiert.

Notre-Dame-de-Beauvoir: Über einen steilen Kreuzweg – beeindruckende Aussicht – geht es in einer Viertelstunde hinauf zu der kleinen Wallfahrtskapelle. Die einschiffige, ebenfalls romanische Kapelle diente ursprünglich als Klosterkirche, ihr Inneres birgt zahlreiche Votivtafeln.

La Palud-sur-Verdon

Der zentrale Hauptort im Gebiet der Gorges du Verdon liegt knapp 900 Meter hoch. Genau genommen scheint die Bezeichnung Dorf oder Weiler falsch zu sein, denn abgesehen von den im Tourismussektor tätigen Personen wohnt kaum jemand in La Palud. Dafür schlagen zahlreiche Wanderer und Kletterer in La Palud-sur-Verdon ihr „Basiscamp" auf, da sich der Ort sehr gut als Ausgangspunkt für Erkundungen des Grand Canyon du Verdon eignet.

• *Information* **Office de Tourisme**, 04120 La Palud-sur-Verdon, ✆ 0492773202, 📠 0492773087, www.lapaludsurverdon.com.

• *Verbindungen* Busverbindungen nach Castellane und Moustiers-Sainte-Marie.

• *Markt* Mittwoch- und Sonntagvormittag (im Sommer).

• *Maison des Gorges du Verdon* Dauerausstellung zur Natur und Kultur der einzigartigen Schluchtenlandschaft. Öffnungszeiten: Von Mitte Juni bis Mitte Sept. tgl. 10–13 Uhr und 15.30–18.30 Uhr, sonst 10–12 Uhr und 15–18 Uhr. Eintritt: 4 €, erm. 2 €.

• *Übernachten/Essen* *** **Hôtel des Gorges-du-Verdon**, ausgestattet mit einem kleinen, beheizten Swimmingpool, Tennisplatz und Restaurant (Menü zu 29 €) ist dieses Logis-de-France-Hotel in exponierter Lage etwas abseits des Ortes für Wanderer zu empfehlen, die Wert auf Komfort legen und bereit sind, dafür etwas tiefer in die Tasche zu greifen. Zimmer von 115 bis 150 €. In der Hauptsaison ist Halbpension Pflicht. Route de la Maline, ✆ 0492773826, 📠 0492773500, www.hotel-des-gorges-du-verdon.fr.

** **Auberge du Point-Sublime**, trotz der Lage direkt an der Hauptroute durch die Gorges du Verdon keine Touristenfalle. Das Hotel ist seit 1946 in Familienbesitz! Gut geeignet, um sich nach einer anstrengenden Wanderung durch den Canyon zu stärken (Menüs zu 15.30 (mittags), 21,90, 28 und 30 €), dabei ist auch ein Vegetariermenü für 27,50 € im Angebot. Zimmer 54–58 €. Von Ende März bis Okt. geöffnet, das Restaurant hat Mittwoch Ruhetag, Donnerstagmittag ist außer zwischen dem 14. Juli und 15. August ebenfalls geschlossen. ✆ 0492836035, 📠 0492837431.

** **Auberge des Crêtes**, nette, ländliche Herberge mit schöner Gartenterrasse, etwa einen Kilometer östlich des Ortes. Menüs ab 13 € (mittags). Zimmer 55–74 €. Von Okt. bis März geschlossen. Route de Castellane, ✆ 0492773847, 📠 0492773040, www.provenceweb.fr/04/aubergedescrete.

Gîte l'Escales, dieses Gîte am westlichen Ortsausgang ist ein Lesertipp von Martina Fabritius und wird vom ehemaligen Kletterprofi Patrick Edlinger und seiner Frau Matia betrieben. Zimmer mit Waschbecken, Gemeinschaftstoiletten und -duschen. Übernachtung 20 €, Halbpension 41 €. Von April bis Allerheiligen geöffnet. ✆ 0492773002. www.gite-escales.com.

L'Arc en Ciel, einfaches, aber nettes Gîte d'étape direkt am Dorfplatz. Den Gästen stehen 12 Schlafplätze zur Verfügung. Übernachtung 10,15 €, Frühstück 5 €, Halbpension ab 24,65 €. Place de l'Eglise, ✆ 0492773228. www.verdon-arcenciel-gite.com.

Le Perroquet Vert, das unkonventionelle Restaurant an der Ortsdurchfahrt bietet ein leckeres Hauptgericht ab 13 €. Schöne Straßenterrasse. Samstagmittag, Sonntagabend und Montag geschlossen.

• *Jugendherberge* Die Jugendherberge **Le Trait d'Union** liegt in 950 Meter Höhe an der Route de la Maline. Im Jahre 2005 erfolgte eine umfangreiche Renovierung der Herberge. Für die Übernachtung in einem der 56 Betten werden inkl. Frühstück 15,20 € berechnet. Zelten möglich. Vom 1.4. bis 30.9. geöffnet. ✆ /📠0492773872. www.fuaj.org/La-Palud-Sur-Verdon.

• *Camping* ** Le Grand Canyon, an der Straße nach Castellane liegt der städtische Campingplatz. Schönes Wiesengelände mit wenig Schatten, viel junges Publikum. Von Mai bis Sept. geöffnet. ✆ 0492773813.

Türkis leuchtet der Lac de Sainte-Croix

Lac de Sainte-Croix

Der Lac de Sainte-Croix ist ein Bade- und Surfparadies: Glasklares Wasser und ein einzigartiges Landschaftsszenario im Hintergrund. Die Dörfer rund um den See eignen sich für einen erholsamen Badeurlaub genauso wie als Stützpunkt für Erkundungen des nahen Grand Canyon du Verdon. Der See lässt sich, abgesehen von den zwei Stellen, an denen die Straßen im Hinterland verlaufen, in Ufernähe umrunden.

Bei der Flutung des 2200 Hektar großen Stausees wurden 1974 viele Fehler begangen. So ruhen 50 Meter tief unter den Fluten nicht nur zwei Dörfer, sondern auch eine römische Brücke, über deren neun Bögen man nahezu 2000 Jahre lang den Verdon bei Aiguines überqueren konnte. Es wurden damals leider keine Anstrengungen unternommen, die historisch bedeutsame Konstruktion abzutragen und an anderer Stelle wieder zu errichten. Doch nicht nur die Brücke, auch eine große historische Mühle und die Fontaine l'Eveque, eine der am stärksten schüttenden Karstquellen Europas, gingen durch den Stausee unwiederbringlich verloren. Zudem kann man sich leicht vorstellen, was es bedeuten muss, wenn die Plätze, an denen man als Kind gespielt hat, die vertraut knarrenden Dielen und die schon von den Urgroßvätern bestellten Felder für immer unter einer gigantischen Wasserflut begraben liegen. Die betroffenen Bauern wurden zwar entschädigt, doch wurden Felder und Häuser von der staatlichen EDF unterbewertet und teilweise für baufällig erklärt. Zudem haftete dem Geld ein bitterer Beigeschmack an: Quasi über Nacht mutierten die Landwirte zu Pensionsbesitzern, das seit Jahrhunderten bearbeitete Feld wurde in einen Campingplatz umgewandelt. Doch es gibt natürlich auch zahlreiche positive Aspekte: Die Dörfer waren nahezu ausgestorben, Jahr für Jahr zogen mehr Familien weg; erst der Tourismus hat die Region wieder wirtschaftlich belebt. Wer sich ein Bild von dem Leben in Les Salles-sur-Verdon machen will, bevor das Dorf geflutet wurde, findet dazu zahlreiche Informationen und Fotos im Internet: www.lessallessurverdon.com/LSenv.html.

Orte rund um den Lac de Sainte-Croix

Sainte-Croix-du-Verdon

Das kleine Dorf (exakt 77 Einwohner!) am Westufer gab dem See seinen Namen. Sainte-Croix ist der einzige Ort am See, in dem man am Morgen von der über den Bergen auf der gegenüberliegenden Seeseite aufgehenden Sonne geweckt wird. Zwar besitzt Sainte-Croix noch einige alte Häuser, doch bestimmen weitgehend gesichtslose Neubauten das Ortsbild. Am Ufer findet man eine Tretboot- und Kanuvermietung sowie eine Segelschule.

• *Information* **Point Information de Tourisme**, Mairie, 04500 Sainte-Croix-du-Verdon, ✆ 0492778529, 📠 0492777623. www.saintecroixduverdon.com.

• *Veranstaltungen* Fête Saint Sauveur (6. August).

• *Übernachten/Essen* **Auberge du Castellas**, hoch über dem See, sieben geräumige Zimmer (51–56 €), teilweise mit großem Balkon und tollem Blick, aber ohne Charme. Es werden keine Kreditkarten akzeptiert. Nur von Ostern bis Sept. geöffnet. Quartier du Castellas, ✆ 0492778792.

Le Comptoir, einfache Herberge mitten im Ort. Zimmer je nach Ausstattung 45–58 €. Das zugehörige Restaurant hat eine schöne Aussichtsterrasse, auf der mittags Salate für etwa 10 € serviert werden. ✆ 0492737462.

L'Olivier, unerwartet trifft man mitten im Ort auf einen kleinen Feinschmeckertempel. Der Koch hat bei Alain Ducasse gearbeitet! Ausgezeichnete provenzalische Küche mit herrlicher Aussicht auf den See. Menüs zu 18 € (mittags), 28 € und 38 €. Der halbe Liter vom Hauswein kostet 9 €. Außer im Juli und Aug. Montagabend und Dienstag Ruhetag, von Mitte Nov. bis Mitte Feb. Betriebsferien. ✆ 0492778795.

• *Chambres d'hôtes* **Les Fénières**, mitten im Dorf mit Blick auf den See werden fünf stimmungsvolle Zimmer (50–70 € inkl. Frühstück) vermietet. Schöne Frühstücksterrasse. ✆ 0492777723. www.verdon-chambre-sainte-croix.com.

• *Camping* ** **Les Roches**, der große städtische Campingplatz liegt direkt am Ufer des Sees. Terrassiertes, aber steiniges Gelände, dafür kann man vor dem Frühstück noch schnell eine Runde schwimmen gehen. Von April bis Sept. geöffnet. ✆ 0492777899.

Bauduen

Das kleine Dorf an der Südostecke des Sees liegt etwas abseits der Haupttouristenroute zum Grand Canyon du Verdon und ist daher nicht so überlaufen. Im Vordergrund steht natürlich der Wassersport, an historischen Sehenswürdigkeiten hat Bauduen eine kleine romanische Kirche sowie ein altes Waschhaus zu bieten. Was das Flair des Ortes betrifft, so ist Bauduen den anderen Orten rund um den Lac de Sainte-Croix vorzuziehen.

• *Information* Office de Tourisme, Rue Juterie, 83630 Bauduen, ✆ 0494843902.

• *Markt* Sonntagvormittag.

• *Übernachten/Essen* ** **Auberge du Lac**, nur durch eine Straße vom Stausee getrennt. Gemütlicher Gastraum im ersten Stock. Einfache, aber ansprechende Küche, beispielsweise gegrillte Wachtel mit Auberginengemüse. Wer will, kann auch nur einen Kaffee auf der sonnigen Terrasse trinken. Menüs zu 28,90 und 31,50 €. Die mit Liebe eingerichteten Zimmer besitzen teilweise eine Terrasse zum See (Nr. 20 und 22), 74–86 €, Frühstück 7,70 €. Allerdings ist Katzenallergikern dringend von einer Buchung abzuraten. Von Mitte Nov. bis Mitte März Betriebsferien. ✆ 0494700804. ℡ 0494842300.

Café du Midi, an der oberen Dorfstraße mit netter Atmosphäre und tollem Blick über den See. Es gibt wechselnde Tagesgerichte sowie Salate von 7–9 €.

• *Camping* *** **Les Vallons**, kleiner Platz (30 Stellplätze) mit Swimmingpool. Von April bis Sept. geöffnet. ✆ 0494700913.

** **Le Clos de Barbey**, terrassiertes Areal mit schönem Pool, drei Kilometer oberhalb des Sees. Von Juni bis Mitte Okt. geöffnet. ✆ 0494700867. www.leclosdebarbey.com.

** **Municipal Notre-Dame**, rund vier Kilometer vom Dorf entfernt. Harter Boden mit mäßigem Schatten. Von Mitte Juni bis Mitte Sept. geöffnet. ✆ 0494700856.

****Le Vieux Chêne**, ebenfalls von Mitte Juni bis Mitte Sept. geöffnet. Route du Barrage, ✆ 0494700908. www.campinglevieuxchene.com.

Les Salles-sur-Verdon

Das alte Les Salles-sur-Verdon liegt seit 1974 etwa 30 Meter tief im See begraben; nur die Kirchturmglocke, der Brunnen und das Kriegerdenkmal wurden mitgenommen, der Rest wurde gesprengt. Auf einer kleinen, aber breiten Hügelkuppe (tolle Aussicht auf den See!) wurde ein großzügig bemessenes Nachfolgedorf errichtet, das nicht vollkommen gesichtslos ist, aber unbedingt noch Patina ansetzen muss. Das Hauptaugenmerk richtete sich von Anfang an auf den Tourismus, so besitzt Les Salles-sur-Verdon beispielsweise mehrere große Campingplätze in unmittelbarer Seenähe.

• *Information* Syndicat d'Initiative, 83630 Les Salles-sur-Verdon, ✆ /℡ 0494702184. www.lessallessurverdon.com. Unter folgender Adresse gibt es zahlreiche Bilder von dem gefluteten Les Salles-sur-Verdon: www.lessallessurverdon.com/LSenv.html.

• *Einwohner* 200 Einwohner.

• *Markt* Donnerstagvormittag.

• *Bootsausflüge* Verdon Navigation veranstaltet Ausflüge über den See.

• *Übernachten/Essen* ** **Auberges des Salles**, modernes Hotel mit wunderschönem Blick über den See. Zimmer je nach Ausstattung 50–65 €, mit Seeblick und Balkon naturgemäß etwas teurer. In der Bar hängt noch eine alte Fotografie von der einstigen Herberge. Passables Restaurant mit Pizzeria, allerdings war die Salade Niçoise beim letzten Check nicht empfehlenswert. Menüs ab 15 €. Vom 15. Nov. bis 15. März Betriebsferien. ✆ 0494702004, ℡ 0494702178. www.auberge-du-lac.info. Ein ähnliches Angebot und Preisniveau hat das Hotel Sainte Anne, ebenfalls mitten im Ort.

• *Chambres d'hôtes* **Domaine de Chanteraine**, dieses herrschaftliche Anwesen aus dem 16. Jahrhundert ist ein Lesertipp von Harald Bönke, der es vor allem auch für Familien mit Kindern empfiehlt. Wobei man ehrlicherweise sagen muss, dass das schlossähnliche Haus schon bessere Zeiten gesehen hat. Der Verfall nagt an allen Ecken, wie wir befanden. Die Zimmer mit ihren Kochnischen sind etwas heruntergekommen, aber es ist wahrscheinlich auch nicht billig, ein solch riesiges Anwesen zu erhalten... Tolles Treppenhaus. Im Sommer wird das Frühstück im Garten serviert. Der große Pool ist nur im Juli und August mit Wasser gefüllt. Zimmer 105 € für 2 Pers., 180 € für 4. Pers., jeweils inkl. Frühstück, Abendessen 30 €. Von April bis 15. Okt. geöffnet. Die Domaine liegt oberhalb des Lac de Sainte-Croix, etwa einen Kilometer von Les Salles entfernt. Die Anfahrt von dort erfolgt auf den letzten 600 Metern über eine kriminell holprige Sandpiste, einfach ist die Anfahrt über eine asphaltierte Straße, die unterhalb von Aiguines abzweigt (ausgeschildert). ✆ 0494702101, ℡ 0494707153. www.chanteraine.net.

• *Camping* **** **Les Pins**, mäßig beschatteter Platz in unmittelbarer Nähe des Sees, nur zwei Minuten vom Dorf entfernt. Stellplatz in der Hauptsaison rund 20 €. Von April bis Okt. geöffnet. ✆ 0494702080. www.campinglespins.com.

*** **La Source**, terrassiertes Areal direkt am See, mit vielen Wohnwagen. Von April bis Sept. geöffnet. ✆ 0494702040.

** **Les Ruisses**, der städtische Campingplatz wurde unlängst renoviert und liegt nur 100 Meter vom See entfernt. Relativ steiniger Boden. Von Weihnachten bis Feb. geschlossen. ✆ 0494702167.

Wohnmobile können auf einem speziellen Platz für 7 € im Dorf abgestellt werden.

Aiguines

Bricht man vom Lac de Sainte-Croix auf, um auf der Südroute zum Grand Canyon zu fahren, so kommt man zuerst durch das hoch über dem Ostufer gelegene Aiguines. Der Ort besitzt ein kleines, recht ansehnliches Renaissanceschloss und direkt daneben eine Kapelle, die sich ebenfalls recht fotogen von der türkisfarbenen Wasserfläche im Hintergrund abhebt. Aiguines war bis zum Zweiten Weltkrieg das Zentrum der „Boule-Kugelindustrie“. Rund 600 Menschen fertigten in der Umgebung des Ortes die bis dato aus dem harten Buchsbaumholz hergestellten Kugeln, das an den steilen Hängen der Umgebung reichlich wuchs. Das über die D 19 schnell zu erreichende Seeufer eignet sich als Ausgangspunkt für eine kurze Erkundung der Gorges du Verdon mit dem Kanu oder Tretboot (Bootsverleih). Ein beeindruckendes Szenario: Die schmale Verdonschlucht mündet unterhalb von Aiguines bei der Galetas-Brücke in einen großen Talkessel.

Château: Das von vier Türmen flankierte Renaissanceschloss befindet sich in Privatbesitz und kann daher leider nur von außen besichtigt werden.

- *Information* Office de Tourisme, 83630 Aiguines, ✆ 04948423 59, www.aiguines.com.
- *Markt* Freitagmorgen.
- *Übernachten/Essen* **Altitude 823**, netter, kleiner Berggasthof mit angenehmer Atmosphäre und gutem Essen. Die in gelben Tönen gehaltenen 9 Zimmer mit ihren elektrischen Jalousien (der ganze Stolz der Wirtin!) kosten je nach Saison zwischen 52 und 59 €. Im Restaurant gibt es ländliche Küche, auf der Karte stehen Weinbergschnecken oder eine Forelle Müllerin Art, Menüs ab 17 €. Nur von April bis Okt. geöffnet. ✆ 049810221, ✆ 0498102216, www.aiguines.com/alt823.html.
- *Camping* ** **Le Galetas des Gorges du Verdon**, in Seenähe und mit 350 Stellplätzen recht groß. Von April bis Okt. geöffnet. ✆ 0494702048.

** **L'Aigle**, terrassiertes Gelände oberhalb von Aiguines mit wunderbarem Blick über den See. Das zugehörige Restaurant bietet ein preiswertes Menü. Von April bis Sept. geöffnet. ✆ 0494842375.

Riez

Das kleine Städtchen liegt am Rand einer größtenteils mit Lavendel- und Getreidefeldern bedeckten Hochebene, dem Plateau von Valensole. Die Reste eines römischen Tempels und ein frühchristliches Baptisterium erinnern an die große Vergangenheit von Riez.

Der Ort war ursprünglich ein keltisches Oppidum, das von den Römern latinisiert wurde und den Namen *Colonia Julia Augusta Apollinaris Reiorum* erhielt. Zwar wurden große Teile der antiken Stadt durch Anschwemmungen des kleinen Flusses Colostre überlagert, aber dennoch konnten wiederholt römische Bauten, darunter Thermen und Brückenpfeiler entdeckt werden. Bekannt sind vier, weithin sichtbare Säulen mit einem Architrav. Die weit verstreuten Funde lassen vermuten, dass das römische Riez mit 20.000 Einwohnern eine der wichtigsten Städte der Provence gewesen sein muss. Sehr früh wurde Riez zum Bistum erhoben, schon 439 tagte hier ein Konzil. Im frühen Mittelalter verlegten die Bürger ihre Stadt weg vom Fluss auf die benachbarte und besser zu verteidi-

Renaissanceschloss von Aiguines

gende Anhöhe, doch schon im 13. Jahrhundert entstand ein neues Riez an der heutigen Stelle, zu Füßen des Hügels. Von der Stadtbefestigung sind noch zwei Stadttore, die Porte Aiguière und die Porte Saint-Sols, erhalten. Aus bisher unbekannten Gründen setzte schon im 14. Jahrhundert ein einschneidender Bedeutungsverlust ein, den die Stadt nicht mehr aufhalten konnte, wenngleich der Ort während der Renaissance noch einmal eine kurze Blüte erlebte. Heute ist Riez ein kleines landwirtschaftliches Zentrum mit rund 1700 Einwohnern, beschaulichen mittelalterlichen Gassen und alten Häusern. Ob zu Recht oder zu Unrecht: Die Bewohner von Riez haben in den umliegenden Dörfern den Ruf, engstirnig und verbohrt zu sein.

• *Information* **Office Municipal de Tourisme**, Place de la Marie, 04500 Riez, ✆ 0492779909, 📠 0492779907. www.ville-riez.fr. Hier gibt es auch kostenloses WLAN.

• *Verbindungen* Mit dem Bus um 14 Uhr über Aix nach Marseille sowie um 10.30 Uhr über Moustiers nach Castellane (vom 1.7. bis 15.9. jeweils Di, Mi und Sa, sonst nur am Sa, allerdings nicht an Feiertagen). Einmal tgl. fährt ein Bus nach Quinson.

• *Markt* Jeden Mittwoch- und Samstagvormittag findet am Rand der Altstadt ein schöner, großer Markt statt (im Winter mittwochs mit Trüffelmarkt).

• *Fahrradverleih* VTT-Cîmes, Route Puimoisson, ✆ 0667347117. Mountainbike 20 € pro Tag.

• *Musée Nature en Provence* Das Naturkundemuseum im Rathaus widmet sich der Erdgeschichte (Fossilien, Mineralien etc.). Öffnungszeiten: Tgl. 10–12 Uhr und 14–17 Uhr. Im Winter So und Mo geschlossen.

• *Übernachten/Essen* ** **Carina**, das moderne Hotel, nur ein paar Schritte vom Baptisterium entfernt, besitzt den nüchternen Charme einer Herberge für Handlungsreisende. Die Zimmer (60 €) sind mit Bad und Balkon ausgestattet (schöner Blick auf die Stadt!). Haustiere sind nicht erlaubt. Von Mitte Nov. bis März geschlossen. Rue Hilarion Bournet, ✆ 0492778543.

Château de Pontfrac, in einem abgeschiedenen, kleinen Tal trifft man auf dieses schöne, ländliche Anwesen mit Swimmingpool. Leserin Michaela Michels schrieb: „Interessant, abgelegen, Zimmer sauber, hellhörig, ansonsten Jugendherbergsatmosphäre und ein bisschen 'Rummelplatz'. Lage gut, Umgebung schön." Auf dem parkähnlichen Grundstück gibt es einen Teich mit Gänsen und Enten. Sportliche Naturen können sich ein Mountainbike ausleihen und die Umgebung erkunden. Überraschenderweise sind die Zimmer (70 €, von Juni bis Sept. 75 €) recht günstig. Im Juli und Aug. ist allerdings Halbpension Pflicht. Menüs ab 28 €. Route de Valensole, ✆ 0492777877, ℻ 0492778272. www.chateau depontfrac.com.

Le Vieux Castel, dieses knapp vier Kilometer östlich in Roumoules gelegene Chambres d'hôtes ist eine Lesertipp von Dominique Seillon: „Ein Schloss aus dem 17. Jahrhundert mit viel Flair und Charakter, sehr netten Gastgebern und großzügigen Zimmern zu günstigen Preisen (Doppelzimmer zu 62 € inkl. Frühstück, Abendessen 20 €)." 1, route des châteaux, ✆ 0492777542. http://vieuxcastel.free.fr.

Le Rempart, die große Straßenterrasse am Dorfplatz ist kaum zu verfehlen. Provenzalische Küche zu angemessenen Preisen. Menüs zu 12 (mittags), 24 und 30 €. 11, rue du Marché, ✆ 0492778954.

• *Camping* ** **Rose de Provence**, kleiner, schattiger, von Ostern bis Sept. geöffneter Campingplatz an der Rue Edouard Dauphin, ✆ /℻ 0492777545. www.rose-de-provence.com.

Sehenswertes

Baptisterium (Musée Lapidaire): Wie die Taufkapellen von Fréjus und Aix-en-Provence zählt das Baptisterium von Riez nicht nur zu den ältesten Sakralbauten der Provence, sondern von ganz Frankreich. Es dürfte im 6. Jahrhundert, eventuell aber schon im 5. Jahrhundert neben einer zerstörten Bischofskirche erbaut worden sein. Der kleine (9,25 Meter x 8,40 Meter), fast würfelförmige Bau besitzt im Inneren einen achteckigen Grundriss, im Zentrum steht das ebenfalls achteckige Taufbecken, das wiederum von acht antiken Säulen mit korinthischen Kapitellen umgeben ist. Das Baptisterium dient auch als Ausgrabungsmuseum. Ein älterer Herr erläutert liebevoll die ausgestellten Exponate, zumeist römischen Gottheiten gewidmete Altäre und Grabplatten. Von der zugehörigen Kathedrale haben nur noch die Grundmauern die Wirren der Zeit überstanden, sie befinden sich auf der anderen Straßenseite.

Riez: Tempelruine

Colonnes Antiques: In einem kleinen Park unweit des Baptisteriums stehen am Ufer des Colostre vier knapp sechs Meter hohe Granitsäulen mit korinthischen Kapitellen, die einen Architrav tragen. Wem dieser Podiumstempel, der im Zentrum des römischen Riez gestanden haben muss, geweiht war, lässt sich nicht mehr feststellen. Errichtet wurde der Tempel höchstwahrscheinlich im ersten nachchristlichen Jahrhundert.

Umgebung

Allemagne-en-Provence

Bis 1953 hieß der Ort nur Allemagne, doch nach drei Kriegen mit Deutschland war man den Spott der Landsleute leid und entschloss sich zu dem Namenszusatz en-Provence. Wer aufgrund des Namens vermutet, deutsche Auswanderer hätten dieses Dorf in der Provence gegründet, der irrt. Der Name leitet sich entweder von der keltischen Fruchtbarkeitsgöttin Alemona, die in der Umgebung verehrt worden sein soll, oder von dem lateinischen *ara magna* (großer Altar) ab. Wie dem auch sei, Allemagne-en-Provence ist ein sympathischer Weiler mit einem ansehnlichen **Château** aus dem frühen 16. Jahrhundert – nur der mächtige, zinnenbekrönte Donjon ist noch älter. Das der Öffentlichkeit zugängliche Schloss (Übernachtungsmöglichkeiten!) entstand am Übergang vom Mittelalter zur Renaissance; neben Verteidigungselementen trägt der Bau schon repräsentativen Ansprüchen Rechnung, wie der im Renaissancestil gehaltene Prunksaal zeigt.

• *Schlossführungen* Von April bis Juni sowie Mitte Sept. bis Okt. am Wochenende 16 und17 Uhr, von Juli bis Mitte Sept. Di–So 16 und 17 Uhr. Eintritt: 6 €, erm. 3 €.

• *Markt* Donnerstagvormittag.

• *Übernachten* **Chambres d'hôtes**, die Schlossbesitzerin Madame Doris Himmel, eine gebürtige Deutsche, vermietet im Château auch drei stilvolle Zimmer für 80, 110 oder 140 € – jeweils inkl. einem im Park servierten Frühstück – sowie ein Appartement (ab 450 € pro Woche) und ein Turmhaus für 10 Personen (ab 800 € die Woche). Auch ein kleiner Swimmingpool ist vorhanden. ✆ 0492774678, ℻ 0492777384, www.chateau-allemagne-en-provence.com.

Plateau de Valensole

Valensole

Das kleine Dorf gab dem Plateau de Valensole seinen Namen und das sonnige Tal gab wiederum dem Ort seinen Namen. Valensole ist ein kleiner, unspektakulärer Zweitausend-Seelenort. Die Häuser drängen sich um einen Hügel, oben liegt die Kirche, die ein wenig spanisch anmutet. Erkundungen der Umgebung sind vor allem im Juli und August reizvoll, denn das bis zum Lac de Sainte-Croix reichende Hochplateau von Valensole besitzt die ausgedehntesten Lavendelfelder der Provence. Das Plateau ist karg und steinig, es gibt wenig Humus und kaum Wasser zum Bewässern. Doch der Lavendel passt sich an. Er kann auf Staub wachsen, gedeiht also auch in steinigem Boden, selbst ohne Humus. Wenn es regnet, um so besser, wenn nicht, wird er sich mit seinen langen Wurzeln zu helfen wissen. Die intensiven Blautöne werden einzig durch die Selektion erreicht, die Landwirte meist über Generationen betreiben. Aus einer Saat Lavendel verschiedener Farbnuancen suchen sie sich die Pflanze aus, deren Blau gefällt, und vermehren sie durch Stecklinge. Die neuen Blüten enthalten dann genau die ausgewählte Farbe. Die gesamte Region ist auch noch nach der Ernte vom Lavendelduft erfüllt; da die Felder maschinell abgeerntet werden, wird nämlich relativ viel übersehen. Eine schnelle Nachlese und das ganze Auto ist erfüllt vom reinen Duft alter Wäscheschränke. Nicht grundlos leitet sich das Wort Lavendel vom lateinischen *lavare*, „waschen“, ab.

- *Information* Office de Tourisme, Avenue Segond, 04210 Valensole, ☏ 0492749002, 📠 0492749377.
- *Veranstaltungen* *Fête du Blé* am ersten Sonntag im Juli.
- *Schwimmen* Ein für französische Verhältnisse großes, solarbeheiztes Schwimmbad mit Kinderbecken, von Juni bis Sept. geöffnet.
- *Kinderspielplatz* Schöne Anlage, direkt neben dem Schwimmbad.
- *Übernachten/Essen* **Les Marronniers**, in einem großzügigen, ockerfarbenen Haus vermietet Madame Christiane Carat vier Gästezimmer (für 42 € inkl. Frühstück) sowie ein sehr spartanisch eingerichtetes „Cabanon". Abends versammeln sich die Gäste an der großen Tafel auf der Terrasse, wo Christiane das Abendessen (15 € inkl. Wein) serviert. Lage: Etwa 1,5 Kilometer nordöstlich des Zentrums, unweit der Post am Chemin Saint-Claude ist ein Hinweisschild angebracht (die letzten 800 Meter geht es über eine Schotterpiste zum Haus). ☏ 0492748742, 📠 0492749565.
- *Camping* ** **Municipal Les Lavandes**, auf einer Anhöhe mit schönem Blick auf den Ort. Wiesengelände mit wenig Schatten, Zugang zum städtischen Schwimmbad. Von Mai bis Okt. geöffnet. ☏ 0492748614.

Sehenswertes

Musée Vivant de l'Abeille: Das Bienenmuseum an der Straße nach Manosque greift umfangreich das Thema Honig auf. Im Juni, Juli und August kann man mittwochs und freitags um 15 Uhr einen Bienenzüchter zu seinen Bienenstöcken begleiten.

Öffnungszeiten Tgl. 10–19 Uhr, Mo geschlossen. Eintritt: frei!

Mézel

Mézel ist gewissermaßen der Hauptort des Vallée d'Asse, das den nördlichen Teil des Plateau de Valensole prägt. Im Gegensatz zu anderen Dörfern der Region hat Mézel den Grundriss eines lang gestreckten Straßendorfes, doch ist es mit seinen bunten Fassaden und schönen Holztüren nicht ohne Charme. Seit jeher spielt die Landwirtschaft in dem fruchtbaren Tal eine bedeutende Rolle, überregional bekannt sind vor allem die als *pistoles* bezeichneten Trockenpflaumen aus Mézel. Auffällig ist auch, dass anstelle von Lavendel ausgedehnte Sonnenblumenfelder das Landschaftsbild dominieren. Wer sich einen Überblick über das Vallée d'Asse verschaffen will, sollte den kurzen Aufstieg zur Chapelle Notre-Dame-du-Rosaire (17. Jahrhundert) in Angriff nehmen.

- *Information* Mairie de Mézel, ✆ 0492355387.
- *Verbindungen* Busverbindungen nach Digne-les-Bains.
- *Markt* Samstagvormittag.
- *Übernachten/Essen* **Hôtel de la Place**, ein typisches provenzalisches Provinzhotel und auf seine Art recht liebenswürdig. Die einfachen Zimmer kosten je nach Ausstattung von 30 € (mit Waschbecken) bis zu 45 €. Place Victor Arnoux, ✆ 0492355105, ℻ 0492355549, bar-hotel-de-la-place@wanadoo.fr.

Restaurant de la Place, das in einem benachbarten Gebäude untergebrachte Restaurant bietet provenzalische Gaumenfreuden zu erfreulichen Preisen: Menüs zu 16,50, 20 und 25 €. Der halbe Liter vom Hauswein schlägt mit 6,20 € zu Buche. Lecker sind die Terrinen sowie *Soup au pistou* und der *Coq au vin*. Ein Lob gilt auch dem freundlichen Service, netter Garten. Im Winter Montag Ruhetag. Place Victor Arnoux, ✆ 0492355105.

- *Camping* *** **La Célestine**, in Mézel gibt es zwar einen städtischen Ein-Stern-Platz, doch wesentlich besser ausgestattet ist dieser zwei Kilometer südlich im Tal der Asse gelegene Platz. Und bekanntlich kann an einem heißen provenzalischen Sommertag ein künstlicher See nicht stören. Von Mai bis Sept. geöffnet. ✆ 0492355254. www.camping-lacelestine.com.

Wanderung 12: Gorges de Trévans

Die bis zu 200 Meter tiefen Schluchten von Trévans sind ein eindrucksvolles Naturszenario und werden gerne als *Verdon en miniature* bezeichnet. Glücklicherweise sind sie von dem Ansturm des großen „Vorbildes“ verschont geblieben. Anfahrt: Sieben Kilometer südlich von Mézel zweigt in dem Dorf Estoublon eine kleine Straße in Richtung des verfallenen Weilers Trévans ab, die nach rund fünf Kilometern zu einem Parkplatz führt. Von hier aus kann man die Schlucht auf einem ausgeschilderten Rundwanderweg erkunden, wobei sich in dem Flüsschen Estoublaisse immer wieder Gelegenheiten zum Baden bieten.

Ausgangspunkt: Parkplatz hinter einer kleinen Brücke. Gesamtwanderzeit: 3 Stunden. Wegstrecke: ca. 7,5 Kilometer. Höhenmeter: 320 Meter. Schwierigkeitsgrad: leicht bis mittel.

Die Wanderung beginnt an einem kleinen Parkplatz (WP 1). Wie gehen auf einem Feldweg (keine Markierung!) etwa 200 Meter in östlicher Richtung bis zu einer ersten Brücke (WP 2), die man überqueren muss. Eine Wandertafel gibt eine kleine Orientierung über die Pfade in der Umgebung. Wir folgen dem auf dem linken Flussufer verlaufenden Wanderweg (*Sentier de Valbonnette*), der mit einem Rotstrich markiert ist und unter einem Felsüberhang hindurchführt, bis zu einer Kreuzung (WP 3). Auf dem Weg, der nach rechts abzweigt, kommen wir später zurück, vorerst wenden wir uns nach links und überqueren den Fluss, in dem sich auch Forellen tummeln, über eine kleine Brücke. Die Rotstrich-Markierung begleitet uns noch weiter entlang des Flusses, ein paar Mal geht es bergauf und wieder bergab, dann muss man eine doppelte Brücke (WP 4) überqueren. Der schattige Pfad führt jetzt in südliche Richtung. Links und rechts des stetig ansteigenden Weges wachsen Kiefern, Ginster, Klee und Buchs. Von mehreren Aussichtspunkte kann man das Schluchtenpanorama bewundern. Erneut muss eine Brücke (WP 5) passiert werden und wir kommen zu einer kleinen Lichtung, die als Jardin de Valbonnette bezeichnet wird. Hier findet sich auch leicht ein schöner Rastplatz. Nachdem man rund zehn Minuten den Berg emporgestiegen ist, gelangt man an eine Wegkreuzung (WP 6). Jetzt folgt man rund eine halbe Stunde der Markierung Grünstrich bis zum höchster Punkt der Wanderung (WP 7). An der Weggabelung orientieren wir uns nun an der gelben Markierung, die den Berg in zahlreichen Kehren hinunterführt. Nach etwa

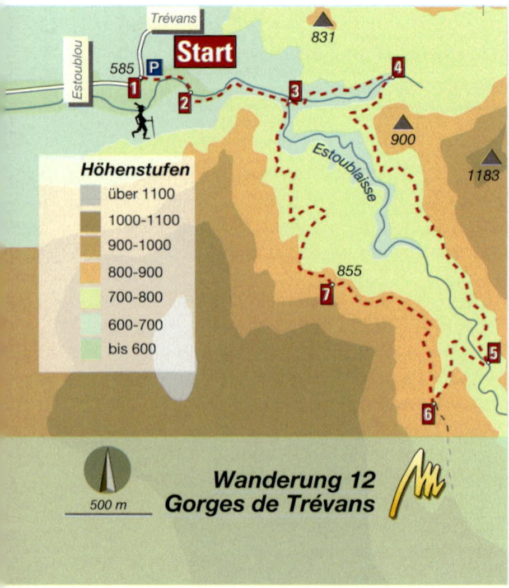

einen weiteren halben Stunde ist der Fluss wieder erreicht. Zurück zum Ausgangspunkt (WP 1) geht es nun auf demselben Weg. Wer will, kann sich noch eine Badestelle suchen, allerdings ist das Wasser des Flusses an manchen Tagen durch den ausgespülten Kalk sehr trübe.

Beeindruckend: Gorges de Trévans

Umgebung

Saint-Jurs: Das verträumte Bergdorf besitzt eine toll gelegene Kirche (Saint-Georges), von der man einen wunderschönen Panoramablick über die umliegenden Hügel und Täler genießen kann.

Puimichel: Puimichel ist eines der abgelegensten Dörfer, die auf den Höhenzügen zwischen den Tälern der Durance und der Asse zu finden sind. Touristen verirren sich nur sehr selten in den kleinen Weiler mit seinen 230 Bewohnern. Als Treffpunkt der Menschen im Dorf dient eine kleine Bar mit angeschlossenem Laden, die sich praktischerweise gleich neben der Kirche befindet.

• *Camping* ** **Les Matherons**, kleiner Campingplatz (25 Stellplätze) von einem holländischen Paar geführt, etwa zwei Kilometer außerhalb von Puimichel. Von Mitte April bis Ende Sept. geöffnet. ✆ 0492796010. ww.campinglesmatherons.com. **Ferme de Vauvenières**, kleiner Platz auf einem Plateau bei Saint-Jurs, unweit von Lavendelfeldern. Auch Zimmervermietung (50 €). ✆ 0492744418. www.ferme-de-vauvenieres.fr.

Am Unterlauf des Verdon

Die Landschaft, die der Verdon auf seinen letzten Kilometern durchfließt, bevor er in die Durance mündet, ist weniger spektakulär als der Grand Canyon du Verdon, doch als beschauliche Standorte für Erkundungen in die Umgebung sind die kleinen Orte wie beispielsweise Esparron-de-Verdon sehr beliebt.

Quinson

Das 370 Meter hoch gelegene Quinson gab dem nahen Stausee seinen Namen. Allerdings erscheint es übertrieben, angesichts des *Lac de Quinson* von einem See zu sprechen. Trotz einer Länge von elf Kilometern weist der See nur eine Größe von 160 Hektar auf und ähnelt daher eher einem breiten Fluss. Weite Teile des Stausees sind für Kajak- und Kanutouren geeignet, Motorbootfahren ist abgesehen von Booten mit Elektromotoren verboten. Zum Schwimmen ist der See in diesem Abschnitt zu kalt, aufgrund der schnellen Fließgeschwindigkeit erwärmt er sich auf maximal 17 Grad Celsius. Quinson hat sich seinen mittelalterlichen, elliptischen Grundriss bewahrt, Teile der spätmittelalterlichen Befestigungsmauer sowie zwei Türme sind noch erhalten.

Zum Kanufahren und Wandern empfiehlt sich eine Erkundung der Basses Gorges du Verdon bis zum Lac d'Esparron. Ein beschilderter Wanderweg verläuft am Südufer des Verdon entlang eines im 19. Jahrhundert zur Trinkwasserversorgung von Aix-en-Provence angelegten Wasserkanals. Zudem wurden in der *Grotte de la Baume Bonne* und weiteren Höhlen der Umgebung prähistorische Funde gemacht. Aus diesem Grund wurde im Jahre 2001 in Quinson ein Museum der Vorgeschichte eröffnet.

• *Information* **Office de Tourisme**, Mairie, 04500 Quinson, ✆ 0492740112, ℻ 0492740003. www.quinson.fr.

• *Markt* Samstagvormittag.

• *Verbindungen* Jeden Nachmittag eine Busverbindung nach Riez.

• *Schwimmen* Wem der Stausee zu kalt ist, der sollte das städtische Schwimmbad aufsuchen. Tgl. von 11–19 Uhr geöffnet.

• *Bootstouren* Elektro- und Tretbootverleih sowie Kanu- und Kajakverleih am Verdon. Ein Kanu kostet rund 20 € pro Tag.

• *Übernachten/Essen* *** **Le Moulin du Château**, die zum Hotel umgebaute Ölmühle befindet sich in dem fünf Kilometer entfernten Saint-Laurent-du-Verdon direkt neben dem eigentlichen Château und ist ein Lesertipp von Dr. Ehmer: „Das von einem Schweizer Besitzerehepaar geführte Hotel ist vollkommen ruhig gelegen und dennoch nicht abseits vom Schuss. 10 sehr gut eingerichtete Zimmer (je nach Saison 81–106 €, Frühstück 9 €), absolut sauber." Dem ist nur hinzuzufügen, dass es auch einen schönen ruhigen Garten und ein sehr gutes Restaurant (Menü 32 €) für die Hausgäste gibt. Ein Zimmer ist sogar für Rollstuhlfahrer geeignet. Von Nov. bis Feb. Betriebsferien. ✆ 0492740247, ℻ 0492740297, www.moulin-du-chateau.com.

** **Relais Notre-Dame**, freundlich geführte Herberge mit Pool im schön angelegten Garten hinter dem Haus, in dem sich mehrere lauschige Sitzplätze finden. Die sauberen und gepflegten Zimmer mit guten Matratzen befinden sich im ersten Stock, mit Blick auf den Garten schläft man etwas ruhiger. Das zugehörige Restaurant (Menüs zu 20 (vegetarisch), 23, 25, 35 und 40 €) ist für seine leckeren Gerichte bekannt. Im Sommer speist man bei gutem Wetter auf der gegenüberliegenden Straßenseite auf einer Terrasse mit Blick auf den Stausee. Besonders schön ist das geräumige Zimmer Nr. 16 für drei Personen mit einem ungewöhnlichen Durchgangsbad. 15 Zimmer zu 40–62 €. Bouleplatz, eigener Frühstücksraum vorhanden. Von Mitte Okt. bis Ende März geschlossen. Ein kl. Stück südlich von Quinson, kurz vor dem Verdon, ✆ 0492744001, ℻ 04927 40210. www.quinson.fr/relaisnotredame.

• *Camping* ** **Municipal Les Prés du Verdon**, Wiesengelände mit relativ wenig Schatten, direkt neben dem Schwimmbad am Ufer des Verdon. Von April bis Okt. geöffnet. ✆ 0492745880. www.campinglespres.com.

** **Lou Troupetoun**, ein paar Kilometer weiter südlich in Montmeyan. Kleiner städtischer Campingplatz mit Pool. Übernachtung etwa 10 €. ✆ 0494807279.

Sehenswertes

Musée de Préhistoire: Das auch architektonisch anspruchsvolle prähistorische Museum von Quinson ist das einzige überregional bedeutende Museum im Département Alpes de Haute-Provence. Der 25 Millionen Euro teuere Museumsbau wurde südlich des Dorfes Quinson direkt am Unterlauf der Gorges du Verdon errichtet. Der Entwurf stammt von dem Stararchitekten *Lord Norman Foster*, der seinen postmodernen Museumsbau größtenteils unter Tage angelegt hat. Foster sieht seinen Entwurf als Antwort auf die bescheidenen prähistorischen Höhlen und den natürlichen Flusslauf des Verdon.

Kurz zur Vorgeschichte: Durch den Bau und die Flutung des Stausees wurden zahlreiche prähistorische Siedlungsstätten unter Wasser begraben. In einer Art Rettungsaktion versuchte man damals, noch möglichst viele Zeugnisse der frühen Menschheitsgeschichte in der Haute-Provence zu retten. Die interessante Dauer ausstellung, zu der auch eine Audio-Führung in deutscher Sprache erhältlich ist, bietet auf 4274 Quadratmetern Ausstellungsfläche einen umfassenden Einblick in die regionale Frühgeschichte. Neben zahllosen Fundstücken wie Feuersteinen und Faustkeilen beeindrucken aber vor allem die multimedialen Darstellungen zur Geographie und zur Lebensweise der Urbewohner. So wird anhand mehrerer Dioramen veranschaulicht, wie sich das Leben und die Lebensbedingungen der Menschen von der Stein- bis zur Bronzezeit einschneidend verändert haben. Begehbare Nachbildungen einer Grotte sowie zahllose Audio- und Videoinszenierungen machen den Museumsbesuch auch für Kinder zu einem Erlebnis.

500 Meter vom Museum entfernt wurde ein prähistorisches Dorf nachgebaut. Zudem kann man im Rahmen einer Führung zur nahen Grotte de la Baume Bonne wandern.

• *Öffnungszeiten* Von Juli bis Aug. tgl. 10–20 Uhr, sonst tgl. außer Di 10–19 Uhr, im Winterhalbjahr tgl. außer Di bis 18 Uhr. Eintritt: 7 €, erm. 5 €. Führungen zur Grotte de la Baume Bonne finden im Juli und Aug. am Mi und Sa um 9 Uhr statt, sonst am 1. Sa im Monat um 10 Uhr, Reservierung unter ✆ 0492740959. www.museeprehistoire.com.

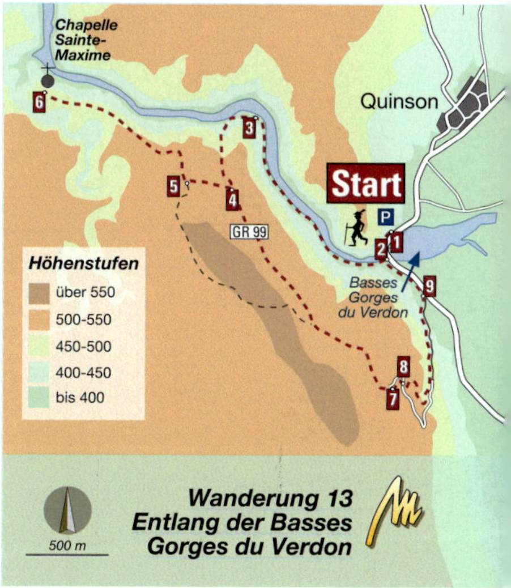

Wanderung 13: Entlang der Basses Gorges du Verdon zur Chapelle Sainte-Maxime

Der Bau mehrerer Staustufen hat den Lauf des Verdon spürbar verändert. Doch auch die Bewohner haben von dem neuen Wasserreichtum profitiert. Bei dieser Wanderung folgen wir dem alten Canal de Provence entlang des Verdon, bevor es hinauf auf ein weitgehend baumloses Plateau zur Chapelle Sainte-Maxime und dann wieder zum Ausgangspunkt geht. Einkehrmöglichkeiten gibt es in Quinson.

Ausgangspunkt: Parkplatz hundert Meter nördlich des Verdon. Gesamtwanderzeit: 3 Stunden. Wegstrecke: ca. 8 Kilometer. Höhenmeter: 186 Meter. Schwierigkeitsgrad: leicht.

Vom Parkplatz (WP 1) gehen wir hundert Meter nach Süden zu einer Brücke, die an jener Stelle über den Verdon führt, an der sich ein kleiner Stausee zu den Basses Gorges du Verdon verengt. Wir überqueren die Brücke und laufen rund 50 Meter entlang der Straße zu einer Hinweistafel (WP 2), an der rechter Hand ein mit Gelbstrich markierter Wanderweg abzweigt. Dieser idyllische Wanderpfad führt uns anfangs dicht am Wasser

Basses Gorges du Verdon

über einen Holzsteg, später zumeist direkt neben dem alten Bett des Canal de Provence, der durch den Bau der verschiedenen Staustufen des Verdon überflüssig geworden ist. Wir folgen dem Kanal auf seiner rechten Seite bis zu einer Eisenbrücke (WP 3). Einst konnte man hier weiter am Fluss laufen, doch ist dieser Weg aus Sicherheitsgründen gesperrt. Wir begeben uns daher auf den kurzen, aber sehr steilen Anstieg, der uns über ein Geröllfeld zum Plateau hinauf führt. Dort stoßen wir schon recht bald auf den rot-weiß markierten Fernwanderweg GR 99 (WP 4). Wer möchte, kann sich nach links wenden und jetzt schon zurück nach Quinson wandern. Wir folgen dem Fernwanderweg eine halbe Stunde in westlicher Richtung und gelangen zu einer Wegkreuzung (WP 5). Der Fernwanderweg führt weiter nach La Verdière. Wir nehmen den rechten Pfad mit der Markierung Gelbstrich, der uns in etwa einer Viertelstunde zur Chapelle Sainte-Maxime (WP 6) bringt. Die unspektakuläre Kapelle steht inmitten von Ginster und anderem Gebüsch. Nach einer kurzen Pause geht es auf demselben Weg zurück bis zu der Stelle, an der wir vom Fluss heraufgekommen sind (WP 4). Der rot-weiß markierte Fernwanderweg begleitet uns von nun an wieder zurück bis zur Straße, lange Zeit über einen breiten Feldweg, der sich erst später wieder zu einem Wanderpfad verengt (WP 7). Der Talkessel von Quinson ist deutlich zu erkennen, der Weg quert die Forstpiste noch einmal (WP 8) und führt in mehreren Kehren auf einem holprigen Pfad hinunter zur Straße (WP 9). Entlang der Landstraße geht es jetzt noch 500 Meter in Richtung Quinson zur Brücke (WP 2) und weiter zum Parkplatz.

Esparron-de-Verdon

Vor dem Bau der verschiedenen Staustufen des Verdon war Esparron ein kleines, beschauliches Dorf am Flussufer. Durch den idyllischen Stausee, dessen Ausbuchtungen an kleine Fjorde erinnern, erlebte Esparron-de-Verdon ab 1967 einen regelrechten Boom. Ferienhäuser und Campingplätze wurden errichtet, ein neues Dorf mit der notwendigen touristischen Infrastruktur entstand neben dem alten. Am Rand des alten Dorfes steht ein spätmittelalterliches **Schloss**, das noch heute den Herren von Castellane gehört; der leicht heruntergekommene Bau ist schon seit langem nur von Außen zu besichtigen. Der lang gestreckte, schmale Stausee (Lac d'Esparron) eignet sich gut zum Baden (Wassertemperaturen im Hochsommer um die 23 Grad Celsius), Surfen und für Bootserkundungen. Die Ufer sind allerdings steinig und fallen fast immer sehr steil in Wasser. Sehr zu empfehlen ist eine Kanutour verdonaufwärts bis zur nächsten Staustufe bei Quinson. Bei dieser landschaftlich sehr reizvollen Fahrt paddelt man durch die Basses Gorges du Verdon

• *Information* Office de Tourisme, Hameau du Port, 04550 Esparron-de-Verdon, ✆ 0492771545, 📠 0492771294. www.esparron deverdon.com.

• *Markt* Freitagvormittag.

• *Post* Gleich beim Rathaus, etwas oberhalb der Auberge du Lac.

• *Bootstouren* Ein kleines Elektroboot startet von März bis Nov. in Esparron zu einer einstündigen Exkursion über den See. In der Hochsaison mehrmals täglich, u. a. immer um 15 Uhr. Fahrpreis: Erw. 10 €, Kinder 6 €.

• *Kanu- und Kajakverleih* Club Nautique Esparron-de-Verdon. ✆ 0492771525. Auch Segelkurse werden angeboten.

• *La Vie d'Antan* Liebevolles Lokalmuseum mit Trachten von anno dazumal. Ostern bis Sept. tgl. außer Di 14–18.30 Uhr, im Juli und Aug. auch 10–12 Uhr. Eintritt: 2,50 €. Rue des Fontaines.

• *Übernachten/Essen* **Château d'Esparron**, die wohl tollste Übernachtungsmöglichkeit in Esparron! Leider ist die Übernachtung im Schloss, das in seinen ältesten Teilen aus dem 12. Jahrhundert stammt, mit 130–240 € (je nach Zimmer und Aufenthaltsdauer) inkl. Frühstück nicht gerade billig, dafür besitzen die fünf großzügigen Zimmer aber ein

Plateau de Valensole
Karte S. 212/213

Esparron-de-Verdon mit seinem Stausee

tolles Ambiente mit altertümlichem Mobiliar und einer freistehenden Badewanne, teilweise schläft man im Himmelbett. Schöner Frühstücksraum mit uraltem Kamin. Eindrucksvoll auch die steinerne Wendeltreppe. Garten vorhanden, auf Telefon und Fernseher muss man allerdings verzichten. Von Ostern bis Allerheiligen geöffnet. ✆ 0492771205, ℻ 0492771310, www.esparron.com.

• *Ferienwohnungen und -häuser* Das Office de Tourisme hält eine Liste mit 20 Objekten bereit.

• *Camping* **** **Le Soleil**, der ehedem von einem deutschen Ex-Fremdenlegionär angelegte Platz ist einer der schönsten der Region. Gegenüber dem Dorf ziehen sich 100 Stellplätze terrassenförmig bis zum See hinunter. Vor allem die unteren Plätze bieten eine wunderbare Aussicht, allerdings sind sie nicht mit dem PKW zu erreichen (Zelt und Gepäck tragen). Neben einem Restaurant (große Pizza), einem Café und einem kleinen Supermarkt gibt es auch einen Spielplatz; Kanus und Kajaks werden am „Strand" des Campingplatzes vermietet. Waschmaschinen stehen gegen Gebühr zur Verfügung. Sanitäranlagen leicht renovierungsbedürftig. Viel deutsches Publikum. Ca. 18 € für 2 Pers. mit Zelt. Von Ostern bis Sept. geöffnet. Route de la Tuilière, ✆/℻ 0492771378. www.campinglesoleil.net.

Saint-Martin-de-Brômes

Das aus einem keltischen Oppidum hervorgegangene 400-Einwohner-Dorf gefällt durch sein typisch provenzalisches Ortsbild. Die jahrhundertealten Häuser ziehen sich einen Hügel empor, auf dem eine romanische Kirche und der Turm einer Tempelritterburg stehen.

• *Übernachten/Essen* **La Fontaine**, das einzige Hotel-Restaurant des Dorfes ist nicht die schlechteste Wahl. Passable Zimmer ab 33 € mit Waschbecken bis 43,50 € mit Bad/WC in der Hauptsaison (die im Erdgeschoss sind allerdings nicht so toll). Gutes Restaurant (Wachtel probieren!) mit schöner Terrasse. Menüs zu 11 (mittags), 17, 22 und 27,50 €. Günstig ist daher die Halbpension. Im Januar und Februar Betriebsferien. Place de La Fontaine, ✆ 0492780205, ℻ 0492780221.

Gréoux-les-Bains

Lebhafter, kleiner Thermalkurort mit langer Tradition. Schon die Römer linderten an der warmen Griselis-Quelle ihre Rheuma- und Arthritisbeschwerden. Im Ortsnamen hat sich die Erinnerung an die namensgebende Nymphe Griselicae noch erhalten. Ob die Römer hier ihren Alltagsärger vergaßen, ist nicht bekannt, aber Jean Giono, der im benachbarten Manosque zu Hause war, kannte angeblich „keinen Ort, der besser den Ärger heilt als Gréoux". Im Mittelalter geriet die 42 Grad Celsius warme Heilquelle in Vergessenheit; erst 1960 wurde der Kurbetrieb wieder mit Erfolg aufgenommen. Seitdem verschandeln allerdings einige Neubauten am Ortsrand das Stadtbild. Historisch Interessierte müssen sich mit der romanischen Dorfkirche *Notre-Dame des Ormeaux*, den Resten einer mittelalterlichen Stadtmauer sowie der Ruine einer Burg der Tempelritter (*Château des Templiers*) aus dem 12. Jahrhundert begnügen; Letztere wird im Sommer für Freilichtaufführungen genutzt.

• *Information* Office Municipal de Tourisme, 5, avenue des Marronniers, 04800 Gréoux-les-Bains, ✆ 0492780108, ℻ 0492781300, www.greoux-les-bains.com.

• *Einwohner* 1950 Einwohner.

• *Verbindungen* Mit dem Bus 3x tgl. über Aix nach Marseille sowie 2x tgl. über Manosque nach Avignon.

• *Markt* Dienstagvormittag auf der Place de la Mairie und Donnerstagvormittag auf der Place Brossolette.

• *Schlossführungen* Von März bis Nov. Do 14.30 Uhr, im Juli und Aug. auch 16 Uhr. Kosten: 4 €. Genauere Auskünfte im Office de Tourisme.

• *Veranstaltungen* Printemps Musical International de Provence, im April.

• *Thermen* Von März bis Sept. geöffnet. Es werden verschiedene Thermalkuren (gegen Rheuma, Erkrankungen der Atemwege etc.) angeboten. ✆ 0492704001.

• *Musée du Santon* Sammlung volkstümlicher provenzalischer Krippenfiguren, die in pittoreske Alltagsszenen des 19. Jahrhunderts integriert sind. Adresse: 16, Avenue des Alpes.

• *Post* Avenue des Aires.

• *Schwimmen* Centre de loisirs Le Colombier. Von Mitte Juni bis Mitte Sept. geöffnet.

• *Übernachten/Essen* *** **La Crémaillère**, halbwegs modernes Hotel mit großem Park am östlichen Ortsausgang. Das zugehörige Restaurant von Eric Canona gilt als das beste der Umgebung. Niveauvolle provenzalische Küche, die sich saisonbedingt an verschiedenen Themen orientiert (Menüs zu 29 und 39 €). DZ 90–105 €, die teureren Zimmer mit Balkon oder Terrasse. Zum Hotel gehört ein Swimmingpool. Im Winter geschlossen. Route de Riez, ✆ 0492704004, 📠 0492781980. www.chainethermale.fr.

** **Hôtel des Alpes**, hinter der freundlichen Fassade in den provenzalischen Farben verbirgt sich ein angenehmes Hotel mit Garten und Pool. Zimmer je nach Saison, Lage und Ausstattung 90–120 €. Die zur Straße sind günstiger und naturgemäß etwas lauter. Menüs ab 23 €. Von Mitte Nov. bis Feb. Betriebsferien. 19, avenue des Alpes, ✆ 04927424244, 📠 0492742426. www.hoteldesalpes04.com.

** **La Castellane**, das zur Logis-de-France-Vereinigung gehörende Hotel ist in einer schmucken, kleinen Villa untergebracht (ein Jagdpavillon aus dem 19. Jahrhundert). Da es nur zehn Zimmer (zeitlos, aber schick, je nach Saison 53–79 €) besitzt, ist die Atmosphäre recht familiär. Im Garten hinter dem Haus befindet sich ein schöner Swimmingpool. Es wird auch Halbpension angeboten. In einem Nebengebäude werden auch ungefähr gleichteure Appartements vermietet. Nette Vermieter! Von Mitte Nov. bis Mitte

Die Tempelburg von Gréoux

März Betriebsferien. Avenue des Thermes, ✆ 0492780031, 📠 0492780977. www.villacastellane.com.

** **L'Auberge**, das in einer ehemaligen Poststation untergebrachte Hotel ist so akkurat geführt wie die Wirtin resolut ist. DZ je nach Lage 50–55 €. Menüs ab 17 €. WLAN vorhanden. Avenue des Thermes, ✆ 0492780026.

* **Le Chemin Neuf**, annehmbare, günstige Unterkunft im Rand der Altstadt, Zimmer 34–37 €. Von Mitte Dez. bis Mitte Feb. geschlossen. 4, chemin Neuf, ✆ 0492780106, 📠 0492776424. www.hotelgreoux.com.

• *Camping* ** **La Pinède**, wie der Name schon ankündigt in einem Pinienhain gelegen, 1,5 Kilometer außerhalb. Mit Swimmingpool. Route de Sainte-Pierre, ✆ 0492780547. www.camping-lapinede.com.

Plateau de Valensole
Karte S. 212/213

Saint-Julien-le-Montagnier

Saint-Julien-le-Montagnier – zehn Kilometer südlich von Gréoux – ist ein uralter Ort auf einem steilen Berggrat. Bei archäologischen Grabungen wurden Befestigungsanlagen aus der Jungsteinzeit entdeckt. Zahlreiche römische Töpferarbeiten lassen darauf schließen, dass Saint-Julien bis zur Gegenwart kontinuierlich besiedelt war. Augenscheinlicher ist das mittelalterliche Erbe: alte Häuser, Reste der Stadtmauer und eine romanische Kirche aus dem 13. Jahrhundert.

Obwohl es ein Hotel-Restaurant gibt, ist Saint-Julien im touristischen Sinne fast unberührt. Am höchsten Punkt des Ortes kann man wunderbar rasten und die Panoramaaussicht genießen. Am Fuß des Berges gibt es noch einen moderneren Ortsteil mit Geschäften und einem Schwimmbad.

• *Übernachten/Essen* **Auberge du Montagnier**, das Hotel ist ein Lesertipp von Ursula Walther, die sich gerne an die schönen Abende unter den Bäumen des mitten im Ort gelegenen Restaurants erinnert. Es gibt Menüs zu 14,50 € (nur mittags), 24 € und 30 €, beispielsweise mit einem Lammcarpaccio, Lammbraten und Dessert. Der beleibte Patron ist gewissermaßen die lebende Garantie für die Qualität der Küche. Es werden auch vier große, in Pastellfarben gehaltene Zimmer für 62 € vermietet. Wunderschön ist die Terrasse, die einen grandiosen Panoramablick bietet und auf der im Sommer auch das Frühstück serviert wird. Dies lässt auch verschmerzen, dass es keinen Fernseher im Zimmer gibt... ✆/℻ 0494800629. www.aubergedumontagnier.com.

Castellane

Das kleine Städtchen am Verdon eignet sich gut als Ausgangspunkt für Erkundungen des Grand Canyon du Verdon und als Etappenziel auf der Route Napoléon. Abkühlung bietet der nahe gelegene Lac de Castillon oder der Lac de Sainte-Croix.

Castellane (*Salinae*) ist römischen Ursprungs; der römische Name leitete sich von den salzhaltigen Quellen der Umgebung ab. Im 5. Jahrhundert war die Stadt kurzzeitig Bischofssitz. Das älteste Gebäude der Stadt ist die ehemalige Pfarrkirche Saint-Victor, ein schlichter, spätromanischer Sakralbau. In der Nähe der Kirche befinden sich die Reste der spätmittelalterlichen Stadtbefestigung, von der auch noch einige Türme und zwei Stadttore erhalten sind. Schön anzusehen ist die Place Marcel-Sauvaire im Zentrum von Castellane: ein weiter Platz mit Cafés, Geschäften und einem Brunnen, der an die Barone von Castellane erinnert. Zu den frühen Feriengästen des Ortes gehörte auch André Breton. Der „Papst der Surrealisten“ verbrachte im August 1931 ein paar Tage im noch heute existierenden Hôtel du Levant und schrieb dort *Les Vasas communicants*. Aufgrund der guten Infrastruktur mit zahlreichen Campingplätzen, Hotels und Supermärken eignet sich Castellane hervorragend als Basisstation zur Erkundung der Gorges du Verdon und der angrenzenden Teile der Haute-Provence.

Information/Verbindungen/Diverses

• *Information* Office de Tourisme, Rue Nationale, B. P. 8, 04120 Castellane, ✆ 0492836114, ℻ 0492837689, www.castellane.org.

• *Einwohner* 1530 Einwohner.

• *Verbindungen* Die Bushaltestelle befindet sich vor der Bar de l'Etape an der Place Marcel Sauvaire. Verbindungen über La Palud, Riez, Moustiers und Aix nach Marseille um 12.15 Uhr (vom 1.7. bis 15.9. jeweils Mo, Mi und Sa, sonst nur am Sa, allerdings nicht an Feiertagen) sowie tgl. um 15.10 Uhr über Grasse nach Nizza und um 10.45 Uhr nach Digne und weiter nach Sisteron. Tgl. außer So um 10.40 Uhr nach Saint-André-les-Alpes, von dort geht es gleich weiter mit dem Train des Pignes nach Digne oder Nizza (von Mitte Juli bis Aug. fährt der Bus zusätzlich um 17.40 Uhr ein zweites Mal nach Saint-André-les-Alpes). Weitere Busverbindungen mit Draguignan. Im Juli und Aug. verkehren tgl. zwei Busse in Richtung Gorges du Verdon. Abfahrt 8.05 Uhr und 16 Uhr, zurück von La Palud um 9.45 und 17.45 Uhr.

• *Musée Art et Traditions Populaires* Alltagskultur aus der Region Castellane. Öffnungszeiten: Juli bis Sept. tgl. außer Mo 10–13 Uhr und 14.30–18.30 Uhr, im Mai, Juni und

Okt. Di–Sa von 9–12 Uhr und 14–18 Uhr. Adresse: 34, rue Nationale. Eintritt: 2 €, erm. 1 €.

• *Stadtführungen* Im Juli und Aug. Di um 10 Uhr (mit Museumsbesichtigung) sowie Do um 9 Uhr (inkl. Besichtigung der Chapelle Notre-Dame-du-Roc). Treffpunkt ist vor dem Office de Tourisme.

• *Markt* Mittwoch- und Samstagvormittag.

• *Schwimmen* Wem der Verdon zu kalt ist, der kann von Juni bis Sept. auch das beheizte Schwimmbad mit Rutsche, Sprungturm und einem 25-Meter-Becken am linken Flussufer besuchen. Montag geschlossen. Achtung: im Juni und Sept. sind die Öffnungszeiten sehr eingeschränkt (Di, Do und Fr nur 11.30–13.30 Uhr), ✆ 042836022.

• *Wassersport* Easy Rafting, 2, rue du Mitau, ✆ 0492837402. Acti-Raft, Route des Gorges, ✆ 0492837664. Aqua Verdon, 9, rue Nationale, ✆ 0492837275. Im Angebot: Kanu- und Kajakverleih, Canyoning, Rafting etc.

• *Fahrradverleih* Aqua Viva Est, 12, boulevard de la République, ✆ 0492837574.

• *Minigolf* Beim Campingplatz Camp du Verdon.

• *Golf* Château de Taulanne (20 Kilometer südöstlich an der RN 85), ✆ 0493603130.

• *Angeln* Einen Angelschein für den Verdon und die Seen gibt es beim Office de Tourisme ab 7 €.

Castellane

• *Waschsalon* Laverie Automatique, 20, boulevard Saint-Michel. Tgl. von 8–20 Uhr geöffnet.

Übernachten/Essen

• *Übernachten/Essen* *** **Nouvel Hotel de Commerce**, mit rustikalem Touch. Die kreative Küche des Hotels gilt als eine der anspruchsvollsten in der Haute-Provence. Bereits das günstigste Menü entführt in den Gourmethimmel. Vorzüglich mundet das Entenfilet. Ausgezeichneter Service im lauschigen Garten, Menüs zu 18, 26 und 44 €. Einen krassen Gegensatz hierzu bieten die Zimmer. Sie entsprechen nicht dem Standard eines Drei-Sterne-Hotels. Tipp: Achten Sie auf den an der Zimmertür angeschlagenen Preis. Bei meinem Besuch wollte man mir 10 € mehr abknöpfen. (P.S.: Für das kleine, renovierungsbedürftige Zimmer mit der schlecht funktionierenden Dusche wäre eher ein Sonderpreis angebracht gewesen.) Die Zimmerpreise variieren zwischen 60 und 95 €. Von Nov. bis Ostern geschlossen. Das Restaurant ist am Dienstag und Mittwoch mittags geschlossen. Place de l'Eglise, ✆ 0492836100, ℻ 0492837282. www.hotel-fradet.com.

** **Auberge du Teillon**, „sehr empfehlenswert als Stärkung für Reisende, die den Grand Canyon durchquert haben", meinte Leser Peter Heß. Im Restaurant (im Sommer auf der Straßenterrasse) werden provenzalische Spezialitäten in einem klassischen Ambiente serviert, Menüs zu 22, 34, 42 und 48 €. Wir kehrten auf unserer Recherche ein und waren ebenfalls absolut begeistert. Ein besonderes Lob verdient der im Speckmantel gebratene Lachs! Geradezu genial munden die liebevoll angerichteten Desserts. Wer will, kann gleich in einem der 9 nicht gerade großen Zimmer (50–54 €, Frühstück 8 €) nächtigen. Günstig ist die Halbpension für 55 € pro Person. Von Mitte Nov. bis Mitte März Betriebsferien. In La Garde, fünf Kilometer südöstlich von Castellane an der Route Napoléon. ✆ 0492836088, ℻ 0492837408. www.auberge-teillon.com.

** **Grand Hôtel du Levant**, alteingesessenes Hotel, zu dessen Gästen auch einst André Breton gehörte. Wenn es die

Plateau de Valensole
Karte S. 212/213

Notre-Dame-du-Roc

Temperaturen zulassen, sitzt man vor dem Hotel unter den schattigen Arkaden. Menüs zu 16, 24 und 32 €. Die Zimmer mit den großen, schönen Bädern kosten 37–51 €. Mitte Okt. bis Feb. geschlossen. 6, place Marcel Sauvaire, ✆ 0492836005, ℻ 0492837214. www.touring-levant.com.

** **Ma Petite Auberge**, charmante Unterkunft am Dorfplatz, besonders ruhig schläft man nach hinten hinaus. Im Garten des Restaurants speist man im Schatten einer alten Platane. 16 Zimmer zu 45–55 €. Menüs zu 16 €, 24 € und 32 €. Nov. bis März geschlossen. Das Restaurant hat am Mittwoch Ruhetag. 8, boulevard de la République, ✆ 0492836206, ℻ 0492836849. www.mapetiteauberge.com.

** **Du Roc**, einfaches, aber nettes Hotel unweit der Dorfkirche. Zimmer je nach Saison 43–50 €. Gutes Restaurant, Menüs ab 15 €. Place de l'Eglise, ✆ 0492836265, ℻ 0492837376. www.hotelduroc04.com.

• *Chambres d'hôtes* **L'Oustaou**, ein Lesertipp von Heiko Schmitz und Philipp Legert, die die Unterkunft mit ihrem geräumigen Doppelzimmer (60 € inkl. Frühstück) empfahlen. Insgesamt werden drei Zimmer vermietet. Die nette Besitzerin hilft ihren Gästen mit Landkarten und Ausflugstipps. Chemin des Listes, ✆ 0492837727, ℻ 0492837802. www.castellane.org/oustaou/chambres.html.

• *Camping* Mit mehr als einem Dutzend Plätzen rund um Castellane ist das Gebiet ein wahres Campingparadies.

**** **Camp du Verdon**, mit 500 Stellplätzen der größte Campingplatz in der Umgebung von Castellane. Der Platz liegt an der Straße zum Grand Canyon direkt am Ufer des Verdon, knapp zwei Kilometer von Castellane entfernt. Von Mitte Mai bis Mitte Sept. geöffnet. Beheizter Swimmingpool mit Rutsche, Minigolf, Wohnwagenvermietung. Route des Gorges du Verdon, ✆ 0492836129. www.camp-du-verdon.com.

**** **Les Collines du Castellane**, ein paar Kilometer südöstlich von Castellane in La Garde (tgl. außer So drei Busverbindungen). Swimmingpool mit Rutsche, Tennis und diverse Animationen. Recht hohes Preisniveau. Viele Holländer. Von Mitte Mai bis Mitte Sept. geöffnet. Route de Grasse, ✆ 0492836896. www.rcn-campings.fr.

**** **International**, schöne Aussicht auf den Ort und die umliegenden Berge. Extras: Swimmingpool (20 x 10 Meter) und Freizeitanimation. Ebenfalls relativ teuer. Von Ostern bis Ende Sept. geöffnet. Plan de la Palud, ✆ 0492836667. www.campinginternational.fr.

*** **Domaine de Chasteuil-Provence**, acht Kilometer außerhalb in Richtung Gorges du Verdon. Lang gestrecktes, schattiges Areal am Ufer des Verdon. Im Juli und Aug. von Mo–Sa Busverbindungen nach Castellane und La Palud. Beheizter, nierenförmiger Swimmingpool und Kinderbassin von Juni bis Mitte Sept. geöffnet, der Platz selbst von Anfang Mai bis Mitte Sept. ✆ 0492836121. www.chasteuil-provence.com.

*** **Des Gorges du Verdon**, ein kleines Stück weiter in Richtung La Palud, ebenfalls mit Swimmingpool. Von Ostern bis Ende Sept. geöffnet. Route des Gorges de Verdon, zehn Kilometer von Castellane entfernt, ✆ 0492836364. www.camping-gorgesduverdon.com.

** **Frédéric Mistral**, einfacher Platz direkt am Ortseingang. Von März bis Mitte Nov. geöffnet. 12, avenue Frédéric Mistral, ✆ 0492836227.

** **Les Lavandes**, hundert Meter weiter, etwas bessere Ausstattung. Extras: Finnische Sauna und Solarium. Von April bis Mitte Okt. geöffnet. Route des Gorges de Verdon, ✆ 0492836878. www.camping-les-lavandes.com.

Sehenswertes

Musée des Sirènes et Sireniens: Das zwischen Rathaus und Post gelegene geologische Museum widmet sich natürlich in erster Linie den versteinerten Seekühen, die in der Umgebung gefunden wurden. Abgerundet wird die Ausstellung durch weitere Informationen zur regionalen Erdgeschichte.

Öffnungszeiten Von Mai bis Sept. tgl. außer Di 10–13 Uhr und 15–18.30 Uhr. Eintritt: 4 €, erm. 3 €.

Notre-Dame-du-Roc: An den Resten der Stadtmauer vorbei führt ein Fußweg in einer guten halben Stunde zu dem Castellane überragenden *Roc* hinauf. Auf dem Gipfel des an einen Zuckerhut erinnernden Felsens steht die Wallfahrtskapelle Notre-Dame-du-Roc. Das Gotteshaus stammt aus dem 18. Jahrhundert und wurde an der Stelle eines romanischen Vorgängerbaus errichtet. Auf dem 903 Meter hohen Felsen, von dem sich eine schöne Aussicht bietet, stand im Mittelalter auch eine Burg und die Siedlung *Petra Castellana.*

Umgebung

Vallée des Sirènes

Sechs Kilometer nordwestlich (N 85) von Castellane kann man sich eindrucksvoll davon überzeugen, dass große Teile der Alpen einst unter dem Meer lagen. Vom Wanderparkplatz am Col des Leques ist ein etwa 30-minütiger Weg (einfach) ausgeschildert, der zu einer Felsplatte mit Versteinerungen von Seekühen (Rippen, Kiefer samt Zähnen, ganzes Skelett) führt. Die von einer Glasscheibe geschützten Fossilien sind rund 40 Millionen Jahre alt und wurden 1938 erstmals wissenschaftlich erfasst (ein Lesertipp von Angelika Schlecht).

Lac de Castillon

Oberhalb von Castellane wurde der Verdon 1948 zum Lac de Castillon aufgestaut. Der bei Wassersportlern beliebte See – er ist relativ schmal und acht Kilometer lang – lässt sich auf der an seinem Ostufer entlangführenden Straße erkunden. Als Zentrum des Wassersports hat sich die kleine Gemeinde Saint-Julien-du-Verdon etabliert. Da der südliche Teil des 500 Hektar großen Sees der französischen Marine „gehört", ist dort die Schifffahrt nicht erlaubt. Kurz hinter der Staumauer wurde der Verdon zu einem weiteren, wesentlich kleineren See, dem Lac de Chaudanne, aufgestaut.

Senez

Beinahe unvorstellbar, dass das kleine Dorf an der Route Napoléon, das die Römer unter dem Namen *Sanitium* gründeten, bis vor rund 200 Jahren Sitz eines Bischofs war. Die romanische Kirche Notre-Dame-de-l'Assomption diente folglich jahrhundertelang als Bischofskirche. Zur Ausstattung des unauffälligen Sakralbaus gehören mehrere wertvolle Wandteppiche. Wer die ehemalige Kathedrale besichtigen möchte (2 €), wendet sich an Madame Mestre. Sie wohnt am unteren Dorfende gegenüber dem Brunnen.

Plateau de Valensole
Karte S. 212/213

Trigance

Eine Rundfahrt um den Grand Canyon führt zumeist durch den kleinen, knapp zwanzig Kilometer südwestlich von Castellane gelegenen Ort. Beherrscht wird das urtümlich wirkende Dorf von einer mächtigen Burganlage, die einst den Grafen der Provence gehörte und den Zugang zur Verdon-Schlucht kontrollierte. Seit ein paar Jahrzehnten beherbergt das alte Gemäuer ein edles Hotel. Lebendig ist Trigance vor allem im Sommer, wenn im Schloss Theateraufführungen unter freiem Himmel stattfinden (Infos erteilt das Verkehrsbüro), während im Winter die 800 Meter hoch gelegene Gemeinde oft eingeschneit ist.

• *Information* **Syndicat d'Initiative de Trigance**, Place Saint-Michel, 83480 Trigance, ✆/℻ 0494856840.

• *Einwohner* 150 Einwohner.

• *Übernachten/Essen* *** **Château de Trigance**, wunderschönes Schlosshotel mit phantastischer Aussichtsterrasse. Die Wände sind mit Wappen und Lanzen geschmückt. Die zehn, mit schlichter Eleganz eingerichteten Zimmer sind ab 115 € zu haben, für das Turmzimmer werden 165 € berechnet. Das Restaurant (Mittwochmittag geschlossen) bietet traditionelle Küche zu angemessenen Preisen, Menüs zu 28, 38 und 48 €. ✆ 0494769118, ℻ 0494856899, www.chateau-de-trigance.fr.

** **Le Vieil Amandier**, hier hat man das Vergnügen, vom Bürgermeister persönlich bekocht zu werden. Bernand Clap arbeitete früher als Koch im Schlosshotel, bevor er sich selbstständig machte. Ein wenig unterhalb baute er ein eigenes Hotel mit modernen, leider etwas zu kleinen Zimmern. Für 55–89 € (Letzteres in der Hochsaison mit Talblick) schläft man gut, das Frühstück wird auf Wunsch auf der Gartenterrasse serviert. Dem abends beleuchteten Swimmingpool kann selbst das Schloss nichts entgegensetzen. Wie man sich leicht überzeugen kann, versteht Bernand Clap sein Küchenhandwerk noch immer vorzüglich; Menüs zu 19 (nur mittags), 25 und 34 €. Von Nov. bis Ende März Betriebsferien. Montée Saint-Roch, ✆ 0494769292, ℻ 0494856865, http://levieilamandier.free.fr.

Comps-sur-Artuby

Die bunten Häuserfassaden von Comps-sur-Artuby drängen sich unterhalb eines Felsens, der von der Eglise Saint-André (12. Jahrhundert) gekrönt wird. Im Mittelalter befand sich der gesamte Ort auf dem Hügel; später, als die Zeiten friedlicher wurden, ließen sich die Bewohner im Tal nieder.

• *Markt* Dienstagvormittag.

• *Übernachten* ** **Grand Hôtel Bain**, das in einer einstigen Postkutschenstation untergebrachte Logis-de-France-Hotel ist eine Institution. Seit 1737 (!) ist es im Besitz der Familie Bain und wurde seither immer vom Vater auf den Sohn vererbt (die Töchter gingen wahrscheinlich wieder mal leer aus...). Hinter der einladend wirkenden, gelben Fassade mit den blauen Fensterläden verbirgt sich heute ein nettes Hotel mit annehmbaren Zimmerpreisen von 55–85 €. Liebevoll altertümliches Flair, manche Zimmer mit Blümchentapete. Auch die ansprechende Küche verdient ein Lob, serviert werden beispielsweise hausgemachte Ravioli oder ganz klassisch eine *Daube provençale*. Menüs zu 17, 22, 26 und 30 €. Von Mitte Nov. bis Weihnachten Betriebsferien. Rue Praguillem, ✆ 0494769006, ℻ 0494769224. www.grand-hotel-bain.fr.

Bargème

Der 100-Einwohner-Weiler Bargème ist mit knapp 1100 Metern die am höchsten gelegene Ortschaft des Départements Var. Die engen, von den Resten einer Stadtbefestigung umgebenen Gassen laden zum Schlendern ein; interessant sind die imposante Burgruine (Château des Pontevès) sowie die romanische Kirche Saint-Nicolas.

Am Rand der Seealpen

Saint-André-les-Alpes

Das kleine, etwas verschlafene Bergdorf ist durch den Lac de Castillon, an dessen oberen Ende Saint-André-les-Alpes liegt, zum Ferienort avanciert. Vor allem in Gleitschirmfliegerkreisen ist der Ort wegen seiner ausgezeichneten thermischen Verhältnisse sehr beliebt. Neben zahlreichen französischen Meisterschaften wurden am Mont Chalvet 1991 auch die Weltmeisterschaften ausgetragen. Gelegentlich kann man sich daher als Nicht-Flieger durchaus verloren fühlen. Wer will, kann eine schöne Kurzwanderung entlang dem Westufer des Lac de Castillon unternehmen. Hinter dem letzten Hotel an der N 202 geht es hinunter zum See. Da es auf dem gleichen Weg zurückgeht, kann jeder die Dauer der Wanderung selbst bestimmen.

Gemüse im Eigenanbau

- *Information* Syndicat d'Initiative, Place Marcel Pastorelli, 04170 Saint-André-les-Alpes, ✆ 0492890239, 📠 0492891923, www.ot-st-andre-les-alpes.fr.
- *Einwohner* 900 Einwohner.
- *Verbindungen* In Saint-André-les-Alpes hält der Train des Pignes. Viermal pro Tag verkehrt der Pinienzapfenzug in Richtung Digne sowie in Richtung Nizza. Von Mo–Sa fahren zweimal täglich (12 und 18.20 Uhr) Busse nach Castellane.
- *Fahrradvermietung* Pro-Verdon Activités, rue Basse, ✆ 0492890419.
- *Markt* Mittwoch- und Samstagvormittag
- *Schwimmen* Schwimmen und Baden ist im Lac de Castillon möglich.
- *Gleitschirmfliegen* Aérogliss, Ecole de Vol Libre du Haute Verdon, Base de Loisirs des Iscles, ✆ 0492891130.
- *Übernachten/Essen* ** **Le Clair Logis**, ein kleines Stück oberhalb von Saint-André-les-Alpes. Zimmer 48–51 €. Auf der schönen Terrasse werden günstige Menüs (ab 15 €) serviert. Restaurant mit Garten. Von März bis Okt. geöffnet. Route de Digne, ✆ 0492890405, 📠 0492891936.

** **Lac et Forêt**, massiver Steinbau unweit des Stausees und daher außerhalb des Ortes, den man bequem und schnell zu Fuß erreichen kann. Ein Ferienhotel mit Tradition, die individuell eingerichteten Zimmer (Blümchentapete!) und Bäder sind sehr ordentlich bzw. sauber. Insgesamt gibt es 30 Zimmer für 46–49 € (mit Seeblick), wobei noch Zimmer, die nur über ein Waschbecken verfügen ausschließlich in der Hochsaison für 32 € vermietet werden. Im Restaurant gibt es regionale Küche. Kostenloses WLAN. Route de Nice, ✆ 04928 90738, 📠 0492891388. www.lacforet.com.

Le Château, drei Kilometer weiter westlich findet man in dem Weiler Moriez nahe des Bahnhofs eine einfache Mehrbettunterkunft, (Gîte d'étape), ab 13,50 € pro Person und Nacht. Halbpension 30 €. ✆ 0492891320. http://verdon.provence.free.fr.

La Table de Marie, nettes, günstiges Restaurant mit Straßenterrasse. Salate zu 9 €, riesige Pizzen ebenfalls für 9 €. Das Pizzamenü mit grünem Salat und einer crème brûlée gibt es für 16 €. Place Charles-Bron, ✆ 0492891630.

• *Camping* ** **Municipal Les Iscles**, flaches, schattiges Areal mit steinigem Boden, in der Nähe des Stausees. Von Mai bis Sept. geöffnet, ✆ 0492890229. www.saint-andre-les-alpes.fr. Zwei weitere Campingplätze in Moriez.

Annot

Die Gegend rund um das kleine, verwinkelte Annot, eine Station des *Train des Pignes*, weist schon deutlich alpinen Charakter auf. Der beschauliche Ort, durch dessen alte Gemäuer zahlreiche streunende Katzen ziehen, besitzt mehrere charmante Gässchen und alte Häuser mit verzierten Türstöcken. Am Anfang der Grand Rue ist noch ein Portal aus dem 12. Jahrhundert zu bewundern. Sehr fotogen ist eine Gruppe bizarr geformter Felsblöcke aus Sandstein. Dieses sich rund um den Ort erstreckende Felsenmeer wird als *Les Grès d'Annot* bezeichnet.

• *Information* **Office de Tourisme**, Boulevard Saint-Pierre, 04240 Annot, ✆ 0492832303, 📠 0492833063. www.annot.fr.

• *Einwohner* 1000 Einwohner.

• *Stadtführungen* Im Juli und Aug. jeden Di um 10.30 Uhr. Treffpunkt: Office de Tourisme. Kosten: 2,50 €.

• *Schwimmen* Städtisches Freibad (beheizt) gleich beim Sport- und Tennisplatz. Von Juni bis Anf. Sept geöffnet.

• *Verbindungen* Annot liegt ungefähr auf halber Strecke zwischen Nizza und Digne. Der Train des Pignes verkehrt viermal am Tag in beide Richtungen. Zwischen Mai und Okt. wird jeweils am Sonntag das Teilstück zwischen Annot und Puget-Théniers mit einer alten Dampflok befahren.

• *Rafting und Canyoning* Halbtages- oder Tagestouren auf Var, Ubaye und Verdon bietet Eau Vive Evasion an, ✆/📠 0492833809. www.eau-vive-evasion.com.

• *Übernachten/Essen* ** **Hôtel de l'Avenue**, die mit Abstand angenehmste Adresse, um ein paar Tage in Annot zu verbringen. Die geschmackvollen, modern eingerichteten Zimmer (Flat-Screen, Telephon) bieten ein ausgezeichnetes Preis-Leistungs-Verhältnis. Unser Tipp: Das Zimmer 103 verfügt als einziges über eine Terrasse! Ein großes Lob verdient das zugehörige Restaurant. Jean-Louis Genovesi steht in der Küche und seine Frau Martine erledigt so gekonnt wie lax den Service. Basierend auf frischen regionalen Zutaten werden hier Leckereien wie Kalbsragout mit Artischocken oder Forellenlasagne zubereitet. Menüs zu 18 und 28 €. Zimmer mit Bad und WC 58,70–70,70 €. Im Hochsommer ist Halbpension Pflicht. Von Nov. bis März geschlossen. Avenue de la Gare, ✆ 0492833407, 📠 0492833313. www.hotel-avenue.com.

* **Beauséjour**, einfache, aber charmante Unterkunft (Logis de France). Zimmer von 30 bis 39 €. Das Restaurant besitzt einen schattigen Garten hinter dem Haus, Menüs zu 14,90 und 20,90 €. Place du Revely, ✆ 0492832108. www.hotel-beausejour-annot.com.

* **Cigale**, ein weiteres Basic-Hotel, ein Stück weiter die Hauptstraße hinauf. Acht einfache Zimmer je nach Ausstattung 31 bis 37 €. Boulevard Saint-Pierre, ✆ 0492833337.

Les Grès, das Restaurant mit seiner kleinen Straßenterrasse befindet sich direkt am Ortseingang und bietet provenzalische Küche zu akzeptablen Preisen. Menüs zu 13,50 € (mittags), 16,50 und 25 €. In der Nebensaison Mittwoch Ruhetag. Avenue du Foulon, ✆ 0681097482.

• *Camping* ** **La Ribière**, kleiner, günstiger Campingplatz nördlich von Annot in ländlicher Ruhe. Sehr freundliche Leitung, im Juli und August mit Restaurantbetrieb. März bis Ende Nov. geöffnet. Route de Fugeret, ✆ 0492832144. www-la-ribiere.com.

Entrevaux

Das nur ein paar hundert Einwohner zählende Städtchen, in dessen unmittelbarer Nähe schon die Römer siedelten, erlebte eine kurze Hochphase in der Spätantike, bevor es lange Zeit vollkommen bedeutungslos blieb. Erst im Zuge der französischen Auseinandersetzungen mit dem Herzog von Savoyen wurde Entrevaux 1693 von dem berühmten Festungsbaumeister Vauban zu einem

Entrevaux mit seiner Zitadelle

wichtigen Grenzbollwerk ausgebaut. Bis zum Jahr 1860 war der Ort eine wichtige Grenzstation zwischen Frankreich und Italien. Noch heute besitzt Entrevaux („Zwischen den Tälern") einen nicht zu übersehenden, wenn auch mittlerweile antiquierten, militärischen Charakter, selbst die ehemalige Kathedrale ist in den Wall integriert. Durch ein von Türmen flankiertes Stadttor gelangt heute allerdings die friedliche Invasion der Touristen in das sich noch recht ursprünglich präsentierende Zentrum. Der beste Blick auf die Befestigungsanlagen bietet sich von dem Entrevaux gegenüberliegenden Hügel.

- *Information* Bureau d'Accueil, Place Charles Panier, 04320 Entrevaux, ✆ 0493054673, 📠 0493054071. www.entrevaux.info.
- *Einwohner* 750 Einwohner.
- *Markt* Freitagvormittag April bis Oktober.
- *Verbindungen* Entrevaux ist eine Haltestelle des Train des Pignes. Viermal am Tag verkehrt der Pinienzapfenzug in Richtung Digne sowie in Richtung Nizza, zudem bestehen tgl. mehrere Busverbindungen nach Nizza.
- *Übernachten/Essen* ** **Vauban**, es soll Leute geben, die nicht wegen der mächtigen Zitadelle, sondern wegen der Küche dieses Hotel-Restaurants einen Zwischenstopp in Entrevaux einlegen. Vor allem am Sonntagmittag gibt es kaum einen freien Tisch ohne rechtzeitige Reservierung. Als Spezialität des Hauses gilt die *Secca*, ein getrocknetes Rindfleisch, das mit Olivenöl und Zitronensaft beträufelt wird. Menüs zu 17, 21,50 und 26,50 €. Die neun – bis auf ihre festen Matratzen – wenig berauschenden Zimmer im ersten Stock kosten je nach Ausstattung zwischen 42,50 (mit Etagen-WC) und 63 €. Im Nov. und Anfang Dez. geschlossen, Sonntagabend und Montag Ruhetag. 4, place Moreau, ✆ 0493054240, 📠 0493054838. www.hotel-le-vauban.com.

Auberge du Planet, eine kulinarische Alternative mit schöner Terrasse inmitten der historischen Altstadt. Abends gibt es Pizza, Menü zu 20 €, Plat du jour 12 €. Place Saint-Martin, ✆ 0493054689.

- *Camping* ** **Camping du Brec**, der von einem Holländer geführte, mit einzelnen Bäumen ausgestattete Campingplatz – beliebt bei Kajakfahrern – wird vom Var durch hohe Hochwasserdämme und zumeist breite Kiesbänke abgegrenzt. Am Platz befinden sich zudem ein Badesee mit Strand und Insel sowie eine kleine Kneipe mit Imbiss. Hier können auch Baguettes für das Frühstück vorbestellt werden. Bungalowvermietung. Ganzjährig geöffnet. Zwei Kilometer nordwestlich von Entrevaux. ✆ 0493054245. www.camping-dubrec.com.

Sehenswertes

Zitadelle: Hoch über Entrevaux thront die Zitadelle, das Herzstück der Verteidigungsanlage. Vom Ortskern ziehen sich die Treppen zickzackförmig hinauf. Die von 1693 bis 1706 errichtete Zitadelle, eines der zahlreichen Werke Vaubans, ist weitgehend originalgetreu erhalten.
Eintritt 3 €, erm. 2 €; im Juli und Aug. finden zudem Führungen statt, Teilnahmegebühr: 6 €, erm. 5 €.

Ehemalige Cathédrale: Entrevaux war ehedem das Zentrum der Diözese Glandève und seit dem 5. Jahrhundert Bischofssitz. Die einstige, am Rand des Ortes errichtete Cathédrale war Teil der Befestigungsmauer, der zinnenbekrönte Glockenturm kündet noch von der wehrhaften Vergangenheit. Die Kirche besitzt neben einem schönen Eingangsportal (reich verzierte Türflügel) einen der beachtlichsten Hochaltäre der Region.

Musée de la Moto: Die Sammlung umfasst rund 75 Motorräder verschiedener Hersteller, das älteste Exponat stammt aus dem Jahre 1901, das jüngste von 1967.
Öffnungszeiten Mai bis Sept. tgl. 10–12 Uhr und 14–18 Uhr. Eintritt: frei!

Der Festungsbaumeister des Sonnenkönigs

Mit Sébastien le Prestre de Vauban (1633–1707) verfügte Ludwig XIV. über einen der genialsten Baumeister des absolutistischen Zeitalters. Vauban, der auch Straßen, Brücken, Kanäle und Aquädukte entworfen hatte, schuf im Auftrag des Sonnenkönigs ein wahres Festungsnetz zur Sicherung der französischen Grenzen und erwies sich so als hoch begabter militärischer Stratege. Ganz „nebenbei" betätigte sich Vauban auch als Volkswirtschaftler; außerdem gehörte er zu den Begründern der modernen Statistik. Ungewöhnlich war Vaubans Fähigkeit, anhand von Karten und schriftlichen Anweisungen den Bau zahlreicher Festungsanlagen aus der Ferne zu planen und zu überwachen. Nur so lässt sich seine unverkennbare Handschrift bei weit mehr als 300 militärischen Bauwerken erklären. Vauban verstand es zudem meisterhaft, diese Befestigungsanlagen mit einer ästhetischen Komponente auszustatten und sie in die landschaftlichen Gegebenheiten einzubinden. In Vaubans Fortifikationswesen wurde die praktische Umsetzung von Geometrie zum Staatszweck erhoben. Durch das von ihm im Osten und Südosten Frankreichs geschaffene Befestigungsnetz sicherte Vauban erstmals die territoriale Integrität eines Staates militärisch ab. Nicht zufällig ist die Fortifikationslehre daher zu einer der großen „Schlüsselwissenschaften" des Absolutismus geworden. Zudem fand der auf Ordnung, Symmetrie und Hierarchie gegründete Herrschaftsapparat seine Entsprechung in der Militärarchitektur. Der alternde Vauban überschätzte allerdings seinen Einfluss: Als er öffentlich die gleichen Steuersätze für jeden Bürger des Königreiches forderte, fiel er bei dem Sonnenkönig in Ungnade. Wenig später starb der fortan zurückgezogen lebende „Marschall von Frankreich" in Paris.

Alpes Maritimes

Nach Osten hin geht die Haute-Provence fast nahtlos in die Seealpen über. Vor allem die im Tal des Var gelegenen Orte sowie die Schluchten der Daluis und des Cians weisen geographisch und kulturell viele Gemeinsamkeiten mit der Haute-Provence auf.

Valberg

Valberg zählt zu den beliebtesten Wintersportorten in den französischen Seealpen. Mit einer Höhenlage von mehr als 1600 Metern sind gute Schneeverhältnisse bis weit in das Frühjahr hinein garantiert. Im Frühling kann man nach der letzten Abfahrt eineinhalb Stunden später in Nizza kurzärmelig in der Sonne sitzen oder die Promenade des Anglais entlang flanieren. Im Sommer locken Wanderungen, ein Schwimmbad sowie eine Sommerrodelbahn.

• *Information* Centre administratif, B.P. 8, 06470 Valberg/Péone, ✆ 0493232425, ℻ 0493025227. www.valberg.com.

• *Verbindungen* Einmal tgl. fährt ein Bus nach Nizza.

• *Wandertouren/Canyoning* Valberg Pulsion, Association des Guides et Accompagnateurs des Alpes Méridionales, ✆ 0493025120, ℻ 0493026198.

• *Fahrradverleih* L'Aiglon Sport vermietet Mountainbikes (V.T.T.) für 12 € (halber Tag) sowie 18 € (ganzer Tag). Résidence „L'Aiglon", ✆ 0493025245.

• *Übernachten/Essen* *** **Chalet Suisse**, nette Alpenherberge, die zum Logis-de-France-Verband gehört. Komfortable Zimmer für 86–117 €, größtenteils mit Balkon. April, Mai, Okt. und Nov. geschlossen. ✆ 0493025009, ℻ 0493026192, www.chalet-suisse.com.

• *Camping* ** **Municipal**, kleiner Platz (13 Stellplätze), acht Kilometer nördlich in Péone. Von Mai bis Okt. geöffnet. ✆ 0493025989.

Guillaumes

Der kleine, am Ufer des Var gelegene Ort erstreckt sich entlang eines breiten Straßenmarktes. Dabei stellen die Häuser eine liebevolle Mischung zwischen alpenländischer Architektur und provenzalischer Farbenfreude dar. Die Dorfkirche besitzt einen wohl proportionierten Glockenturm und ist reich verziert. Guillaumes wurde um das Jahr 1000 von den provenzalischen Grafen gegründet. Hoch über dem Ort ragen die Ruinen einer mittelalterlichen Burg empor; sie erinnern daran, dass das vom savoyischen Territorium eingeschlossene Guillaumes keinen leichten Stand hatte. Auch heute liegt Guillaumes etwas abseits vom touristischen Trubel, im Frühjahr und Herbst machen die Schafherden der Umgebung auf dem Weg zur und von der Sommerweide Station in dem beschaulichen Marktflecken.

• *Information* Office de Tourisme, 06470 Guillaumes, ✆ 0493055776, ℻ 0493055475, www.pays-de-guillaumes.com.

• *Verbindungen* Tgl. Busverbindungen nach Nizza und anderen Orten im Tal des Var.

• *Schwimmen* Kleines Schwimmbad am Ort.

• *Übernachten/Essen* **Les Chaudrons**, die Tische auf der Straßenterrasse laden zur Rast ein. Lecker ist die Bergforelle Müllerin Art oder das Kaninchen. Menüs zu 14 und 19,90 €, Zimmer 42–60 €. ✆/℻ 0493055001.

• *Camping* Für 6 € pro Nacht darf man seinen Wohnwagen oder sein Wohnmobil auf einem kleinen Platz neben dem Spielplatz abstellen. Sanitäre Anlagen sind nicht vorhanden, wer Strom braucht, muss nochmals 6 € bezahlen.

Alpes Maritimes
Karte S. 232/233

Umgebung

Gorges Supérieures du Cians: Die von der RN 202 zu dem Bergdorf Beuil führende Landstraße (D 22) folgt in ihrem Verlauf dem tosenden Wildbach Cians, der eine tiefe Schneise in das Gebirgsmassiv gearbeitet hat. Auf rund zwanzig Kilometern braust der Cians über 1000 Höhenmeter hinunter, um seine Wassermassen oberhalb von Touët schließlich dem Var zuzuführen. Die rot schimmernden Felsen bilden einen herrlichen Kontrast zur spärlichen Vegetation. Durch mehrere Tunnel und an steilen Felsüberhängen vorbei zeigt sich der Himmel oft nur als ein schmales blaues Band. Am Ende der Schlucht wartet eine reizvolle alpine Berglandschaft. An zwei Stellen, Petit Clue und Grand Clue, kann man anhalten und ein kleines Stück am Wildbach entlang laufen. Wer verträumte Bergdörfer liebt, kann von Beuil die D 30 in östlicher Richtung fahren und gelangt erst nach **Roubion** und später in das noch abgelegenere **Roure**.

Gorges de Daluis

Etwas weniger spektakulär als die Schlucht des Cians, aber allemal einen Ausflug wert, sind die Gorges de Daluis. Die von ihrem rötlichen Gestein geprägte Schlucht führt von Guillaumes ebenfalls hinunter zur RN 202. Die kurvenreiche Straße verläuft, an schmalen Durchlässen vorbei, direkt neben dem Var, streckenweise hoch über dem Fluss. Wagemutige Bungee-Springer stürzen sich im Sommer vom Pont de la Mariée 85 Meter in die Tiefe. Beide Schluchten lassen sich bequem zu einem rund 80 Kilometer langen Rundkurs verbinden, der auch über Valberg, Guillaumes, Entrevaux und Puget-Théniers führt.

Villars-sur-Var

Da Villars ein Stück von der RN 202 entfernt liegt, ist der Ort frei vom Durchgangsverkehr. Die Johannes dem Täufer geweihte Kirche besitzt einen schönen Glockenturm im lombardisch-provenzalischen Stil. Wer ein Faible für abgelegene Bergdörfer hat, dem sei ein Ausflug zu dem über 1000 Meter hoch gelege-

nen Thiéry empfohlen. Die knapp 14 Kilometer lange Anfahrt auf der kleinen D 226 führt durch eine beschauliche Gebirgslandschaft.

- *Information* Syndicat d'Initiative, Mairie, 06710 Villars-sur-Var, ✆ 0493057004, ℻ 0493057862.
- *Verbindungen* Villars-sur-Var ist eine Haltestelle des *Train des Pignes*. Viermal pro Tag verkehrt der Pinienzapfenzug in Richtung Digne sowie in Richtung Nizza. Die Fahrt von Nizza nach Villars dauert eine Stunde. Der Bahnhof liegt allerdings zwei Kilometer unterhalb des Dorfes. Zudem bestehen Busverbindungen mit Nizza und anderen Orten im Tal des Var.

Touët-sur-Var

Das Dorf wird von einem Kalkfelsen dominiert, der hinter den Häusern steil in die Höhe ragt. Die kleinen, teilweise überwölbten Gassen bilden ein wahres

Alpes Maritimes
Karte S. 232/233

Labyrinth; die ockerfarbenen Häuser stehen dicht gedrängt und wirken wie übereinander gestapelt, weswegen Touët-sur-Var auch gerne als „tibetisches Dorf" bezeichnet wird. Die meisten Häuser besitzen einen nach Süden hin offenen Dachboden, *Soleilloir* genannt, der traditionell zum Trocken von Feigen genutzt wird. Ein kleines Kuriosum hat die romanische Kirche aufzuweisen: Sie wurde direkt über einem Gebirgsbach errichtet, den man durch eine Art abgedeckten Gully unter dem Mittelgang hindurch rauschen sehen kann. Wer Lust hat, kann auf einem ausgeschilderten Wanderweg hinauf zu dem Bergdorf Thiéry wandern, das von Villars auch mit dem Auto zu erreichen ist.

• *Verbindungen* Touët-sur-Var ist nach Villars der nächste Stop des *Train des Pignes*. Viermal tgl. nach Digne-les-Bains und Nizza, mehrmals tgl. fährt auch ein Bus nach Nizza.

• *Übernachten/Essen* **Chez Paul**, drei Jahrzehnte lang hat das Ehepaar Meyer die Auberge des Chasseurs geführt, dann sind sie ein paar Häuser weiter gezogen, wo es mehr Platz und sogar eine Terrasse gibt. In der Küche steht Sohn Didier. Serviert werden einfallsreiche Gerichte (oft Wild), die auf frischen regionalen Zutaten basieren. Schattige Terrasse, freundlicher Service. Unter der Woche gibt es Menüs zu 10 und 16 € (nur mittags), abends zu 22 oder 28 € für die kulinarischen Köstlichkeiten. Montag sowie Dienstag- und Mittwochabend geschlossen. Direkt an der RN 202, ✆ 0493057111.

• *Camping* ** **De l'Amitié**, nur 30 Stellplätze, ganzjährig geöffnet. Route de la Pia, ✆ 0493057432.

Puget-Théniers

Puget-Théniers war bereits in römischer Zeit unter dem Namen *Podium Tenearum* bekannt. 1388 fiel der damals 8000 Einwohner zählende Ort zusammen mit Nizza an den Grafen von Savoyen. Der zu Füßen eines alten Grimaldi-Schlosses liegende Marktflecken hat noch immer eine hübsche Altstadt, Reste einer mittelalterlichen Befestigung sowie ein Stadtmauertor zu bieten. Geteilt wird der Ort von einem kleinen rauschenden Wildbach, der hier in den Var mündet. Kunsthistorisch Interessierte sollten der romanischen Kirche Notre-Dame-de-l'Assomption einen Besuch abstatten; sie besitzt u. a. einen schönen Altaraufsatz. Wer es mehr mit der modernen Kunst hält, kann zu einem monumentalen Denkmal (1908) von *Aristide Maillol* mit dem symbolträchtigen Titel *L'Action enchaînée*, der übersetzt soviel wie „Die angekettete Aktion" bedeutet, pilgern. Das Denkmal erinnert an den aus Puget-Théniers stammenden *Louis-Auguste Blanqui*, einen vom Pech verfolgten Berufsrevolutionär. Der 1805 geborene Sozialist war maßgeblich an den revolutionären Aufständen von 1830, 1848 und 1870/71 beteiligt. So viel Engagement bekam ihm allerdings weniger gut: Knapp die Hälfte seiner 76 Lebensjahre musste Blanqui hinter Gittern schmoren. Bleiben noch zwei Fragen zum Denkmal offen: Warum hat Maillol eine Frau dargestellt und warum wurde das Denkmal auf dem Spielplatz aufgestellt.

• *Information* Office du Tourisme du Pays de la Roudoule, B.P. 7, Mairie, 06260 Puget-Thenièrs, ✆ 0493050260. www.provence-valdazur.com.

• *Einwohner* 1600 Einwohner.

• *Verbindungen* Puget-Théniers lässt sich bequem mit dem Train des Pignes erreichen: Viermal tgl. von Nizza in knapp eineinhalb Stunden. Zudem bestehen Busverbindungen nach Nizza.

• *Markt* Sonntagvormittag.

• *Schwimmen* Freibad mit Riesenrutsche.

• *Übernachten/Essen* ** **Alizé**, modernes Hotel im Motelstil (Logis-de-France) mit kleinem Pool, grenzt direkt an die RN 202 an. 16 Zimmer von 50 € (EZ), sonst 55–65 €. Rue Alexandre Barety, ✆/📠 0493050620.

** **Laugier**, älteres Haus inmitten des Ortszentrums, die Zimmer (je nach Saison 40–50 €) sind allerdings nicht so schlimm wie der heruntergekommene Flur, ✆ 0676602010. Besser als das Hotel ist das zugehörige Restaurant

L'Edelweiss, das für seine bodenständige Kost bekannt ist. Straßenterrasse, Mittagsmenü 13 sonst 16 und 250 €. 1. place Adolphe Carnil, ✆ 0493050100, 📠 0493050620..

Les Acacias, traditionelle provenzalische Küche. Der Schlemmertipp: Secca d'Entrevaux, ein raffiniert angemachtes getrocknetes Rindfleisch. Menüs zu 13,50 (mittags), 20, 26 und 30,50 €. Schattige Terrasse. Leicht zu finden: einen Kilometer östlich des Ortes (in Richtung Nizza), direkt an der RN 202. Montags geschlossen, im Winter unter der Woche nur mittags geöffnet. ✆ 0493050525.

• *Camping* *** **Club Origan Alpes d'Azur**, gut ausgestatteter Campingplatz, Swimmingpool und Tennisplatz vorhanden. Wer in den Genuss der Anlage kommen will, muss allerdings die Hüllen fallen lassen, da es sich um einen FKK-Campingplatz handelt. Von April bis Sept. geöffnet. ✆ 0493050600.

** **Lou Gourdan**, der städtische Campingplatz liegt unweit des Freibades am Ufer des Var. Wiesengelände, teilweise sehr gut beschattet. Von April bis Sept. geöffnet. ✆ 0493051053.

Mit dem Train des Pignes durchs Hinterland

Eine Fahrt mit der Schmalspureisenbahn ist die wohl schönste Art, die Unterschiede zwischen der belebten Küste und dem einsamen Bergland der Haute-Provence kennen zu lernen.

Die schwierigen geographischen Gegebenheiten machten eine 22-jährige Bauzeit erforderlich. Zahlreiche Brücken und Viadukte wurden über Täler gezogen, Dutzende von Tunnel gegraben. 1911 war es endlich so weit: Die erste Dampflok konnte durch die Haute-Provence tuckern. Bei den größeren Steigungen hatte die Lokomotive allerdings so schwer zu kämpfen, dass die Fahrgäste angeblich aussteigen und Pinienzapfen sammeln konnten, die anschließend verheizt wurden: Der Name *Train des Pignes*, Pinienzapfenzug, war geboren! 1968 drohte dem Train des Pignes, der ursprünglich sogar bis nach Genf gefahren war, die endgültige Stilllegung. Doch da sich die Bürger von Nizza und Digne-les-Bains sowie die beteiligten Départements vehement für den Erhalt der Bahnlinie einsetzten, blieb die dünn besiedelte und strukturschwache Bergregion von dem Verlust einer wichtigen Lebensader verschont.

In Nizza fährt der Zug viermal täglich vom *Gare du Sud*, einem Bahnhof aus der Belle Epoque, nach Digne-les-Bains. In gut drei Stunden ist die 151 Kilometer lange Strecke bewältigt. Nachdem der Zug nach einer knappen halben Stunde die Vororte Nizzas endlich hinter sich gelassen hat, klettert er das breite Tal des Var hinauf. Weingärten, Obstbäume und Gewächshäuser säumen den Weg. Hinter Villars-sur-Var verengt sich das Tal, besonders spektakulär liegen Puget-Théniers und Entrevaux eingeklemmt inmitten hoher Felsen. In der weiten Schleife zwischen Annot und Saint-André-les-Alpes kämpft sich die Bahn auf über 1000 Meter hinauf und durchfährt unter dem Col de la Colle St. Michel einen 3,5 Kilometer langen Tunnel.

Ein Tipp für Eisenbahnnostalgie-Fans: Zwischen Mai und Oktober wird jeden Sonntag das Teilstück zwischen Puget-Théniers und Annot mit einer alten Dampflok befahren. Ein Tipp für Wanderer: Links und rechts der Strecke lässt es sich übrigens ausgezeichnet wandern. Hierzu empfiehlt sich der Kauf des Wanderführers *75 randonnées pédestres avec le Train des Pignes* von Raoul Revelli, der an manchen Bahnhöfen und im lokalen Buchhandel erhältlich ist.

Weitere Informationen Gare des Chemins de Fer de Provence de Digne, avenue Pierre Sémard, ✆ 0492310158. Eine einfache Fahrt zwischen Nizza und Digne kostet 17,65 €.

Alpes Maritimes
Karte S. 232/233

Wintersportort La Sauze

Vallée de l'Ubaye

Das Vallée de l'Ubaye ist ein herrliches Hochtal, das von fast 3000 Meter hohen Berggipfeln eingeschlossen wird. Am Nordrand der provenzalischen Alpen gelegen, war das Ubaye-Tal lange Zeit sehr isoliert. Während der Hauptort Barcelonnette im Sommer immerhin über Eselspfade zu erreichen war, blieb das gesamte Tal in den Wintermonaten oft für Monate völlig von der Welt abgeschlossen. Erst seit 1883 wurde in Richtung Gap eine Trasse für Kutschen angelegt, die mit der heutigen D 900 weitgehend identisch ist. Durch diese geographische Randlage geriet das Vallée de l'Ubaye im Mittelalter verstärkt unter den Einfluss der mächtigen Herzöge von Savoyen.

- *Informationen* Service Tourisme de la Vallée de l'Ubaye, 4, avenue des Frères Arnaud, ✆ 0492810368, 📠 0492815167. www.ubaye.com.
- *Taxi* Taxi Ubaye Le Lauzet, ✆ 0492813167.
- *Wanderführer* Erprobte Wanderführer vermittelt das Bureau des Guides de l'Ubaye, Place Frédéric Mistral, Barcelonnette, ✆ 0684978730 (Juli und Aug.) bzw. ✆ 0492814600. http://alpicanyon04.free.fr. Auch Canyoning.
- *Raftingtouren* An Rafting, Pont du Martinet in Méoans Revel, ✆ 0492855490.
- *Kajakschule* Aqualibre, Méoans Revel, ✆ 0492819096.

Barcelonnette

Umgeben von Berggipfeln liegt Barcelonnette in einem sonnigen Talkessel. Charakteristisch sind die pompösen „mexikanischen Villen" mit ihren Türmchen, umgeben von Parks mit schmiedeeisernen Gittern.

Barcelonnette wurde im Jahre 1231 von Raimond Bérenger, dem Grafen von Barcelona und der Provence, gegründet. Noch heute erinnert das regelmäßige,

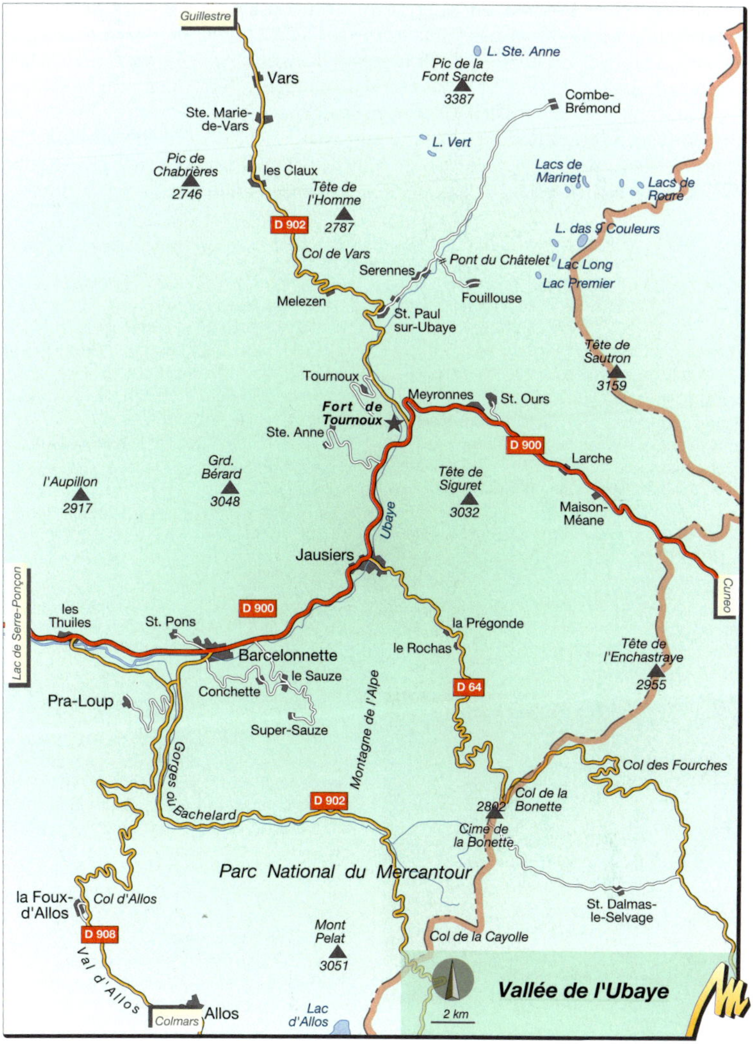

am Reißbrett geplante Straßenmuster daran, dass die damals noch *Barcelone* genannte Stadt in der so genannten Bastideform angelegt wurde. Von 1388 bis zum Jahre 1713 gehörte Barcelonnette wie das gesamte Vallée de l'Ubaye zum Herzogtum Savoyen. Erst durch den Frieden von Utrecht, dessen Ziel ein Kräftegleichgewicht zwischen den europäischen Großmächten war, kam das Ubaye-Tal im Tausch gegen Teile der Dauphiné an Frankreich. Nach der Revolution erhielt Barcelonnette den Status einer Unterpräfektur des Départements Alpes de Haute-Provence.

Vallée de l'Ubaye
Karte S. 237

Diese „Zentrumsfunktion“ in einer bevölkerungsarmen Region hat sich Barcelonnette bis heute bewahren können. Im 20. Jahrhundert wurden mehrere Alpenpässe gebaut, um die Bewohner aus ihrer Isolation zu befreien. Neben seiner landschaftlich reizvollen Lage besitzt Barcelonnette auch ein sehr gefälliges Stadtbild. Besonders einladend ist die zentrale Place Manuel, auf der die umliegenden Cafés ihre Stühle und Tische aufgestellt haben, wohlbehütet vom Uhrenturm der Dorfkirche, während sich in der zur Fußgängerzone umgebauten Rue Manuel (welch nobles Pflaster!) die meisten Geschäfte des Ortes befinden.

Information/Verbindungen/Diverses

• *Information* **Office de Tourisme**, Place Frédéric Mistral – BP 4, 04400 Barcelonnette, ✆ 0492810471, ✆ 0492812267. www.barcelonnette.com. Hier gibt es auch eine Karte mit zahlreichen Wandervorschlägen.

• *Einwohner* 3500 Einwohner.

• *Verbindungen* Tgl. eine **Busverbindung** mit Digne-les-Bains sowie dreimal tgl. mit Gap. Auskunft: ✆ 0492810020. Zudem dreimal tgl. mit Jausiers, La Sauze und Pra-Loup. www.ubaye.com.

Flughafen: L'aérodrome de Barcelonnette, ✆ 0492810878.

• *Markt* Montagvormittag Place de la Marie.

• *Veranstaltungen* Mitte August findet die Mexikanische Woche mit zahlreichen Folkloredarbietungen statt.

Von Cafés gesäumt: Place Manuel

• *Stadtführung* Jeden Mittwoch und Freitag um 16 Uhr. Treffpunkt: Hinter dem Hôtel de Ville. Die Teilnahme ist kostenlos.

• *Schwimmen* Schönes städtisches Schwimmbad (beheizt) an einem Waldhang, nur 500 Meter nördlich des Zentrums. Nur im Juli und Aug. geöffnet.

• *Bioladen* Boutique Bio, 3, rue Grenette.

• *Fallschirmfliegen* Ubaye Parapente, ✆ 0492813493.

• *Fahrradverleih* Bouticycle Granphi Sports, 51, avenue des Frères Arnaud, ✆ 0492812369.

• *Kino* Ciné l'Ubaye à Barcelonnette, ✆ 0492813726.

• *Maison du Mexique* Avenue de la Libération, tgl. 10–12 Uhr und 15–19 Uhr geöffnet. Eintritt: frei!

Übernachten/Essen

• *Hotels* *** **Azteca (1)**, wer sich für die mexikanische Vergangenheit von Barcelonnette interessiert, muss sich in diesem Hotel einquartieren. Die aus dem Jahre 1888 stammende Villa wurde von einem erfolgreichen Heimkehrer erbaut und ist mit mexikanischem Dekor eingerichtet. Schöne Frühstücksterrasse. Zimmer (einige mit Balkon) je nach Saison und Ausstattung 59–100 €. 3, rue François Arnaud, ✆ 0492814636, ✆ 0492814392. www.hotel-azteca.fr.st.

** **Hôtel du Cheval Blanc (3)**, persönliches Flair und passable Preise (DZ 52–56 €) sind die beiden Aktivposten des Altstadthotels (Logis-de-France), das sich seit vier Generationen im Familienbesitz befindet. Gutes Restaurant, Menüs ab 17 €. 12, rue Grenette, ✆ 0492810019, ✆ 0492811539. www.chevalblancbarcelonnette.com.

** **Grand Hôtel (4)**, altertümliches Hotel, das die Reisekasse nicht übermäßig strapaziert und ein gutes Preis-Leistungs-Verhältnis bietet. Manche Zimmer (Nr. 25 und 26 im dritten Stock) haben einen schönen Blick auf den lebhaftesten Platz der Stadt. DZ je nach Ausstattung 43–70 €. 6, place Manuel, ✆ 0492810314, 📠 0492813756. www.grandhotelbarcelonnette.fr.

Le Bosquet (7), angenehmes Gästehaus mit Garten am westlichen Ortsrand, 500 Meter vom Zentrum entfernt. Es werden drei Zimmer vermietet. Mit Frühstück für zwei Personen 54 €. 2, avenue Madame Watton de Ferry, ✆ 0492814128.

Le Vivier (9), dieses auf 1500 Meter Höhe gelegene Maison d'hôtes ist die wohl traumhafteste Möglichkeit, ein paar Tage in der Abgeschiedenheit der französischen Berge zu verbringen. Das Besitzerpaar Nicole und Jojo hat den über 200 Jahre alten Bauernhof in jahrelanger Arbeit renoviert und in ein wahres Bergparadies verwandelt, in dem auch „sterbliche" Gäste eines der vier Zimmer (mit Dusche und WC für 60 € inkl. Frühstück) mieten können. Die Zimmer – für bis zu 4 Personen – sind einfach, aber komfortabel eingerichtet. Am Morgen wird man durch die Gänse oder das Muhen der Kühe geweckt. Absolut fabelhaft sind die Kochkünste von Nicole, die es versteht, mit den Zutaten aus dem eigenen Gemüsegarten regelrechte Gaumenfreuden auf den Tisch zu zaubern. Die *Ravioli aux blettes* (Mangoldravioli) gelten dabei zu Recht als Spezialität des Hauses. Nirgendwo in der gesamten Region haben wir je besser gegessen! Die Halbpension kostet pro Person 55 €, ein Abendessen 30 € inkl. Wein, Aperitif und Kaffee. Egal ob zum Essen (zwingend) oder zum Übernachten empfiehlt es sich jedoch, vorab telefonisch zu reservieren. Anfahrtsbeschreibung: Le Vivier ist nicht leicht zu finden. Nur 50 Meter von der Stelle entfernt, wo die Straße zum Col d'Allos in Barcelonnette abzweigt, führt ein schmaler, geteerter Weg mit dem Hinweisschild „Le Vivier" vier Kilometer die Berge hinauf. Einfacher ist es vielleicht, in der Ortschaft La Sauze dem Hinweis nach Le Conchette zu folgen. In beiden Fällen muss man die letzten 2,5 Kilometer auf einem beschwerlichen Kiesweg zurücklegen, der im Winter ohne Allradantrieb nicht zu befahren ist. Dennoch keine Frage, die Anfahrt lohnt sich! ✆ 0492811965, 📠 0492812721. www.maisondhoteduvivier.com

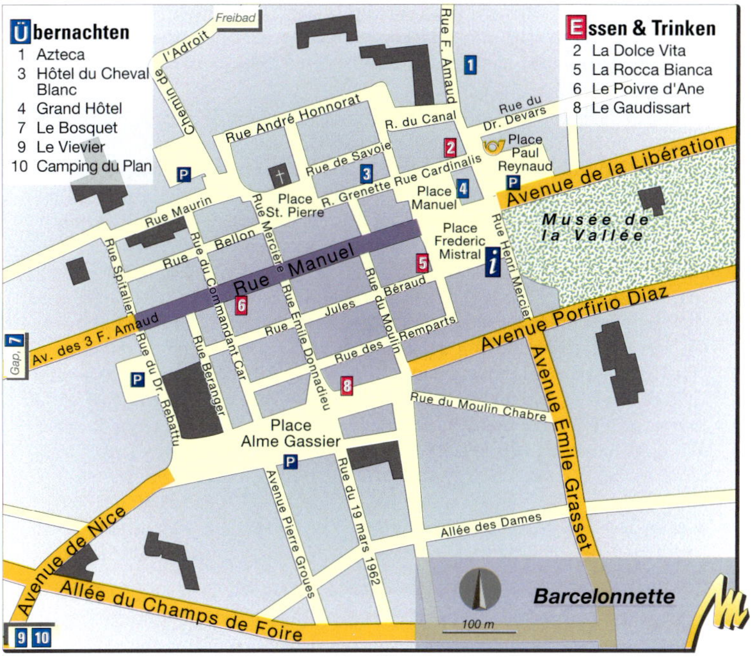

Mexiko, das gelobte Land!

Das Ubaye-Tal war stets ein sehr armes Hochtal, in dem Schmalhans Küchenmeister war. Allein von Ackerbau und Viehzucht konnten im 18. Jahrhundert nur die wenigsten Familien leben, so dass einige kleine Stoffmanufakturen entstanden. Pierre Arnaud, ein kleiner Handwerker, war sogar so hoch verschuldet, dass er sich bei Nacht und Nebel aus dem Staub machte, um seinen Gläubigern zu entkommen. Da er den Arm des Gesetzes fürchtete, schiffte er sich 1821 auf einem Boot ein, das ins mexikanische Veracruz auslief. Wenig später folgten ihm seine Brüder Jacques und Marc-Antoine nach, die dort ein Textilgeschäft eröffneten, das schnell florierte. Die Brüder Arnaud kamen im Textilhandel zu ungeahntem Reichtum und beschäftigten schon bald einige Bekannte aus Barcelonnette. Als zwei Angestellte 1845 mit einem kleinen Vermögen in die Heimat zurückkehrten, brach ein wahrer Auswanderungsboom aus; jeder wollte in Mexiko sein Glück versuchen. Man half sich untereinander mit Krediten und innerhalb weniger Jahrzehnte wurden nicht nur in allen größeren Städten Textilgeschäfte gegründet, sondern auch riesige Fabriken errichtet, in denen teilweise mehr als 6000 mexikanische Arbeiter unter ausbeuterischen Bedingungen täglich dreizehn Stunden an den Webstühlen saßen. Zug um Zug entstand ein richtiges Netzwerk mit Kaufhäusern, Banken, Versicherungen und Tabakfabriken. Die Warenhäuser orientieren sich an den Pariser Vorbildern und glänzten als wahre Prachtbauten im Stil der Belle Epoque. Die Verbindungen zur Heimat rissen nie ab: Wollte einer der „Barcelonnettes" heiraten, so wurden Vermittler aktiv, um in den provenzalischen Alpen die richtige Braut für ihn zu suchen.

Zeitweise gingen zwei von drei jungen Männern aus dem Ubaye-Tal nach Mexiko, um in der Neuen Welt reich zu werden. Doch nicht alle hatten Glück: Nur jeder Zehnte kehrte wieder in seine provenzalische Heimat zurück. Manche starben in der Hitze Mexikos, andere wollten nicht als Verlierer dastehen und ihr Leben als arme Hungerleider in Barcelonnette beschließen. Die Heimkehrer hingegen stellten ihren Reichtum zur Schau. Als öffentlichen Beweis ihres wirtschaftlichen Erfolges ließen sich „die Mexikaner" feudale Herrenhäuser in einem historisierenden Stil mit verspielten Dachlandschaften errichten; sie stifteten öffentliche Bauwerke wie das Rathaus und ließen das Hospital restaurieren. Und auch auf dem Friedhof von Barcelonnette kannte die Bauwut kaum Grenzen: Manche Gräber sind so prachtvoll wie Mausoleen. Da sich die französischen Immigranten immer mehr in das mexikanische Leben integrierten, nahm die Zahl der Heimkehrer seit dem Ersten Weltkrieg drastisch ab. Eine letzte kleine Auswanderungswelle erfolgte in den fünfziger Jahren des 20. Jahrhunderts. Schätzungen gehen davon aus, dass heute 20.000 bis 50.000 Mexikaner von Auswanderern aus dem Ubaye-Tal abstammen. Mit anderen Worten: Erheblich mehr als die 7500 Menschen, die heute in dem Hochtal der Südalpen leben.

• *Restaurants* **Le Gaudissart (8)**, am Tresen stehen die Einheimischen und trinken ein Glas Wein oder Pastis, das daneben gelegene Restaurant bietet ein ausgezeichnetes Preis-Leistungs-Verhältnis. Sehr lecker und großzügig ist beispielsweise der Salat mit überbackenem Ziegenkäse. Unbedingt versuchen sollte man ein Glas *Génépy*, der grüne Kräuterlikör ist ein bekanntes Produkt der Region. Straßenterrasse. Menüs zu 15,50 € und 24 €. Place Aimé-Gassier, ✆ 0492810045.

Le Poivre d'Ane (6), lokale Spezialitäten mitten in der Fußgängerzone. Wer will, kann sich an einem Käsefondue versuchen. Menüs zu 15, 20 und 23 €. In der Nebensaison Sonntag und Montag geschlossen. 49, rue Manuel, ✆ 0492814867.

La Dolce Vita (2), charmantes Restaurant mit Straßenterrasse. Ein Lob verdienen das Gigot d'Agneau und die große Auswahl offener Weine. Menüs zu 15, 22 und 32 €. 3, rue Cardinalis, ✆ 0492813464.

Rocca Bianca (5), Italien ist nah und hier gibt es den passenden kulinarischen Auftakt auf hohem Niveau. Pizzen 7,50–10 €. Lecker sind die Penne all'arrabiata. Donnerstag Ruhetag. 4, rue Jules Beraud, ✆ 0492814242.

• *Camping* *** **Camping du Plan (10)**, ein paar hundert Meter südwestlich vom Ortszentrum. Nur von Mitte Mai bis Sept. geöffnet. 52, avenue Emile Aubert, ✆ 0492810811.

Schöner sind die Plätze in der Umgebung: *** **Le Rioclar** (✆ 0492811032, www.rioclar.com) sowie *** **Domaine Loisirs de l'Ubaye** (✆ 0492810196, www.loisirsubaye.com). Beide sind ganzjährig geöffnet und hervorragend ausgestattet (beheizter Swimmingpool etc.) und liegen nebeneinander am Ufer der Ubaye, rund zehn Kilometer westlich von Barcelonnette in Richtung Lac de Serre-Ponçon.

Sehenswertes

Musée de la Vallée: Absolut lohnend und informativ ist ein Besuch der Villa La Sapinière, beherbergt sie doch eine gut gemachte Dauerausstellung zur Geschichte des Ubaye-Tal, wobei der Schwerpunkt auf der „mexikanischen Episode“ liegt. Bereits die 1880 errichtete Villa zeigt, wie feudal die Mexikoheimkehrer zu leben wussten, leider ist die Originaleinrichtung bis auf ein grünes Badezimmer aus Fayence mit Jugendstilornamentik verloren gegangen. Dafür kann man sich anhand ausgestellter Baupläne über die Architektur anderer Villen informieren. Ein weiterer Schwerpunkt liegt auf der Geschichte von Barcelonnette. Im obersten Stockwerk finden regelmäßig Sonderausstellungen statt.

Adresse 10, avenue de la Libération. Geöffnet: Im Hochsommer tgl. 10–12 Uhr und 14.30–19 Uhr, sonst nur Mi–Sa 14.30–18 Uhr. Eintritt: 3,30 €, erm. 1,80 €.

Eglise Saint-Pierre: Von der im 12. Jahrhundert errichteten Pfarrkirche ist nur der Glockenturm erhalten, dennoch ist sie das markanteste Gebäude im historischen Ortskern.

Umgebung

Saint-Pons: Saint-Pons ist ein kleiner, zwei Kilometer nordwestlich von Barcelonnette gelegener Ort mit einer schmucken Kirche aus dem 13. Jahrhundert. Von besonderem Interesse sind die beiden Portale, die jeweils von einem Relief mit den Büsten von sechs Aposteln geziert werden.

La Sauze: Der südöstlich von Barcelonnette gelegene Ort gehört zu den Vorreitern des Wintersports in den Südalpen. Bereits in den zwanziger Jahren des 20. Jahrhunderts kamen die ersten Gäste zum Skilaufen. Vor ein paar Jahrzehnten wurde dann noch das rund 1700 Meter hoch gelegene Super-Sauze errichtet.

Pra-Loup: Das am Rande eines 1630 Meter hohen Plateaus gelegene Pra-Loup ist einer der beliebtesten Wintersportorte des Départements Alpes de Haute-Provence. Das Skigebiet Espace Lumière reicht hinüber bis nach La Foux-d'Allos; aufgrund

Vallée de l'Ubaye
Karte S. 237

seiner sonnigen Lage ist Pra-Loup auch im Sommer ein beliebtes Ziel für Wanderfreunde. Lohnend, aber sehr anstrengend ist die Tour zum 2909 Meter hohen Col des Thuiles.

Le Lauzet-sur-Ubaye

Am südöstlichen Ende des Lac de Serre-Ponçon gelegen, hat sich Lauzet zu einem beschaulichen Ferienort entwickelt; ein kleiner See mit Tretbootverleih und Bademöglichkeiten lockt im Sommer zur Rast. Vom Dorfzentrum gelangt man in wenigen Fußminuten zu einer Brücke (Pont Romain), die die Ubaye in einem grazilen Bogen überquert und trotz ihres Namens romanisch, aber nicht römisch ist.

• *Übernachten/Essen* ** **La Lauzetane**, modernes Hotel am östlichen Ortsrand, ohne großen Charme und mit vergleichsweise teuren Zimmern. Die zur Straße zeigenden Zimmer sind mit 76–100 € günstiger als die mit Blick zur Seeseite für 90–114 €, Frühstück 10 €. Einen Balkon haben die meisten und in den Pool darf jeder ohne Aufpreis. Wer will, kann gleich im zum Hotel gehörenden Restaurant speisen. ✆ 0492855500, ℻ 0492855744. www.hotelclublauzetane.com.

La Bonne Aventure, günstiges Hotel mit komfortablen Zimmern, die der nette Besitzer Zug um Zug renoviert. Zimmer je nach Ausstattung 28–62 €. Frühstück 5 €, ✆ 0492855455, ℻ 0492855984. www.relaisdulac.fr.

Les Méans, in einem wunderschönen, stimmungsvollen Bauernhof aus dem 16. Jahrhundert vermieten Elisabeth und Frédéric Millet zwei sehr geschmackvoll eingerichtete Gästezimmer mit Bad (65–75 € inkl. Frühstück) und drei Suiten (ab 85 €). Frédéric ist Bergführer und kennt zahllose Wandertouren. Tolle Aussicht! Sechs Kilometer östlich in Méolans Revel. Von Mai bis Okt. geöffnet. ✆/℻ 0492810391. www.les-means.com.

Château des Magnans

Jausiers

Jausiers ist der Geburtsort der Arnaud-Brüder, die mit ihrer erfolgreichen Auswanderung nach Mexiko einen wahren Boom im Ubaye-Tal ausgelöst haben. Aus diesem Grund erinnern viele Bauten an den Wohlstand der „Mexikaner", so die Villa Morélia und das Château des Magnans. Letzteres steht östlich des Ortes auf einem Felsvorsprung und ist mit seiner phantastisch-skurrilen Mittelalter-Architektur sicherlich die ungewöhnlichste Villa, die sich ein Heimkehrer im Ubaye-Tal errichten ließ. Sehr schön ist der am nordöstlichen Ortsrand gelegene Abenteuerspielplatz mit Bademöglichkeiten (*Parc de Loisirs de Siguret*).

Information/Verbindungen/Diverses

- *Information* **Office de Tourisme**, Rue Principale, 04850 Jausiers, ✆ 0492812145, 📠 0492846342. www.jausiers.com.
- *Einwohner* 1100 Einwohner.
- *Verbindungen* dreimal tgl. fahren Busse nach Barcelonnette.
- *Markt* Sonntagvormittag.
- *Stadtführung* Jeden Donnerstag um 16 Uhr am Office de Tourisme. Die Teilnahme ist kostenlos.
- *Einkaufen* Maison des Produits de Pays, eine gute Auswahl an regionalen Produkten bietet dieses an der Straße nach Barcelonnette gelegene Geschäft. Geöffnet: Tgl. 10–12 Uhr und 14–18 Uhr. www.produits-de-pays.com.
- *Reiten* Cheval Nature en Ubaye, ✆ 0492846076.
- *Fahrradverleih* Le Technicien du Sport, Rue Principale, ✆ 0492811393.
- *Parc de Loisirs de Siguret* Le Chalet du Lac. Eintritt: 2,50 €.

Übernachten/Essen

- *Hotels/Restaurants* *** **Villa Morélia**, diese stattliche Villa erinnert an das goldene Zeitalter des Tals. Umgeben von einem Park werden in dem aus dem frühen 20. Jahrhundert stammenden Haus zehn geräumige und mit Geschmack eingerichtete Zimmer (ab 150 €) sowie drei Suiten (ab 280 €) vermietet. Frühstück 20 €. Den Gästen steht seit kurzem auch ein beheizter Swimmingpool zur Verfügung. Im ausgezeichneten Restaurant werden Menüs zu 35 € (mittags), abends für 68 € pro Menü serviert, an denen sich auch außer Haus wohnende Gäste erfreuen können. Es werden auch Kochkurse angeboten. Lage: direkt am Ortseingang. Grand Rue, ✆/📠 0492846778. www.villa-morelia.com.

*** **Château des Magnans**, das prachtvolle Château im Stil des Märchenkönigs Ludwig II. – es liegt am Ortsrand und bietet einen herrlichen Ausblick – wurde vollkommen renoviert und beherbergt seit 2007 ein modernes Hotel mit Appartements. Gutes Restaurant, Hallenbad und Sauna vorhanden. DZ je nach Saison 76–124 €. Es werden auch zahlreiche Appartements im Château wie auch in einem modernen Anbau vermietet, deren Preise je nach Saison stark schwanken (280–940 € pro Woche). Laut Hoteldirektor bekommt man mit diesem Reiseführer 5 % Rabatt. WLAN vorhanden. Im November Betriebsferien. ✆ 0492339927, 📠 0492355472. www.olea-vacances.fr.

Les Bartavelles, mitten im Ort findet sich diese Gîte d'étape. Die Zimmer sind komfortabel im orientalischen oder asiatischen Stil eingerichtet und kosten 50–55 € (inkl. Frühstück). Abends werden schlichte, aber sehr schmackhafte Menüs für 20 € bzw. 25 € (asiatisch) serviert. Grand Rue, ✆/📠 0492846986.

L'Ardoisiere, dieses Gîte d'étape liegt neben dem Château des Magnans und ist ein Lesertipp von Marlene und Hubert Heidemann: „Betreiber und Besitzer sind Muriel und Robert Volponi, die das Gebäude (ehemaliges Bauernhaus mit Stall) ca. acht Jahre lang liebevoll restauriert haben – und das hat sich wirklich gelohnt! Das Haus liegt ‚au pied du Col de Restefond'. DZ inkl. Frühstück 55 €, wobei wir nicht nur typisch französisches Frühstück erhalten haben, sondern auch Schinken und Käse. Abends wird ein ausgezeichnetes, landestypisches 4-Gänge-Menü (20–30 €) angeboten, wobei sich Madame und Monsieur in der Küche abwechseln." ✆ 0492320382. http://monsite.orange.fr/gitelardoisiere.

- *Camping* ** **Le Planet**, einfacher Zeltplatz neben dem Ort. Von Mai bis Anfang Sept. geöffnet. ✆ 0492810657.

Umgebung

Col de la Bonette-Restefond: Mit einer Höhe von 2802 Metern gilt der Col de la Bonette-Restefond als der höchste befahrbare Pass der Alpen. Schon im Österreichischen Erbfolgekrieg (1740–1748) marschierten die spanischen Truppen über den Pass. In Jausiers zweigt eine kleine Landstraße ab, die sich 24 Kilometer lang in steilen Kehren empor windet. Auf der anderen Seite geht es weiter zum Wintersportgebiet Auron oder hinunter in das Tal der Tinée bis

Karte S. 237

nach Nizza. Wie man sich vorstellen kann, ist die Passstraße eine Herausforderung für Motorrad- und vor allem für Fahrradfahrer. Die ganz Sportlichen unter den Pedalrittern nehmen an der zumeist am vorletzten Sonntag im Juli ausgetragenen *Rallye de la route de la Bonette* teil. Lohnend ist auch der kurze Aufstieg zur Cime de la Bonette (2860 Meter). Oben angekommen, eröffnet sich ein grandioser Panoramablick samt Orientierungstafel.

Achtung: Aus wettertechnischen Gründen kann man den Pass nur in den Sommermonaten befahren. Eine Hinweistafel zeigt an, ob der Col de la Bonette-Restefond geöffnet ist (*ouvert*).

Fort de Tournoux: Ein paar Kilometer hinter Jausiers klammert sich eine imposante Festungsanlage an die Felswand eines Bergkammes. Diesmal war ausnahmsweise mal nicht der umtriebige Vauban am Werke, denn die Festung wurde zwischen 1843 und 1865 errichtet, um Frankreich vor einer italienischen Invasion zu schützen. Doch schon nach wenigen Jahrzehnten war der Festungsriegel den modernen Kriegstechniken nicht mehr gewachsen und wurde aufgegeben. Das Fort de Tournoux wurde regelrecht in den Fels gemeißelt, allein zwischen den Truppenunterkünften im Tal und dem oberen Teil der Festung sind 700 Höhenmeter zu bewältigen. Die Soldaten gelangten über unterirdische Gänge und Treppen zu den Geschützständen. Eine Besichtigung ist außerhalb der Saison auch ohne Führung möglich.

Geöffnet Im Hochsommer Di, Do und Sa 10–11.30 Uhr, Di und So auch 14.30–18 Uhr. Führung: 6,20 €, erm. 3,60 €.

Saint-Paul-sur-Ubaye: Saint-Paul-sur-Ubaye ist der letzte größere Ort im Ubaye-Tal. Eingeschlossen von mehreren Dreitausender-Gipfeln liegt der Ort in 1468 Metern Höhe, weshalb es selbst im Hochsommer bei Wetterumschwüngen zu heftigen Temperaturstürzen kommen kann. Die einzige größere Sehenswürdigkeit ist die spätromanische Dorfkirche Saint-Pierre-et-Saint-Paul mit ihrem schmucken Glockenturm.

• *Übernachten/Essen* **L'Auberge le Chamois Bleu**, in dem einstigen Presbyterium aus dem 16. Jahrhundert werden fünf angenehme Zimmer (38–55 €) vermietet. Das Haus mit seinen blauen, bemalten Fensterläden und dem dazugehörigen Garten macht einen überaus freundlichen Eindruck. Die Menüs kosten 10 oder 16 €. Ganzjährig geöffnet, aber eine Woche im Sept und im Dez. Betriebsferien. ✆/℻ 0492843120.

• *Camping* ** **Bei Iscle**, einfacher, kleiner Platz mit nur 70 Stellplätzen unweit des Dorfes. ✆ 0492843831.

Col de Vars: Von Saint-Paul-sur-Ubaye aus steigt die D 902 steil bergan, bis nach fünfzehn Kilometern der 2111 Meter hohe Col de Vars erreicht ist. Nach Norden hin gelangt man nach Guillestre und weiter in das Queyras.

Pont du Châtelet: Knapp fünf Kilometer nordöstlich von Saint-Paul spannt sich die 1880 errichtete Brücke in einem einzigen Bogen über eine 100 Meter tiefe Schlucht. Der Blick in die Tiefe ist nur Schwindelfreien anzuraten.

Vallée du Haut Verdon

Das Vallée du Haut Verdon begeistert durch seine Gegensätze: Eingerahmt von hochalpinen Gebirgsketten erstreckt sich das Tal bis hinunter in die schon deutlich provenzalisch geprägte Gleitschirmflieger-Hochburg Saint-André-les-Alpes. Der Verdon, der seinen Namen von der Farbe (*vert* = grün) seines Wassers hat, entspringt im Massif des Trois Evêches, westlich des Wintersportortes La Foux-d'Allos. Das Gebiet östlich des Tals gehört zum Mercantour-Nationalpark und steht daher unter strengen Naturschutzbestimmungen. Nach Norden hin wird das Tal des Verdon von dem 2247 Meter hohen Col d'Allos abgeschlossen. Der Pass – er ist von November bis Mai gesperrt – führt hinüber nach Barcelonnette in das Ubaye-Tal. Unter den vielen kleinen Dörfern und Wintersportorten sticht vor allem Colmars-les-Alpes hervor. Der markante Ort verdankt seine Befestigungsanlagen dem berühmten Vauban.

Information Maison de Pays du Haut-Verdon, Beauvezer, ✆ 0492834343, 📠 04928359020. www.verdon-provence.com.

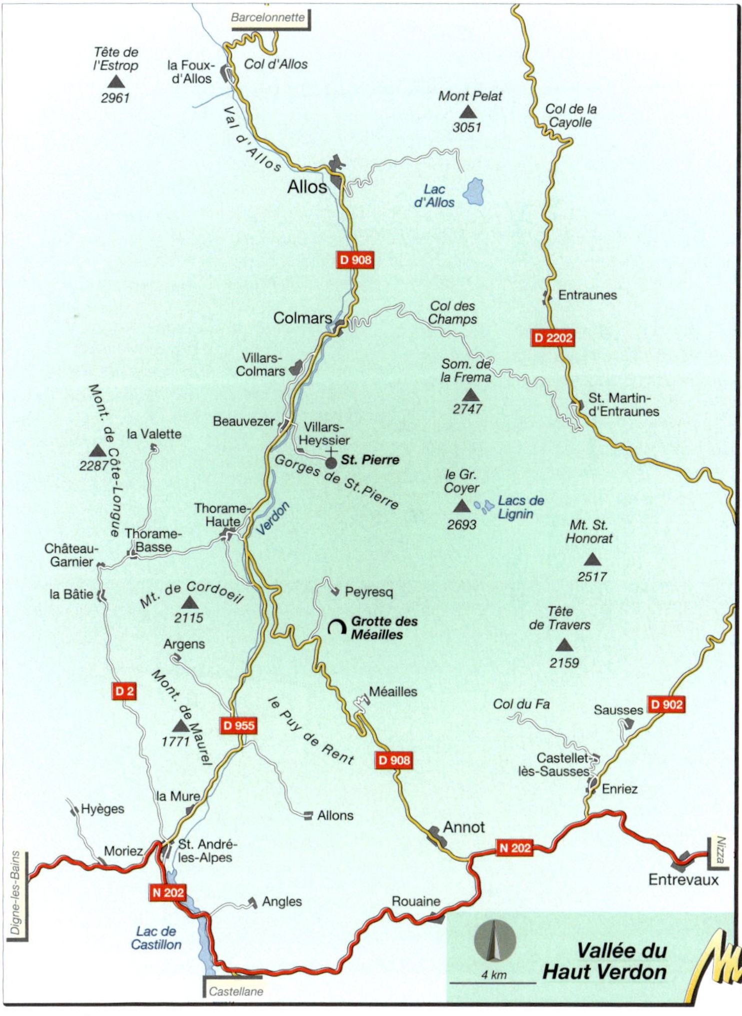

Vallée du Haut Verdon
Karte S. 245

Allos

Da Allos heute in erster Linie als Wintersportgebiet bekannt ist, wird leicht vergessen, dass es auch einen historischen Ortskern mit Brunnen und verzierten Türen zu erkunden gibt. Alte Holzbauten existieren nicht mehr, da sie im 18. Jahrhundert einer Feuerkatastrophe zum Opfer fielen. Sehenswert ist auch die romanische Kapelle Notre-Dame-de-Valvert, die aus dem 13. Jahrhundert stammt.

Weiter nördlich in Richtung Col d'Allos liegt der erst 1977 gegründete Wintersportort La Foux d'Allos, dessen Pisten bis 2600 Meter reichen und bis in den April hinein absolute Schneesicherheit garantieren.

Fahrradfahren am Col d'Allos

Von Ende Juni bis zum 12. September ist die Passstraße des Col d'Allos jeden Freitag von 8 bis 11 Uhr für Radfahrer reserviert. Diese können dann die traumhafte Serpentinenstraße gefahrlos voll auskosten, ohne Rücksicht auf Autos und Motorradfahrer zu nehmen.

- *Information* Office du Tourisme du Val d'Allos, Place du Presbytère – BP 5, 04620 Allos. Viele Informationen zu Mountainbike-Touren (VTT) durch die Umgebung. ✆ 0492830281, 📠 0492830666. www.valdallos.com.
- *Einwohner* 700 Einwohner.
- *Markt* Donnerstagvormittag.
- *Verbindungen* Zwei Busverbindungen tgl. mit Colmars und Allos.
- *Fahrradverleih* Lantelme Sports, nur Ende Juni bis Mitte Sept. geöffnet. ✆ 0492838009.
- *Schwimmen* Parc des Loisirs mit Riesenrutsche, Badestrand und diversen Freizeitaktionen. Eintrittspflichtig.
- *Übernachten* *** **Du Hameau**, nettes Hotel in Foux d'Allos mit einem guten Restaurant. Je nach Jahreszeit wechseln sich Skifahrer mit Wanderfreaks ab. Fast alle Zimmer mit Balkon. Im Restaurant gibt es Menüs ab 18 €, Halbpension 66–83 € pro Person. Sauna und großer Pool vorhanden. Im Sommer nur von Mitte Juni bis Mitte Sept. geöffnet. ✆ 0492838226, 📠 0492838750, www.hotel-du-hameau.fr.
- *Jugendherberge* **Auberge de Jeunesse Neige et Soleil**, angenehme Unterkunft in La Foux d'Allos. Übernachtung 8 €. Ende April bis Mitte Juni sowie im Oktober und Nov. geschlossen. ✆ 0492838108.

Der Lohn nach 30 Minuten Serpentinenfahrt

Wanderung 14: Lac d'Allos

Leichte, im Sommer sehr beliebte Wanderung ohne größere Steigungen zum größten Alpensee über 2200 Metern. Herrliche Ausblicke auf das Panorama der Südalpen.

> Ausgangspunkt: Parkplatz beim Maison Forestière du Laus (Zufahrt vom 15. Juni bis 15. Okt., im Juli und Aug. 5 €). Gesamtwanderzeit: 2,5 Stunden. Wegstrecke: 6 Kilometer. Höhenmeter: 96 Meter. Schwierigkeitsgrad: leicht.

Um zum Lac d'Allos zu gelangen, muss man in Allos die kleine D 226 nehmen, die, flankiert von Ebereschen und Kiefern, an ein paar Einzelgehöften vorbei in spitzen Kehren und Steigungen von bis zu 15 Prozent zum See hinaufführt. Dominiert wird die Landschaft vom Mont Pélat, einem pyramidenförmigen Berg, dessen Gipfel 3051 Meter hochragt. Nach knapp zwölf Kilometern endet die Straße an einem Wanderparkplatz mit Informationshäuschen. In rund einer dreiviertel Stunde steigt man von hier aus gemütlich zum Lac d'Allos hinauf, wobei mehrere Hinweistafeln die Landschaft und Natur erläutern. Der Weg ist so gut markiert, dass man sich unmöglich verlaufen kann. Es ist immer wieder ein schönes Bild, wenn sich die karge Gebirgslandschaft im leuchtenden Türkisblau des bis zu 49 Meter tiefen Wassers spiegelt. Die besondere Reinheit des Wassers basiert wie bei fast allen Gebirgsseen auf einem Sauerstoffmangel. Der See, der sich nach der letzten Eiszeit gebildet hat und von mehreren Quellen gespeist wird, liegt in einer Höhe von 2229 Metern. Mit einer Fläche von 62 Hektar ist er damit der größte natürliche See Europas in über 2200 Metern über dem Meeresspiegel! Wer sich abkühlen möchte, kann die Füße in das kristallklare Wasser tauchen, das sich im Hochsommer auf bis zu 16 Grad Celsius erwärmt. Am Seeufer steht eine nur im Sommer bewirtschaftete Schutzhütte und etwas erhöht die Kapelle Notre-Dame-des-Monts, die mit gefundenen Steinen gemauert wurde. Ein etwas tiefer gelegenes Torfmoor erinnert an einen zweiten, heute nicht mehr existierenden Gletschersee. Als reine Wanderzeit für den Auf- und Abstieg sowie eine Umrundung des Sees sind 2,5 Stunden einzuplanen.

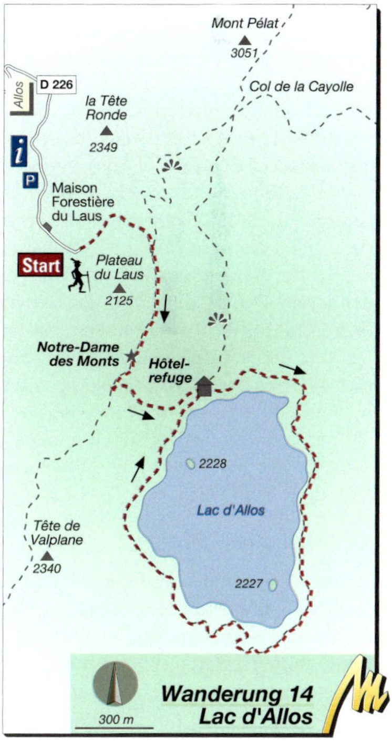

Noch zwei Tipps für sehr durchtrainierte Wanderer: Der Fernwanderweg GR 56 führt von der Kirche in Allos direkt hinauf zum Lac d'Allos. Da mehr als 700 Höhenmeter zu bewältigen sind, handelt es sich um einen anstrengenden Tagesmarsch. Eine weitere Alternative ist es, vom Parkplatz am Lac d'Allos zum 3051 Meter hohen Gipfel des Mont Pelat zu wandern. Der Lohn für die Mühe ist ein grandioser Panoramablick über die Südalpen.

• *Übernachten/Essen* **Chalet Refuge du Lac d'Allos**, sehr einfache Wanderherberge mit 40 Betten in einem Raum am nördlichen Ende des Sees.Dusche und Toilette sind in einer andere Hütte neben dem Restaurant. Es wird erwartet, dass man seinen eigenen Schlafsack mitbringt. Übernachtung 10 €, Halbpension 28 €. Gute Küche. Nur von Mitte Juni bis zum 20. Sept. geöffnet. ✆ 0492830024. Außerhalb der Saison: ✆ 0494487725.

Mercantour-Nationalpark

Der Mercantour-Nationalpark, einer von sieben französischen Nationalparks, erstreckt sich entlang der französisch-italienischen Grenze auf einer Gesamtfläche von 68.500 Hektar von den Alpes de Haute-Provence bis hin zu den Seealpen (Alpes Maritimes). Die unbesiedelte Kernzone des Nationalparks ist eine hochalpine Gebirgslandschaft – sieben Gipfel ragen mehr als 3000 Meter empor – mit tief eingeschnittenen Talkesseln, lieblichen Almen, zahllosen Gletscherseen und Moränen.

Innerhalb weniger Kilometer verändert sich das Landschaftsszenario vollkommen: Während die südlichen Ausläufer noch vom mediterranen Klima geprägt sind, lassen sich die klimatischen Verhältnisse in den Kammlagen durchaus als arktisch charakterisieren. Der 1979 gegründete Nationalpark besitzt eine artenreiche Flora und Fauna. Nach der Schneeschmelze im Frühsommer blühen mehr als 2000 verschiedene Pflanzenarten (z. B. Enzian, Edelweiß, Steinbrech), 40 davon gelten als endemisch, dass heißt, sie sind nirgendwo sonst auf der Welt zu finden. Auch die Tierwelt kann sich sehen lassen: Unter den Huftieren sind die rund 5000 Gämsen, 1000 Mufflons und 150 Steinböcke besonders hervorzuheben; außerdem ziehen 31 Paare der vom Aussterben bedrohten Steinadler sowie der seltene Bart- oder Lämmergeier über den kargen Gipfeln ihre Kreise. In den letzten Jahren sind zudem verstärkt frei lebende Wölfe aus Italien eingewandert. Da sich die naturgeschützte Zone über die Grenze hinweg nach Italien (*Parco Naturale dell'Agentera*) fortsetzt, sind hervorragende Bedingungen geschaffen worden, die für die Zukunft hoffen lassen; ein Problem stellt allerdings die Wilderei in den Randgebieten dar.

Information Parc National du Mercantour, Centre d'Information, 23, rue d'Italie, 06000 Nice, ✆ 0493878610.

Colmars-les-Alpes

Colmars kann auf eine lange Geschichte zurückblicken: Der Ortsname erinnert noch an einen von den Römern errichteten Marstempel (*Collis Martis*), auf dessen Grundmauern später die Pfarrkirche Saint-Martin errichtet wurde. Aufgrund seiner strategisch wichtigen Lage war Colmars seit dem Spätmittelalter einer der am besten befestigten Plätze in den Seealpen. Von den im Jahre 1391 errichteten Befestigungswällen sind nur noch wenige Reste vorhanden, da die militärischen Anlagen im 17. Jahrhundert durch den Festungsbaumeister

Stille Tage in Colmars

Vauban erweitert und verbessert wurden, um die Grenze zu Savoyen besser kontrollieren zu können. Die damals errichtete Stadtmauer mit ihren Wehrgängen umschließt die mittelalterlich geprägte Stadt noch immer und öffnet sich nur an zwei Stellen: Im Süden die *Porte de France* und im Norden die *Porte de Savoie*. Beiden Toren vorgelagert sind wiederum zwei Festungsbollwerke: Das nur noch als Ruine erhaltene Fort de France und das Fort de Savoie. Letzteres ist von zwei Wällen umgeben und kann mitsamt den Garnisonsunterkünften im Juli und August besichtigt werden.

Als nahes Ausflugsziel bietet sich der Wasserfall *Cascade de la Lance* an, der rund einen Kilometer südöstlich der Stadt tosend den Fels hinunterstürzt. Der Weg dorthin ist gut ausgeschildert.

- *Information* **Office de Tourisme**, Ancienne Auberge Fleurie, 04370 Colmars-les-Alpes, ✆ 0492834192, 📠 0492835231. www.colmars-les-alpes.fr. Hier es auch Pläne für Mountain-Bike-Touren.
- *Einwohner* 600 Einwohner.
- *Markt* Freitagvormittag.
- *Verbindungen* Zwei Busverbindungen tgl. mit Digne und Allos.
- *Maison Musée* Nettes Heimatmuseum mitten in der Stadtmauer. Mitte Juni bis Mitte Sept. tgl. bis auf Dienstag- und Freitagvormittag 10–12.30 Uhr und 15–18.30 Uhr. Eintritt: 3 €. www-haut-verdon-musee.org.
- *Veranstaltungen* Alljährlich am 24. Juni wird mit Böllerschüssen und historischen Kostümen lautstark die *Bravade* gefeiert, ein Umzug mit historischen Kostümen.
- *Schwimmen* Städtisches Freibad (beheizt) im Ort. Von Juli bis Aug. geöffnet.
- *Hotel* ** **Le France**, der typische Dorfgasthof, den auch die Einheimischen gerne besuchen. Die Zimmer kosten 50–60 €. Es werden auch Appartements vermietet. WLAN vorhanden. Place de la Tour, ✆ 0492834293. www.che-et-guy.com.

** **Le Chamois**, das andere, wenig aufregende Hotel von Colmars erhielt nach der Recherche einen neuen Besitzer. DZ ca. 40–50 €, die teureren mit Balkon. ✆ 0492834329.

- *Restaurant* **Le Lézard**, gemütlicher Teesalon, dekoriert mit Zeichnungen. Nett ist die einladende Straßenterrasse mitten in der Altstadt von Colmars.

Mächtig: die Zitadelle von Colmars

• *Camping* **** **Le Haut-Verdon**, der am besten ausgestattete Platz im ganzen Tal liegt drei Kilometer südlich in Villars-Colmars, Restaurant und Pool vorhanden, von Mai bis Mitte Sept. geöffnet. ✆ 0492834009. www.lehautverdon.com.

* **Le Bois Joly**, mit nur 25 Stellplätzen sicherlich einer der kleinsten Campingplätze im ganzen Département. Das große Plus sind die kleinen Preise und die Lage am Ufer eines Flusses. Von Mai bis Sept. geöffnet. ✆ 0492835060.

• *Schwimmen* Direkt neben der Stadtmauer und den Tennisplätzen gibt es ein beheiztes Freibad. Nur im Juli und Aug. tgl. 10–18 Uhr geöffnet. Eintritt: 2 €.

Umgebung

Beauvezer: Wenige Kilometer südlich von Colmars liegt Beauvezer, eine beliebte Sommerfrische, erhöht auf einem Felsen über dem Tal des Verdon. Der Ort mit seinen exakt 267 Einwohnern – falls seit der Recherche keine Geburten oder Todesfälle zu vermerken waren – besitzt einen schönen gewachsenen Ortskern, dessen Blickfang die Ockerfassade und Fensterrosette der Chapelle Saint Joseph ist. An die ehedem sehr bedeutende Tuchfabrik von Beauvezer – sie wurde 1962 geschlossen – erinnert das Maison de Pays des Alpes de Haute Provence, das in dem stattlichen Fabrikgebäude eröffnet wurde. In der Umgebung finden sich mehrere Chalets im Schweizer Stil.

• *Übernachten* ** **Le Bellevue**, das von einem holländischen Paar mit viel Enthusiasmus geführte Logis-de-France-Hotel liegt im Zentrum von Beauvezer und ist sicherlich die schönste Unterkunft in Haut Verdon. Der alte Dorfgasthof gefällt mit seinem schönen Treppenhaus. Alle Zimmer (51 €) wurden unlängst komplett renoviert und strahlen in orangen und roten Farben. Tolle moderne Bäder. Das Zimmer Nr. 3 besitzt sogar einen kleinen Balkon. Frühstück 6 €. Die schattige Terrasse des Restaurants blickt direkt auf den Marktplatz. lohnend ist die Halbpension für 49,50 € pro Person. Mittwochmittag Ruhetag. Von Nov. bis März Betriebsferien. Place du Village, ✆/📠 0492835160. www.hotelbellevue.org.

• *Camping* ** **Les Relarguiers**, günstiger und schöner Campingplatz mit Pool südlich des Ortes. Ganzjährig geöffnet. Im Juli und Aug. gibt es auch ein Restaurant. ✆ 0492834773. www.relarguiers.com.

• *Schwimmen* Am Ortseingang ein kleines beheiztes Freibad (29 Grad). Von Juni bis Aug. tgl. 10–18 Uhr geöffnet. Eintritt: 2 €.

Wandern zur Chapelle Saint-Pierre und den Lacs de Lignin: Von Beauvezer führt eine kleine Straße zu dem 1290 Meter hoch gelegenen Weiler Villars-Heyssier. Hier stellt man das Auto ab und wandert in rund einer Stunde durch die Gorges de Saint-Pierre zur Chapelle Saint-Pierre. Eine sehr schöne, aber anstrengende Hochgebirgswanderung führt von hier aus weiter zu den Lacs de Lignin. Der Weg verläuft anfangs weiter durch die Schlucht, bevor er steil bergan zu den unterhalb des 2693 Meter hohen *Grand Coyer* gelegenen Bergseen führt.

Umgebung/Annot

Méailles: Weltentrückt auf einem Kalksteinfelsen thront das Dörfchen Méailles über dem Tal der Vaïre. Die Straße führt durch ein pittoreskes Eisenbahnviadukt in engen Kehren zu dem Dorf hinauf. Belohnt wird man mit einem unverfälschten Ortsbild und einer Dorfkirche, die ein kostbares Retabel (ein Altaraufsatz) aus dem frühen 16. Jahrhundert besitzt; Letzteres zeigt die Jungfrau Maria mit dem Jesuskind sowie Johannes den Täufer und Johannes den Evangelisten.

Interessant ist auch ein Abstecher zur Grotte des Méailles, die nach einer kurzen Wanderung über einen markierten Pfad zu erreichen ist. Man fährt hierzu von Méailles in Richtung La Combe bis man in einer großen Kurve auf einen Wanderparkplatz stößt. Neben Wanderschuhen ist eine Taschenlampe zwingend notwendig. Wichtiger Hinweis: Nur erfahrene Höhlenkundler sollten weiter als in den Hauptstollen vordringen.

Peyresq: Peyresq ist ein uraltes Schäferdorf, das 20 Kilometer nördlich von Annot inmitten einer unberührten Berglandschaft liegt. Das Dorf wurde wahrscheinlich im Jahre 1235 gegründet – die romanische Pfarrkirche stammt aus dem 14. Jahrhundert – und lange Zeit von der ortsansässigen Adelsfamilie Fabri de Peyresq beherrscht. Ende des 19. Jahrhunderts kam es zu einem großen Exodus der Bevölkerung; nur noch eine Handvoll Menschen lebten noch in Peyresq, als sich 1954 der belgische Architekt *Georges Lambeau* für das Dorf engagierte und die Association „Pro Peyresq“ (✆ 0492832037) gründete. Mit Hilfe zahlreicher Studentengenerationen konnte das weitgehend verfallene Dorf in den folgenden Jahrzehnten restauriert und eine internationale humanistische Begegnungsstätte eingerichtet werden. Mehrere Gebäude stehen seither für Seminare zur Verfügung.

Kletterparadies Haute-Provence

Vallée du Haut Verdon
Karte S. 245

Speiselexikon

Allgemeines

S'il vous plaît, Madame! (Monsieur!)	*Bedienung!*
La carte, s'il vous plaît!	*Die Speisekarte, bitte!*
Je voudrais bien ...	*Ich hätte gerne ...*
Est-ce que vous avez ....?	*Haben Sie ...?*
L'addition, s'il vous plaît!	*Die Rechnung bitte!*
l'assiette	*Teller*
l'addition	*Rechnung*
l'auberge	*Landgasthof*
bien cuit	*gut durchgebraten*
bleu	*bei großer Hitze nur wenige Sekunden angebraten*
boire	*trinken*
la brasserie	*eigentlich Brauhaus; heute v. a. Bezeichnung für Cafés mit Mittags- und Abendtisch*
la carte	*Speisekarte*
... des vins	*Weinkarte*
... du jour	*Tageskarte*
le cendrier	*Aschenbecher*
chaud(e)	*heiß*
la commande	*Bestellung*
compris(e)	*inbegriffen*
le couteau	*Messer*
la cuillère	*Löffel*
cuit(e)	*gekocht*
le déjeuner	*Mittagessen*
demi-anglais	*fast durchgebraten (rosafarbener Kern)*
dur(e)	*hart, zäh*
l'entrée	*Vorspeise*
l'épice	*Gewürz*
la fourchette	*Gabel*
froid(e)	*kalt*
fumé(e)	*geräuchert*
le garçon	*Kellner, Ober*
en gelée	*gesülzt*
la glace	*Eis*
le glaçon	*Eiswürfel*
la goutte	*Tropfen*
le gratin	*Auflauf, Überbackenes*
les grillades	*Gegrilltes*
grillé(e)	*gegrillt*
les herbes de Provence	*Kräuter der Provence*
l'hors-d'œuvre	*Vorspeise*
l'huile	*Öl*
libre-service	*Selbstbedienung*
maigre	*mager*
manger	*essen*
mijoté(e)	*geschmort*
moulin à poivre	*Pfeffermühle*
la note	*Rechnung*
l'ouvre-bouteilles	*Flaschenöffner*
la peau	*Haut, Schale*
le petit déjeuner	*Frühstück*
le pichet	*Weinkaraffe*
la pincée	*Prise*
plat	*Gericht, Platte*
... du jour	*Tagesgericht*
poêlé	*in der Pfanne gebraten*
à point	*auf den Punkt gebraten (außen knusprig, innen gerade noch rosa)*
le pot	*Topf*
le pourboire	*Trinkgeld*
prêt(e)	*bereit, angerichtet*
quart	*ein Viertel*
quelle cuisson?	*wie gebraten?*
les quenelles	*Klößchen, Röllchen*
râpé(e)	*geraspelt, gerieben*
réchauffer	*aufwärmen*
recommandé(e)	*empfohlen, empfehlenswert*
le relais	*Landgasthof*

la rouille	*scharfe rote Soße*
saignant	*nur kurz angebraten (blutig)*
salé(e)	*gesalzen*
le salon de thé	*Teesalon*
service (non) compris	*Bedienung (nicht) inbegriffen*
servir	*bedienen, auftragen*
le sel	*Salz*
la soupe	*Suppe*
tendre	*zart*
la terrine maison	*Pastete nach Art des Hauses*
le thym	*Thymian*
tiède	*lauwarm*
la tranche	*Schnitte, Scheibe*

Fleisch, Wild und Geflügel

l'agneau	*Lamm*
les aiguillettes du canard	*Fleischstreifen von der Ente*
l'andouillette	*Kuttelwurst*
l'assiette anglaise	*kalte Platte*
la bavette	*Lendenstück*
le bifteck	*Beefsteak*
la blanquette de veau	*weißes Kalbsfrikassee*
le bœuf	*Ochse oder Rind*
le boudin	*Blutwurst*
la brochette	*Spießchen*
la caille	*Wachtel*
le canard	*Ente*
le carré d'agneau	*Lammrückenstück*
le cerf	*Hirsch*
la charcuterie	*Wurstaufschnitt*
le cheval	*Pferd*
la chèvre	*Ziege*
le chevreuil	*Reh*
le cochon	*Schwein*
le confit de canard	*in Entenschmalz eingelegtes Entenfleisch*
le coq	*Hahn*
le coq au vin	*Hähnchen in Rotweinsoße*
le coquelet	*Brathähnchen*
la côte	*Rippenstück*
... d'agneau	*Lammkotelett*
... de veau	*Kalbskotelett*
la cuisse de canard	*Entenschlegel*
la dinde	*Pute*
le dindon	*Truthahn*
l'entrecôte	*Zwischenrippenstück*
l'épaule d'agneau	*Lammschulter*
l'escalope	*Schnitzel*
les escargots	*Weinbergschnecken*
le faisan	*Fasan*
le filet	*Lendenstück*
le filet mignon	*kleines Steak aus dem schmalen Teil des Rinderfilets*
le foie	*Leber*
le gibier	*Wild*
le gigot	*Keule*
la goulache	*Gulasch*
la grenouille	*Frosch*
le jambon	*Schinken*
le jambonneau	*Schweinshaxe*
le jarret	*Haxe*
la joue de bœuf	*Ochsenwange*
la langue de bœuf	*Ochsenzunge*
le lièvre	*Hase*
le lapin	*Kaninchen*
le magret de canard	*Entenbrust*
le mouton	*Hammel, Schaf*
la noisette d'agneau	*Lammnüsschen*
l'oie	*Gans*
l'onglet	*Zwerchfell- oder Nierenzapfenstück vom Rind*
l'os	*Knochen*
le paleron braisé	*Geschmortes Bugschauffelstück (Rindsschulter)*
la paupiette	*Roulade*
le perdreau	*junges Rebhuhn*

la perdrix	*Rebhuhn*
les pieds de cochon	*Schweinsfüße*
le pigeon	*Taube*
le pintadeau	*Perlhuhn*
la poitrine	*Brust*
le porc	*Schwein*
le porcelet	*Spanferkel*
la poularde	*Masthuhn*
le poulet	*Brathähnchen*
la queue	*Schwanz*
les rognons	*Nieren*
le rôti	*Braten*

Meeresfrüchte / Fische

l'anchois	*Sardelle (Anchovis)*
l'anguille	*Aal*
le bar	*Barsch*
le barbeau (barbillon)	*Barbe*
la bargue	*Meerbutt*
la baudroie	*Seeteufel*
la bouillabaisse	*kräftige Fischsuppe mit mehreren Fischarten*
la brandade de morue	*pürierter Stockfisch*
le cabillaud	*Kabeljau*
la carpe	*Karpfen*
le congre	*Meer- bzw. Seeaal*
les coquillages	*Muscheln*
les crevettes	*Garnelen*
le denté	*Zahnbrasse*
les écrevisses	*Flusskrebse*
le flétan	*Heilbutt*
le gambas	*Garnelen, Krabben*
le grondin	*Knurrhahn*
le homard	*Hummer*
les huîtres	*Austern*
la lotte de mer	*Seeteufel*
le loup de mer	*Wolfsbarsch*
le maquereau	*Makrele*
la morue	*Stockfisch*
les moules	*Muscheln*
les noix de Saint Jacques	*Jabobsmuscheln*
le perche	*Seebarsch*
la plie	*Scholle*
le poisson	*Fisch*
... de rivière	*Flussfisch*
le poulpe	*Tintenfisch*
la praire	*Venusmuschel*
la raie	*Rochen*
la rascasse	*Drachenkopf*
le rouget	*Rotbarbe*
le sandre	*Zander*
les sardines à l'huile	*Ölsardinen*
le saumon	*Lachs*
la seiche	*Tintenfisch*
les seiches farcies	*mit Gemüse und Hackfleisch gefüllte Tintenfische*
la sole	*Seezunge*
le st-pierre	*St.-Petersfisch*
la tanche	*Schleie*
le thon	*Thunfisch*

Gemüse/Beilagen

les artichauts	*Artischocken*
les asperges	*Spargel*
le béchamel	*weiße Sahnesoße*
la blette	*Mangold*
les cèpes	*Steinpilze*
les chanterelles	*Pfifferlinge*
les pois chiches	*Kichererbsen*
le chou	*Kohl*
le chou-fleur	*Blumenkohl*
le chou vert	*Grünkohl*
la choucroute	*Sauerkraut*
le concombre	*Gurke*
les courgettes	*Zucchini*
les crudités	*Rohkost*
l'échalote	*Schalotte*
les épinards	*Spinat*

le fenouil	*Fenchel*
les fleurs de courge	*Zucchini-Blüten*
la garniture	*Beilage*
le gingembre	*Ingwer*
les girolles	*Pfifferlinge*
les haricots verts	*grüne Bohnen*
la laitue	*Kopfsalat*
les légumes	*Gemüse*
les lentilles	*Linsen*
la mâche	*Feldsalat*
le mesclun	*Salatmix (Chicorree, Rucola, Kerbel, Portulak)*
le millet	*Hirse*
les nouilles	*Nudeln*
les oignons	*Zwiebeln*
la pâte	*Teig*
les pâtes	*Nudeln*
le pain	*Brot*
les petits pois	*Erbsen*
le poireau	*Lauch, Porree*
la poirée	*Mangold*
les pommes de terre	*Kartoffeln*
le radis	*Rettich*
la ratatouille	*geschmortes Gemüseallerlei zumeist aus Auberginen, Zucchini, Paprika und Tomaten*
la salade	*Salat*
la sauge	*Salbei*
la semoule	*Grieß*

Obst, Dessert, Gebäck und Käse

l'abricot	*Aprikose*
les amandes	*Mandeln*
le beignet	*Krapfen*
la brioche	*Hefegebäck*
la confiserie	*Süßwaren*
la crème brûlée	*Vanillecrme mit flambierter Karamellkruste*
doux, douce	*süß*
le flan	*Pudding*
la figue	*Feige*
le fromage	*Käse*
la framboise	*Himbeere*
les fruits	*Früchte, Obst*
le gâteau	*Kuchen*
l'île flottante	*Eischneein einer crème anglaise schwimmend*
la macédoine de fruits	*Obstsalat*
les myrtilles	*Heidelbeeren*
la noisette	*Haselnuss*
la noix	*Walnuss*
la pâtisserie	*Konditorei, Gebäck*
la pêche	*Pfirsich*
le pélardon	*Ziegenkäse*
le petit gâteau	*Teegebäck*
le pignon	*Pinienkern*
la poire	*Birne*
la pomme	*Apfel*
les primeurs	*Obst und Gemüse*
le pruneau	*Back- oder Dörrpflaume*
la pulpe	*Mark, Fruchtfleisch*
les raisins	*Weintrauben*
le ramequin	*kleiner Käsekuchen*
le plateau de fromage	*Käseplatte*
le sablé	*Sandgebäck*
le sorbet aux fruits	*Früchtesorbet*
le soufflé	*Eierauflauf*
le sucre	*Zucker (sucré: gesüßt)*
le sirop	*Sirup*
la tarte	*Kuchen*
la tartelette	*Törtchen*

Diverses

l'aïoli	*Knoblauch-Mayonnaise*
le beurre	*Butter*
la ficelle	*sehr dünnes, langes Weißbrot*
la graisse d'oie	*Gänseschmalz*
le jaune d'œuf	*Eigelb*
la menthe	*Pfefferminz*
le miel	*Honig*
la moutarde	*Senf*
l'œuf brouillé	*Rühri*
l'œuf dur	*hart gekochtes Ei*
le persil	*Petersilie*
la poivrade	*Pfeffersoße*
la pissaladière	*mit schwarzen Oliven, Zwiebelscheiben und Sardellen bedeckter Brotteig*
le potage	*Suppe*
la potée	*Eintopf*
les rillettes d'oie	*Gänsepastete*
la soupe au pistou	*mit Basilikum, Knoblauch und Olivenöl verfeinerte Gemüsesuppe*
la tapenade	*ein mit Anchovis und Kapern verfeinertes Olivenpüree (Brotaufstrich)*
les truffes	*Trüffel*
le velouté	*Crèmesuppe*
le vinaigre	*Essig*
le yaourt	*Joghurt*

Getränke

l'alcool	*Alkohol*
la bière (brune) blonde	*helles (dunkles) Bier*
(la biere à) la pression	*Bier vom Fass*
la boisson	*Getränk*
la bouteille	*Flasche*
le café	*Kaffee*
... crème (au lait)	*Milchkaffee*
le digéstif	*Verdauungs-schnaps*
demi	*halb*
demi -sec	*halbtrocken*
l'eau	*Wasser*
... gazeuse	*Mit Kohlensäure*
... naturelle	*natürliches Mineralwasser*
... de vie	*Branntwein*
le génépy	*Kräuterlikör*
l'infusion	*Kräutertee*
le jus	*Saft*
le lait	*Milch*
... entier	*Vollmilch*
le pastis	*Anisschnaps, der mit Wasser zu einer gelblichen Flüssigkeit verdünnt wird*
les rafraîchissements	*Sammelbegriff für Erfrischungs-getränke*
le thé	*Tee*
le verre	*(Trink-)Glas*
le vermouth	*Wermut*
le vin	*Wein*
... blanc	*Weißwein*
... de pays	*Landwein*
... de table	*Tischwein*
... du pays	*einheimischer Wein*
... rouge	*Rotwein*

Etwas Französisch

Zahlen

1	un	*14*	quatorze	*100*	cent
2	deux	*15*	quinze	*200*	deux cents
		16	seize	*1000*	mille
3	trois	*17*	dix-sept	*einmal*	une fois
4	quatre	*18*	dix-huit	*zweimal*	deux fois
		19	dix-neuf	*der erste*	le premier (la première)
5	cinq	*20*	vingt		
6	six	*21*	vingt et un	*der zweite*	le deuxième
		22	vingt-deux	*die Hälfte von ...*	la moitié de ...
7	sept	*30*	trente		
8	huit	*40*	quarante	*ein Drittel*	un tiers
9	neuf	*50*	cinquante	*ein Viertel*	un quart
10	dix	*60*	soixante		
11	onze	*70*	soixante-dix	*ein Paar...*	une pair de...
12	douze	*80*	quatre-vingt		
13	treize	*90*	quatre-vingt-dix		

Konversation

Grüsse

guten Tag	bonjour
guten Abend	bonsoir
gute Nacht	bonne nuit
auf Wiedersehen	au revoir
bis bald	à bientôt
bis gleich	à toute à l`heure

Minimalwortschatz

danke	merci
bitte(!)	s`il vous plaît
Entschuldigung	pardon
ja	oui
nein	non
vielleicht	peut-être
und	et
oder	ou
schön	beau (bel, belle)
groß/klein	grand(e)/ petit(e)
viel	beaucoup de
wenig	peu de
es gibt/ es gibt nicht	il y a/ il n'y a pas
wo/wohin	où
wann	quand
wie viel/wie viele	combien
warum	pourquoi
..., bitte! (Aufforderung)	..., s'il vous plaît!

Fragen und Antworten

Wie geht es dir?	Comment vas-tu?
Wie geht es Ihnen?	Comment allez-vous?
Mir geht es gut, und dir (Ihnen)?	Je vais bien, et toi (vous)?
Wie heißen Sie?	Comment vous appelez-vous?
Wie heißt das auf Französisch?	Comment cela se dit en français?

Ich bin ...	Je suis ...
Deutsche/r	Allemand/ Allemande
Österreicher/in	Autrichien/ Autrichienne
Schweizer	Suisse/Suissesse
Deutschland/ deutsch	l'Allemagne/ allemand/e
Sprechen Sie Deutsch?	Parlez-vous allemand?
(Englisch, Italienisch)?	(anglais, italien)?
Kennen Sie...?	Connaissez-vous...?
Ich habe nicht verstanden	Je n'ai pas compris
Ich weiß (es) nicht	Je ne (le) sais pas
Ich suche	Je cherche
Geben Sie mir ..., bitte!	Donnez-moi ..., s'il vous plaît!
einverstanden! o.k.!	d'accord!

Unterwegs

Ich suche ...	Je cherche ...
Wo ist ... ?	Où est ...?
Ich möchte ...	Je voudrais ...
Ich möchte nach ... gehen	Je voudrais aller à ...
Wann kommt ... an?	A quelle heure arrive ... ?
Wann fährt/fliegt ... nach ... ?	A quelle heure il y a-t-il... pour ...?
Um wie viel Uhr ?	A quelle heure ?
um (4) Uhr	à (quatre) heures
Weg	le chemin
Straße	la rue
Überlandstraße	la route
Autobahn	l'autoroute
Kreuzung	le carrefour
Kreisel	le rond-point
Ampel	les feux, le feu rouge
abbiegen	tourner
links	à gauche
rechts	à droite
geradeaus	tout droit
Abfahrt, Abflug	le départ
Ankunft	l'arrivée
Information	l'information
Fahrkarte	le billet
einfach	aller simple
hin und zurück	aller retour
Flughafen	l'aéroport
Flugzeug	l'avion
Hafen	le port
Schiff	le bateau
Fährschiff	le ferry-boat
Bahnhof	la gare
Zug	le train
Bus	le bus
Busbahnhof	la gare routière

Unterkunft

Haben Sie ...?	Avez-vous ...?
ein Zimmer reservieren	réserver une chambre
Doppelzimmer	la chambre double
Einzelzimmer	la chambre single
Wie viel kostet das?	Combien ça coûte?
Das ist zu teuer.	C'est trop cher.
ein billigeres Zimmer	une chambre moins cher
mit Dusche/ mit Bad	avec douche/ avec salle de bain
für eine Nacht	pour une nuit
für (3) Tage	pour (trois) jours
voll (alle Zimmer belegt)	complet
Vollpension	pension complète
Halbpension	demi-pension
Frühstück	le petit déjeuner
Ich nehme es (das Zimmer).	Je la prends.
Zeltplatz	le camping
Zelt	la tente
im Schatten	à l'ombre
elektrischer Anschluss	le branchement électrique
Dusche	la douche
Waschmaschine	le lave-linge

Verlagsprogramm

Ägypten

- Ägypten
- Sinai & Rotes Meer

Baltische Länder

- Baltische Länder

Belgien

- *MM-City* Brüssel

Bulgarien

- Schwarzmeerküste

Cuba

- Cuba

Dänemark

- *MM-City* Kopenhagen

Dominikanische Republik

- Dominikanische Republik

Deutschland

- Allgäu
- Altmühltal & Fränkisches Seenland
- Berlin & Umgebung
- *MM-City* Berlin
- Bodensee
- *MM-City* Dresden
- Franken
- Fränkische Schweiz
- *MM-City* Hamburg
- Mainfranken
- Mecklenburgische Seenplatte
- *MM-City* München
- Nürnberg, Fürth, Erlangen
- Oberbayerische Seen
- Ostfriesland und Ostfriesische Inseln
- Ostseeküste – von Lübeck bis Kiel
- Ostseeküste – Mecklenburg-Vorpommern
- Pfalz
- Südschwarzwald
- Rügen, Stralsund, Hiddensee
- Schwäbische Alb
- Usedom

Ecuador

- Ecuador

Frankreich

- Bretagne
- Côte d'Azur
- Elsass
- Haute-Provence
- Korsika
- Languedoc-Roussillon
- *MM-City* Paris
- Provence & Côte d'Azur
- Südfrankreich
- Südwestfrankreich

Griechenland

- Athen & Attika
- Chalkidiki
- Griechenland
- Griechische Inseln
- Karpathos
- Kefalonia & Ithaka
- Korfu
- Kos
- Kreta
- Kykladen
- Lesbos
- Naxos
- Nördl. Sporaden – Skiathos, Skopelos, Alonnisos, Skyros
- Nord- u. Mittelgriechenland
- Peloponnes
- Rhodos
- Samos
- Santorini
- Thassos, Samothraki
- Zakynthos

Großbritannien

- Cornwall & Devon
- England
- *MM-City* London
- Südengland
- Schottland

Irland

- Irland

Island

- Island

Italien

- Abruzzen
- Apulien
- Adriaküste
- Chianti – Florenz, Siena, San Gimignano
- Dolomiten – Südtirol Ost
- Elba
- Friaul-Julisch Venetien
- Gardasee
- Golf von Neapel
- Italien
- Kalabrien & Basilikata
- Lago Maggiore
- Ligurien – Italienische Riviera, Genua, Cinque Terre
- Liparische Inseln
- Marken
- Mittelitalien
- Oberitalien
- Oberitalienische Seen
- Piemont & Aostatal
- *MM-City* Rom
- Rom & Latium
- Sardinien

- Sizilien
- Südtirol
- Südtoscana
- Toscana
- Umbrien
- *MM-City* Venedig
- Venetien

Kanada

- Kanada – der Westen

Kroatien

- Istrien
- Kroatische Inseln & Küste
- Mittel- und Süddalmatien
- Nordkroatien – Kvarner Bucht

Malta

- Malta, Gozo, Comino

Marokko

- Südmarokko

Neuseeland

- Neuseeland

Niederlande

- *MM-City* Amsterdam
- Niederlande

Norwegen

- Norwegen
- Südnorwegen

Österreich

- *MM-City* Wien
- Wachau, Wald- u. Weinviertel
- Salzburg & Salzkammergut

Polen

- *MM-City* Krakau
- Polnische Ostseeküste

Portugal

- Algarve
- Azoren
- *MM-City* Lissabon
- Lissabon & Umgebung
- Madeira
- Nordportugal
- Portugal

Schweden

- Südschweden

Schweiz

- Genferseeregion
- Graubünden
- Tessin

Serbien und Montenegro

- Montenegro

Slowakei

- Slowakei

Slowenien

- Slowenien

Spanien

- Andalusien
- *MM-City* Barcelona
- Costa Brava
- Costa de la Luz
- Gomera
- Gran Canaria
- *MM-Touring* Gran Canaria
- Ibiza
- Katalonien
- Lanzarote
- La Palma
- *MM-Touring* La Palma
- Madrid & Umgebung
- Mallorca
- Nordspanien
- Spanien – gesamt
- Teneriffa
- *MM-Touring* Teneriffa

Tschechien

- *MM-City* Prag
- Südböhmen
- Tschechien
- Westböhmen & Bäderdreieck

Tunesien

- Tunesien

Türkei

- *MM-City* Istanbul
- Türkei
- Türkei – Lykische Küste
- Türkei – Mittelmeerküste
- Türkei – Südägäis von İzmir bis Dalyan
- Türkische Riviera – Kappadokien

Ungarn

- *MM-City* Budapest
- Westungarn, Budapest, Pécs, Plattensee

Zypern

- Zypern

Aktuelle Informationen zu allen Reiseführern finden Sie im Internet unter
www.michael-mueller-verlag.de

Michael Müller Verlag GmbH, Gerberei 19, 91054 Erlangen

Tel. 0 91 31 / 81 28 08-0; Fax 0 91 31 / 20 75 41; E-Mail: info@michael-mueller-verlag.de

Register